LEXIKON FÜR WEIN FREUNDE

LEXIKON FÜR WEIN FREUNDE

Herausgeber: **Norbert Mehler**

Fachliche Beratung: **Jochen G. Bielefeld**
Kulturgeschichte, Weinrecht, Weintechnologie

Dr. Heinz Küpper
Umgangssprachliche Wendungen und Synonyme

Dr. Konrad Potratz
Wein und Gesundheit

Hinweise für den Leser:
Textzitate, Buchtitel, Lagen- und Sortennamen, Synonyme, fach- und fremdsprachliche Ausdrücke usw. sind kursiv gesetzt, soweit nicht ergänzendes (→) Nachschlagen empfohlen wird.
WA steht für Weinansprache; s.a. = siehe auch, vgl. = vergleiche.

Graphischer Schlüssel zu den Kartenzeichnungen:

☐ = Weißwein

▨ = Weiß- und Rotwein

▨ = Rotwein

Legenden zu den Umschlagbildern:
Vordere Umschlagseite: Saint-Laurent-Traube.
Hintere Umschlagseite: Oben links: Weinberge bei St. Magdalena in Südtirol, Italien. Oben rechts: Weinlese bei Nierstein, Bundesrepublik Deutschland. Unten links: *Wie die Alten sungen, so pfeifen die Jungen* von Jan Steen (1626–1679). Unten rechts: Sherry-Lager in Jerez, Spanien.

Autoren:

Norbert Mehler
sowie

Jochen G. Bielefeld
Hans Dörr
Prof. Dr. Alfred Herold
Jürg Huber
Axel Schenck
Robert Schnieper
Hermann Segnitz

und

El-Hadj Shaikh Abdullah Halis El-Mevlevi
Islam

Dr. Hellmuth Hecker
Buddhismus

Dr. Pnina Navè Levinson
Judentum

P. Bruno Spors S. J.
Christentum

© 1979 by C. J. Bucher AG, Luzern und Frankfurt/M.
Graphische Gestaltung: Hans F. Kammermann
Karten: Ulrike Hartmann
Printed in Germany 1979
ISBN 3 7658 0274 3

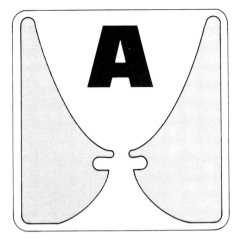

Aargau, im Norden an den Rhein grenzender Kanton des schweizerischen Mittellandes, als Weinbaugebiet der → Ostschweiz zugerechnet. Auf knapp 300 Hektar Rebland in Jurahanglagen und entlang der Flüsse Limmat, Reuß, Aare und Surb sowie am Hallwilersee werden jährlich im Durchschnitt 20 000 Hektoliter Wein geerntet. Auf etwas über der Hälfte der Rebfläche wächst heute Blauer → Burgunder, auf rund einem Drittel → Müller-Thurgau (*Riesling* × *Silvaner*), der hier eine schöne Muskatblume und rassigen Körper entwickelt; in geringem Umfang noch angebaut werden → Elbling, → Knipperlé (*Räuschling*), → Gutedel, →Ruländer (*Pinot gris*) und → Gewürztraminer sowie → Hybriden.

Abbau, Qualitätseinbuße des Weines durch Überalterung. *Abbauende* und *abgebaute* Weine werden in der WA als *matt, müd, passé, platt, tot* u. a. bezeichnet; s. a. → Alter.

Abbeeren, *Entrappen, Rebeln,* Abstreifen der Weinbeeren von den Fruchtständen (*Kämme, Rappen*). Dies geschah früher nur in Ausnahmefällen, für hochwertigen → Beerwein, durch Abzupfen von Hand, seit dem 19. Jh. auf *Rebbelgittern* (Drahtgittern, an welchen die Beeren von den Stielen abgerieben wurden); heute läuft meist auch das Erntegut für anspruchsloseres Konsumweine durch Abbeermaschinen.

abboccato, ital. WA im Sinn von franz. *demi-doux, moëlleux* (*halbsüß* und *vollmundig*), z. B. gern auf die überwiegend leicht süßen Weine von Orvieto angewandt. Ein *vino a.* hat in der Regel zwischen 10 und 20 Gramm → Restsüße je Liter. Gelegentlich wird das Adjektiv a. als Substantiv gebraucht: *il a.* = der Dessertwein.

Abendmahlswein, → Meßwein.

Abfallen, *Absacken,* in der WA bezeichnend für Wein ohne befriedigenden Nachgeschmack (→ Abgang). Die franz. WA nennt einen solchen Wein einen *Pfau* (*paon*): Der erste Sinneseindruck läßt einen prächtigen *Schwanz* (*queue de paon*) erwarten, der dann gar nicht oder nur zu → kurz erscheint und gleich wieder niedergeschlagen wird.

Abfüller ist derjenige Winzer bzw. Kellereibetrieb, welcher die Weine auf Flaschen füllt. Der A. muß auf dem Etikett ausgewiesen werden, ist jedoch nicht zwingend identisch mit dem Erzeuger des Weines (→ Erzeugerabfüllung).

Abgang, *Schwanz, Schweif,* in der franz. WA *queue,* auch *montant* (*Aufsteigen*), beim Weinverkosten die Nachhaltigkeit des Geschmackseindrucks im Gaumen. Ein guter Wein soll nicht *abfallen,* d. h. zu *kurz abgehen,* sondern nach dem Schlucken angenehm nachschmecken.

abgelagert, WA für gut ausgereiften Wein in seiner Hochform; → Alter.

abgelebt, WA bei Mangel an Duftstoffen (→ Bukett), meist infolge Überalterung; → Firne.

abgerundet, in der WA gleichbed. mit *ausgeglichen* (franz. *assis, équilibré*), *harmonisch* im Gesamteindruck, bei Sekt auch das Kriterium → reif einschließend; vgl. → rund.

abgestanden, WA; zu lange im Glas oder in offener Flasche gestandener Wein/Schaumwein hat → Frische und → Bukett verloren und schmeckt *schal.*

Abpressen, Fachausdruck für das → Keltern der Trauben.

Absacken, → Abfallen.

Absinth, 1. im 19. und frühen 20. Jh. vor allem in Frankreich sehr populärer, aus dem A.- oder Wermutkraut (*Artemisia absinthium*) gewonnener und mit Anis-Destillat gewürzter Trinkbranntwein, von Dichtern (z. B. Charles Baudelaire, 1821–1867) besungen, von Malern (z. B. Henri de Toulouse-Lautrec, 1864–1901, und Pablo Picasso, 1881–1973) verewigt.

Abstich

Beim **Abpressen**, Holzschnitt aus *Harpers Weekly* 1878.

Die ätherischen Öle des A.-Krautes enthalten jedoch die hochgiftige Substanz *Thujon*, deretwegen A.-Herstellung und -Handel mittlerweile nahezu weltweit gesetzlich untersagt wurden. – 2. A. hielt sich landläufig bis heute als umgangssprachliche Bezeichnung für → Wermut, Wermutwein, der jedoch frei von *Thujon* ist.

Abstich, *Abzug,* engl. *racking,* franz. *soutirage,* ital. *travaso,* das Umfüllen von Wein aus einem Faß (oder Tankgefäß) ins andere, ein von altersher geübter Vorgang natürlicher Klärung ohne Filter. Junger Wein klärt sich nach Abflauen der Gärung selbst, indem Hefepartikel und andere Trubstoffe sich als → Depot auf den Faßboden niederschlagen. Nun senkt (*sticht*) man durch das Spundloch von oben vorsichtig (ohne Turbulenzen zu erzeugen, welche den Bodensatz wieder aufwirbeln würden) einen *Stecher* (Metallrohr, vgl. → Weinheber) in den Wein und zieht (saugt) diesen durch einen an den *Stecher* angeschlossenen Schlauch ab. S. a. → Filtration.

Abstimmung, in der Schaumweinbereitung die für das Endprodukt geschmacksbestimmende → Versanddosage. Nach der zweiten Gärung (in Großraumtank oder Flasche) hat der Rohschaumwein bzw. Rohsekt vorderhand keinerlei → Restsüße (unvergorenen Zuckergehalt) mehr und wäre mithin auf äußerst *herbe* bis *saure* Geschmacksnoten fixiert. Auf dem internationalen Markt aber wird von Champagner/Schaumwein/Sekt eine sehr viel breitere Palette gefordert. In Frankreich soll ein Schaumwein überwiegend *leicht* und *herb*, in England eher *schwer* (→ körperreich) und *trocken* sein; in Deutschland mag man's etwas *lieblicher*, während in den USA der in der Vergangenheit bevorzugt *süße* Geschmackslevel heute eher von *trocken* zu *herb* tendiert, in Skandinavien zwischen *halbtrocken* und *mild* pendelt. Für den EG-Raum zeichnen sich folgende, durch gezielte A. zu gewährleistende Geschmacksstufen ab: *herb* (franz. *brut*) = 0–15 Gramm Zucker je Liter Schaumwein/Sekt; *sehr trocken* (engl. *extra dry,* franz. *extra sec*) = 12–20 Gramm/Liter; *trocken* (*dry, sec*) = 17–35 Gramm/Liter; *halbtrocken* (*medium dry, demi-sec, demi-doux*) = 33–50 Gramm/Liter; *mild* (*süß, sweet, doux*) = über 45 Gramm/Liter. Die Bewertungsgrenzen sind fließend, da objektive → Analysen- und subjektive → Sinnenprüfung naturgemäß nicht trennscharf identische Ergebnisse zeitigen können.

Abstinenz, Enthaltsamkeit (hier: vom Alkoholgenuß), ist im → Buddhismus und → Islam gefordert, in der Bibel jedoch nicht zum Gebot erhoben. Sinngemäß lautet die biblische Lehre, daß man Wein maßvoll genießen solle (→ Altes Testament, → Neues Testament). Ausnahmen machten – neben einer nomadischen Stammesgruppe – Tempelpriester, die vor und während (nicht aber nach) ihrer Dienstzeit A. zu üben hatten, sowie Leute, die ein A.-Gelübde ablegten. Dieses konnte bis zu einjähriger Dauer verbindlich sein; danach aber brachte man ein Sühnopfer wegen der Schmähung einer → Gottesgabe (s. a. → Altes Testament). Nach der Zerstörung Jerusalems (70 n. Chr.) wurden Stimmen laut, welche die Einführung absoluter A. forderten, aber die Mehrheit war dagegen. – Staatlich verordnete A. in den → USA, 1917 bis 1933 (→ Prohibition), bewirkte letztlich die entscheidende Erstarkung des syndikalisierten Gangstertums (*Mafia*) durch illegale Befriedigung menschlicher Genußbedürfnisse.

Abzug, → Abstich.

A. C., → Appellation contrôlée.

acerbe, franz. WA, → bitter.

Achtel gespritzt, österr. für → Schorle.

Achtundachtziger, um die Jahrhundertwende nachgerade volkstümliches, heute nur mehr im Weinschmecker-Jargon geläufiges Synonym für arg sauren Wein. Gemeint war ursprünglich der Wein-Jahrgang 1888, der sich durch besondere Unreife und Säure auszeichnete. Johannes Trojan (1837–1915), von 1886 bis 1909 Chefredakteur des satirischen Berliner *Kladderadatsch,* nahm insbesondere die sächsischen Kreszenzen des sauren Jahrgangs 1888 aufs Korn und auf die Schippe. So ließ er sich über die Weine aus Bomst dichterisch aus: *... Sieh dich fein vor, daß du nichts davon verschüttest / und dein Gewand nicht zerrüttest, / weil er Löcher frißt in die Kleider / und auch in das Schuhwerk, leider. / Fällt ein Tropfen davon auf den Tisch, / so fährt er mit lautem Gezisch / gleich hindurch durch die Platte. / Eisen zerstört er wie Watte* (auch: *Wasser*), */ durch Stahl geht er wie durch Butter. / Er ist aller Sauerkeit Mutter. / Standhalten vor diesem Sauern / weder Schlösser noch Mauern. / Es löst in dem scharfen Bomster Wein / sich Granit auf und Ziegelstein; / Diamanten werden sogleich, / in ihn hineingelegt, pflaumenweich; / aus Platin macht er Mürbeteig. – Dieses vergiß nicht, falls du kommst / in diesem Winter nach Bomst!* – S. a. → Deutsche Demokratische Republik.

acide, acido, franz. bzw. ital. WA, → sauer.

acre, âcre, ital. bzw. franz. WA für → herb.

adega, portug. Bezeichnung für span. → bodega.

adelig, *nobel,* franz. *éblouissant* (*blendend, verblüffend*), in der WA (nach Dr. Wolfgang Hynitzsch) Steigerung von *hochfein; Adel* wird nur im Gesamteindruck nicht mehr zu überbietenden Spitzenweinen zugesprochen; s. a. → vornehm.

Adsorptionskohle, → Aktivkohle.

adstringierend, zusammenziehend (engl. *astringent,* franz. *raclant, rugueux,* ital. *ruvido*), durch hohen Gerbstoffgehalt bewirkte, im Gaumen ein *pelziges* Gefühl erzeugende Eigenschaft, die bei jungen Rotweinen gute (langfristige) Lagerfähigkeit anzeigen kann, im Verein mit → bitterem Beigeschmack jedoch negativ zu bewerten ist. Volkstümliche Sachschelten für a. Weine: → Fahnenwein, → Schlehberger, → Strumpfwein u. a.; → Wein im Volksmund.

Affentaler, *Blauer Arbst,* dem späten Blauen → Burgunder eng verwandte Reb- und Weinsorte der Stadt und Gemarkung Bühl, der Gemarkungen Altschweier, Bühlertal, Eisental und Neusatz sowie Baden-Baden/Neuweier im Bereich → Ortenau des deutschen Anbaugebiets → Baden. Die Bezeichnung A. darf nur für die beiden oberen Güteklassen *Qualitätswein* und *Qualitätswein mit Prädikat* gebraucht werden; die Weine gelangen in originell gestalteten Flaschen (mit plastisch reliefiertem, bronzefarbenem Affen) in den Handel. Der Name A. hat freilich nichts mit einem Affen zu tun, sondern ist, verballhornt, vom *Ave-Tal* abgeleitet. – Der badische A. ist nicht identisch mit dem in → Württemberg gezogenen *Blauen Affenthaler.*

affriolant, franz. WA für *leichte, frische, blumige* Land- und Tafelweine.

Afrika; wirtschaftlicher Weinbau ist nur in den subtropischen Zonen → Ägyptens, des Maghrebs (→ Nordafrika) und → Südafrikas möglich.

Aglianico, Rebsorte und nach ihr benannter Rotwein der Provinz *Potenza,* östlich Neapel (→ Italien). Der beste, auf Vulkanboden gewachsene A. del Vulture braucht keinen (auch internationalen) Vergleich zu scheuen.

Agraffe, aus Draht und/oder Metallband

Agraffe zur Sicherung des Tiragekorkens.

gebildete, bügel- oder korbartige Haltevorrichtung, die das Austreiben des Korkens aus der Sektflasche verhindert. Früher war das Anbringen der A. Handarbeit, heute besorgen es vollautomatische *Agraffiermaschinen* am Fließband.

agressif, franz. WA bei zuviel → Säure, im Sinn von → sauer bis → bissig oder → unreif.

agro, ital. WA, → hart.

Ägypten, nach dem Zeugnis von Hieroglyphentexten, bildlichen Darstellungen und Grabbeigaben (Wein in Krügen sowie Traubenkerne) aus pharaonischen und sogar prädynastischen Zeiten (bis zurück ins 4. Jahrtausend v. Chr.) eines der ältesten Weinbauländer überhaupt. Vom mittleren Ober-Ä. bis zum steinigen Westen des Nildeltas an der libyschen Küste reichte im klassischen Altertum der von griechisch-römischen Schriftstellern und Dichtern wie Athenaeus, Horaz, Ovid, Plinius und Virgil beschriebene und besungene Weinbau Ä.s mit Zentrum am Mareasee (heute Mariut bei Alexandria). Von dort (und aus Kleinasien) brachten die Römer die Urahnen der → Muscat- bzw. → Muskateller-Reben mit nach Hause, ebenso die Sorte → Gutedel; deren Anbau in Ä. ist schon für die Zeit um 1000 v. Chr. nachgewiesen und hat sich in der Oase El-Fayyum (etwa 70 km südwestlich von Kairo) bis heute erhalten. Bei Mariut legten Archäologen vor wenigen Jahren erst eine antike Großkellerei mit irdenen → Tanks aus dem 4. Jh. n. Chr. frei. – In diesem Kernland des altägyptischen Weinbaues unterhält die 1880 begründete *Egyptian Vineyards & Destilleries Co.* heute rund 15 000 Hektar Rebland. Der Ertrag geht zu nicht geringem Teil an die drei angeschlossenen Destillerien in Alexandria (*Bolanachi, Cassimatis, Zottos*). Insgesamt gibt Ä. heute eine Million Hektoliter Jahresproduktion an alkoholischen Getränken (Wein und Spirituosen) an. Darunter sind bemerkenswerte bis hervorragende Weiß- (*Castel Nestor, Cru des Ptolemées, Nefertiti, Village Gianaclis*), Rosé- (*Rubis d'Egypte*), Rot- (*Château Gianaclis, Omar Khayyam, Pharaons*) und Dessertweine (die weiße *Reine Cléopâtre* und der rote *Muscat d'Egypte*).

Ahr, deutsches Qualitätsweinbaugebiet am gleichnamigen Nebenfluß des Rheins, nach dem Weingesetz von 1971 identisch

Weinbau im alten **Ägypten;** Traubenernte und Keltern, aus dem Grab des Nakht, Theben.

Ahr: Musteretikett.

mit dem Bereich → Walporzheim/Ahrtal (Großlage *Klosterberg*). Das ins Rheinische Schiefergebirge tief eingeschnittene A.tal beinhaltet das größte geschlossene Rotweingebiet Deutschlands, welches zugleich das nördlichste Rotweingebiet der Welt ist. Hauptrebsorten der Region sind früher und später Blauer → Burgunder (27 Prozent der Gesamtrebfläche), Blauer → Portugieser (26 Prozent) sowie → Riesling (22,3 Prozent) und → Müller-Thurgau (19,2 Prozent). Der jährliche Gesamtertrag liegt bei etwa 50 000 Hektoliter (0,5 Prozent des deutschen Mostertrags) auf 482 Hektar bestockter Rebfläche. Im Talgrund wachsen auf tiefgründigen, lößreichen Böden *ansprechende, samtige* Weine. Auf den wärmespeichernden, steinigen, z. T. vulkanischen Böden der Steillagen entwickeln die Weine bei *feuriger Art* ein *würziges Aroma*. Der Rotwein von der A. gilt unter den deutschen Rotweinen als erlesene Spezialität; Spitzenweine bis zu Beeren- und Trockenbeerenauslesen sind in guten Jahren aber auch unter den A.-Weißweinen möglich.

Aigle, → Waadt.

aigre, franz. WA im Sinn von → bissig, → scharf, vor allem auf ungewöhnlich gerbstoff- und säurereiche Weine (*aigrelets*) sonnenarmer Jahrgänge bezogen.

aimable, franz. für → lieblich.

Aktivkohle, *Adsorptionskohle,* eine ungemein poröse Kohle mit bis zu 400 Quadratmeter adsorptionsfähiger (für Gase, Dämpfe oder in Flüssigkeiten gelöste Substanzen aufnahmefähiger) Oberfläche je Gramm Eigengewicht. A. ist ein gesetzlich zugelassenes Mittel zur Weinklärung (Entfernung von Trubstoffen). Den Vorgang nennt der Fachmann → Schönung.

alambrado, von span. *alambre* (*Drahtkorb*), korbartig mit Draht umflochtene Weinflasche in Spanien, landestypisches Pendant zum bast-/strohumflochtenen → fiasco in Italien; s. a. → Korbflasche.

Alba, Stadt und bedeutendes Weinbauzentrum unweit → Asti in der norditalien. Provinz → Piemont, am Nordrand des Ligurischen Apennin gelegen. Im engeren Umland von A. gedeihen neben dem → Barbera d'Alba noch ruhmreichere Kreszenzen wie → Barbaresco und → Barolo.

Albalonga, für → Auslesen geeignete Rebneuzüchtung, eine Kreuzung aus → Rieslaner und → Silvaner, erzielt von der *Bayerischen Landesanstalt für Wein-, Obst- und Gartenbau,* Veitshöchheim. Benannt wurde die Rebsorte nach Alba Longa, der vorrömischen Hauptstadt des Latinerbundes, deren Reste am Albanersee in der heutigen italienischen Provinz Rom lokalisiert wurden. Weißweine aus A.-Trauben werden als *fruchtig* und *elegant* angesprochen.

Alben, Albig, → Elbling.

aldéhydique, franz. WA, gleichbedeutend mit → madérisé.

Alella, mild-süffiger span. Weißwein aus der gleichnamigen Ortsgemarkung nördlich Barcelona in → Katalonien.

Algerien (Karte → Nordafrika), nordafrikanisches Weinbauland seit der römischen Antike. Zur Hochblüte gedieh die Rebkultur in der Zeit der franz. Herrschaft, als A. den nicht nur geographisch fiktiven, verwaltungsrechtlich aber doch gegenüber erklärten Kolonien bevorzugten Sonderstatus einer franz. Provinz (*Teil des Mutterlandes*) hatte: Von 1842 bis 1963 wurde die mit Weinreben bestockte Landfläche A.s von 4600 auf rund 400 000 Hektar ausgedehnt. Mit jährlich 18,2 Millionen Hektoliter Weinertrag rangierte A. schließlich an vierter Stelle in der Weltstatistik der weinerzeugenden Länder. Nach Erlangung der Unabhängigkeit (1963) ging der Weinanbau zunächst rapide, später schleichend zurück, aus zwei Hauptgründen: I. Der → Islam, Religion der hoch überwiegenden Bevölkerungsmehrheit, beschränkt den Binnenmarkt für alkoholische Getränke auf nicht-islamische Minderheiten. II. Algerischer Wein floß nun nicht mehr automatisch in den franz. Binnenmarkt und dessen Außenhandelskanäle, sondern der souveräne Staat A. mußte sich eigene Exportwege erschließen. Heute erbringen rund 240 000 Hektar Rebfläche auf Sand-, Löß- und Vulkanboden eine Jahresernte von durchschnittlich 7,5 Millionen Hektoliter Wein bzw. Most (bis zu zwei Millionen Hektoliter werden in Form von → Mistellen ausgeführt). Hauptrebsorten sind in Rot: *Carignan, Cinsault* und der auch im Fruchtfleisch rotfärbende *Alicante-Bouschet;* in Weiß: *Aligoté, Clairette, Ugni blanc* sowie der von den Römern aus → Ägypten nach A. eingeführte → Gutedel (hier franz. *Chasselas* genannt). Die Anbaugebiete liegen im (etwa 100 Kilometer ins Land reichenden) mediterranen Küstenstreifen von Oran (mit Mascara, Mostaganem, Haut Dahra und Tlemcen an der Wüstengrenze) über Algier (franz. *Alger;* mit Médéa, Miliana und Zaccar) bis Annaba (franz. *Bône;* Region Constantine). Es gibt einige wenige, mit entsprechendem Herkunftsvermerk deklarierte Qualitätsweine der → V.D.Q.S.-Klasse. Überwiegend aber exportiert A. farbintensive Deckrotweine sowie alkoholreiche (bis über 15 Volumenprozent) und säurearme Tischweine, die namentlich in Frankreich gern zur Verbesserung schwacher Weine zumal minderer Jahrgänge (durch → Verschnitt) benutzt werden.

Alicante, 1. Stadt und gleichnamige Provinz in Südostspanien, zwischen Valencia und Murcia, mit bedeutendem Weinanbau in Weiß und (überwiegend) Rot, von gängigen bis respektablen Tischweinen bis zur renommierteren → Denominación de Origen. Es handelt sich überwiegend um recht alkoholreiche, typische Süd- bzw. Süßweine. – 2. A. oder *Raisin d'Alicante* (*Traube von A.*) nennt man im südlichen und südwestlichen Frankreich (Baskenland) da und dort örtlich bis regional die Rebsorte → Grenache. – 3. *A.-Bouschet* (nach den Züchtern H. und L. Bouschet) heißt eine seit franz. Kolonialzeiten in → Algerien heimisch gewordene Rebsorte, deren Trauben das den Wein rotfärbende Önocyanin nicht nur im Balg (wie die meisten Weinbeeren), sondern auch im Fruchtfleisch haben, so daß kein → Weißkeltern möglich ist.

Alkohol, *Weingeist, Sprit,* lat. *Spiritus vini,* chem. *Äthanol, Äthylalkohol* (CH_3-CH_2OH), eine farblos-wasserklare, scharf schmeckende, leicht entzündbare Flüssigkeit, die in der Natur in reinem Zustand (als 100prozentiger A.) nicht vorkommt. A. löst viele in Wasser nicht lösliche Substanzen, darunter Fette (s. a. ätherische → Öle), Harze (→ Harzwein) und zahlreiche Farbstoffe (darunter → Anthocyane). In geringen Mengen (als Bestandteil alkoholischer Getränke) genossen, wirkt A. anregend, auch wohltuend erwärmend, in größeren Mengen berauschend (enthemmend, erregend und schließlich lähmend; → Rausch). Das Wort A., seit dem 16. Jh. in der Alchimistensprache nachgewiesen, stammt unstrittig aus dem Arabischen; als Belege werden zitiert: arab. *al-ku'hl* (*An-*

Algerien: Etiketten.

timonstaub als Augenschminke; verallgemeinert: *feinstoffliche, flüchtige Substanz*) und *al-kohol* (*das Berauschende*). – Weintrauben wie auch andere Früchte und sonstige Pflanzenteile, aus welchen Wein bzw. weinähnliche Getränke (z. B. → Palmwein, → Reiswein) bereitet werden, enthalten keinen A. Dieser wird vielmehr erst in der → Gärung gebildet, indem Zucker durch Hefe biochemisch in A. und → Kohlendioxid aufgespalten wird. So entwickeln – nach Maßgabe ihres Mostzuckergehalts – deutsche Weine auf natürlichem Weg gemeinhin 6 bis 12 Volumenprozent A., österr. Erzeugnisse 8 bis 15, südfranz. Gewächse bis zu 16 und darüber, schwere mediterrane Weine Spaniens, Italiens, Griechenlands und Nordafrikas bis zu 20 Prozent. Hinzu kommen, in geringeren Mengen, organische A.-Verbindungen bzw. chemisch anders strukturierte Arten von A. Unter diesen ist im Wein am bedeutsamsten das → Glyzerin, das dem → Extrakt die *Rundung* (WA, → rund) gibt, die *samtige* Geschmeidigkeit. – Höherer A.gehalt kann bei Wein durch → Anreichern, → Verschnitt → magerer mit → alkoholreichen Grundweinen, auch durch → Aufspriten (heute in der EG und auch anderswo vielfach verbotene Praxis!) erreicht werden; bei → Weinbrand bewirkt → Destillation stärkere A.-Konzentration im Endprodukt. Handelsüblicher *Medizinal-A.* ist im allgemeinen auf etwa 96 Prozent bereinigt. Er läßt sich durch neuerliche Destillation über wasseranziehenden (*hygroskopischen*) Medien (z. B. *Kalziumchlorid*) als *absoluter A.* von 100prozentiger Reinheit darstellen.

alkoholarm, → mager.

alkoholreich, *stark*, engl. *strong*, franz. *riche, généreux, spiritueux*, ital. *ricco*, WA für oft als → schwer empfundene, rasch *berauschend* (franz. *capiteux*) wirkende Weine; Alkoholreichtum = franz. *chaleur* (*Hitze*). Als → brandig, *schnapsig* oder *spritig* (franz. *chargé*) bezeichnet man Weine, deren hervortretender Alkohol sich nachteilig auf die Harmonie von → Aroma und → Bukett auswirkt, z. B. infolge Frischeverlust im → Alter.

allongé, franz. WA für in Bukett und Säure wohlausgewogene Weine mit nachhaltigem → Abgang.

allungato, ital. WA, → gestreckt.

Almadén, → Kalifornien.

Aloxe-Corton, → Corton.

Alsace, → Elsaß.

alt, in der → WA kennzeichnend für einen Wein im Übergangsstadium zwischen *Hoch-Zeit* und *vitalem* → Alter, so besonders geschätzt von Weinfreunden der *alten Schule* und idealer Tischwein zu Wildbret und pikanten Gerichten.

Altarwein, → Meßwein.

Alter, *Altern, Alterung*, Hoch- und Spätzeit der Weinentwicklung nach abgeschlossener → Jugend. *Wein ist etwas Lebendiges, das sich wandelt. Daher läßt der Wein auch Vergleiche zu mit dem Leben des Menschen. Nach seiner stürmisch verlaufenen Gärung und den jugendlichen Unarten wird er still und erlangt langsam die Reife, in der er mehr oder weniger lang verweilt, je nachdem, aus welchem Holz er stammt. Die Entwicklung schreitet fort, mehr und mehr gewinnt er an Blume, Wohlgeschmack, Bukettstoffen und Farbe; doch verliert er langsam an Körper, bis schließlich die Greisenkrankheit des Weins, das Firn- und Hochfarbigwerden, auftaucht und der Wein abstirbt.* (Herbert de Bary, *Eigenarten der europäischen Weine*.) Die *Hoch-Zeit* abgelagerter, flaschengereifter Weine kann je nach → Kreszenz im 3. bis 6. Lagerjahr oder noch später einsetzen und über Jahre bis Jahrzehnte erhalten bleiben. Dem Wein ist in dieser Zeit höchstmögliche Harmonie vollentwickelter Geruchs- und Geschmacksstoffe zu eigen, er ist (WA) *saftig, vollmundig, körperreich,* kurzum auf dem Gipfel seines individuellen → Ausdrucks/Charakters. Als *alt* wird der Wein erst dann bezeichnet, wenn seine Farbe etwas kräftiger geworden ist und sein → Bukett im ganzen intensiver, aber nicht mehr so differenziert erscheint wie zu Beginn der Hoch-Zeit. Damit kündigt sich die nächste Alterungsstufe das sog. *vitale Alter* (nach Dr. Wolfgang Hynitzsch) an, in dem man von *edelfirnem* Wein spricht: Weißwein ist nun meist bernsteinfarben, hat ein ausgeprägtes, aber nicht unangenehmes → Firne-Bukett, ist etwas schwächer im → Körper, aber noch durchaus kräftig in Geschmackseindruck und → Abgang. Nur mehr von ideellem Genußwert ist der Wein im *Greisenalter:* Weißwein ist nun bräunlich (*hochfarben*), und die → Firne (→ Altl) dominiert in Geruch und Geschmack so stark, daß der Wein keinerlei

individuellen → Charakter mehr zeigt. Treten schließlich infolge völligen → Abbaus Mißfarbigkeit und Ausdrucksleere ein, spricht man von → totem Wein (WA).
Rascher reifen und früher altern: 1. *extraktarme Weine:* kleine Jahrgänge mit verfrühter Lese (z. B. 1965 in der Bundesrepublik Deutschland); ungenügend angereicherte Weine aus Lagen mit leichteren Böden; 2. *kohlensäurearme Weine:* in der Jugend bereits ziemlich matte, d. h. zuwenig frische Weine; 3. *säurearme Weine:* weiche Rebsorten (→ Gutedel, → Müller-Thurgau, → Rieslaner u. a.); sehr reife, aber durch Trockenheit geschädigte Jahrgänge (z. B. 1959 in der Bundesrepublik Deutschland); (mit Vorbedacht) besonders früh in den Handel gekommene Weine.
Langsamer reifen und später altern: 1. *extraktreiche Weine:* große Jahrgänge; Speziallesen (Spät- und Auslesen, Eisweine); besonders gute Lagen; 2. *kohlensäurereiche Weine:* lange Zeit frisch und spritzig bleibende Weine; 3. *säurereiche Weine:* harte Rebsorten (namentlich → Riesling); Jahrgänge mit früher → Edelfäule (z. B. 1953); mittlere und kleinere Jahrgänge, soweit die Weine einen hinreichend hohen Extraktgehalt aufweisen (z. B. 1972 in der Bundesrepublik Deutschland). Eine Sonderstellung nehmen extrem langlebige Spitzenweine wie der → Tokaj Aszú ein.
Früheres Altern bewirken: 1. zu warme → Lagerung: eine Faustregel besagt, ausgehend von 12 Grad Celsius als der optimalen Dauertemperatur, daß 10 Grad mehr, also 22° C, den Wein durchschnittlich in der halben Zeit altern lassen. Ein Gewächs, das sich unter günstigeren Umständen 6 Jahre halten würde, wird demnach im allzu Warmen schon nach etwa 3 Jahren → Firne entwickeln; 2. zu großer Luftraum in der Flasche, so daß der Wein auf zu großer Oberfläche Alkohol, Aromastoffe und Kohlendioxid ausdunsten und durch Sauerstoffaufnahme oxidieren kann; 3. fehlerhafte Verkorkung (selten!): Der → Korken kann zu kurz oder mit Qualitätsmängeln behaftet sein oder schlecht sitzen; oder aber das Korkmaterial ist durch falsche (aufrechte) Flaschenlagerung ausgetrocknet und eingeschrumpft, so daß der Wein zuviel Luft bekommt.
Späteres Altern bewirken: 1. sachgerechte Lagerung in einem dunklen, erschütterungsfreien (Keller-)Raum mit gleichbleibender Temperatur, im Idealfall zwischen 10 und 14° C; 2. möglichst kleine Luftlinse in der Flasche; 3. fehlerfreie Verkorkung: Der Korken soll hinreichend lang (4–5 cm), elastisch und nicht zu porös sein und möglichst in seiner ganzen Länge dicht am Flaschenhals anliegen.
Den Alterungsprozeß verhindern absolut luftdichte Verschlüsse.

Altersprädikate, italienische, klassifizierende Auszeichnung von Qualitätsweinen nach Maßgabe ihrer – gebiets-, sorten- oder jahrgangstypisch im Reifeergebnis variierenden – Lagerzeiten, gemäß von Jahr zu Jahr amtlich bestätigten oder neu festgelegten Normen. Von Bedeutung sind vier Kennzeichnungen: → *superiore* (z. B. einjähriger *Bardolino*), → *vecchio* (z. B. zweijähriger *Chianti*), → *riserva* (z. B. dreijähriger *Chianti* oder *Barbaresco*) und *riserva speciale* (z. B. vierjähriger *Barbaresco* oder fünfjähriger *Barolo*). Die Auszeichnungen unterliegen staatlicher Kontrolle.

Altes Testament. – Wein wird im A. T. der *Bibel* schon in der *Schöpfungsgeschichte* (*Genesis* 9, 20 ff.), im ersten Buch Mose, erwähnt: *Noah fing an und ward ein Ackermann und pflanzte Weinberge. Und da er von dem Wein trank, ward er trunken und lag in der Hütte aufgedeckt.* Noah hatte wohl die Sehnsucht nach dem verlorenen Paradies geleitet, als er Wein anbaute, und er war der Versuchung erlegen, zuviel des Guten zu konsumieren. Wie seine Söhne es gar peinlich fanden, Noah so bloß gottgeschaffen daliegen zu sehen (sie nahmen *ein Kleid und legten es auf ihrer beider Schultern und gingen rücklings hinzu und deckten ihres Vaters Blöße zu; und ihr Angesicht war abgewandt* . . .), zeigt deutlich das Vertriebensein aus dem Paradies des Gottgewollten, das Hineingestelltsein in die Sphäre eigener Verantwortung (denn Gott erschuf kein Kleid . . .). – Zu Zeiten der Erzväter war Wein ein respektables Getränk. So trat nach dem Sieg Abrahams über die verbündeten Könige Melchisedek (König von Salem) hervor, *brachte Brot und Wein herbei* und rief als Hohepriester seinen Gott um Segnung an (*Genesis* 14, 18 ff.). – Mag der Wein hier als ein Zeichen des Bundes und der Freude gegolten haben, so zeugt von der Mög-

Altes Testament

lichkeit des Mißbrauchs die Erzählung von Lot, Abrahams Neffen, und seinen beiden unverheirateten Töchtern: *Komm, wir wollen unsern Vater mit Wein trunken machen!* (*Genesis* 19, 31 ff.) Die Mädchen wollen sich von ihrem Vater Nachkommenschaft – und damit den Fortbestand ihres Geschlechtes – sichern. Es gelingt, und die so gezeugten Kinder werden Stammväter der Moabiter und Ammoniter. Diese zeitweise mächtigen Feinde Israels werden in ihrem Ursprung verspottet, da Inzest in Israel verboten war. – Man führte Wein im Schlauch als Reiseproviant mit, so der *von Bethlehem in Juda zum Ende des Gebirges Efraim* wandernde Levit (*Buch der Richter* 19, 19) oder Judit auf dem Weg zu Holofernes (*Judit* 10, 5). Wein floß bei familiären Festlichkeiten und an Königshöfen. Im *Buch Daniel* (5, 1–3) heißt es vom babylonischen Hof: *Vom Wein benebelt, befahl Belschazzar, die goldenen und silbernen Gefäße herbeizubringen, die sein Vater Nebukadnezar aus dem Tempel zu Jerusalem hatte wegnehmen lassen ... und der König und seine Großen sowie seine Gemahlinnen und Nebenfrauen tranken daraus* – bis die

Wein im **Alten Testament**: *Der trunkene Noah*, Giotto (1266–1337), Dom von Florenz.

schreibende Hand an der Wand erschien und mit dem *Menetekel* Belschazzars Ende anzeigte. – Feste sollten für die Juden ein Vorgeschmack der Endzeit sein. Darum weist *Jesaja* (25, 6) auf das messianische Fest hin: *Jahwe Zebaot wird allen Völkern ein fettes Mahl bereiten auf diesem Berg, ein Mahl von abgelagerten Weinen, von markig-fetten Speisen mit geseihtem Hefenwein.* – Wein war Reichtum, war huldvolle Gabe und machtvoll erzwungene Abgabe, war Sold für Soldaten und Lohn der Arbeit. Salomo z. B. versprach Huram, dem König von Tyrus, guten Unterhalt für die Holzfäller, welche die Libanonzedern für Salomos Tempelbau schlagen sollten (*2. Buch der Chronik* 2, 9). Dieses Versprechen umfaßte nicht zuletzt 20000 *Bat* Wein (1 *Bat* = 45 Liter). → Abstinenz im kultischen Bereich war schon Aaron gelehrt worden: *Wein und berauschendes Getränk dürft ihr, du und deine Söhne, nicht trinken, wenn ihr in das Offenbarungszelt geht, sonst müßt ihr sterben!* Dasselbe bekräftigt Ezechiel. Ein Abstinenzgelübde auf Zeit (*Nasiräat*) legten die *Nasiräer* ab (zu ihnen gehörten z. B. Simson und Johannes der Täufer). Auch die Gruppe der *Rechabiter* befolgte streng die Weisung ihres Ahnherrn Jonadab, sich des Weines zu enthalten, und lehnte den Weinbau ab. – Der Prophet *Jesaja*, der in der zweiten Hälfte des 8. Jh. v. Chr. lebte, spart nicht mit Warnungen vor übermäßigem Weingenuß; Beispiele: *Weh denen, die schon am frühen Morgen dem Rauschtrank nachjagen und am Abend verweilen, vom Wein erhitzt* (5, 11). *Wehe denen, die im Weinvertilgen Helden sind und tapfer beim Mischen des Rauschtranks* (5, 22). Oder, über Priester und falsche Propheten (28, 7ff.): *Priester und Propheten wanken vom Rauschtrank, übermannt vom Wein; sie taumeln vom Rauschtrank und wanken beim Schauen und schwanken beim Richten. Ja, alle Tische sind voll von Gespei und Unflat bis zum letzten Platz.* Das *Buch der Sprüche*, gesammelt nach 500 v. Chr., enthält manch warnendes Wort, z. B.: *Der Wein ist ein Spötter, der Rauschtrank ein Lärmmacher; keiner, der davon taumelt, wird weise.* Oder: *Schau nicht auf den Wein, wie er rot erglüht, wie er funkelt im Becher; er trinkt sich so leicht: Am Ende beißt er wie eine Schlange und spritzt Gift, einer Viper gleich. Deine Augen sehen Befremdliches, und Verkehrtes äußert dein Herz.* – Derart spottenden und mahnenden Äußerungen stehen im A. T. jedoch auch sehr positive gegenüber. Schon im Mose-Lied wird *der Traube Blut das Wonnegetränk* genannt. Der Psalmist singt: *Gras läßt du sprießen dem Vieh, Gewächse, daß sie dienen dem Menschen, daß er gewinne aus dem Boden das Brot und den Wein, der das Herz ihm erfreut.* Im Buch des Kohelet (*Prediger* oder *Ecclesiastes* genannt), entstanden im 3. Jh. v. Chr., heißt es (2, 3): *Ich nahm mir vor, meinen Leib mit Wein zu ergötzen, dabei aber mein Herz in der Weisheit bewahrend;* und (9, 7): *Wohlan denn, iß fröhlich dein Brot und trinke wohlgemut deinen Wein! Denn von jeher gefällt es Gott, wenn du so tust.* Bei *Jesus Sirach* (2. Jh. v. Chr.) heißt es u. a.: *Frohsinn und Herzensfreude ist der Wein zur rechten Zeit und mit Bedacht getrunken. Bitterkeit der Seele ist der Wein, im Übermaß in Erregung und Zorn getrunken.* Als Lebensregel des weisen *Sirach* mag gelten: *Wein und Künste stimmen froh das Herz, doch mehr als beide die Liebe der Weisheit.* – Vom Ende der Tage kündet *Amos* (9, 13ff.): *Siehe, es werden Tage kommen, spricht Jahwe, da folgt dem Pflügenden der Schnitter und der die Kelter Tretende* (→ Maischetreten) *dem Sämann, da träufeln die Berge von Most, und alle Hügel fließen über. Dann wende ich das Geschick meines Volkes Israel, und sie werden die zerstörten Städte wieder aufbauen und darin wohnen und Weinberge pflanzen und ihren Wein trinken und Gärten anlegen und deren Früchte essen.* – Vgl. → Blutsymbolik, → Jüdische Religion, → Kelch, → Neues Testament, → Trinksprüche, → Weinpatrone u. a.

Altl, österr. für ausgeprägten Altersgeschmack, → Alter, → Firne.

Alto Adige, wörtl. *Obere Etsch,* ital. Bezeichnung für → Südtirol.

Alto Douro, portug., *Oberer Douro,* traditionsreiches Weinbaugebiet im Norden → Portugals, im Hügelland beiderseits des Flusses *Douro,* östlich der Stadt Porto. A. D. gilt als Urheimat der → Portweine (15. Jh.) und liefert auch heute noch deren erlesenste Qualitäten.

Altweibersommer, Frauen-, Flug-, Indianersommer, oft nur einige wenige Tage, seltener eine bis zwei Wochen oder länger anhaltende Schönwetterperiode im

Altweibersommer

Weinlese in **Alto Douro**, Portugal.

Altwein

Herbst. Typisch für diese Zeit sind in vielen ländlichen Gegenden feine, in der Luft schwebende und webende, silbergrau erscheinende Härchen (*Marienfäden*): Gespinste kleiner Spinnen, wie sie auch im Frühling zu beobachten sind. Die Sonne dieser späten Tage galt nicht zuletzt den Weinbauern seit jeher als besonderer Segen des Himmels, denn zumal nach zu trüben, verregneten Sommern kann ein guter A. den Trauben doch noch einige Süße bescheren (Musterbeispiel: 1978). Deshalb spann der Volksglaube das *Frauenhaar* der Spinnen früh zu *Mariengarn*. In England erwartet man gar von zwei Heiligen herbstliche Wärme: am 18. Oktober (Tag des hl. Lukas) soll *St. Luke's summer* beginnen; bleibt dieser jedoch aus, setzt man seine letzte Hoffnung auf die Zeit um den 11. November (*St. Martin's summer*).

Altwein, österr. für einjährigen Wein nach dem 11. November; → Heuriger.

amabile, ital. WA, → lieblich.

amaigri, franz. WA für durch mangelhaften → Ausbau oder frühzeitigen → Abbau (→ Alter) *mager, matt* und *müd* gewordene Weine; Vorstufe zu *éteint = tot*.

ambré, franz. WA für die Amber- bzw. Bernsteinfärbung (auch *Sherryton*) edelreifer Weine; → Farbe, → Firne.

Americanos, seit dem späten 19. Jh. im → Tessin angebaute, wurzel- und fruchtechte (unveredelte) → Amerikanerreben und deren Wein. Unter den A.s dominiert die tiefrote *Isabella* (→ Mutante der in den USA heimischen, tiefblauen *Labrusca-Concord*-Rebe), die sehr penetranten → Foxton aufweisen kann. Wesentlich besser munden die über *Mehltau*- und → Reblaus-Befall hinweggeretteten → Nostranos des Tessin.

Amerikanerreben, Sammelbezeichnung für die aus den USA stammenden *Unterlagsreben*, auf deren gekappten Wurzelstock im europäischen Weinbau das *Edelreis* (d. h. die eigentliche, fruchtliefernde Rebsorte) aufgepfropft wird (→ Veredelung). Als gegen Ende des vorigen und zu Beginn dieses Jahrhunderts fast der gesamte Weinbau in Westeuropa durch die (aus Amerika eingeschleppte) → Reblaus ruiniert erschien, hackte man nach und nach die alten (*wurzelechten*) Rebstöcke aus und forstete die Weinberge wieder auf, indem man die Reblaus durch das Pfropfen auf resistente Unterlagen überlistete. Drei A. und deren Kreuzungen dienen heute überwiegend als Unterlagsreben: die *Felsen-* oder *Sandrebe* (*Vitis rupestris*), die *Kalk-* oder *Winterrebe* (*Vitis Berlandieri*) und die *Uferrebe* (*Vitis riparia*).

amertume, franz. *Bitterkeit*, WA für an Chinin erinnernde, bittere Geschmacksstörung besonders → gerbstoffreicher Weine.

Amigne, → Wallis.

Amontillado, trockene bis halbtrockene (*Medium-Dry*) Spielart des → Sherry.

amorfo, *gestaltlos*, ital. WA, → matt.

amoroso, *amoureux*, ital. bzw. franz. WA im Sinn von → lieblich, gern von einschmeichelnden → Damenweinen gesagt.

Ampelographie, Rebsortenkunde, von griech. *ampelos* (*Weinstock*) abgeleitet.

Amphore, röm. *amphora* nach griech. *amphoreus;* 1. zweihenkeliges Tongefäß mit engem Hals, bauchigem und nach unten oft rundkegelig-spitz zulaufendem, ohne Hilfsmittel (Gestell) nicht standfähigem Korpus. Diese in der gesamten antiken Welt gebräuchlichen Tonkrüge dienten vor allem als Transportbehälter für Öl und Wein, nicht zuletzt an Bord von Schiffen, wo sie in ringförmigen Halterungen bruchsicherer gestaut werden konnten als jedes standfeste Gefäß. – 2. Das röm. Flüssigkeits- (vor allem Wein-)Maß *amphora* faßte 25,6 Liter.

Römische **Amphore** aus Bulgarien.

ampleur, franz. WA, Extraktreichtum, → körperreich.

Amselfeld, serb. *Kosovo polje,* 600 Meter hoch gelegene, von Gebirgszügen umschlossene Kesselebene im Süden → Jugoslawiens, heute wichtiges Rotwein-Anbaugebiet der Autonomen Provinz *Kosovo i Metohija.* Das etwa 70 Kilometer lange und bis 15 Kilometer breite A. war während der Türkenkriege zweimal Schlachtfeld: Hier siegten die Türken 1389 unter Sultan Murad I. über die Serben, 1448 unter Murad II. über die Ungarn. Der österr.-ungar. Volksmund revanchierte sich später verbal, indem er Rotwein vom A. als → Türkenblut bezeichnete. Heute ist dies ein jugoslaw. Markenwein wie der *Kadarka;* als eigentlicher *A.*er deklariert wird nur mehr der im Umland von Prizren und Skopje gewachsene, späte Blaue → Burgunder (*Burgundac Crni*).

Anakreon, um 580 bis nach 495 v. Chr., griech. Dichter des Lebensgenusses. Nach ihm benannt wurde die *Anakreonteia,* eine 1864 von Eduard Mörike erstherausgegebene Sammlung von etwa 60 Liebes- und → Trinkliedern, die jedoch überwiegend erst aus römischer Zeit stammen. Unter dem Namen *Anakreontiker* fanden sich im 18. Jh. einige deutsche Dichter zusammen, um der Liebe und dem Wein zu huldigen. S. a. → Jüdische Dichtung, → Trinklieder, → Trinksprüche.

Analysenprüfung, zweite Stufe der → Qualitätsweinprüfung. Sie wird nach abgeschlossenem Kellerausbau und Abfüllung des Weines von vereidigten Chemikern besonders zugelassener Untersuchungslabors vorgenommen. Sie dient in erster Linie der Kontrolle, ob der Wein den Angaben des Herstellers/Abfüllers gerecht wird. Geprüft werden exakt – durch chemische Analysen – z. B. die Gehalte an Alkohol, Extrakt, Restzucker und schwefliger Säure; außerdem fahndet man nach möglichen Rückständen von → Behandlungsstoffen usw.

Anbaugebiete, bestimmte; Begriff des deutschen Weinrechts. Für → Qualitätsweine b.A. und solche mit → Prädikat wurden in der Bundesrepublik Deutschland 11 A. festgelegt: → Ahr, → Baden, → Franken, → Hessische Bergstraße, → Mittelrhein, → Mosel-Saar-Ruwer, → Nahe, → Rheingau, → Rheinhessen, →

Laborant bei der **Analysenprüfung**.

Rheinpfalz und → Württemberg. Verschnitte von Weinen der beiden genannten Güteklassen innerhalb der b.A. sind im Gegensatz zu früher nach dem neuen Weingesetz von 1971 untersagt. Die Angabe des b.A. auf dem → Etikett ist Pflicht.

Anbaumethoden, → Erziehungsarten der Rebe.

Anbaustopp. Angesichts steigender Ernteerträge durch Flurbereinigung und Anbau-Ausweitung erließ der Rat der EG einen Anbaustopp für Neuanpflanzungen von Rebflächen, zunächst für die Zeit vom 1. Dezember 1976 bis 30. November 1978, dann bis zum 30. November 1979 verlängert. Nicht betroffen von diesem A. sind 1. die Wiederbepflanzung alter Rebflächen, die nicht mehr als vier Jahre zuvor mit dem Ziel der Neuanpflanzung gerodet wurden, sowie 2. Neuanpflanzungen, die nach den Regeln der EG-Richtlinie 72/159 bereits in *Betriebsentwicklungsplänen* aufgeführt waren.

Andalusien, → Spanien.

añejo, span. Bezeichnung für älteren Wein, im Gegensatz zum *nuevo* (*Neuer*) des jeweils jüngsten Jahrgangs; a. entspricht damit etwa dem → Altwein in Österreich.

anémique, franz. *blutarm,* WA im Sinn von → *klein,* → *mager,* bei Rotwein auch allzu wässerige, matte Farbe rügend.
Anheizung, → Gallisieren.
Anis, klare, mehr oder minder süße bis trockene → Aperitifs auf Weinbrandbasis. Sie werden in Frankreich meist mit Wasser verdünnt (und dadurch milchig getrübt), in Spanien und im östlichen Mittelmeerraum jedoch pur genossen: in der Türkei der *Raki* (dessen Alkoholbasis Destillate von → Rosinen oder Feigen abgeben), in Griechenland *Ouzo, Dousico* und *Mastiche,* in Spanien der *Anisado* (*dulce* oder *seco*). Für Frankreich wären *Casanis, Pastis, Ricard* (mazerierte A.e), *Pernod* (destillierter A.) u. a. zu nennen; früher gehörte dazu auch der → *Absinth.* Der *Anisette* (A.likör) wird heute noch aus den Früchten des schon zu Zeiten Babylons als Gewürz gebrauchten, von Ägyptern und Hebräern als Heilkraut gepriesenen *Echten* oder *Grünen A. (Pimpinella anisum)* aus der botanischen Familie der *Doldengewächse* bereitet. Die A.-Aperitifs dagegen beziehen ihr Aroma und Parfum vom ätherischen Öl des im süd- bzw. indochinesischen Raum heimischen *Sternanis (Illicium verum)* aus der Familie der *Magnolienpflanzen.* Charakteristisch für beide A.-Arten ist der hohe Anteil der stark duftenden Substanz *Anethol* in den ätherischen Ölen der Samen.
Anjou, historische Provinz des *Val de Loire* in → Frankreich, östlich an das *Muscadet*-Gebiet von Nantes anschließend, mit den Hauptorten Angers und Saumur. Unter den *A.O.C.*-Weinen des A. sind erstrangig zu nennen: die lieblichen, fruchtigen Kreszenzen der → Cheninblanc-Rebe (auch *Pineau-de-la-Loire* genannt), darunter der likörige *Coteaux-du-Layon,* eine Trockenbeerenauslese, dazu einige *Chenin-* und *Melon*-Weißweine von minderer Süße, jedoch kaum minderer Güte. Vor allem im Raum um Saumur werden auch Qualitätsschaumweine nach dem → Champagner-Verfahren erzeugt sowie sortenreine, mild-duftige Rotweine (*Appellation Saumur-Champigny!*) aus der *Cabernet-franc*-Traube gekeltert. Diese hat im A. jedoch größere Bedeutung für die → Rosés, die es hier in allen Güteklassen gibt.
annata, ital., → Jahrgang des Weines.
anregend, *belebend,* franz. *excitant,* WA für einen Wein mit → Frische und betont *fruchtiger* → Säure.
Anreichern, *Verbessern,* Hinzufügen von Zucker zum unvergorenen Traubenmost im Rahmen der gesetzlichen Bestimmungen. Diese Maßnahme hat nichts mit der Süße des fertigen Weines zu tun, ihr Zweck ist vielmehr die Erreichung eines höheren Alkoholgehaltes bei nicht voller Ausreifung der Trauben in schlechten Jahren. Der dem Most zugesetzte Zucker (Saccharose) verbindet sich mit dem natürlichen Zucker der Trauben zu → Invertzucker und vergärt zu Alkohol. Die Anreicherung darf nur bei Tafel- und Qualitätsweinen erfolgen, nicht dagegen bei → Qualitätsweinen mit Prädikat. Die Höhe der Anreicherung ist durch Verordnungen für jedes Anbaugebiet genau geregelt. S. a. → Chaptalisieren.
ansprechend, franz. *attirant, câlin,* ital. *beverino,* WA für *süffiges, harmonisches,* nicht sattmachendes Getränk, franz. auch als *vin qui cause bien* bezeichnet: *Wein, der gut motiviert,* d. h. zum Weitertrinken animiert.
Anstechen, *ein Faß aufmachen;* dies geschieht durch Einschlagen eines *Zapfhahns* in das zuvor mit einem Holzspund verschlossene *Zapfloch* an der unteren Faßfront. Erst dann kann man Wein ohne → Weinheber portioniert entnehmen.
Anthocyane, von griech. *Blütenblau,* in vielen Pflanzen enthaltene Farbstoffe (Blau, Rot und Mischtöne). Dazu gehören z. B. das Weintrauben-Pigment → Önocyanin sowie der (aus Flechten gewonnene) Farbstoff *Lackmus,* der sich unter Säureeinwirkung von Blau zu Rot, bei alkalischer Reaktion von Rot zu Blau verfärbt.
A.O.C., → Appellation d'origine contrôlée.
apagado, span. WA im Sinn von → *gestoppt;* s. a. → Mistellen, → Stoppen.
Aperitif, *Magenöffner,* engl. *before-dinner-drink (Vor-dem-Essen-Getränk);* ein während oder nach den Mahlzeiten gereichter A. wird als → Digestif bezeichnet. Franz. *apéritif (appetitanregend)* ist über ital. *aperto (offen)* von lat. *aperire (öffnen)* hergeleitet. – Die Erfahrung ist gewiß Jahrtausende alt, die wissenschaftliche Klärung der kybernetischen Reaktionsabläufe im lebenden Organismus noch recht jung: Sieht man von der seltenen Ausnahme austrocknender Wirkung ab, so regt

jede Sinneswahrnehmung im Mund die Speichelproduktion an; unter den Geschmacksreizen z. B. aktiviert alles Bitter-Herbe, aber auch würzige Süße die Speicheldrüsentätigkeit besonders stark. Schon in der griech.-röm. Antike trank man vor opulenten Gastmählern süße, gekochte und mit Kräutern aromatisierte Weine (*vins cuits*), im Mittelalter einen *Lautertrank*. Alte jüd. Quellen nennen als Magenöffner *apiktevisi* und den Bitterwein *psinjaton*. – Heute ist der Begriff A. sehr weit zu fassen, da sehr viele, z. T. grundverschiedene Getränke sich zum Gebrauch als A. eignen. Da sind einmal südländische Süß- bzw. → Dessertweine sowie auch *trockene* bis *herbe* Spielarten (engl. *appetizer wines*). Die meisten von ihnen werden nach mehr oder minder geheimen Rezepturen in Spezialverfahren hergestellt. Dazu zählen der rote → Byrrh, *Cap Corse* und → Dubonnet, → Madeira (*Sercial!*), → Portwein, → Sherry (*Amontillado, Fino*), *St-Raphaël* und → Wermut. Die A.-Skala reicht von schlichten (mit aromatischen und stimulierenden Likören oder Destillaten dosierten) → Mistellen bis zum raffiniert komponierten → Cynar, vom geschickt gemixten → Cocktail über natursüße Schaumweine (z. B. → Asti spumante) bis zum hochkarätigen → Champagner. A.s unter den Spirituosen sind vor allem die *Bitterlinge* (*Magenbitter*), aber auch → Anis u. a., mit geschmacksaktiven Fertigspirituosen oder Würzessenzen (Destillaten, Mazeraten) aromatisierte *Klare*. Die Alkoholbasis liefert hier in der Regel aus Weintrauben bzw. → Rosinen (in der Türkei auch aus Feigen) gebrannter *Weingeist* (→ Alkohol); unter den Kräutern und/oder Kräutersamen, deren Auszüge ihn zum A. machen, dominieren Angelika, Anis, Dillkraut, (gelber) Enzian (in den Alpenländern), Fenchel, Koriander, Kümmel und Wermutkraut (s. a. → Absinth).

Apfelsäure, → Fruchtsäure.

Apfelwein, *Zider,* franz. *cidre,* weinähnliches Getränk aus vergorenem Apfelmost, als *Äppelwoi* z. B. eine Spezialität der Gegend um Frankfurt am Main. Im alten Palästina wurde A. von Heiden hergestellt. Bei den Juden galt er – nach siebzigjähriger Lagerung – als Heilmittel für Darmleiden. Als ein Rabbi dadurch geheilt wurde, lobte er Gott, *der Hüter für seine Welt einsetzt.*

Aphrometer, *Sektdruckmesser,* Gerät zum Messen des Kohlensäure-Überdrucks in Schaumweinflaschen; → Druck.

aplati, franz. *flach, platt,* WA, → matt.

A. P.-Nr., → Prüfungsnummer, Amtliche.

Appellation contrôlée, *A.C.,* international geläufige Kurzform für → Appellation d'origine contrôlée.

Appellation d'origine contrôlée, *A.O.C.* (Kurzform: *Appellation contrôlée, A.C.*), höchste franz. Qualitätsstufe für Wein und Weinbrand mit der Bedeutung: *Kontrollierte Herkunftsbezeichnung.* Dabei wird das Wort *origine* (*Herkunft*) bei Weinbränden durch den Namen des Produktionsgebietes, beim Wein durch den des Anbaugebietes, des Bereichs, der Gemeinde oder der Lage ersetzt. A.O.C.-Weine entsprechen den Produktionsbedingungen des *I.N.A.O.* (*Institut national des appellations d'origine*) sowie einer 1935 begründeten und bis heute – durch Dekrete des zuständigen Landwirtschaftsministeriums – zunehmend präzisierten und (verbraucherfreundlich) gestrafften Weingesetzgebung. Die Bestimmungen über Rebsorten, Mindestalkoholgehalt und Maximalertrag je Hektar Rebfläche, Anbau- und Kellereiverfahren sind um so strenger, je enger die Produktionszone (vom Anbaugebiet zur Einzellage) eingegrenzt wird. Seit 1974 wird – im Zuge der EG-Angleichung – stufenweise für alle A.O.C.-Weine auch die → Sinnenprüfung (*Degustationsexamen*) obligatorisch. Nach EG-Gesetz gehören A.O.C.-Weine grundsätzlich zu den → Qualitätsweinen bestimmter Anbaugebiete (franz. *Vins de qualité provenant de régions délimitées, V.Q.P.R.D.*).

Appenzell. Das Rebgebiet der beiden Schweizer Halbkantone Appenzell-Außerrhoden und -Innerrhoden gehört zur Weinregion → Ostschweiz und umfaßt 2,3 Hektar, die sich auf einen Rebberg bei Rehetobel (AR, 1,6 Hektar) mit zu gleichen Teilen Blauem → Burgunder und → Müller-Thurgau (*Riesling × Silvaner*) und ein Areal im Katzenmoos (AI, 0,7 Hektar) mit *Müller-Thurgau* verteilen. Beide Lagen befinden sich auf rund 600 Meter ü. M.

appetizer wines, engl. appetitanregende Weine, → Aperitif.

âpre, franz. WA, → rauh.

Apulien, Weinbaugebiet mit rund 300 000

Hektar Rebfläche im äußersten Südosten (am *Stiefelabsatz*) von → Italien. Das Gros der etwa 10 Millionen Hektoliter Jahresertrag stellen alkohol-, körper- und farbstoffreiche Konsumweine; hinzu kommen etliche ausgesprochene → Dessertweine. Zu den wenigen *D.O.C.*-Qualitäten zählen die Weiß-, Rot- und Roséweine von *Castel-del-Monte*, der angenehm frische und trockene *Sansevero* sowie *Locorotondo* und *Martina Franca*.

aqueux, franz. *wässerig,* WA im Sinn von → fad, auch gleichbedeutend mit → gestreckt gebraucht.

Arbois, neben → Château-Chalon bekannteste Weinbaugemeinde des franz. Jura. Aus der Palette der im Jura angesiedelten Reben werden in A. neben einigen *A.O.C.*-Weinen und Qualitätsschaumweinen auch → Strohwein (*vin de paille*) sowie vin jaune (→ Dessertwein) erzeugt.

Arbst, Blauer, → Affentaler.

Arbst, Weißer, → Burgunder, Weißer.

Argentinien (Karte → Südamerika) erntet auf annähernd 350 000 Hektar Rebland jährlich über 20 Millionen Hektoliter Wein und hat einen Jahreskonsum von rund 86 Liter pro Kopf der Bevölkerung. Damit steht A. in der Welt-Weinstatistik nach Erzeugung und Verbrauch an fünfter, unter den außereuropäischen Ländern sogar an erster Stelle. Die Weinbaugebiete liegen mehr oder minder dicht an den östlichen Anden-Ausläufern. Von vergleichsweise geringer Bedeutung sind die Rebflächen um Salta, Catamarca und La Rioja im Norden wie auch die von Neuquén am Rio Negro im Süden – gegenüber den fast 90 Prozent des Ertrags bringenden Regionen von San Juan, Mendoza und San Rafael, wo vielfach erst künstliche Bewässerung seit dem ausgehenden 19. Jh. aus Wüste Weinland machte. Die ersten Weinreben wurden – aus Spanien und anderen Mittelmeerländern – nach A. 1560 eingeführt, kaum 25 Jahre nach Gründung der heutigen Hauptstadt Buenos Aires. Heute werden rund 60 Prozent (etwa 12 Millionen Hektoliter) des Gesamtertrags zu weißen, roten und auch weiß-roten bzw. weiß-blauen Konsumweinen verschnitten, die man *Criollos* (*Kreolen*) nennt wie die Südamerikaner spanischer Abstammung. Daher der nicht nur für einheimische Mischweine, sondern auch für die älteste bodenständige Mutante ursprünglich spanischer Reben gebrauchte Name *Criollo*. Von größerer qualitativer Bedeutung ist die rote *Côt*-Rebe (hier *Malbec* genannt), die in Frankreich nur zum Verschnitt (→ Anjou, → Bordeaux) gebraucht wird, in A. jedoch zu sortenreinen, als (→) *rund und samtig* zu bezeichnenden Kreszenzen gedeiht. Eine weitere argentinische Spezialität sind erst nach → Maischegärung gekelterte Weißweine.

arm, franz. *pauvre, fluet* (*dünn, schmächtig*), *froid* (*kalt, ohne Wärme*), WA für *kleines, mageres* Erzeugnis ohne charakteristischen → Ausdruck; ein Wein ohne Reiz.

Armagnac, altfranz. Grafschaft in der Gascogne, im südwestlichen → Frankreich, als Weinbaugebiet zwischen → Bordeaux mit → Bergerac im Norden und → Jurançon im Süden angesiedelt. A.-Weine

Reben am Fuß der Anden, in **Argentinien**.

kommen als solche kaum je auf den überregionalen Markt; sie werden vielmehr (nicht selten immer noch, wie es die Tradition gebietet, über Eichen- oder Erlenholzfeuer) destilliert und in Fässern aus (mindestens sechs Jahre getrockneter) einheimischer Eiche zu dem A. genannten → Weinbrand von weltweiter Reputation gereift. A. aus A. wird im allgemeinen weniger verschnitten (aus Grundweinen verschiedener Herkunft gemischt) als echter *Cognac* aus → Cognac, und ein solider A. soll 50 Jahre (oder wenig mehr) Lagerzeit in Hochform überstehen. Kenner bezeichnen als niedrigste Gütestufe just den *Haut A.* (*Hoher A.*), dessen Grundweine auf mit Tonadern durchzogenem Kalkboden der Pyrenäen-Ausläufer wachsen. Schmeichelnder Veilchenduft kennzeichnet den *Tenarèze* aus Tongrund-Hochflächen. Die höchste Note aber erhält der *Bas A.* (*Niederer A.*) oder *Noir A.* (*Schwarzer A.*) aus der Rebernte kieselsäure- und kalkhaltiger Talgründe. Drei Sterne stehen bei A. für fünf Jahre Reifung im Faß, die Chiffre *V.S.O.P.* (→ Very Superior Old Pale) für 10, die Bezeichnung *Extra A.* für 20 Jahre Lagerung im Eichenfaß vor Abfüllung auf Flaschen.

armonico, ital. → harmonisch.

Aroma, franz. *arôme,* 1. WA für charakteristischen Duft nach bestimmten Traubensorten (z. B. Gewürztraminer, Muskateller u. a.) oder *obstiges* → Bukett (Apfel-, Brombeer-, Quitten-A. usw.); 2. Gesamtheit der primär geschmacks- und erst in zweiter Linie geruchsbildenden Substanzen. Die deutsche *Bundesforschungsanstalt für Rebenzüchtung* (Geilweilerhof bei Siebeldingen/Rheinpfalz) wies in Traubenmosten etwa 80, in Weinen jedoch mehr als 400 verschiedene Aromastoffe nach. Diese machen nur rund 0,2 Prozent des Weinvolumens aus, und 80 bis 90 Prozent des A.-Anteils bestehen aus *Amylalkohol* und *Rosenduft* (chem. *Beta-Phenyl-Äthylalkohol*). Das Zusammenspiel der übrigen, nur in winzigen Spuren vorhandenen A.stoffe bestimmt den eigentlichen Weincharakter. Die moderne *Gas-Chromatographie* (→ Aromagramm) erlaubt den Nachweis solcher Spuren-Ingredienzien des Weines bis zum Verdünnungsverhältnis von 1:1 Milliarde (10^9).

Aromagramm, vom Computer ausgedrucktes Kurven-Diagramm, Ergebnis *gas-*

Laborantin bei Vorbereitungen für ein **Aromagramm**.

chromatographischer Weinanalyse. *Gas-Chromatographie* ist ein modernes Verfahren zur Trennung und Identifizierung gasförmiger bzw. verdampfbarer Stoffe, wozu auch die Aromastoffe von Traubensaft und/oder Wein gehören. In diesem Fall liefert der entsprechend programmierte, elektronisch gesteuerte *Gas-Chromatograph* aus nur wenigen Tropfen Wein charakteristische Schwingungswerte einer Vielzahl verschiedenster, das → Aroma des Weines bestimmender Substanzen. In der graphischen Darstellung des A.s zeigt sich die Individualität der einzelnen Bestandteile durch die spezifische Form und Höhe der Kurvenspitze (*peak*). Das A. erfaßt Spuren-Ingredienzien des Weines bis zum Verdünnungs-Verhältnis von 1:1 Milliarde (10^9). Der menschliche Geschmackssinn freilich vermag – mit dem Geruchssinn gekoppelt – manche chemische Verbindung noch bis zu Verdünnungen von 1:1 Billion (10^{12}) wahrzunehmen, jedoch – im Gegensatz zum A. des *Gas-Chromatographen* – nicht einzeln zu identifizieren.

aromatico, aromatique, ital. bzw. franz. WA für → bukettreich.

aromatisch, 1. WA für geschmacksintensive und → bukettreiche Weine; 2. in der

aromatisiert

EG kennzeichnend für früher im deutschen Sprachraum als *Bukettschaumweine* gehandelte Erzeugnisse mit überwiegendem Anteil von → Grundweinen aus Trauben von → Bukettreben. Der heute wohl bekannteste a. Schaumwein ist der italienische → Asti spumante.

aromatisiert, 1. WA im Sinn von → parfümiert; 2. bei Schaumwein sinngemäß besagend: *mit Zusatz künstlicher Duftstoffe*. In der BRD sind a. Schaumweine – im Gegensatz zu *aromatischen* Schaumweinen – kraft Weingesetz von 1971 nicht mehr handelsfähig.

Art, in der WA Merkmal einer → Kreszenz von charakteristischem, ausgeprägtem, jedoch nicht aufdringlich hervorstechendem → Aroma.

artig, *gefällig, hübsch, nett,* in der WA Charakterisierungen wohlmundender mittlerer Weine mit harmonisch ausgewogenen, sortentypischen, jedoch schwach entwickelten → Aroma- und insbesondere → Bukett-Merkmalen, geringem Alkoholgehalt, wenig Farbe und → Körper; verwandt: → leicht, → mild.

Artisan, in der trad. Klassifizierung der → Bordeaux-Weine ein → vin ordinaire ohne besondere Ansprüche. Ein *Cru artisan* rangiert zwischen dem etwas geringer bewerteten *Cru paysan* und dem etwas höher eingeschätzten *Cru bourgeois* des → Médoc.

Artischocken-Bitter, → Cynar.

Arvine, → Wallis.

Arznei Wein, therapeutisch: → Medizinalwein, → Weinkur; literarisch: → Medizin Wein, → Sorgenbrecher ...

asciutto, *secco,* ital. WA für → trocken.

aspérité, franz. *Rauhsein;* der Wein hat *rauhe Seiten, saure Spitzen: il a des aspérités,* WA im Sinn von → kratzig, → sauer.

assis, franz. WA, → abgerundet, → harmonisch.

Assmannshäuser, Roter, begehrte → Blauburgunder-Spezialität des sonst für → Riesling berühmten deutschen Anbaugebiets → Rheingau aus der → Großlage *Steil* (→ Johannisberg). Wichtigste Einzellage ist der *Höllenberg* der Hessischen Staatsweingüter.

Asti, Stadt und gleichnamige Provinz im nordwestitalienischen Piemont, international bekannt vor allem durch den in Italien selbst beliebtesten Schaumwein (*Asti Spumante*). Insgesamt aber produziert die kleine Provinz jährlich gut 750 000 Hektoliter Wein nicht nur aus weißen → Muskat-Spielarten (*Moscatello, Moscato d'Asti, Moscato di Canelli*) im Hügelland von Monferrato (woher die Grundweine des → Spumante kommen), sondern z.T. auch sehr beachtliche, sortenreine Rotweine aus *Barbera-, Grignolino-, Nebbiolo-* und anderen Rebsorten. Außerdem darf A. als bedeutendes → Wermutwein-Zentrum gelten.

Asti Spumante, milder bis süßer, hell- bis goldgelber Schaumwein aus → Asti.

ätherisches Öl, → Öle, ätherische.

attirant, franz. *anziehend,* WA, → ansprechend, → gefällig.

Aube, Département im nordöstlichen → Frankreich (Provinzhauptstadt: Troyes), mit rund 2200 Hektar Rebland quantitativ respektable, qualitativ jedoch kaum ins Gewicht fallender Südteil der → Champagne.

Aude, südfranz. Département (Provinzhauptstadt: Carcassonne) mit rund 120 000 Hektar Rebfläche, die heute überwiegend dem Midi, zu geringerem Teil dem → Roussillon zugeschlagen werden. Als Département steht A. nach → Hérault an zweiter Stelle der franz. Wein-Provinzen. Der Ertrag der Region erschöpft sich freilich weitgehend in passablen bis respektablen (*Corbières* und *Minervois*) Konsum- und Tafelweinen.

Auerbachs Keller, historischer, heute noch als Gaststätte geführter Weinkeller an der Grimmaischen Straße in Leipzig (DDR), berühmt geworden durch eine dort spielende Szene in Goethes *Faust I* (1806). Das *Auerbachs Hof* genannte Gebäude ließ 1530 Heinrich Stromer (1482–1543) errichten, bestallter Professor der Medizin, der, zu Leipziger Ratsherrenehren gekommen, den Namen seines Geburtsortes Auerbach (Oberpfalz/Bayern) annahm. Räumlichkeiten und der lange, winkelreiche Innenhof dienten während der Leipziger Messen als Ausstellungsterrain. In Goethes Trauerspiel – und auf einem Fresko im *Faßzimmer* von A. K. – führt Mephisto Faust in den Keller ein, wo zechende Burschen lautstark einen schlechten Eindruck machen (*Uns ist so kannibalisch wohl als wie fünfhundert Säuen*). Faust hält es nicht lange in solcher Gesellschaft, und bei Goethe erfolgt der Abtritt von Faust und Mephisto durch den legen-

Ausbau

Mephisto führt Faust in **Auerbachs Keller** (Ölgemälde von Eduard Grützner, 1846–1925).

dären → Faßritt, der in anderen Überlieferungen anders dargestellt wird.

Auffüllen, in Weinkellern die regelmäßige Zugabe von → Füllwein in die Lagerfässer, um den durch Verdunstung entstehenden *Schwund* auszugleichen.

Aufmachung, schmückende Ausstattung bzw. Etikettierung von Wein- und Schaumweinflaschen. Die den Flascheninhalt deklarierenden Begriffe und Maßangaben, die auf dem → Etikett erscheinen dürfen bzw. müssen, sind in der *Aufmachungs-Verordnung* der EG (Nr. 1608/76) sowie durch ergänzende Bundes- bzw. Länderverordnungen genau geregelt.

Aufrühren, franz. *brassage,* in der Sektkellerei das Aufschütteln der Rohsektflaschen nach der → Flaschengärung und vor der eigentlichen → Enthefung. Das A. verhindert ein zu starkes Festsetzen der Hefepartikel an der Flaschenwand und begünstigt so den konzentrierten Niederschlag als *Hefedepot,* das schließlich im → Eispfropfen entfernt wird.

Aufschlagen, in der Sektkellerei rasches Umdrehen der Rohsektflaschen während der → Flaschengärung, um die Hefe durch Aufwirbeln zu aktivieren. A. ist nicht identisch mit → Umschlagen.

Aufspriten, *Stoppen* der → Mostgärung durch Hinzufügen von neutralem → Alkohol oder Branntwein. Der hierdurch erzielte Gesamtalkoholgehalt von über 17 Volumenprozent verhindert ein Weiter- und Nachgären der so erhaltenen → Mistellen, welche dadurch eine hohe → Restsüße bewahren. Das in der BRD verbotene A. ist unverzichtbarer Bestandteil der Rezepturen für die Herstellung zahlreicher → Dessertweine.

Auge, botan. *Vegetationspunkt,* Knospe. Beim Rebschnitt bestimmt der Winzer z. B. durch seine Wahl der → Bogrebe (nach deren A.nzahl) die Zahl der Primär-Zweigtriebe des neuen Jahres.

Ausbau, Kellerbehandlung von Wein (Schaumwein) nach der (ersten) → Gärung, fachkundig gesteuerter Entwicklungs- und Veredelungsprozeß im Faß und auf der Flasche vom Rohprodukt (→ Grundwein) zu Trinkreife (*ausgebaut*) und Hochform (→ abgelagert).

Ausbruch, österr. Bezeichnung für einen ausschließlich aus edelfaulen, eingetrockneten Beeren (→ Botrytis cinerea) gewonnenen Wein mit mindestens 27 Grad KMW (→ Klosterneuburger Mostwaage) → Ausgangsmostgewicht.

Aus dem Lesegut von ... – Bezeichnung auf dem Etikett, wenn der abgefüllte Wein aus *Zukaufsware* (d. h. Most oder Wein anderer Erzeuger) besteht, → Abfüller und → Erzeuger also nicht identisch sind.

Ausdruck, Gesamteindruck bei der Verkostung eines kleineren Weines, entsprechend dem bei mittleren bis Spitzenweinen gebrauchten WA-Begriff → Charakter. Als *ausdrucksvoll* wird ein *extrakt-* und *bukettreicher,* als *ausdruckslos* ein *armer, dünner* Wein bezeichnet.

Aus eigenem Lesegut, ältere Bezeichnung für → Erzeugerabfüllung auf dem Weinetikett. Sie besagt, daß der → Abfüller die Trauben für seinen Wein auf eigenem Rebland geerntet hat.

Ausgangsmostgewicht, das → Mostgewicht, welches ein Wein mindestens haben muß, um eine bestimmte Qualitätsstufe zu erreichen. Die A.e sind für jeden → Qualitätswein bindend festgelegt, unter Berücksichtigung der rebsorten- und gebietstypischen Eigenarten.

ausgebaut, → Ausbau.

ausgeglichen, → abgerundet.

Ausgleichswein, → Füllwein.

Ausg'steckt, in österr. Weinbaugegenden auf *Buschenschanktafeln* plakatierter, amtlich genehmigter Hinweis auf → Straußwirtschaften (→ Buschenschank). *Ausgesteckt* oder *ausgehängt* sind sinngemäß Feldblumenstrauß, Nadelholzreis oder Erntekranz als Zeichen für den privaten Ausschank eines *Weinhauers.*

Auslese, das dritte in der Reihenfolge aufsteigende Prädikat von → Qualitätsweinen mit Prädikat. Für A.weine dürfen nur vollreife Trauben unter Aussonderung (daher der Name A.) aller kranken und unreifen Beeren verwendet werden. A.weine stellen mit ihren weiteren Steigerungen → Beerenauslese und → Trockenbeerenauslese die höchsten Qualitäten und Spezialitäten deutschen Wein dar. Sie sind voll im Geschmack, bisweilen fast likörartig in ihrer Konsistenz; in guten Weinjahren zeichnen sie sich durch den begehrten → Botrytiston in Bukett und Geschmack aus. Weine der A.stufe und höherer Prädikate sind weniger zum Trinken beim Essen zu empfehlen, wohl aber als → Aperitif oder → Dessertwein.

Ausone, Château, einer der zweifellos besten und mit Sicherheit teuersten Weine Frankreichs (ein *premier grand cru classé*), von dem es alljährlich nur etwa 220–230 Hektoliter gibt. Mehr ist auf dem eng begrenzten Terrain bei → Saint-Emilion (→ Bordeaux-Gebiet) nicht zu ernten, das im 4. Jh. unserer Zeitrechnung dem röm. Dichter Decimus Magnus Ausonius (um 310 n. Chr. bis nach 393) gehört haben soll, der aus dem Bordeaux stammte und dessen *Mosella,* eine poetische Beschreibung einer Moselfahrt von Bingen nach Trier, oft zitiert wird. Die Lagerfähigkeit jener knappen Kreszenzen ist außerordentlich: Mancher Jahrgang des Ch. A. soll noch nach 80, ja 100 Jahren mehr Frische als → Firne aufweisen.

Aussehen, gutes, in der WA höchstes Lob für makellose → Klarheit und nach Maßgabe von Herkunft (Rebsorte, Lage) und Alter einwandfrei typische → Farbe eines Weines.

Ausstattung, äußere → Aufmachung von Wein- und Schaumweinflaschen, einschließlich allen schmückenden Beiwerks (auch gesonderte Verpackung).

Ausstich, trad. österr. Bezeichnung für eine Spezialität aus → Klosterneuburg. Dabei handelt es sich um hervorragenden → Verschnitt aus den jeweils besten Fässern ein und derselben Weinsorte, meist von Grünem → Veltliner. A. bedeutet fachsprachlich soviel wie *selektive Entnahme,* analog zu *Anstich* (*Anzapfen*), *Abstich* (*Abfüllen*).

austère, franz. WA, → rauh.

Australien, fünfter und weinbaugeschichtlich jüngster Kontinent mit derzeit rund drei Millionen Hektoliter Jahresertrag aus etwa 70 000 Hektar Rebfläche. Nach ersten erfolgreichen Rebkulturversuchen seit 1788 bei Sydney (*New South Wales*) brachte ein Brite namens Busby 1830/32 mehr als 20 000 Setzlinge von über 500 in Europa verbreiteten Rebsorten ins Land, um ihre Kulturfähigkeit in den verschiedensten Klimazonen und Bodenregionen zu testen. 1840 prophezeite der deutsche Geologe Johann Menge dem *Barossa*-Tal nördlich von Adelaide (*South Australia*) eine fabelhafte Zukunft als Weinbauregion. Er sollte recht behalten: Hier wach-

Australien

Australien: Reben in New South Wales (oben), Versand (unten).

sen heute rund zwei Drittel aller australischen Weine. An zweiter Stelle rangiert der südöstlichste Bundesstaat *Victoria* (Hauptstadt Melbourne). Im *Hunter River Valley* zwischen Sydney und Newcastle (*New South Wales*) gedeihen – in recht gemäßigtem Klima – die wohl besten Weine A.s. Von sowohl quantitativ als auch qualitativ geringerer Bedeutung ist schließlich das *Swan Valley* bei Perth (*Western Australia*). Im großen und ganzen bringt A. bessere Rot- als Weißweine hervor. Wobei man freilich nicht nur die aus Europa übernommenen Rebsorten-Bezeichnungen z.T. recht unorthodox handhabt: Aus dem *Barossa Valley* z. B. kommen auch als (→) *Kaiserstuhl* deklarierte Weine (ebenso wie nicht ins Englische übersetzte *Honig-*, *Quark-* und *Streuselkuchen*). A. produziert aber auch vorzügliche Dessert-, Perl- und Schaumweine nach europäischen Rezepten.

Auszeichnungen. Das neue Weinrecht von 1971 machte in Deutschland (BRD) dem Wirrwarr der vielen Phantasiebezeichnungen ein Ende, welche zuvor A. beim Wein vortäuschten, fachlich aber meist ohne Belang waren. Als weingesetzlich zugelassene A. gibt es heute nur noch das → Deutsche Weinsiegel in Gelb, Grün und Rot, das → Badische Gütezeichen sowie die Prämierungsstreifen der → Kammer- und → Gebietsweinprämierungen. Sog. → Herkunftszeichen sind keine A., sondern geben allein die Herkunft der Weine an.

Autrichien, *Österreicher,* franz. Synonym für → Portugieser, Blauer.

Auvergne, waldarme Hochlandprovinz mit vielen erloschenen Vulkanen im südlichen Mittelfrankreich; Hauptstadt ist Clermont-Ferrand. Obwohl – als Teil der Provinz *Aquitania* – Rebland schon seit römischen Zeiten, ist die A. keine der bedeutenden Weinregionen → Frankreichs. Immerhin bringt sie jedoch neben einem Gros bedeutungsloser Rotweine einige wenige *V.D.Q.S.*-Qualitäten hervor: *Côtes d'Auvergne, Côtes du Forez, Côtes Roannaises* sowie den in manchen Jahren sehr nobel ausfallenden *Saint-Pourçain-sur-Sioule*.

Auxerrois, *Côt, Malbec, Pressac,* eine vor allem in Frankreich verbreitete Spielart der Weißen → Burgunderrebe, benannt nach Auxerre, einst Hofstätte der Grafschaft *A.* (zwischen → Champagne und → Burgund), heute Hauptstadt des Départements Yonne, zu dem auch die Weißburgunder-Hochburg → Chablis gehört. Die A.-Rebe ist wenig ertragreich, liefert aber Weine von vollrundem *Körper* und nicht selten bestechendem *Bukett*.

Avignon, Hauptstadt des franz. Départements Vaucluse (*Provence*) und bedeutendes Weinhandelszentrum der → Côtes du Rhône. A. war 1309 bis 1377 Amtssitz der römischen Päpste im *Babylonischen Exil*, 1378 bis 1403 Hochburg von Gegenpäpsten; außer dem monumentalen Stadtschloß der Päpste gibt es jedoch nahebei im Hügelland die nahezu vergessenen, recht kümmerlichen Ruinen eines einstigen *Neuen Papstschlosses*, das einem wohlbekannten Ort und seinen weltbekannten Weinen den Namen gab: → Châteauneuf-du-Pape. Diese Gewächse sowie die roten und Roséweine von *Gigondas* und *Tavel* sind die Bestseller der Weinhändler von A.

Reben in der Nähe von **Avignon.**

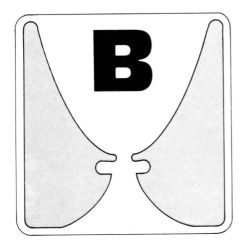

Bacchus, lat. Name des griech. Fruchtbarkeits- und (erst seit etwa dem 7. Jh. v. Chr.) Weingottes → Dionysos, der bei Übernahme in die röm. Mythologie dem altitalischen Fruchtbarkeitsgott *Liber* gleichgesetzt wurde. Bei diesem geweihten Initiationsriten (*Liberalien*) erhielten die Jünglinge zum Zeichen ihrer Mannbarkeit die Toga. Zu den dionysischen *Anthesterien* gehörten bereits Kulte der Weinweihe (*Pithoigien*) und des Wett-Trinkens (*Choën*). Die *Dionysos* als Gott der Ekstase (*Bromios*) huldigenden Orgien der *Bakchen* (nach dem lydischen Namen *Bakchos* für *Dionysos*), *Mänaden* und *Thyiaden* fanden ihre direkte Fortsetzung in den röm. *Bacchanalien.* Fanden die Rausch-Mysterien der *Rasenden* auf dem griech. *Parnaß* jedoch meist im Freien und unter argen Witterungsunbilden statt (deren Überwindung durch Ekstase ursprünglicher Sinngehalt der Ausschweifungen war), so wurden die röm. *Bacchanalien* alsbald in wohltemperierte Räumlichkeiten verlegt, wo sich allen Sinnenfreuden besser und bequemer frönen ließ. – Im 5. Jh. v. Chr. verwandelte sich *Dionysos* in der bildenden Kunst der Hellenen in einen mit Fell leichtgeschürzten, eher der Jagdgöttin *Diana* an die holde Seite passenden Jüngling; B. dagegen behielt in Rom das ursprüngliche Image des bärtig-gestandenen, trunken tollenden oder behäbig genießenden Mannes bei, mit Wein- oder Efeuranken ums Haupt und einem Trinkgefäß in der Hand. Diese Vorstellung hielt sich bis weit ins – zu-

Bacchus, von Ludwig Fellner, 1977.

nächst zunehmend prüder werdende – Mittelalter hinein, schien dann aber im 14. Jh. zu verkümmern. Wiederbelebt hat die Figur des sinnenfrohen, wohlbeleibten B. Andrea Mantegna (um 1431–1506), der führende Künstler der oberital. Frührenaissance, mit seinem *Bacchanal.* Rubens und seine Schule, die flämische Malerei des 16. und 17. Jh., aber auch deutsche, franz. und ital. Malerei ließen B. fortan nie wieder völlig aus den Augen, bis die Kunst des 20. Jh. vor allem mit den Mitteln der Karikatur den Gott – an den niemand mehr glaubt und dem doch so viele huldigen – auf das Menschlich-Allzumenschliche seines Wesens reduzierte. S. a. → Wein in der bildenden Kunst.

Bacchus-Rebe, deutsche Rebneuzüchtung, Kreuzung aus → Silvaner × → Riesling und → Müller-Thurgau, erzielt durch Prof. Dr. B. Husfeld an der *Bundesfor-*

schungsanstalt für Rebenzüchtung Geilweilerhof* (bei Siebeldingen/Rheinpfalz); Sortenschutz seit 1972. Die nach dem Weingott → Bacchus benannte Rebe, bis heute vor allem in → Rheinhessen und der → Rheinpfalz angebaut, ist sehr ertragsfreudig und liefert *extraktreiche* Weißweine mit dezentem *Muskatbukett.*

Bacharach, traditionsreicher Weinbauort und Namensgeber eines von drei → Bereichen des deutschen Anbaugebiets → Mittelrhein mit den → Großlagen *Schloß Reichenstein* und *Schloß Stahleck.* Anschlußbereiche: → Rheinburgengau, → Siebengebirge.

Bad Dürkheim, anno 946 als *Thuringeheim* erstmals urkundlich erwähnt, bedeutende Kurstadt (Arsen-Solbad und Natriumchlorid-Therme) und Weinzentrum im Bereich → Mittelhaardt/Deutsche Weinstraße.

Bad Dürkheimer Faß, → Dürkheimer Faß.

Bad Dürkheimer Wurstmarkt, → Dürkheimer Wurstmarkt.

Baden (AU), nach der Stadt B. bei Wien benanntes Weinbauland der österr. *Thermenregion.* Diese ging nach dem Weingesetz von 1976 in der übergeordneten Weinbauregion → Niederösterreich (*Donauland*) auf, und aus B. wurde der Bereich → Gumpoldskirchen. Die Stadt B. (Schwefelbad) ist u. a. bekannt für Trauben- und Mostkuren mit der *Badener Kurtraube* (→ Gutedel).

Baden (Bundesrepublik Deutschland), deutsches Qualitätsweinbaugebiet mit den Bereichen → Badische Bergstraße/Kraichgau, → Badisches Frankenland, → Bodensee, → Breisgau, → Kaiserstuhl-Tuniberg, → Markgräflerland und → Ortenau. Über 400 Kilometer Wegstrecke verbinden den *Taubergrund* im äußersten Nordosten des Anbaugebiets über *Bergstraße* und Oberrheinische Tiefebene (bis Weil am Rhein, wo die eigentliche *Badische Weinstraße* endet) mit dem etwas abgelegenen, südöstlichen Zipfel am Bodensee. Entsprechend weit gerundet ist auch die Palette der badischen Weine. Weitbekannt sind die auf Löß- und Keuperböden fruchtenden *Rieslinge* und *Ruländer* aus dem *Kraichgau.* In der *Ortenau* wachsen denselben Traubensorten aus verwittertem Granitgestein ganz andere Geschmacksnüancen zu. Auf der vulkanischen Ge-

Baden: Musteretikett.

ländeinsel des *Kaiserstuhls* gedeihen *glutvolle Gewürztraminer, Ruländer, Silvaner* und *Spätburgunder;* das *Markgräflerland* dagegen ist die Heimat leichterer *Gutedel*-Weine. Die Bodenseelagen bei Meersburg bringen auf Moränenschutt die herberen *Seeweine* hervor, welchen internationale Liebhaber-Nachfrage ebenso gewiß ist wie den Neuweierer *Mauerweinen* aus der Ortenau oder den → Bocksbeutel-Qualitäten aus *Schüpfer-* und *Taubergrund* im Fränkischen. Hauptrebsorten der Region sind → Müller-Thurgau (33 Prozent der Gesamtrebfläche), später Blauer → Burgunder (22 Prozent), → Ruländer (14 Prozent), → Gutedel (11 Prozent) sowie zu etwa gleichen Teilen (um 7 Prozent) → Riesling und → Silvaner. Der jährliche Gesamtertrag B.s liegt deutlich über 1 150 Millionen Hektoliter (über 12,5 Prozent des deutschen Mostertrags) auf insgesamt 12 326 Hektar bestockter Rebfläche. Die *Zentralkellerei badischer Winzergenossenschaften* in Breisach ist heute eine der modernsten Kellereien Europas. S. a. → Badisches Gütezeichen, → Badisch Rotgold.

Badener Kurtraube, Synonym für die Rebsorte → Gutedel, deren Trauben in der österr. Stadt Baden (Bereich → Gumpoldskirchen) zu Trauben- und Mostkuren verwendet werden.

Badische Bergstraße/Kraichgau, nach dem deutschen Weingesetz von 1971 einer von 7 → Bereichen des Anbaugebiets → Baden mit den → Großlagen *Hohenberg, Mannaberg, Rittersberg* und *Stiftsberg.* Anschlußbereiche: → Badisches Frankenland, → Bodensee, → Breisgau, → Kaiserstuhl-Tuniberg, → Markgräflerland, → Ortenau.

Badisches Frankenland, nach dem deutschen Weingesetz von 1971 einer von 7 → Bereichen des Anbaugebiets → Baden mit der → Großlage *Tauberklinge.* Anschlußbereiche: → Badische Bergstraße/Kraichgau, → Bodensee, → Breisgau, → Kaiserstuhl-Tuniberg, → Markgräflerland, → Ortenau.

Badisches Gütezeichen, ähnlich dem → Deutschen Weinsiegel ein Gütezeichen, das dem Verbraucher einen Punktevorsprung – gemessen am Minimalanspruch der amtlichen Qualitätsprüfung – signalisiert. Das B. G. stellt dabei noch höhere Ansprüche als das *Weinsiegel* und wird

Badisches Gütezeichen für Qualitätsweine.

ausschließlich in → Baden (Bundesrepublik Deutschland) für → Qualitätsweine und → Qualitätsweine mit Prädikat in 0,7-Liter-Flaschen verwendet.

Badisch Rotgold, roséfarbener Qualitätswein aus dem *bestimmten Anbaugebiet* → Baden (Bundesrepublik Deutschland). Er wird aus einer Mischung von Trauben bzw. → Maischen der Rebsorten → Burgunder (*später Blauer*) und → Ruländer gekeltert und ähnelt im Geschmack dem → Weißherbst. S. a. → Rotling.

Balg, *Hülse,* Schale der Weinbeere. Der B. enthält die den blau- und rotgetönten Weinarten die Farbe gebenden → Anthocyane; → Önocyanin.

Balsamwein, hebr. *aluntit,* bei Juden im Altertum gebräuchliche Mischung aus altem Wein mit klarem Wasser und *Balsam* (natürliches Gemisch von Harzen, ätherischen Ölen und aromatischen Säuren). Das *Balsam*-Gewürz dient im Orient heute noch zur Wundbehandlung.

Bandol, nach dem gleichnamigen Badeort westlich von Toulon benannte Weiß-, Rot- und (überwiegend) Roséweine der provenzalischen Mittelmeerküste. Etwa 2 300 Hektoliter dieser angenehm süffigen, aber nie überragenden Weine bekommen alljährlich die *A.C.*-Marke dieser geographisch eng begrenzten Region des franz. Südens.

Bannwein, z. Z. der Feudalherrschaft der Wein des Feudalherrn, dessen Erstveräußerungsrecht die Erzeugnisse der Lehnswinzer so lange vom Markt *bannte,* bis der Lehnsherr verkauft hatte, was er verkaufen wollte.

Banyuls, franz. → Dessertwein eines kleinen Anbaubereichs unmittelbar nördlich der franz.-span. Grenze (Cerbère – Port-Bou) am Mittelmeer. Den Namen gab der noch immer fast idyllisch zu nennende Fischereihafen und Weinhandelsplatz B.-sur-Mer südlich Port-Vendres. Der auf Pyrenäenausläufer-Terrassen wohlgehegte und in traditionsreichen Kellern gepflegte Wein firmiert offiziell als *vin doux naturel* (wörtl. *natürlicher Süßwein*), erhält aber de facto seine 15 Prozent Mindestalkohol durch → Aufspriten. Charakteristisch für den B. ist die in Bukett und Geschmack sehr ansprechend gedeihende → Firne (hier *rance* bzw. *rancio* genannt) nach längerer Lagerzeit.

Barbaresco, nach dem gleichnamigen Ort im nordwestital. Piemont benannter, jedoch bis in den äußeren Stadtbereich von Turin hinein aus → Nebbiolotrauben gewonnener Rotwein. Er ist etwas leichter und trockener im Geschmack als der in der unmittelbaren Nachbarschaft aus derselben Rebsorte bereitete → Barolo, reift schneller als dieser und kann bereits nach zwei bis drei Jahren Flaschenlagerung → hochfarbig werden.

Barbera, rote, im nordwestlichen → Italien (Piemont) heimische Rebsorte. Sie liefert herzhafte Tafelweine von satter Farbe und einschmeichelndem Veilchenduft; die besten werden in → Alba, → Asti und dem *Monferrato* abgefüllt.

Bardolino, ein in Norditalien und der Südschweiz sehr beliebter, nie sehr starker, aber reizvoll fruchtiger, ehrlicher Rotwein, dessen Farbe eher an einen dunklen → Rosé erinnert. Namensgeber ist der Weinort B. am östlichen Gardaseeufer. Den Most geben dieselben Rebsorten, aus welchen – nur drei Wegstunden von B. entfernt – der weltbekannte → Valpolicella bereitet wird.

Barolo, einer der edelsten Rotweine → Italiens, der keinen weltweiten Vergleich zu scheuen braucht, auch nicht den mit → Barbaresco, einem in unmittelbarer Nachbarschaft aus derselben → Nebbiolotraube bereiteten Gewächs. Die namengebende Ortschaft B. ist Zentrum eines insgesamt nur acht Weindörfer umfassenden, hügeligen Anbaugebiets mit Tuffsteinboden süd-südöstlich von Turin. Der B. wird grundsätzlich vor Abfüllung auf Flaschen mindestens drei Jahre in Holzfässern gelagert und verträgt hiernach noch gut weitere drei Jahre Flaschenlager bis zur Hochreife. Das ursprünglich orange- bis granatrot schillernde Gewächs nimmt einen satten Rubinton an; es erhält seine Klarheit durch reichlichen → Depot-Niederschlag auch noch in der Flasche. B. ist *schwer* (bis 15 Volumenprozent Alkohol), eher *mild* als *trocken* im Geschmack, (→) *rund und samtig.*

barrique, Bordeaux-Eichenfaß von 224 Liter Rauminhalt.

Baselland, nordwestschweizer. Kanton zwischen Jura und Rhein. Die 56 Hektar Rebareal, vornehmlich an den sonnigen Jura-West- und -Nordwesthängen gelegen, sind zu 60 Prozent mit Blauem → Burgunder, zu je 15,5 Prozent mit → Gutedel und → Müller-Thurgau (*Riesling × Silvaner*), zu 9 Prozent mit → Hybriden und → Ruländer (*Pinot gris*) bebaut.

Basel-Stadt, nordwestschweizer. Kanton am Rheinknie. Der heute einzige Rebberg von 0,5 Hektar mit → Gutedel und → Müller-Thurgau liegt bei Riehen zwischen dem Flüßchen Wiese und der deutschen Stadt Weil am Rhein.

Bastard, roter oder weißer Dessertwein spanisch-portugiesischer Herkunft, benannt nach der *Bastardo*-Rebe, aus deren Trauben auch → Madeira und → Portwein bereitet werden. William Shakespeare (1564–1616) erwähnte den zu seiner Zeit in England sehr geschätzten B. in seinen Bühnenwerken *Heinrich IV.* und *Maß für Maß.*

battu, franz. *geschlagen,* WA für durch Überalterung (→ Firne, → Umschlagen) → müd gewordenes Getränk.

Bauernregeln, → Weinbauernregeln.

Bauchzwicker, *Darmreißer,* seit dem ausgehenden 19. Jh. von Österreich aus verbreitete Sachschelten für minderwertigen oder verfälschten Wein oder Most: Diese können Bauchgrimmen und Durchfall verursachen. → Wein im Volksmund.

Baumkelter, *Hebelkelter,* klassisches Konstruktionsprinzip von Traubenpressen (→ Kelter). Ursprünglich war es wohl ein allenfalls grob behauener Baumstamm, später oft ein aus mehreren schweren Balken zusammengesetzter *Kelterbaum,* der am einen Ende (an einer Seite des die Trauben aufnehmenden *Kelterkorbes* oder *-kastens,* höher als dessen Rand) mit einer Achse vertikal schwenkbar gelagert wur-

Die **Baumkelter,** einer der ältesten Keltertypen.

de. So drückte schon sein Gewicht über einen Stempel auf die Keltertrauben. Zum Füllen und zur Trester-Ausräumung der Kelter stemmte man den Baum am langen Ende hoch, zum Abpressen des Mostes zog man ihn an Seilen zusätzlich nieder. Muskelkraft und Körpergewicht wurden später durch Steingewichte ersetzt, und zu deren Anhebung setzte man schließlich am langen Hebelarm eine hölzerne Spindel ein, die man nur mehr, im Kreis gehend, über Hebelstangen zu bewegen brauchte. Der nächste Schritt war die Erfindung der → Spindel- oder Schraubenkelter. Neben dem Gebrauch der B. war noch weit über die griech. und röm. Antike hinaus das althergebrachte → Maischetreten üblich, und erst im 19. Jh. verdrängte die *Spindelkelter* endgültig die B. Eine der schönsten historischen B.n steht im Weinmuseum von Schloß Salem am Bodensee, ein besonders gewichtiges Exemplar (von 1727) findet sich im Innenhof des Weinmuseums in Speyer am Rhein. S. a. → Torkel.

Bauwein, im 17. Jh. auf gemeindeeigenem Terrain angebauter Wein, im Gegensatz zu aus anderen Gemarkungen/Weingegenden bezogenen Kreszenzen.

Bayerischer Bodensee, zum deutschen Anbaugebiet → Franken gerechneter Bereich mit zwei Reblagen in der Gemeinde Nonnenhorn. Fränkische Anschlußbereiche des B. B.: → Maindreieck, → Mainviereck, → Steigerwald.

Béarn, südwestliche Grenzlandschaft (Baskenland) Frankreichs, einst eigenständige Grafschaft, heute ungefähr gleichzusetzen mit dem Département *Basses-Pyrénées.* Das *V.D.Q.S.*-Siegel führen einige *Rosés de B.* sowie fruchtig-trockene Weißweine (*Rousselet de B.*); das Beste aus B. bietet jedoch die → Jurançon-Palette.

Beaujolais, franz. Qualitätsweine des gleichnamigen, geographisch eng umrissenen Anbaubereichs im südlichen → Burgund. Es gibt einige wenige Rosé- und sogar Weißweine dieses Namens, der internationale Ruf des B. meint jedoch zweifelsfrei den roten, fast veilchenfarbigen Wein, der als → vin primeur bereits ab 15. November des Erntejahres in den Handel kommen darf. Die fast schwarzhäutige → Gamaytraube, die andernorts gelegentlich nur recht mittelmäßige Weine hervorbringt, gedeiht auf dem Boden des B. (Granit und Tonerde), wenig nördlich von Lyon, zu ihrer Höchstform. Sie gibt dem B. den *zarten, fruchtigen* Geschmack und beachtliche *Körperfülle* (WA). Mit nur neun Prozent Alkohol ist der gewöhnliche *A.O.C.*-B. ein ausgesprochen leichter Tafelwein, der freilich schon im zweiten/dritten Jahr deutliche Geschmackseinbußen erleidet. Er sollte daher jung (möglichst schon im ersten Jahr) und kühl (10 bis 12 Grad Celsius) getrunken werden. Strengere Qualitätsnormen (z. B. 10 Prozent Alkohol) gelten für *B. supérieur* und *B.-Villages,* deren Herkunft auf 39 Weinorte begrenzt ist. Neun Spitzengewächse schließlich tragen den Namen ihrer Gemeinde und dürfen sogar als *Bourgogne (Burgund)* deklariert werden, was aber nur selten geschieht: *Brouilly* und der kräftigere *Côte-de-Brouilly,* der feine, fruchtige *Chenas, Chiroubles, Fleurie, Juliénas* und *Moulin-à-Vent* (dem echten *Bourgogne* durchaus vergleichbar), der robuste *Morgon* und der *Saint-Amour.*

Beaune, Kreisstadt im franz. Département → Côte d'Or, Weinbauzentrum der *Région beaunoise* (→ Côte de Beaune) und Haupthandelsplatz für Weine aus → Burgund. Unter den vielen historischen Baudenkmälern der Stadt genießt zumindest das 1443 begründete christliche Hospiz (*Hôtel-Dieu*) Weltruf: Die alljährliche Novemberauktion der → Hospices de Beaune bietet das Beste vom Besten aus Burgund und beeinflußt stark die allgemeine Weinpreisgestaltung.

Beerenauslese, genaue Bezeichnung nach dem deutschen Weingesetz von 1971:

Beaujolais: Etikett.

Qualitätswein mit Prädikat B. Zu seiner Bereitung dürfen nur überreife und/oder edelfaule (→ Edelfäule) Beeren verwendet werden. Die B. zeichnet sich durch volle Natursüße, intensive Bernsteinfarbe und likörartige Konsistenz aus; manche Jahrgänge haben den typischen → Botrytiston. – Eine Version der Legende vom *Spätlesereiter* (die sicher keine bloße Mär ist) erklärt die «Erfindung» der B. wie folgt: Wie alle Jahre wieder, war auch in jenem denkwürdigen Herbst um 1775 ein reitender Bote mit einer Probe Trauben zum Fürstabt von Fulda unterwegs, um dessen Leseerlaubnis für die Weinberge der Benediktinerabtei beim heutigen Schloß → Johannisberg (→ Rheingau) zu erbitten. Sei's, daß er unter die Räuber oder beim Zechen untern Tisch gefallen ist, jedenfalls kam der Reiter so spät zum Johannisberg zurück, daß dort die Trauben teilweise bereits am Stock verfaulten. Darauf ließ sie des Klosters Abt abernten und verlesen: die guten – d. h. die noch nicht angekränkelten Beeren – in die Bütte, die schlechten ins Büttchen: für die Mönche selbst, die sich daraus eben noch einen Haustrunk bereiten mochten. Sie kelterten und kellerten brav ihre Faulbeeren-Auslese – und als sie sie schließlich kosteten, erwies sie sich als köstlicher denn alles bisher Dagewesene. Der Abt ließ sich leicht überzeugen – und schickte seinen reitenden Boten nach Fulda fortan immer mit der Ermahnung los, nur ja das Pferd wie auch sich selbst zu schonen, sinngemäß: Eile mit Weile! Den Beeren Zeit zur Fäule ... – So die Legende.

Beerliwein, in der → Ostschweiz (vornehmlich *Bündner Herrschaft,* → Graubünden) aus Trauben der späten Blauen → Burgunderrebe bereiteter → Sternliwein.

Beerwein, seit dem 16. Jh. hervorhebende Bezeichnung für Wein aus von den Stielen abgestreiften Beeren, im Unterschied zur in der Vergangenheit allgemein üblichen Weinbereitung aus an den Fruchtständen belassenen Trauben; → Abbeeren.

Begleitschein, ein Dokument, ohne das kein Most- oder Weintransport in Großbehältern zwischen verschiedenen Orten innerhalb der EG erlaubt ist. Anhand des B.s ist es jederzeit möglich, einen Wein bis zu seinem Ursprung zurückzuverfolgen. B.pflicht besteht nicht für in Flaschen abgefüllte und verschlossene Weine.

Behandlungsstoffe, nach dem deutschen Weingesetz von 1971 (entsprechend EG-Verordnungen) insgesamt 22 im Rahmen der kellertechnischen Behandlung (*Ausbau*) des Weines zugelassene Substanzen, die genau (meist nach dem *Deutschen Arzneimittelbuch*) festgelegten Reinheitsbedingungen entsprechen müssen. Die B. dienen in erster Linie dazu, naturbedingte Verunreinigungen des Weines zu binden, um sie ab- und ausscheidbar zu machen. B. sind – entgegen landläufiger Meinung – keine *Zusatzstoffe* (die im Endprodukt verbleiben), sondern sie werden nach einer bestimmten, nachgerade therapeutisch zu verstehenden Behandlungsdauer restlos (mitsamt den dann an sie gebundenen Trub- und Schadstoffen) wieder ausgefiltert, so daß nichts mehr davon im Wein zurückbleibt. Vgl. → Schönen.

Behandlungsverfahren, verschiedene Methoden der Weinbehandlung (→ Ausbau) vom Jungwein bis zum fertigen Produkt.

Dazu zählen vor allem → Schönen, → Filtration, Erhitzung und Kühlung. B. und die Verwendung der entsprechenden → Behandlungsstoffe sind durch EG-Weinverordnung geregelt.

Beim Wein wird mancher Freund gemacht, beim Weinen auf die Prob' gebracht. Deutsches Sprichwort; s.a. → Guter Wein . . ., → In vino veritas; → Trinksprüche.

belebend, → anregend.

Bembel, süddeutsch, kleiner Weinkrug aus (meist bemalter) Keramik, ein bauchiges Henkelgefäß mit wenig verengtem Hals und Gieß-Schnauze (*Schnaube*). Zum B. gehören als Trinkgefäße kleine Keramikbecher.

Bentonit, einer der beim Weinausbau gebräuchlichen → Behandlungsstoffe; dieselbe Substanz, die in Apotheken und Drogerien als *Heilerde* verkauft wird. B. dient zur → Schönen der Weine, d. h. er bindet Eiweiß- und andere Trubstoffe im Jungwein und setzt sich mit diesem Ballast im → Depot ab. Bei der anschließenden → Filtration wird der B. samt Trubstoffen wieder restlos aus dem Wein entfernt.

Bereich, Zusammenfassung mehrerer Lagen bzw. → Großlagen, deren klimatische und geologische Bedingungen geeignet sind, den Weinen eine gemeinsame Geschmacksprägung zu geben. So umfassen die elf *bestimmten Anbaugebiete* der Bundesrepublik Deutschland insgesamt 31 B.e. Ihre Namen dürfen sowohl bei Tafel- als auch bei Qualitätsweinen auf dem Etikett genannt werden, dienen zur Vermarktung großer Mengen von Konsumweinen desselben B.s sowie als Herkunftsbezeichnung bei Sekt.

Bergerac, franz. Qualitätsweine eines kleinen, nach der Stadt B. an der Dordogne (Département Dordogne) benannten Anbaugebiets. Seine → Appellation contrôlée schließt unmittelbar östlich an die Gironde (→ Bordeaux-Gebiet) an, deren Hauptrebsorten auch den Charakter der A.O.C.-Weine von B. bestimmen. Der *B.-Sec* ist ein trockener, der *Côtes-de-B. moëlleux* ein lieblicher bis likörige Qualitätsweißwein. Der rote *Côtes-de-B.* unterliegt etwas strengeren Bestimmungen, kann angenehm überraschen.

Bergstraße, Badische, → Badische Bergstraße/Kraichgau.

Bergstraße, Hessische, *bestimmtes Anbau-*

gebiet der Bundesrepublik Deutschland, → Hessische Bergstraße.

Bern, Kanton der → Schweiz zwischen → Wallis im Süden und Bielersee-Jura-Südabdachung. Der nordwestliche Teil bis zur französischen Grenze bildet seit 1978 den Kanton Jura. Rund 230 der insgesamt gut 240 Hektar Rebland liegen an den steilen, zum Teil terrassierten Jura-Südosthängen am Bielersee von Vingelz bei Biel über Tüscherz, Twann, Ligerz bis Neuenstadt (La Neuveville). Diese Rebberge sind zu 75 Prozent mit → Gutedel, zu 5 Prozent mit → Müller-Thurgau (*Riesling* × *Silvaner*), → Ruländer (*Pinot gris*), → Silvaner, → Gewürztraminer, → Chardonnay und → Freisamer und zu 20 Prozent mit Blauem → Burgunder bebaut. Weitere Rebgebiete finden sich auf der Petersinsel und am angrenzenden *Jolimont* bei Erlach sowie am Thunersee bei Spiez und Oberhofen, wo zu 65 Prozent *Müller-Thurgau* und zu 35 Prozent *Blauburgunder* angebaut werden.

Bernkastel, *Mittelmosel*, nach dem deutschen Weingesetz von 1971 einer von vier → Bereichen des Anbaugebiets → Mosel-Saar-Ruwer mit den → Großlagen *Badstube, Beerenlay, Kurfürstlay, Michelsberg, Münzlay, Nacktarsch, Probstberg, Sankt Michael, Schwarzlay* und *Vom heißen Stein*. Anschlußbereiche: → Obermosel, → Saar-Ruwer, → Zell/Mosel.

Bernsteinsäure, → Fruchtsäure.

Besenwirtschaft, vor allem in → Württemberg gebräuchliches Synonym für → Straußwirtschaft.

Bestes Faß, an der Mosel auch *Bestes Fuder* genannt, in deutschen Weinbaubetrieben bis 1970 gebräuchliche Auszeichnung. Sie wurde mangels rechtsverbindlicher Definition nach Quantität und Qualität des mit ihr bedachten Weines sehr unterschiedlich ausgelegt und darum durch Weingesetz von 1971 untersagt.

beverino, ital. WA im Sinn von → ansprechend, → gefällig.

Bewertungsschema, Punktesystem zur Objektivierung und vergleichenden Auswertung von Ergebnissen der → Sinnenprüfung. In der Bundesrepublik Deutschland entwickelte die → Deutsche Landwirtschafts-Gesellschaft (DLG) für die → Bundesweinprämierung und das → Deutsche Weinsiegel ein 20-Punkte-Schema, das heute auch für die → Gebiets- und →

Rebberge von **Bernkastel** an der Mosel.

bianco

Kammerweinprämierungen sowie beim → Badischen Gütezeichen angewandt wird und vom Staat für die amtliche → Qualitätsweinprüfung übernommen wurde. Die höchstmögliche Zahl von 20 Punkten erreicht hiernach ein Wein, der in *Farbe, Klarheit, Geruch* und *Geschmack* nicht nur ohne Fehl und Tadel ist, sondern dem obendrein Sonderlob gebührt. Bei der *Farbe* ist die mögliche Punktezahl (2) zugleich die zur Anerkennung erforderliche Mindestpunktezahl, da eine gesunde, gewächstypische *Farbe* wie auch als blank (1 Punkt) zu bezeichnende *Klarheit* heute nur noch als rein kellertechnische Probleme gelten, deren Nichtbewältigung auf fehlerhaften Ausbau schließen läßt (so daß der Wein die Prüfung nicht besteht). Die detaillierten Entscheidungen fallen in den *Geruchs-* und *Geschmacks*-Kriterien, wobei den Prüfern eine breitere Bewertungsskala zur Verfügung steht. – Ähnliche Schemata gibt es heute auch in anderen Ländern; in der EG wird eine Vereinheitlichung angestrebt.

bianco, ital. *weiß*; entsprechend stehen *vino b.* für Weiß-, *vino rosso* für Rotwein.

Bibel, *Wein aus biblischer Sicht,* → Altes Testament, → Blutsymbolik, → Jüdische Religion, → Kelch, → Lacrimae Petri, → Meßwein, → Neues Testament, → Trinksprüche, → Weinwunder u. a. m.

Bibliographie des Weines, umfangreichstes Verzeichnis aller Weinbücher und -schriften der ganzen Welt(-Geschichte). 1974 von der → Gesellschaft für Geschichte des Weines (Wiesbaden, BRD) erstmals herausgegeben, wurde das Werk 1978 durch einen umfangreichen zweiten Teil erweitert und aktualisiert.

Biegling, → Bogrebe.

Biela pleminka praskava, jugosl. Bezeichnung der Rebsorte → Gutedel.

Bieler See, → Bern.

Bier auf Wein, das laß sein! Wein auf Bier, das rat' ich dir! – Wandspruch auf der Wartburg bei Eisenach (DDR). Weizenbier allerdings ist auch nach Weingenuß bekömmlich. S. a. → Trinksprüche.

Biet, 1. bei trad. Traubenpressen (→ Kelter) der Kelterboden, eine Holz- oder Metallwanne mit Ablauföffnung für den abgepreßten Most; 2. mundartliche Abkürzung für Gebiet, in alten Geländenamen erhalten, z. B. Weinbiet (Flurname in der → Rheinpfalz), Baselbiet.

Bewertungsschema der Deutschen Landwirtschafts-Gesellschaft

Kriterium		max.	min.
1. *Farbe*			2
Weißwein	Rotwein		
blaß	hellrot	0	
hochfarbig	braunrot	0	
hell	rot	1	
typisch	typisch	2	
Rosé	Rotling		
hell	hell	0	
rot	braunrot	0	
rötlich	dunkelrot	1	
typisch	typisch	2	
2. *Klarheit*			1
blind		0	
blank		1	
glanzhell		2	
3. *Geruch*			2
fehlerhaft		0	
ausdruckslos		1	
reintönig		2	
feiner Geruch		3	
Duft und Blume		4	
4. *Geschmack*			6
fehlerhaft		0	
unselbständig		1 – 3	
klein aber selbständig		4 – 6	
harmonisch		7 – 9	
reif und edel		10 – 12	
		20	11

Bikavér, → Egri Bikavér.

Bingen, Kreisstadt im rheinland-pfälzischen Regierungsbezirk Rheinhessen und nach dem deutschen Weingesetz von 1971 einer von drei → Bereichen des Anbaugebiets → Rheinhessen mit den Großlagen *Abtey, Adelberg, Kaiserpfalz, Kurfürstenstück, Rheingrafenstein* und *Sankt Rochuskapelle.* Anschlußbereiche: → Nierstein, → Wonnegau.

Binger Bleistift, scherzhafte Bezeichnung eines schmal zusammenklappbaren Korkenziehers, den man leicht in der Westentasche mit sich tragen kann. Den Namen verdankt er einer für historisch gehaltenen Episode: Bei einer Stadtratssitzung in der Weinstadt Bingen hatte der Protokollführer seinen Bleistift vergessen, bat die Anwesenden, ihm freundlicherweise mit einem solchen auszuhelfen, aber keines der honorigen Ratsmitglieder hatte ein Schreibutensil bei sich. In dieser Notlage vertagte man die Sitzung kurzerhand und begab sich zum Umtrunk in den Ratskeller. Als die Bedienung dort nicht sogleich einen Korkenzieher zur Hand hatte, zückten die Herren Stadträte – einschließlich des Protokollführers – in schöner Selbstverständlichkeit ihr praktisches Klappmodell. Damit schien geklärt, was man in Bingen am Rhein anstelle eines Schreibgeräts griffbereit bei sich haben muß, wenn man zur Ratssitzung geht.

Binger Schoppen, schlank-zylinderförmiges Weinglas (ähnlich der rheinischen Bier-*Stange*), das – bis zum Eichstrich – 0,4 Liter faßt. Das nach der rheinhessischen Weinstadt Bingen benannte Schoppenglas heißt in der Rhein-Main-Weinmetropole Mainz *Mainzer Halbe*, hat dort aber schon bei der 0,25-Liter-Marke einen Eichstrich, also bei der Hälfte eines halben Liters.

Birnenwein, da und dort in ländlichen Gegenden als Haustrunk hergestelltes, nicht in den Handel kommendes *weinähnliches Getränk*. Hoher Gerbstoff- und vergleichsweise niedriger Apfelsäuregehalt sowie hierdurch bewirkte Anfälligkeit für bakterielle Erkrankungen machen die Produktion reinen B.s sehr problematisch. Vgl. → Apfelwein.

bissig, franz. *agressif, aigre, mordant*, WA für Säuregeschmack im Wein, Steigerung von → hart; s. a. → scharf.

bitter, franz. *acerbe*, WA für nachhaltig *herb*, vor allem bei Rotweinen *trockener* Jahrgänge oder infolge von Ausbaufehlern gelegentlich zu vermerken, in höherem → Alter gemildert; im Eindruck ähnlich wie → adstringierend.

Bitterling, → Aperitif.
Bitterrinde, → Chinarinde.
Bitzler, → Federweißer.
Black Hamburg, engl. Synonym für → Trollinger, Blauer.

Blanc de Blancs, franz. *Weiß von Weißen*, d. h. tatsächlich aus weißen Rebsorten, nicht durch → Weißkeltern (ohne → Maischegärung) roter oder blauer Trauben gewonnene Weißweine. Die Bezeichnung entstand in der → Champagne zur Unterscheidung zwischen den ausschließlich aus der weißen → Chardonnaytraube bereiteten und dem Gros der aus Farbrebsorten gewonnenen → Champagner (→ Blanc de Noirs).

Blanc de Champagne, franz. Synonym für → Burgunder, Weißer.

Blanc de Noirs, franz. *Weiß von Schwarzen*, d. h. durch → Weißkeltern (ohne → Maischegärung) aus dunkelfarbigen (roten, blauen, schwarzen) Trauben gewonnene Weißweine. Dazu zählen die meisten (z. B. aus spätem Blauem → Burgunder *weißgekelterten*) → Champagner, der (seltene) weiße → Beaujolais aus der fast schwarzhäutigen → Gamaytraube und einige wenige andere Gewächse. Vgl. → Blanc de Blancs, → Rosé.

Blanc-Fumé, in Frankreich an der oberen Loire (in und um *Pouilly-sur-Loire*) sowie in → Kalifornien gebräuchliches Synonym für die Rebsorte → Sauvignon blanc.

blank, → Klarheit.

blaß, farbschwach, in der WA kennzeichnend für *dünne, kleine* Weine mit als zu gering befundenem Farbstoffgehalt; *Blässe* kann auch infolge von Überschwefelung auftreten; → Farbe.

Blauburger, österr. Rebneuzüchtung, eine Kreuzung aus → Portugieser und → Limberger. Die in → Klosterneuburg gezüchtete Traube ergibt tiefdunkle Rotweine. In der Bundesrepublik Deutschland laufende Anbauversuche dienen dem Ziel, den B. als einheimischen → Deckrotwein nutzbar zu machen.

Blauburgunder, → Burgunder, Blauer.
Blauer Arbst, → Affentaler.
Blauer Limberger, → Limberger.
Blauer Portugieser, → Portugieser, Blauer.
Blauer Vöslauer, → Portugieser, Blauer; s. a. → Vöslau.
Blauer Wildbacher, *Schilcherrebe,* → Schilcher, → Weststeiermark.
Blaufränkisch, → Limberger.
Blaustengler, → Kéknyelyü.

Blaye, Stadt am rechten Ufer der Girondemündung mit umfangreichem Weinbauareal in der nördlichen → Bordeaux-Region. Die → Appellationen B. und (im Ostteil des Anbaubereichs) *Blayais* bezeichnen recht mittelmäßige Konsumweine. Unter den wenigen respektablen *Premières Côtes de B.* überwiegen vollmundige Rotweine, obwohl insgesamt zu 90 Prozent Weißwein angebaut wird.

blind

blind, → Klarheit.

Blindprobe, Weinkostprobe (→ Sinnenprüfung) anonymer → Kreszenzen zwecks unvoreingenommener Beurteilung durch versierte/professionelle → Weinschmekker, ohne deren Kenntnis typisierender Informationen über Rebsorte(n), Herkunft, Jahrgang der zu bewertenden Gewächse.

Blindrebe, Schnittstück eines Rebstocks, ein vitaler Trieb, der als Steckling zur Vermehrung dient.

blitzblank, → Klarheit.

Blitzer, → Federweißer.

Blume, WA, von flüchtigen Bestandteilen des Weines herrührender, an Blumenduft erinnernder Geruchseindruck, abhängig von Sorte, Boden, Jahrgang, Reifestadium (→ Alter), Trinktemperatur und anderen Faktoren. Die B. kann *zart, fein, duftig, fruchtig* oder *würzig*, aber auch im negativen Sinn *eigenartig* oder *einseitig* sein; fehlt sie, ist der Wein *duftlos* (*bukettlos*), ist sie reich und harmonisch entwickelt (*vollblumig*), spricht man von → Bukett.

blumig, engl. *flowery*, franz. *fleuri*, ital. *profumo di fiori* (Blütenduft), besagt in der WA soviel wie *wohlriechend, an Blütenduft erinnernd;* im Deutschen auch in Zusammensetzungen gebraucht, z. B.: Ein Wein bzw. sein → Bukett ist *zartblumig, feinblumig, vollblumig* u. a.; → Blume.

Blutsymbolik. In manchen Religionen ist Rotwein das Sinnbild für sühnendes Blut, welches der Mensch wegen seiner Sündhaftigkeit reumütig vor Gott opfert. In der Bibel gilt Blut als substantieller *Lebenssaft.* Sein Genuß ist den Juden strikt verboten. Bei Tieropfern im Tempel zu Jerusalem wurde auch das Blut geopfert; hinzu kam das Gußopfer von Wein (→ Libation). Das nachbiblische Judentum hat keine derartigen Tempelopfer mehr. Beim Schlachten (*Schächten*) wird das Blut der Erde zurückgeführt. Rotwein jedoch blieb zeremonieller Bestandteil aller religiösen Feiern. Dies bot den Römern willkommenen Vorwand für ein böswilliges Gerücht: Von Juden – wie auch von Christen – wurde behauptet, ihr Kult verlange Menschenopfer, und die Gläubigen tränken das Blut der Geopferten. Im christlichen Mittelalter hielt sich das Gerücht in geringer Abwandlung: Juden, so hieß es, brauchten für ihre Passahfeier (Osterfest) das Blut von Christenknaben. Die Folge waren üble vermeintliche Racheakte gegen jüdische Gemeinden. Heinrich Heine nahm sich dieser Tragödie in seiner Novelle *Der Rabbi von Bacharach* an. Um die Haltlosigkeit jener Beschuldigung offenkundig zu machen, gingen die Juden dazu über, ihr Passahmahl bei offenen Türen zu zelebrieren. S. a. → Jüdische Religion.

bocké, franz. WA, mit → Böckser.

Böckelheim, → Schloß Böckelheim.

Bocksauge, Synonym für die Traube der Rebsorte → Trollinger, Blauer.

Bocksbeutel, breit gerundete, flachbauchige Weinflaschen aus grünem Glas, seit dem 17. Jh. typisch für mainfränkische Weine (bei Erzeugnissen der Würzburger Weingüter *Bürgerspital* und *Juliusspital* einst mit deren Siegel im Flaschenglas versehen). Die Bezeichnung B. meint nach landläufiger Deutung die annehmbare Ähnlichkeit der Flaschenform mit Bocks-Phallus und -Hodensack; manche Historiker sind anderer Ansicht: Am Gürtel zu tragende Feldflaschen hatten schon sehr früh in der Geschichte die Form eines flachgedrückten Beutels, und bayerische Landsknechte trugen ihr Labsal-Fläschlein

Bodega de Fundador in Jerez.

auf der *Bux* (Hose aus Bocksleder); B. könnte also von *Buxbeutel* (Hosenflasche, *Flachmann*) hergeleitet sein. – In den charakteristischen B.flaschen dürfen heute nur noch *Qualitätsweine* und *Qualitätsweine mit Prädikat* aus dem *bestimmten Anbaugebiet* → Franken gehandelt werden, sowie unter den badischen Gewächsen Weine aus dem → Badischen Frankenland und aus der → Ortenau. – Ausländische B.-Abfüllungen sind zugelassen, soweit die Flaschenform für dieselben Weine auch in deren Herkunftsländern typisch ist.

Böckser, *Bocksgeruch* (auch → Hefeböckser), franz. adj. *bocké*, WA für Schwefelwasserstoff-Geruch und -Geschmack (nach faulen Eiern), infolge fehlerhafter Gärung (auch Düngung, Schwefeln u.a.) gelegentlich bei Jungweinen auftretend. Verliert sich der B. nicht im Verlauf des → Ausbaus, liegt ein in der Flasche reklamierbarer Weinfehler vor.

bodega, span., in Portugal *adega* genannt, 1. rustikales Weinlokal, oft (ebenerdig gelegener) Weinkeller, Weinhandlung und Trinkstube in einem; 2. weiträumige Faßlager der → Sherry-Kellereien. Auch Lagerräume in südspanischen Seehäfen werden als b.s bezeichnet.

Boden, Verwitterungsprodukt des darunterliegenden Muttergesteins, entstanden unter der Einwirkung von Sonne, Niederschlag, Frostwechsel, pflanzlichem und tierischem Leben. Je nach Gesteinsart, Klima, Lage und B.neigung entstehen zahlreiche verschiedene B.typen. Für den Weinbau ist der B. neben dem → Klima der entscheidende Standortfaktor. Er bestimmt zum Teil die Sortenwahl und innerhalb einer Sorte die Geschmacksvariationen (→ Bodengeschmack). Grundsätzlich stellt die Rebe keine hohen Ansprüche an den B. Bei geeignetem Klima und geeigneter Rebsorte lassen sich auf verschiedenen Böden gute Resultate erzielen. Nur extrem saure, salzige oder nasse Böden verträgt die Weinrebe nicht.

Schwere Böden enthalten viel Lehm, Mergel oder Ton, sind feinporig, eher schlecht durchlüftet, vermögen jedoch viel Wasser zu speichern und können so leichter Wärme in die Tiefe leiten. Andererseits strahlen sie weniger Wärme in die Blätter ab, was in relativ sonnenarmen Gebieten wie in Mitteleuropa die Entwicklung der Re-

Das Lockern und Auffüllen des **Bodens** gehört zu den Winterarbeiten der Rebbauern.

ben verzögert. In Trockenjahren liefern hingegen schwere Böden bessere Erträge als leichte, trockene.

Leichte Böden enthalten vor allem Sand und Kies. Sie sind lockerer, meist gröber gekrümelt, gut durchlüftet, aber schlechte Wasser- und Wärmespeicher. Tagsüber rasch erwärmt, strahlen sie die Sonnenwärme ebenso rasch wieder ab, gefrieren auch rasch an der Oberfläche. Ideal sind *skelettreiche* B.; die darin vorhandenen Steine speichern Wärme sehr gut. Wasser versickert rasch, die B.oberfläche wird nur wenig durch Verdunstung gekühlt.

Im Gegensatz zu schweren B., die mit ihrem höheren Tonanteil Nährstoffe chemisch binden und damit speichern können, erleiden leichte B. durch heftige Regenfälle eine Auswaschung gewisser Nährstoffe. Andererseits ist die biologische Aktivität in leichten B. größer, werden die Humusstoffe durch Mikroorganismen rascher in die für die Pflanze aufnehmbare Form umgewandelt. – Durch gezielte Maßnahmen kann der Winzer nachteilige Eigenschaften seiner B. hemmen, günstige fördern. In Hanglagen müssen überdies die B. durch Terrassierung, hangparallele Bepflanzung oder Begrünung zwischen den Reihen vor Erosion und Abschwemmung geschützt werden. Die von den Reben dem B. entzogenen Nährstoffe müssen durch Düngung ersetzt werden. Je nach Chemismus der B.

Bodengeschmack

werden Stickstoff, Phosphate, Kalium, Kalzium, Magnesium und verschiedene Spurenelemente zugegeben.
B.ansprüche verschiedener Rebsorten: Schwere *B.*: Müller-Thurgau, Portugieser, Gutedel, Elbling, Huxelrebe. *Leichte B.*: Silvaner, Riesling, Traminer.
Bodengeschmack, *Bodenton, Erdgeschmack,* franz. (*goût de*) *fond, taille, terroir,* 1. WA für gebiets- bzw. lagentypische geschmackliche Eigenart eines Weines, abhängig von der mineralischen Beschaffenheit des → Bodens, auf dem er gewachsen ist; 2. unerwünscht ausgeprägter, erdiger Beigeschmack infolge starker Verunreinigung des Lesegutes mit Bodenschlamm (durch Einstampfen mit Stiefeln im Erntezuber), auch unliebsamer Qualitätsmakel bei Weinen, die auf fettem Lehmboden oder schwerem Schwemmland gewachsen sind.
Bodensatz, → Depot, → Drusen.
Bodensee, nach dem deutschen Weingesetz von 1971 einer von 7 → Bereichen des Anbaugebiets → Baden mit der → Großlage *Sonnenufer.*
Bodensee, Bayerischer, → Bayerischer Bodensee.
Bodenton, → Bodengeschmack.
Bogrebe, *Biegling,* fruchttragender Rebzweig des Vorjahrs, der beim → Rebschnitt verschont und, zwecks Verbesserung des Saftflusses, in niedergebogenem Zustand festgebunden wird.

Der zur **Bogrebe** geformte Rebzweig erleichtert den Säftefluß im Holz.

Böller, vor allem in der soldatischen Kasinosprache gebräuchliches Synonym für → Sekt, hergeleitet vom an einen Böllerschuß (Kanonenschlag) erinnernden Knall beim *zünftigen* Öffnen der Sektflasche; älteste bekannte Quelle: *Humoristisch-satirischer Volkskalender des Kladderadatsch,* Berlin 1852. → Sekt im Volksmund.
Böllersekt, minderwertiger → Schaumwein, auch kohlensäurehaltiges Mineralwasser, umgangssprachlich seit der Jahrhundertwende; → Böller ist hier auch im Sinn von *böllern = aufstoßen, rülpsen* gemeint. (Küpper, *Wörterbuch der deutschen Umgangssprache V,* Hamburg 1967.) → Sekt im Volksmund.
Bonbongeschmack, → pappig; nicht identisch mit → Dropsgeschmack.
bon goût, franz. *guter Geschmack,* WA im Sinn von wohlschmeckend; → goût.
Bonifatius, → Eisheilige.
Bordeaux, 1. Hafenstadt an der Garonne, einst gall.-röm. *Burdigala,* Hauptstadt der röm. Provinz *Aquitanien,* heute Hauptstadt und (Wein-)Handelszentrum des südwestfranz. Départements Gironde; 2. international geläufigere Bezeichnung des Weinbaugebiets *Bordelais* mit dem namengebenden Zentrum B.; 3. Sammelbegriff der dort, in den Flußgebieten von Garonne, Dordogne und Gironde erzeugten Weine. Auf rund 110 000 Hektar Rebland des gesamten Anbaugebiets von B. werden jährlich etwa 3,5 Millionen Hektoliter *A.O.C.*-Weine geerntet; das enzyklopädische Werk *Bordeaux et ses vins* von Ch. Cocks und Ed. Féret (Erstauflage 1949, 12. aktualisierte Edition 1974) nennt 3 500 Gewächse beim Namen. Unter den *Appellationen* B. und B. *Supérieur* werden gleichsam nur die geringsten Weine der Region gehandelt, und auch diese sind unstrittig noch von guter Qualität: freundlich, von frischer und fruchtiger Art, eher jung zu trinken, mit einer durchschnittlichen Lebenserwartung von drei bis sechs Jahren. Dagegen können z. B. Spitzenweine des → Médoc (am Westufer der Gironde) problemlos ein halbes Jahrhundert (z. T. noch sehr viel länger) – und zwar mit qualitativem Zugewinn – gelagert werden. Für das *Médoc* sowie → Saint-Emilion (am rechten Ufer der Dordogne) und → Graves (am linken Ufer der Garonne) gibt es regierungsamtlich dekretierte Listen der Spitzengewächse (→ Bor-

Bordeaux-Klassifikation

Château in **Bordeaux**.

deaux-Klassifikation), deren bewertender Charakter mit Blick auf die Preise der *klassifizierten* Gewächse nicht bestritten werden kann, angesichts der hohen Qualität vieler nicht *klassifizierter* Kreszenzen des B. aber dennoch zweifelhaft erscheint. So zählt auch → Pomerol (ohne *Klassifikation*) fraglos zu den vier *Appellations nobles* von B., und was die *Nobel-Appellation* von *Graves* an Weißweinen hergibt, wird in der kleinen Enklave von *Sauternes* fast noch übertroffen. – Im B.-Gebiet insgesamt überwiegen stark die meist sattfarbigen, vollwürzigen, nicht allzu alkoholreichen und verhältnismäßig gerbstoffarmen (gekonnt verschnittenen) Rotweine aus → Cabernet-, → Auxerrois-*(Côt)*, → Merlot- u. a. Rebsorten. Unter den Weißweintrauben dominieren → Sauvignon und → Semillon, die eine von herb über trocken und mild bis ausgesprochen süß reichende Palette vergleichsweise schwerer Weine von – in gutem Sinn des Wortes – eigenartiger Würze hervorbringen. Und bei B.-Weißweinen (die oft nur die *Appellation* des Bereichs tragen dürfen) gilt nicht zwingend die bei Rotweinen verläßliche Regel: Je enger die Herkunft eines Weines auf dem Etikett eingegrenzt ist (Anbaugebiet, Bereich, Ort, Kellerei/→ Château), desto höhere Qualitätserwartungen werden – mit an Sicherheit grenzender Wahrscheinlichkeit – erfüllt. Zum Umgang mit rotem B.: Er ist ausgesprochen schockempfindlich! Empfehlungen: Lagerung (leicht schräg zum Korken) an gleichmäßig temperiertem Ort ohne Zuggefährdung. Ist allmähliche Anpassung an die Zimmertemperatur (1–2 Tage) nicht möglich, sollte man B. lieber kellerkühl trinken als kurzfristig-gewaltsam erwärmen. Entkorken ohne Ruck (empfehlenswert ein Korkenzieher mit Gewindezug- oder Hebelmechanik). → Dekantieren (etwa 1–2 Stunden vor Genuß) empfiehlt sich, da der B. z. T. beträchtliches → Depot in der Flasche absetzt. – S. a. → Blaye, → Canon Fronsac, → Côtes de Bourg, → Entre-deux-Mers, → Graves-de-Vayres u. a.

Bordeaux-Klassifikation, besonderes Ordnungsschema von Spitzenweinen des franz. Weinbaugebiets → Bordeaux. Anlaß zur Erstellung der *klassischen* K. war die Pariser Weltausstellung 1855. Kaiser Napoleon III. wünschte eine recht übersichtliche Präsentation vor allem der Rotweine des → Médoc, und die zuständige Handelskammer betraute das Syndikat der Weinmakler (Weinagenten) von B. mit der Aufgabe, die Vielzahl der ins rechte Licht zu rückenden Gewächse in eine sinnvolle Ordnung zu bringen. Dies geschah nach damals bereits seit fast einem Jahrhundert aufgezeichneten Erfahrungswerten, vor allem auf der Grundlage der für die einzelnen Kreszenzen am (internationalen) Markt erzielten Preise. Die Ausstellungsliste enthielt zwar auch die Weißweine von *Sauternes* (mit dem legendären → Château d'Yquem), jenseits des *Médoc* aber als einzigen Rotwein den *Château Haut-Brion* von → Graves. Die Weine von → Saint-Emilion und → Pomerol wurden nicht erfaßt, da diese Bereiche nicht der Handelskammer von B. unterstanden. – Als einzige der vier *Appellations nobles* hat *Pomerol* bis heute keine K. Die K. von *Graves* wurde 1953 amtlich sanktioniert und 1959 sachdienlich ergänzt. Die K. von *Saint-Emilion* stammt aus dem Jahr 1954 und wurde mehrfach ergänzt. (Sie gebraucht den Begriff *Grand cru*, der ansonsten ohne rechtsverbindliche Aussage ist, als K.s-Marke.) Die trad. K. des *Médoc* schließlich hat sich im großen und ganzen bis heute nicht nur aus nostalgischen Gründen erhalten, sondern tatsächlich bewährt. (Als nicht mehr zeitgemäß wurde sie zuletzt massiv – aber bisher praktisch ergebnislos – 1977 im *Guide Gault-Millau* angegriffen.) Von den über die fünf B.-Klassen hinausgreifenden, qualitativ weniger bemerkenswerten Abstufungen (*Crus artisans/bourgeois/paysans*) ist heute nur noch die → Bourgeois-Klasse von gewisser Bedeutung. Im übrigen stellt die K. keine Wertungsskala etwa der Bedeutung dar, daß ein *Quatrième cru classé* (*klassifiziertes Hochgewächs vierter Ordnung*) ein *viertklassiger* Wein sei. Vielmehr steht eigentlich der Begriff *Grand cru classé* (*klassifiziertes Hochgewächs*) als übergeordnete Sammelbezeichnung obenan. So ist jeder *Quatrième cru classé* des *Médoc* zugleich ein *Grand cru classé*, angesiedelt zwischen 34. und 43. von insgesamt 61 Spitzenrängen der klassischen B.-K. Insgesamt aber nennt allein das Standardwerk *Bordeaux et ses Vins* annähernd 3 500 Gewächse der Gironde, von welchen mithin weniger als die sprichwörtliche *Spitze eines Eisbergs* klassifiziert wurden. *Die Klassifikation von 1855 hat die Gewächse der Rotweine in fünf Klassen und die Gewächse der Weißweine in zwei Klassen eingeteilt. Dagegen hat die Klassifikation von Graves ihre (Weine) nur in alphabetischer Reihenfolge der Kommunen und dann in alphabetischer Reihenfolge der Gewächse angezeigt, ohne jede Hierarchie zu begründen. Die Klassifikation von Saint-Emilion hat die Gewächse in drei Klassen eingeteilt, wobei in den Klassen jeweils eine alphabetische Reihenfolge befolgt wird.*

Bosnien-Herzegowina, → Jugoslawien.

bota, span. *Stiefel, Weinschlauch*; die einst allgemein gebräuchliche Feld- und Reiseflasche wird heute nur noch als Reiseandenken für Touristen produziert. Ursprünglich diente ein Tiermagen (meist Ziegenmagen) als eigentlicher Weinbehälter, den ein Lederbeutel umgab; auf diese Weise war der Wein vor Licht geschützt, von einer wärmeisolierenden Lufthülle umgeben, und er konnte durch die Poren des natürlichen Materials *atmen*, d. h. mählich verdunsten (mit dem Kühlungseffekt der Transpiration). Bei den modernen Souvenir-b.s besteht der äußere Beutel zwar aus schön gegerbtem und hübsch verziertem Leder, der innere *Schlauch* jedoch meist aus Gummi oder Kunststoff (als Weinbehälter ungeeignet). Aus dem einstigen Holz- oder Korkpfropfen der b. ist ein Kunststoff-Schraubverschluß geworden. Geblieben ist die *Tülle*, durch die der Schlauchinhalt bei Handdruck auf den Balg in dünnem Strahl hervorspritzt (von geübten Trinkern aus der b. freihändig in den Mund gezielt, ohne einen Tropfen zu vergeuden). S. a. → botijo, → Bottich.

botija, span. → Karaffe, meist gläserner Tischkrug mit kurzem Füllhals und nicht selten extrem langgezogener, nach oben gerichteter *Schnaube* bzw. Gießröhre. Diese Formgestaltung erinnert oft an eine kopfstehende Retorte. S. a. → botijo; zur Wortherkunft → Bottich.

botijo, span. Trinkkrug, meist aus roher Tonerde geformt und gebrannt, seltener (eher als Souvenir gedacht) aus glasierter, bemalter Keramik. Das einer gedrungenen → Amphore ähnelnde Gefäß hat meist oben einen vollrund ausgeformten Traghenkel, darunter an der einen Seite einen Einfüllstutzen und diesem gegenüber eine vorkragende *Tülle* (Ausgußröhrchen). Aus dieser kann der Wein nicht voll ins Glas fließen, sondern er kommt nur in einem dünnen Strahl (wie bei der → bota) heraus, den der Trinkende sich direkt in den Mund richtet (ohne Mundkontakt mit dem Gefäß). Vgl. → botija; zur Wortherkunft → Bottich.

Botrytis cinerea, *Edelfäulepilz*, botanisch ein Grauschimmelpilz, verbreitet in Weinbauregionen nicht zu warmer und zu trockener Klimazonen. Er durchdringt die Beerenhaut (*Balg*) der Weintrauben und verändert auf eigentümliche Weise die Konsistenz des Fruchtfleisches (→ Osmose). Die Beeren welken und schrumpfen zu → Trockenbeeren, während sich in ihnen – anders als beim bloßen Wasserentzug durch Lufttrocknung (→ Rosinen) –

Vom Edelfäulepilz **Botrytis cinerea** befallene Weinbeeren.

biochemische Umwandlungsprozesse vollziehen, die im → Most weiterwirken. In guten und mittleren Weinjahren befällt B. erst die eigens zu diesem Zweck über die Fruchtreife hinaus am Rebstock belassenen Trauben und beschert den → Beerenauslesen und → Trockenbeerenauslesen den von Kennern hochgeschätzten → Botrytiston der → Edelfäule. Bei ungünstiger, allzu feuchter Witterung kann sich B. schon auf noch unreifen Trauben ansiedeln, bewirkt dann jedoch die als Krankheit der Trauben gefürchtete *Roh-* oder *Sauerfäule*, welche ganze Ernten zu vernichten vermag.

Botrytiston, *Faulton,* österr. *Fäukeln* des Weines, in der franz.-schweizer. WA als *flétri* bezeichnetes, charakteristisches Aroma und Bukett aus überreifen, edelfaulen Trauben gekelterter Spät- und Auseleseweine; → Edelfäule.

Böttcher, → Küfer; s.a. → Bottich.

Bottich, *Bütte, Butt,* Bezeichnungen für vom → Küfer (Böttcher) faßähnlich aus Holzdauben gefügte Wannen, Kübel, → Legel. Die sprachliche Verwandtschaft mit *Bottel* und *Buddel* (→ bouteille) mit span. → bota und → botijo ist nicht zufällig. Etymologisch läßt sich die Wortbildung zurückverfolgen bis zu der griech.-lat. Vokabel *apothēca* für *Lagerraum* (und darüber hinaus). Von dieser alten Bedeutung des gemauerten *Lagerraums* (wofür auch immer) führt über die span. → bodega bis zu den modernsten – gemauerten oder aus Beton gegossenen und innen glasversiegelten – Weinlagertanks (→ Tank) ein logisch leicht nachvollziehbarer, erstaunlich kurzer Weg. Sprachliche Zwischenschritte markieren ihn noch deutlicher: Vulgärlat. *buttis* stand bereits für *Faß* (welches ja *Lagergut in einem* klar umgrenzten *Raum faßt*); mittellat. *butina* meinte ein *Gefäß* im allgemeinen, eine *Flasche* im besonderen. Hier prägte sich der Begriff des Flüssigkeitsbehälters schlechthin als Wortsinn aus, heute noch klar erkennbar z. B. in ital. *botte* (*Faß*), engl. *bottle* und franz. *bouteille* (*Flasche*), span. *bota* (*Weinschlauch*), *botella* (*Flasche*) und *botijo* (*Krug*). Die antike *apothēca* erhielt sich gleichzeitig – mit der Bedeutung eines *Lagerraums von (Flüssigkeits-)Behältern* – als *Apotheke* mit

Bottiche, das traditionelle Traubengefäß.

Bouches-du-Rhône

relativ geringen Abwandlungen, z. B. span. *botica* (*Apotheke*) und *bodega* (*Weinlager*). Hinzu kam schon seit dem frühen Mittelalter der sich breiter ausfächernde dritte (Wort-)Sinn, umschreibbar als Gefäß aus hölzernen *Botten, Dauben* oder *Kufen*, vom *Bottner* (später *Böttcher*), *Daubner* oder *Kufner* (später *Küfer*) hergestellt. Mittelhochdeutsch *büte, büten, bütte*, mittelniederdeutsch *böde, bödde* bezeichneten schon nicht mehr faß- oder flaschenartig geschlossene, sondern rund- oder ovaloffene Wannen oder Kübel (d. h. Bottiche oder Bütten) aus fachgerecht zugeschnittenen, gebogenen, winkel-paßgerecht mit Gehrungskanten versehenen und mit Metallreifen in Rundform gehaltenen Brettern (*Botten, Dauben, Dielen, Kufen, Planken, Wanten* u. a. genannt, im Sprachgebrauch vieler mit Brettern hantierenden Handwerke). S. a. → Faß.

Bouches-du-Rhône, nach dem Mündungsdelta der Rhône benanntes Département in Südfrankreich mit der Hauptstadt Marseille. An Weinbaugebieten schließt die Provinz vor allem → Bandol, → Cassis, → Coteaux d'Aix, *Palette* und westliche Teile der (*Côtes de*) → Provence ein.

Bouchet, im → Bordeaux-Bereich → Saint-Emilion übliches Synonym für → Cabernet-Reben, nicht zu verwechseln mit der auch im Beerenfleisch rotfärbenden Traubensorte → Alicante-Bouschet.

bouqueté, franz. → bukettreich.

Bourgeois, in der trad. → Bordeaux-Klassifikation den *Cinquièmes crus classés* des → Médoc nachgeordnete Gruppe von Weinen für nicht allzu hohe Ansprüche des *Bürgertums* (der *Bourgeoisie* unter Napoleon III.). Man unterschied die *Crus B. supérieurs exceptionnels* mit insgesamt sechs Gewächsen, die *Crus B. supérieurs*, genau 100 an der Zahl, sowie die *Crus B.* ohne Sonderlob. Heute gilt für die *Bürgergewächse* eine 1932 von *fünf Courtiers en Vin* (Weinmakler) erstellte Klassifizierung. Die weiteren Abstufungen der *Handwerker-* (→ Artisan) und *Bauernweine* (→ Paysan) haben praktisch nur noch nostalgisch-schmückende Bedeutung.

Bourgogne, franz., → Burgund.

bourru, franz. WA, → trüb.

bouteille, franz. *Flasche* (engl. *bottle*), entsprechend *Bottel, Buddel* u. ä. in deutschen Mundarten; franz. *bouteiller* heißt *Kellermeister*. Zur Wortherkunft → Bottich.

Im Mittelpunkt der Sommerparty: die **Bowle**.

Bowle, kalter → Punsch, vor allem zur Erfrischung an warmen Sommerabenden empfehlenswertes → Mischgetränk; benannt nach dem an ein Goldfischglas erinnernden, kugelförmigen Punschgefäß (engl. *bowl*), in welchem die B. bereitet und serviert wird. Die ältesten bekannten Rezepte stammen von Marcus Gavius Apicius, der zur Regierungszeit des röm. Kaisers Tiberius (14—37 n. Chr.) ein gastfreies Haus am Tiber führte. Grundlage ist in der Regel gut gekühlter Weiß- oder Roséwein. Das sollte – entgegen oft geäußerter Meinung – nicht der billigste sein, sondern sehr wohl ein Wein, welcher der B. nicht nur Alkohol, sondern auch Charakter gibt. In dem Wein läßt man einheimische (Erdbeeren, Himbeeren, Melonen, Pfirsiche o. a.) oder südländisch-exotische Früchte (Ananas, Apfelsinen, Kiwis, Maracujas o. a.), stark aromatische Blüten (von Akazien, Orangen, Rosen o. a.) oder grüne Kräuter (meist Waldmeister) mazerieren. Mischungen verschiedener Früchte oder von Früchten und Blüten anderer Herkunft sowie die Zugabe von Spirituosen können einer B. durchaus besonderen Reiz verleihen – der sich im nachfolgenden *Kater* als Überreiz zu erkennen gibt. Wer Eisstücke in die B. wirft, verdirbt deren Geschmack. Erst unmittelbar vor dem Servieren gießt man gekühlten Schaumwein (bei manchen Rezepten auch roten Sekt oder, wenn die B. recht leicht ausfallen soll, mit Kohlensäure versetztes

Mineralwasser) hinzu. Hiernach sollte man auf jedes Umrühren verzichten, die B. nicht aufgedeckt stehenlassen, und man sollte sie aus kleinen Gläsern trinken, um Abstehen und Schalwerden zu vermeiden. S. a. → Cup, → Kalte Ente.

Bozen, ital. *Bolzano,* das röm. *Bauzanum,* heute Hauptstadt der gleichnamigen Provinz (→ Südtirol) im äußersten Norden → Italiens. B. ist bedeutendes überregionales Weinhandelszentrum und zugleich Anbaubereich respektabler Rotweine wie *Santa Giustina, Santa Maddalena* u. a. → St. Magdalena; → Kalterer See.

brandig, engl. *burning,* franz. *rude,* ital. *alcoolico,* → alkoholreich.

Branntwein, 1. gebrannter (destillierter) Wein, klarer → Weinbrand; 2. *gekochter Wein* (→ vin cuit) der Juden im Altertum. Er wurde auf etwa ein Viertel seines Volumens reduziert und galt als besonders schmackhaft. Im osteuropäischen Judentum war *bronwen (gebrannter Wein)* ein volkstümliches Getränk, auch bei religiösen Feiern, besonders im Chassidismus, einer bewußt Heiterkeit in trostloser Umwelt pflegenden Volksbewegung.

brassage, → Aufrühren.

Braunwerden, alters- oder krankheitsbedingte Weinverfärbung; → rahn.

Brauser, turbulent gärender Most, auch → Federweißer.

Brautbecher, → Hochzeitsbecher.

Brechweinstein, chem. *Kaliumantimonyltartrat,* ein früher als Brech- und Abführmittel rezeptiertes, süßlich schmeckendes Salz der → Weinsäure; nicht identisch mit → Weinstein.

bref, franz. WA, → kurz.

Breisgau, nach dem deutschen Weingesetz von 1971 einer von 7 → Bereichen des Anbaugebiets → Baden mit den → Großlagen *Burg Lichteneck, Burg Zähringen* und *Schutterlindenberg.* Anschlußbereiche: → Badische Bergstraße/Kraichgau, → Badisches Frankenland, → Bodensee, → Kaiserstuhl-Tuniberg, → Markgräflerland, → Ortenau.

breit, WA für *plump, füllig* im → Körper, jedoch arm an → Seele (Säure) und ohne nuancierte Geschmacks- und/oder Duftreize.

Bremer Ratskeller, berühmtester der Ratsweinkeller, welche im Mittelalter in allen *Freien und Hansestädten* eingerichtet wurden. Seit dem 15. Jh. obliegt die Führung des Ratskellers zu Bremen dem vom Senat berufenen Ratskellermeister (früher *Hoopmann, Kellerhauptmann*), der auch heute noch die alleinige Schlüsselgewalt über die Weinvorräte innehat. Der B. R. verfügt über das größte Sortiment unserer Tage an Weinen aus allen elf deutschen Anbaugebieten bis zurück zu historischen Raritäten; die älteste, heute noch genießbare Kostbarkeit, die in einem Faß im *Rosekeller* lagert, ist ein *1653er Rüdesheimer Apostelwein.* Wilhelm Hauff (1802–1827) inspirierten der Keller und seine Kreszenzen zu der Meisternovelle *Phantasien im Bremer Ratskeller,* und Heinrich Heine (1797–1856) dichtete: *Glücklich der Mann, / der den Hafen erreicht hat / und hinter sich ließ / das Meer und die Stürme / und jetzo warm und ruhig sitzt / im guten Ratskeller zu Bremen.* Nach 1945 diente der B. R. einige Jahre als US-Offiziersmesse (General Lucius D. Clay: *Die schönste Offiziersmesse der Welt!*). Hiernach erneuerten Wilhelm Basting und dessen Nachfolger im Ratskellermeister-Amt, Heinz TenDoornkaat, die zivile Tradition des Hauses, das heute Weltruf genießt.

Bremser, → Federweißer in Rheinhessen.

Brennblase, Destilliergerät zur Herstellung von Trinkbranntwein. Durch Erhitzung des Weines in einem Kessel (*Destillationskolben, Blase,* früher Retorte) werden Alkohole und Bukettstoffe unzersetzt verdampft (*abgetrieben*) und durch Kühlung in einem zweiten Gefäß (*Vorlage*) als Destillat wieder verflüssigt (→ Destillation).

Brenner, Destillateur, Facharbeiter in der Weinbrennerei. An Brennereifachschulen ist die Weiterbildung zum Brennmeister und Brennverwalter möglich.

Brennerei, Weinbrennerei, Destillationsbetrieb zur Herstellung von Trinkbranntwein.

Brennwein, zum *Brennen* (→ Destillation) bestimmter Wein; → Grundwein zur → Weinbrand-Herstellung.

brillante robe, franz. *glänzendes Gewand,* WA im Sinn strahlender Leuchtkraft vor allem *heller* (weißer, gelber, grüner) Weine; → Klarheit.

Brömsburg, eine alte, in ihrer ursprünglichen architektonischen Form restaurierte Burg in → Rüdesheim am Rhein. Sie beherbergt heute eines der bedeutendsten Weinmuseen Deutschlands. Besonders se-

Brennblase zur Destillation von Wein.

henswert sind die reichhaltige Gläser- und die Keltersammlung, neben einem nachgerade erschöpfenden Überblick über Weinbau-, Küfer- und Kellergeräte.

bronwen, jidd. → Branntwein; das Wort meint hier jedoch eine Art von → vin cuit.

Brouilly, *Appellation contrôlée* des → Beaujolais; fruchtige und körperreiche Rotweine bestimmter Rebflächen von fünf Gemeinden am Fuß des Mont B. Sie reifen und altern rasch, gehören jedoch, jung getrunken (im ersten, spätestens zweiten Jahr), zum Besten der Region.

Bruch, anomale Trübung oder Verfärbung (Farbbrechung) bei Most, Wein oder Schaumwein, in der Fachsprache als *Brauner, Grauer, Weißer B.* u. a. spezifiziert. Ursache sind bio-chemische Prozesse, deren unliebsame Ergebnisse sich z. T. durch Einsatz geeigneter → Behandlungsstoffe und -methoden schadlos beheben lassen; irreparabel krankhafte Erscheinungen sind eher selten.

Brückenwein, gepanschter Wein; die im 19. Jahrhundert in Südwestdeutschland aufgekommene Sachschelte meint sinngemäß: Der zum andern Ufer gelangte Wein ist mit Flußwasser getauft (Küpper, *Wörterbuch der deutschen Umgangssprache V*, Hamburg 1967); → Panschen, → Wein im Volksmund.

Brummer, → Federweißer.

brut, franz. *roh*, WA im Sinn von voll durchgegoren, säurereich, sehr *trocken*, → *herb* bis → *hart*. Bei Schaumweinen steht b. für *trockener* als → extra dry.

Brutschaumwein, → Rohschaumwein.

Buddhismus, *Wein aus buddhistischer Sicht*. Wer sich als Laie die von dem Shakya-Prinzen Siddhartha (etwa 560 – 480 v. Chr.) begründete Selbst- und Weltsicht des Buddha (Sanskrit, *der Erwachte, der Erleuchtete*) zueigen macht, der legt ein vierfaches Glaubensbekenntnis ab: er nimmt Zuflucht zu den *drei Kleinodien* (Buddha, Lehre, Gemeinschaft) und unterwirft sich viertens einem Verhaltenskodex von fünf fundamentalen Tugendregeln aus den drei Bereichen der buddhistischen Ethik, nämlich Handeln (hier: Nicht-Töten, Nicht-Stehlen, Nicht-Ausschweifen), Reden (hier: Nicht-Lügen) und Lebensführung (hier: Abstinenz von Alkohol). Genauer Wortlaut dieser 5. Regel: *Mich von Enthemmungszuständen, die durch Berauschung* – wie mittels Branntwein und Wein – *entstehen, fernzuhalten: diese Übungsregel nehme ich auf mich.* Dabei stehen im Pāli-Urtext *surā* (Branntwein) für aus Mehl, Gebackenem oder Reis (→ Reiswein) bereitete, *meraya* für aus Blüten, Früchten, Honig und Zucker

gewonnene Alkoholika, wozu auch der Wein aus Trauben zählt. Rauschdrogen im heutigen Sinn – z.Z. Buddhas in Indien noch unbekannt bzw. ungebräuchlich – fallen ebenfalls unter die Enthaltsamkeitsregel, wie sich aus deren Begründung zweifelsfrei ergibt: Berauschung (*majja*) bewirkt Enthemmungszustände (*pamāda*); Enthemmung aber, Lässigkeit, Leichtsinn, Sich-gehen-Lassen sind wesentliche Hindernisse auf dem religiösen Weg zur Befreiung von aller Triebhaftigkeit und zur vollkommenen Beherrschung der Psyche. In der 31. Rede der *Längeren Sammlung* des *Pālikanons* belehrt der Buddha einen Schüler: *Sechserlei Elend bringen Enthemmungszustände durch Berauschung mittels Branntwein und Wein mit sich: merkliche Geldeinbuße, zunehmende Zänkerei, kränkliches Befinden, in üblen Ruf kommen, Scham und Heimlichkeit preisgeben sowie an Weisheit lahm werden.* In den Versen anderer Sammlungen heißt es u.a.: *Wer Wein und Schnaps begehrlich trinkt, als Mensch sich ganz dem Trunk ergibt: der gräbt hier in der Welt sich selbst durch solches Tun die Wurzeln aus* (*Dhammapādam* 247); d.h. sinngemäß: er *gräbt sich selbst das Wasser ab*, verwehrt sich den Zugang zu den Quellen des (physischen wie auch geistigen) Lebens. Berauschenden Getränken kann man immer wieder zusprechen – und wird doch nie satt, so heißt es an anderer Stelle (Angereihte Samml. III/106). Und in einer Rede über 8 Tugendregeln (VIII/40) sagt der Buddha: *Der Genuß von Rauschmitteln, ihr Mönche, ausgeübt, betätigt und häufig betrieben, führt zur Hölle, zum Tierschoße oder zum Gespensterreich. Und schon die allergeringste Auswirkung des Genusses von Rauschmitteln führt den Menschen zur Geistesverwirrung.*
Im 4. Jh. v. Chr., rund 100 Jahre nach dem Ableben des Buddha, begehrte eine Gruppe von Mönchen in 10 Punkten leichter zu erfüllende Verhaltensregeln, darunter die Zulassung des Genusses von → Palmwein (*jalogi*). Das. 2. Konzil bestätigte jedoch auch das Palmweintrinken als Verstoß im Sinn des 51. Beichtvergehens (*Cullavagga* XII, 2). So blieb Berauschendes jeder Art nach wie vor tabu für Buddhisten. Lediglich als der Buddhismus – rund ein Jahrtausend nach dem Tod des als Prinz Siddharta geborenen Buddha – in Indien ver-

Alte Goldmünzen mit aufgeprägten Trauben aus Indien, dem Heimatland des **Buddhismus**.

fiel und wieder im Hinduismus aufging, wurde – im Gefolge der Auflösung aller tradierten Ordnung in der tantrischen Periode – auch das Alkoholverbot nicht mehr beachtet. Dieser Buddhismus der Verfallsepoche wurde dann nach Tibet exportiert, wo die ersten sog. *roten Sekten* des tibetischen Buddhismus auch den *Lamas* (Priestern) den Alkoholgenuß gestatteten. Die im 15. Jahrhundert von dem tibetisch-buddhistischen Reformator Tsongkhapa begründete *gelbe Kirche* setzte die ursprüngliche Ordensregel wieder in Kraft und verwarf jeglichen Alkoholgenuß. Die Ordensregeln der div. Schulen des *Hinayana*-Buddhismus haben – bei allen Unterschieden auf anderen Gebieten – das Alkoholverbot beibehalten. Vier dieser Sammlungen fanden Eingang in den chinesischen Kanon. Bei den verschiedenen fernöstlichen Schulen und Sekten entwickelten sich mannigfaltige Abweichungen von der Grundlehre des Buddha; inwieweit sie die Einstellung zum Alkohol betreffen, ist bisher nicht umfassend geklärt.

Bukett, in der WA begriffliche Steigerung von → Blume, auch Gesamtheit der aus dem Glas aufsteigenden Duft- und der erst im Mund sich entfaltenden Aromastoffe,

Bukettreben

soweit diese als Geruchseindruck wahrgenommen werden. Bei eindeutiger Dominanz eines die → Blume des Weines bestimmenden Faktors spricht man von *Sorten*- (z. B. *Riesling-, Muskat-* usw.), *Gär-*, → *Firne*-B. usw.; in Österreich unterscheidet man nach An- und Ausbau des Weines *primäres*, d. h. vor der *Kelterung* geprägtes (*Sorten-*, ggfs. auch → *Edelfäule*-), und *sekundäres* (*Gär-, Lager-*) B.

Bukettreben, Rebsorten (meist Neuzüchtungen), deren Weine sich durch ein besonders herausragendes → Bukett auszeichnen. B. sind beispielsweise → Huxelrebe, → Morio-Muskat und → Scheurebe, aber auch → Traminer und *Gewürztraminer*. Sie stellen hohe Anforderungen an die Kunst des Kellermeisters, denn der geringste Ausbaufehler kann das charakteristische Bukett unangenehm aufdringlich werden lassen.

bukettreich, engl. *aromatic*, franz. *aromatique, bouqueté*, ital. *aromatico*, WA für Weine mit besonders reicher Duftentfaltung; → Bukett.

Bukettschaumweine, gemäß EG-Sprachregelung als *aromatische Schaumweine* bezeichnete Produkte aus Trauben, Mosten und Weinen von → Bukettreben; z. B. der ital. → Asti Spumante.

Bulgarien, als Weinbauland sehr junger Balkanstaat. Seit 1393 bis zum ausgehenden 19. Jh. türkische Provinz und hiernach unablässig Spielball politisch-kriegerischer Auseinandersetzungen, fand das Land erst 1947, nach Pariser Friedensvertrag (10. 2. 1947) und totaler Sowjetisierung (kraft Verfassung vom 4. 12. 1947), unter beträchtlichen Territorialverlusten zu neuer nationaler Gestalt. Nur zwei Jahre später (1949) griffen planmäßige Anstrengungen für Rebanbau und Weinausbau Platz. 1974 wurden rund 163 000 Hektar Rebfläche registriert, bis 1980 sollen es über 300 000 Hektar werden. Angebaut (und zu gut 80 Prozent exportiert) wird vor allem Rotwein der Kadarka-Mutante *Gâmza* (dunkel rubin- bis granatrot), der fruchtigen, dessertweinigen *Mavrud*-Rebe (schwarzrot-tintig) und der in B. bodenständigen, spritzig-süffige Konsumweine hergebenden *Pamid*-Traube (roséähnlich hellrot). Besser sind die vorerst quantitativ sehr viel knapper bemessenen Weißweine, vom trockenen → Silvaner über den halbtrockenen *Hemus* bis zum fruchtigen *Dimiat* und mild-würzigen *Misket* (Muskat-Mutante). Die Hauptanbaugebiete liegen im Einzugsbereich der Donau (Nord-B. mit Zentrum um Pleven), an der Schwarzmeerküste (Ost-B.) sowie in kleineren Bereichen Süd- und Südwest-B.s.

Bundesrepublik Deutschland, → Deutschland, Bundesrepublik.

Bundessortenamt, in der Bundesrepublik

Gasthaus an der Schwarzmeerküste **Bulgariens**.

Siegel der **Bundesweinprämierung.**

Deutschland Bundesbehörde für Prüfung und Registrierung anbaugeeigneter Rebsorten bzw. → Neuzüchtungen; → Sortenschutz.

Bundesweinprämierung der Deutschen Landwirtschafts-Gesellschaft (DLG), höchster nationaler Wettbewerb, dem sich ein deutscher Wein stellen kann. Alljährlich im März entscheiden → Weinschmekker aus allen 11 Anbaugebieten der Bundesrepublik Deutschland während einer *Prüfungswoche*, welchen bei der (Zulassungs-Bedingung!) bereits bei einer → Gebiets- oder → Kammerweinprämierung erfolgreich gewesenen Weine ein *Bronzener, Silberner* oder *Goldener Preis* der DLG gebührt. Der Verbraucher erkennt die prämierten Weine an dem *DLG-Prämierungsstreifen* oder *DLG-Punkt* mit schwarzem Druck auf blauem Grund (*Bronzener Preis*), auf Grau oder Silber (*Silber*), auf Bronze oder Gold (*Gold*).

Bürette, Glasröhre mit Skala und Auslaßhahn, ein Gerät zur chemischen Maßanalyse. In der Weinchemie (→ Analysenprüfung) dient die B. zum Titrieren des Säuregehalts u. a.

Burgenland, nach Vorarlberg kleinstes Bundesland Österreichs, als Weinbauregion unterteilt in die Bereiche → Rust-Neusiedler See (98 Prozent der Rebfläche) und → Eisenberg (2 Prozent). Die Ausdehnung des – erst durch die Pariser *Vororteverträge* von 1921 wieder zu Österreich gekommenen – Grenzlandes beträgt in nord-südlicher Richtung mehr als 200 Kilometer, an der schmalsten Stelle jedoch kaum fünf Kilometer in der Breite. Auf insgesamt knapp 18 000 Hektar Rebfläche werden hier jährlich etwa 800 000 bis über eine Million Hektoliter Wein (davon wenig über 20 Prozent Rotwein) geerntet, d. h. ungefähr ein Drittel der gesamten österr. Weinerzeugung eines Jahrgangs. Weinbauregion war diese Landschaft schon als römische Provinz *Pannonia*; das bezeugt eindrucksvoll z. B. eine römische Weinpresse in Winden, nördlich des Neusiedler Sees. Dieser drittgrößte – mehrmals aber schon völlig ausgetrocknete – See Europas mit seinem kilometerbreiten Schilfgürtel reguliert das Klima der Region bis weit in Ungarns Anbaugebiet Nord-Transdanubien hinein. Unter den allgemein gehaltvollen Weiß- und Rotweinen des B. sind viele von ausgeprägtem → Sortencharakter und dabei wohlmundender Milde, edle → Damenweine oder kernige Spezialitäten mit unverwechselbarem → Bodengeschmack (*Eisenberger Rote*). Die österr. Weingesetzgebung läßt im B. nur elf Weiß- und fünf Rotweinsorten zur (meist in → Weitraumanlagen erfolgenden) Anpflanzung zu. Unter den Weißen sind vor allem Grüner → Veltliner und → Welschriesling, → Müller-Thurgau und Neuburger zu nennen, ferner Weißer → Burgunder, → Muskat-Ottonel, → Riesling und → Traminer. Rotwein liefert erstrangig (fast ausschließlich) die → Limberger Rebe (*Blaufränkisch*).

Burgund, franz. *Bourgogne*, historische Landschaft im mittleren Osten → Frankreichs, ungefähr in den Grenzen der heutigen Départements Yonne (mit dem Weinbaubereich → Chablis), → Côte d'Or (→ Côte de Nuits, → Côte de Beaune), Saône-et-Loire (→ Mâcon, *Pouilly-Fuissé* u. a.) und eines Teils von Rhône (→ Beaujolais) mit der alten burgundischen Königsstadt Lyon; nur historisch-politisch

Wohlstand durch Weinbau: Mörbisch im **Burgenland.**

Burgund

Der Clos Vougeot in **Burgund**, erbaut im 12. Jahrhundert von Zisterziensern.

zählt noch das Département Ain mit seiner Hauptstadt Bourg-en-Bresse dazu (östlich der Saône, ohne Qualitätsweinbau). Insgesamt wachsen auf den Bergterrassen Hoch-B.s und an den Hängen Nieder-B.s nur etwa zwei Prozent der franz. Jahres-Weinernte, denn von klimatisch günstigen Bedingungen kann hier keine Rede sein. Die Ausbeute – gemessen an der tatsächlichen Ertragsrebfläche – ist vergleichsweise gering, und nur ein – gesetzlich klar definierter – Teil der Weinernte B.s darf mit der → Appellation contrôlée der *Bourgogne* etikettiert werden. Allein den Spitzenweinen unter diesen jährlich nur etwa 1,8 Millionen Hektoliter Qualitätswein des Anbaugebiets verdankt der *Echte B.er* seinen Weltruf. – Weißer *A.O.C.-Bourgogne* muß ausschließlich aus *Pinot-blanc-* (→ Burgunder, Weißer) oder → Chardonnay-Trauben gewonnen sein, *Bourgogne Aligoté* aus Trauben der bodenständigen *Aligoté-Rebe*, deren (jung sehr angenehme) Weine keine Alterung vertragen. Rote und Rosé-B.er sind auf sortenreine Herstellung aus spätem Blauem → Burgunder (hier *Pinot noir* genannt) bzw. diesem eng verwandte *Pinot*-Mutanten beschränkt. Eine Ausnahmeregel gilt hier nur für die neun großen → Beaujolais-Gewächse, die aus der → Gamay-Traube gekeltert werden. Von geringerem Reiz (und Preis), aber doch allemal noch ein Qualitätswein von B. ist der *Bourgogne passe-tout-grains*, ein Weinverschnitt aus zwei Teilen *Gamay* und einem Drittel *Pinot noir*. Die niedrigste Qualitätsstufe des *Bourgogne grand ordinaire* wandert überwiegend in die Sektkellereien ab, wo aus diesen → Grundweinen hochwertige Qualitäts-Schaumweine (mit → Flaschengärung) erzeugt werden.

Burgundac Crni, *Modra Klevanyka*, jugoslaw. Synonyme für → Burgunder, Blauer.

Burgunder, Blauer, im Deutschen nach ihrer wahrscheinlichen Heimat → Burgund benannte, hochwertige Rotweintraube. Gemeint ist in der Regel – als Stammsorte der → Burgundergruppe – der *Blaue Spätburgunder* (franz. *Pinot noir*); aus diesem ist der *Blaue Frühburgunder* (*Pinot noir précoce*) wahrscheinlich durch Mutation entstanden. B. B. ist die trad. dominierende Rotweintraube der *Bourgogne*; für → Champagner wird sie *weißgekeltert*. In Italien sind → Südtirol und die → Lombardei ihre Domänen. Im deutschen → Rheingau ist sie spätestens seit 1470 als *Clebroit* oder *Kleberoit* (*Klebrot*) angesiedelt und bedeckt heute mehr als 3000 Hektar Rebland der BRD, vor allem in → Baden (Spezialität der Bereiche → Bodensee und → Ortenau: → Weißherbst aus B. B.), → Ahr, → Württemberg, → Rheinhessen (Ingelheim), Rheinpfalz und Rheingau (Assmannshausen). In der Deutschschweiz (→ Ostschweiz) heißt der B. B. vielfach *Klevner*; unter anderen Bezeichnungen gedeiht er in Osteuropa sowie rund um die Welt, bis → Australien und → Argentinien. Die Weine des *späten B. B.* sind stets *vollmundig, rund und samtig, körperreich* (WA) und von feinem (gelegentlich leicht an Bittermandeln erinnerndem) Aroma, in der *Bourgogne* selbst etwas gerbstoffbetont; die Farbe ist tief- bis braunrot, heller beim *frühen B. B.*, der sich im allgemeinen etwas *leichter* und *süffiger* ausnimmt. – Synonyme des B. B.: *Burgundac Crni, Clävner, Clevner, kék Kisburgundi, Klävner, Klevner, Modra Klevanyka, Pignol, Pignola, Rouci, Roucimodre* u. a. m.

Burgunder, Grauer, → Ruländer.

Burgunder, Großer, in Österreich Synonym für → Trollinger, Blauer.

Burgundergruppe, Gruppe genetisch eng verwandter Weinreben, deren Hauptsorten franz. *Pinot* heißen. Dazu gehören an Rotweintrauben der frühe (*Pinot noir précoce*) und der späte *Blaue Burgunder* (*Pinot noir*), die → Müllerrebe (*Schwarzriesling*, franz. *Pinot Meunier*), deren Mutante *Samtrot* sowie die *Saint-Laurent-Rebe*, an Weißweintrauben der *Weiße* (*Pinot blanc*) und der *Graue Burgunder* (*Pinot gris*, → Ruländer). Nicht zur B. zählen der in Österreich als *Großer Burgunder* bezeichnete *Blaue* → Trollinger und die gelegentlich fälschlich *Pinot Chardonnay* genannte weiße Sorte → Chardonnay.

Burgunder, Weißer, 1. Weißwein aus Burgund; sofern es sich dabei um Qualitätswein (→ Appellation contrôlée) handelt, ist er jedoch aus Trauben der Rebsorte → Chardonnay bereitet, nicht aus 2. *Pinot blanc*. Diese weiße Burgunderrebsorte entstand wahrscheinlich über die Zwischenstufe → Ruländer (*Pinot gris*) als sekundäre → Mutante des späten *Blauen Burgunders* (*Pinot noir*). Die Sorte W. B. wird in der Bundesrepublik Deutschland auf insgesamt rund 800 Hektar Rebfläche (in Baden-Württemberg und Rheinpfalz) gezogen, in Österreich auf gut 1800 Hektar; zu ihrer Hochform gedeiht sie jedoch nur im ital. → Piemont im Umland von → Alba (*Pinot d'Alba*). Die Weine des W. B. sind gemeinhin von angenehm *trockener* Art mit *feiner Säure, süffig*, in Frankreich meist etwas *voller* und *milder*, jedoch kaum je an die *Eleganz* des → Chardonnay oder die *fruchtige Brillanz* des → Rieslings heranreichend. – Synonyme des W. B.: *Weißer Arbst, Blanc de Champagne, Clävner, Clevner, Klävner, Klevner*, gelegentlich auch fälschlich *Pinot Chardonnay*.

Bürste, saurer Wein; erstmals 1878 in Berlin belegte Sachschelte für einen Wein, der im Hals kratzt, *als ob man eine Bürste verschluckt hätte* (Küpper, *Wörterbuch der deutschen Umgangssprache V*, Hamburg 1967); → Wein im Volksmund.

Buschenschank, *Buschenschenke*, Synonym für → Straußwirtschaft in Österreich, oft auf einer *Buschenschanktafel* mit dem Wort → Ausg'steckt gekennzeichnet.

Bütte, aus Holzdauben gefügte Wanne, Tragfaß, → Bottich.

Buzbag, schwerer Rotwein aus der → Türkei.

Byrrh, franz. → Aperitif auf Rotweinbasis.

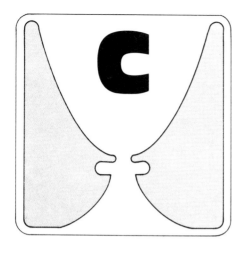

Cabernet, schon in der röm. Provinz Aquitanien (Hauptstadt: *Burdigala,* → Bordeaux) kultivierte, heute weltweit verbreitete, bei geringsten Ansprüchen an den → Boden beste Ergebnisse zeitigende Rotweinrebe. Sie gedeiht – in der einen und/oder anderen ihrer beiden Spielarten – von der → Krim bis → Kalifornien, von → Argentinien bis → Australien, in Vorderasien (→ Israel) und → Südafrika. Die im Bereich von → Saint-Emilion aus der (mutmaßlich älteren, hier meist *Bouchet* genannten, weniger körper- und farbstoffreichen) *C. franc* (auch *C. breton*) gewonnenen und die im → Médoc aus der *C. Sauvignon* gekelterten Weine gehören zum Besten der franz. Bordeaux-Region. Freilich, die recht gerbstoffreichen (extrem alterungsfähigen) *C.-Sauvignon*-Gewächse können in ihrer Jugend recht *hart* und *holperig* (WA, → eckig) sein, ehe sie mit zunehmender Lagerreife *edle Art* und *Rasse, sortentypisches Bukett* und *vollkommene Ausgeglichenheit* entwickeln.

Cabinet, franz. Schreibweise des Weinprädikats → Kabinett, zurückzuführen auf die 1245 erbaute Fraternei (Gemeinschaftsraum der Laienbrüder) der einstigen Zisterzienser-Abtei Kloster → Eberbach im → Rheingau. Das heute noch zu besichtigende gotische Gewölbe wurde in einer Urkunde von 1736 erstmals als *C.-Keller* bezeichnet, wahrscheinlich im ursprünglichen Sinn des Wortes C. (kleine Räumlichkeit, Nebenraum). Bei der Säkularisation durch den Reichsdeputationshauptschluß von 1803 fielen Kloster und weiträumiges Weinbauland an den Herzog von Nassau, der alsbald die besten → Kreszenzen seines Weingaues im *C.-Keller* einlagern ließ: zum Eigenverbrauch, nicht zuletzt im Kreis seiner engsten Berater (Ministerrunde = Kabinett). Wahrscheinlich durch die schon seit der Rokokozeit ge-

Der **Cabinet**-Keller des Klosters Eberbach.

pflogene Etikettierung der Würzburger → Steinweine angeregt, verfügte er im *Kometenjahr* 1811 die Auszeichnung einer hervorragenden *1811er Steinberger Auslese, Originalabfüllung aus dem Herzöglichen Nassauischen Cabinets-Keller*. Dieser ersten *C.-Auszeichnung* eines Weines ließ Österreichs, einem alten rheinischen Adelsgeschlecht entstammender Fürst Metternich (1773–1859) den *1822er F.M. Schloß Johannisberger Cabinets-Wein* folgen und behielt die *C.-Marke* bei, die um die Mitte des 19. Jh. auch von den *Nassauischen Domänen* wiederaufgegriffen und fortan regelmäßig verwendet wurde.

cachet, franz. *Siegel,* WA, → Charakter.

Cahors, kräftiger, bukettreicher Qualitätsrotwein von charakteristischem Geschmack und tiefdunkler Farbe. Er trägt die → Appellation contrôlée der Hauptgemeinde C. des zwischen → Bergerac und *Gaillac* im Südwesten → Frankreichs angesiedelten Bereichs (Département Lot). Hauptrebsorte ist → Auxerrois (hier meist *Malbec* genannt). Als *Vieux C.* deklarierter Wein muß mindestens drei Jahre Faßlagerung hinter sich haben.

caldo, *warm/heiß,* ital. WA für → feurig.

câlin, franz. *schmeichelnd,* WA im Sinn von → ansprechend bis → lieblich.

Calvados, franz. Département (Hauptstadt Caën) in der Normandie und nach ihm benannter Trinkbranntwein. Dieser wird aus Apfelmost bzw. → Apfelwein destilliert und in einem ähnlichen Verfahren wie → Cognac weiterbehandelt.

Campari, ital. Rotwein-Aperitif, als *Süßwein* oder *Bitterling* zubereitet; → Aperitif.

Canon-Fronsac, → Appellation contrôlée eines kleinen → Bordeaux-Bereichs westlich von → Saint-Emilion; er bringt wenige, aber gute, kräftige und robuste Rotweine hervor, die dennoch recht weich ausfallen. Eine Besonderheit ist der *Château Bodet,* dessen Trauben von Rebstöcken unbekannten, jedoch zweifelsfrei sehr hohen Alters stammen.

cantina, ital. *Weinkeller,* → Keller.

cantina sociale, ital. für Kellerei- bzw. → Winzergenossenschaft.

Cap Corse, korsischer → Dessertwein.

capiteux, franz. *berauschend,* WA, → alkoholreich.

Capri, seit der römischen Antike als Feriendomizil beliebte Insel am Südeingang des Golfs von Neapel (→ Italien). Ihr Vulkangesteinsboden bringt bemerkenswert *trockene* Weißweine von überwiegend lobenswerter Qualität hervor. S. a. → Ischia.

caressant, franz. WA, → lieblich, sanft einnehmend.

Chablis, Weißweingebiet zwischen Burgund und Champagne.

cassé, franz. *gebrochen,* WA für nach dem → Umschlagen als → passé empfundenes Getränk; vgl. → Bruch.

Cassis, kleiner *A.C.*-Bereich der → Provence, südöstlich von Marseille am Mittelmeer gelegen. Haupterzeugnis ist ein aus der → Ugni-blanc-Traube gewonnener, trockener, vorzüglich zur *Bouillabaisse* (Fischsuppe) wie überhaupt zu *fischigen* Gerichten mundender Weißwein, der seinem beachtlichen Ruf allzeit gerecht wird.

cave, franz. → Keller, Gewölbe, Weinlager; s. a. → chai.

cépage, franz. Wort für *Rebsorte.*

Chablais, → Waadt.

Chablis, kleines Weinbaugebiet mit großen Weinen, im franz. Département Yonne zwischen → Champagne und → Burgund angesiedelt, unmittelbar östlich der Provinzhauptstadt Auxerre (→ Auxerrois). Auf überwiegend kalkreichen Böden gedeiht hier die → Chardonnayrebe zu qualitativ bester Ertragsform grüngolden strahlender Weißweine von (WA) *elegantem Körper, feinem Bukett* und gelegentlich *nussigem* oder pikantem → Feuersteingeschmack.

chai, franz. Bezeichnung für jedwede auf bzw. über Erdniveau eingerichtete Weinlagerstätte, zur Unterscheidung vom Kellergewölbe bezeichnenden → cave. In der Praxis werden beide Bezeichnungen (wie span. → bodega) vielfach für Weinlager jeder Art gebraucht.

chair, franz. *Fleisch,* WA, → körperreich.

chaleur, franz. *Hitze,* WA, → alkoholreich.

Chambertin, als alleinstehende oder vorgesetzte (*Ch.-Clos des Bèze*) Bezeichnung gesetzlich geschützte Marke auf nur rund 28 Hektar Rebfläche aus Blauem → Burgunder (*Pinot noir*) gewonnener, hervorragender Rotweine der Côte d'Or. Die schon von den Römern bestockte Weinberg-Hanglage gab Napoleons erklärten Lieblingswein her. Ihr Name wird zahlreichen in der Nachbarschaft wachsenden Qualitätsweinen – unter strenger staatlicher Kontrolle des kleinen, aber doch entscheidenden Unterschieds – hintangefügt (z. B. *Gevrey-Ch.*).

Chambolle-Musigny, aus eigentlichem Orts- und bestem Lagennamen zusammengesetzte Bezeichnung einer renommierten Winzergemeinde der → Côte d'Or und ihrer (Rot-)Weine. Bei *Premier-Cru*-Kreszenzen weist das Etikett zusätzlich den Weinberg ihrer Herkunft aus. Zu den erlesensten Gewächsen ganz → Burgunds freilich gehören die (ohne Ortsnamen) schlicht *Musigny* und *Bonnes Mares* genannten Spitzenweine der Gemeinde.

Chambrieren, von franz. *chambre* (*Zimmer*), Temperieren des Weines. Besonders Rotwein, der aus dem kühlen Keller kommt, sollte man zunächst eine bis zwei Stunden bei Zimmertemperatur (jedoch keinesfalls zur Gewaltkur auf einem Heizungskörper o.ä.) stehenlassen, ehe man ihn serviert. Zur besseren Entfaltung der Bukettstoffe soll die Flasche während des Ch.s geöffnet sein.

Champagne, nördlichstes Weinbaugebiet Frankreichs mit knapp 25 000 Hektar Rebfläche in den Grenzen der Départements *Aisne, Aube, Marne* und *Seine-et-Marne.* An Rebsorten werden fast ausschließlich später Blauer → Burgunder (*Pinot noir*), die rote → Müllerrebe (*Pinot Meunier*) und weißer → Chardonnay angebaut. An → Stillwein kommt nur ein Bruchteil des Gebietsertrags, vor allem als → Blanc de Blancs der → Coteaux champenois, in den Handel. Weltgeltung erlangte die Ch. als Ursprungsregion des → Champagner genannten, nach der trad. → méthode champenoise hergestellten Qua-

Cave in der **Champagne.**

litätsschaumweins. Als → Appellation contrôlée ist die Handelsbezeichnung Ch. heute nur zulässig, wenn die → Grundweine in den Bereichen *Côte des Blancs, Vallée de la Marne* und/oder *Montagne de Reims* in der Ch. geerntet und getreu der Lehre des *Dom* → *Pérignon* weiterbehandelt wurden.

Champagner, im 19. Jh. als Synonym für → Schaumwein (*Sekt*) schlechthin weltweit wohlverstanden, wurde in Frankreich durch Gesetz mit Wirkung vom 17. Dezember 1908 auf die Bezeichnung bodenständiger Produkte der → Champagne eingeschränkt. Das war international nicht bindend. So gab es z. B. auch weiterhin noch Ch. deutscher Herkunft, bis nach Beendigung des Ersten Weltkriegs der Vertrag von Versailles (Paragraph 275) die mißbräuchliche Benutzung des Namens Ch. rigoros verbot, woraufhin 1919 der → Deutsche Sekt Premiere hatte. Er wurde und wird zwar nach wie vor nach der von *Dom* → *Pérignon* kreierten → méthode champenoise hergestellt, aber seine → Grundweine stammten und stammen eben nicht aus der *Champagne*. Drei Jahre Lagerzeit sind obligatorisch bei *Jahrgangs-Ch.* (der höchstens zu 20 Prozent verschnitten sein darf). Gänzlich sorten- bzw. großlagenreine Ch. werden mit dem Ortsnamen ihrer Herkunft ausgezeichnet.

Chaptalisieren, franz. Bezeichnung für das → Anreichern zuckerarmer Traubenmoste, benannt nach dem napoleonischen Innenminister Chaptal. Ch. ist nur in den nördlichen Weinbaugebieten Frankreichs erlaubt, darf jedoch drei Kilogramm Zuckerzusatz je Hektoliter Most nicht überschreiten.

Charakter, in der franz. WA *base* (*Grundlage*), *cachet* (*Siegel*), Gesamteindruck bei der Verkostung eines Qualitäts- oder Spitzenweins, sinngemäß entsprechend dem bei kleineren Weinen gebrauchten Begriff → Ausdruck; in der → Weinansprache höchst differenzierbare und zugleich komplexe Oberstufe der dreiklassigen (nicht amtlichen) Bewertungsskala Art – Ausdruck – C.; z. B.: Ein Wein hat → Art, wenn er nach Maßgabe von → Aroma und → Bukett als typisch für eine Rebsorte und/oder ein bestimmtes Anbaugebiet gelten kann; er hat *Ausdruck*, wenn er bei der → Blindprobe überdies individuelle Merkmale zeigt, die seine Herkunft etwa ampelographisch (→ Ampelographie) oder geographisch enger eingrenzen; er hat C., wenn er so individuell spezifische Eigenarten aufweist, daß er – im Extremfall – versierten Weinschmeckern sogar örtliche Einzellage, Ernte-Jahrgang und den Kellereibetrieb verrät, in dem sein → Ausbau erfolgte.

Chardonnay, hervorragende Weißweintraube, benannt nach einem kleinen Weindorf im burgundischen Bereich → Mâcon; die gelegentlich gebrauchte Bezeichnung *Pinot Ch.* ist irreführend, da die Ch.-Rebe nicht zur → Burgundergruppe gehört. Sie prägt den Charakter so erlesener Gewächse wie → Chablis und *Pouilly-Fuissé* sowie der → Blanc de Blancs (→ Champagne, → Coteaux champenois).

Charente, Fluß im Westen → Frankreichs; nach ihm benannt sind zwei Départements (*Ch.* und *Ch.-Maritime*) sowie das Weinbaugebiet von → Cognac. In sieben Anbaubereichen werden fast ausschließlich Grundweine für die Weinbrand-Destillation erzeugt.

chargé, franz. WA im Sinn von *schnapsig, spritig,* allzu → alkoholreich.

charme, franz. WA, vor allem subjektiv lobend, nicht objektiv/spezifisch bewertend gebraucht. *Il a du c.*, besagt sinngemäß: Er (der Wein) *hat Delikatesse* (→ fein), → Finesse, *Noblesse* (→ adelig). Und wer oder was sich *charmant* gebärdet, dem sieht man gegebenenfalls auch gewisse Schwächen nach.

charnu, franz. *fleischig,* WA im Sinn von ausgesprochen → körperreich; negativ wertende Steigerung *trop ch.* bei Weinen, deren → Bukett mehr → Extrakt verspricht, als tatsächlich vorhanden ist, oder deren *Körperfülle* das Bukett erstickt.

charpenté, franz. *wohlgezimmert,* WA im Sinn von → rassig.

Chasselas, *Chasselas blanc,* in der franz. Schweiz und in Frankreich gebräuchliche Bezeichnung der Rebsorte → Gutedel.

chat, franz. *Kater,* in der WA adverbial gebraucht im Sinn von → mild, *einschmeichelnd, sanft.*

Château, franz. *Schloß,* landläufig etwa gleichbedeutend mit *Weingut;* dies kann auch ein noch so kleiner Bauernhof mit etwas Rebland sein, dessen Ertrag im eigenen Keller ausgebaut wird. Nach dem franz. Weinrecht darf die Bezeichnung Ch. nur auf dem Etikett erscheinen, wenn der be-

Château Ausone

treffende Wein tatsächlich auf Ch.-eigenem Grund gewachsen ist und nicht etwa mit Fremdlagen verschnitten wurde (→ Bordeaux, → Bordeaux-Klassifikation).

Château Ausone, → Ausone, Château.

Château-Chalon, neben → Arbois bekannteste Weinbaugemeinde (*Château* steht hier nicht für *Weingut*) des franz. Jura. Unter den im Jura angesiedelten Rebsorten dominiert in der Gemarkung des kleinen Gebirgsdorfes der *Savagnin*. Ampelographen halten ihn für eine Mutante des → Traminers, obwohl ihm dessen charakteristische Würze zunächst völlig fehlt. Er kann sie entbehren, denn die Winzer von Ch.-Ch. bereiten aus ihm den bestbeleumundeten *Gelbwein* (vin jaune) des Jura, eine im Geschmack herbere, im Alkoholgehalt schwächere → Sherry-Variante.

Château d'Yquem, eine Burganlage aus dem 15. Jh., gab einem der erlesensten, rarsten und teuersten Weine der Welt den Namen: Der *Premier grand cru classé Ch. d'Y.* des *Sauternes* wurde bei der → Bordeaux-Klassifikation von 1855 als weißer *Premier cru supérieur* höher bewertet als alle roten Spitzengewächse von → Bordeaux. Er war und blieb ein Wein (nicht nur) der Kaiser und Könige. Die Rebsorten → Sauvignon blanc und → Semillon, die sich im Wein hervorragend ergänzen, bringen am Burgberg des Ch. d'Y. auf rund 90 Hektar Rebland im langjährigen Durchschnitt knapp 800 Hektoliter Ernteertrag, der nach und nach als → Beerenauslese eingebracht wird. Das Ergebnis ist eine (mit bis zu 16 Volumenprozent) alkoholreiche Köstlichkeit von hoher (bis 7 Prozent) → Restsüße, edlem → Botrytiston und einer *Rasse* (WA), die sich mit den besten rheinischen Riesling-Beerenauslesen der Bundesrepublik Deutschland messen kann. Dies gilt freilich nur für die (nicht seltenen) Spitzenjahrgänge. In weniger guten Jahren wird der allzu gute Name des Ch. d'Y. nicht überstrapaziert, sondern auf *Château Y* reduziert; dieses Etikett bezeichnet dann zwar keinen überragenden → Dessertwein, aber allemal noch einen fruchtig-rassigen *Bordeaux supérieur* (so die ältere Bezeichnung für mindere Jahrgänge). Es gibt aber auch Jahre, in welchen das Ch. d'Y. – mangels Masse oder Qualität – überhaupt keinen Wein auf den Markt bringt.

Château-Grillet, nach Maßgabe des durchschnittlichen Jahresertrags (35 bis 40 Hektoliter) kleinstes eigenständiges *A.C.*-Weinbaugebiet Frankreichs; ein Familienbetrieb, der südlich von → Côte-Rôtie und *Condrieu* (ganz im Norden der → Côtes du Rhône) aus der bodenständigen *Viognier*-Traube einen (WA) *würzig-trocke-*

Château d'Yquem im Bordelais, berühmt für seine Spitzen-Weißweine.

Chianti

Weingut des französischen Anbaubereichs **Châteauneuf-du-Pape**.

nen, relativ *starken* Weißwein mit sehr reizvollem *Bukett* erzeugt.

Châteauneuf-du-Pape, wichtigster Weinbaubereich der franz. → Côtes du Rhône. Den Namen gab der (Wein-)Ort der päpstlichen Sommerresidenz des 14. Jh., nördlich der Weinhandelsmetropole → Avignon, in deren monumentalem Palastgebäude einst Päpste und Gegenpäpste überwinterten. Rund um die Ortschaft Ch. bringen auf etwa 4000 Hektar eiszeitlichen Gerölls insgesamt 13 Rebsorten alljährlich gute (bis sehr gute) 60 000 Hektoliter *alkohol-* und *körperreicher, vollmundiger* Rotweine in die Fässer. Sie erreichen ihre optimale Trinkreife binnen wenigstens zwei bis höchstens zehn Jahren. Weißer Ch. kann *wohlig-süffig* ausfallen, kommt aber mangels Masse kaum in den überregionalen Handel.

Château Y, → Château d'Yquem.
Chatillon-en-Diois, → Clairette-de-Die.
chaud, *warm/heiß,* franz. WA für → feurig.
Chenin blanc, *Pineau de la Loire,* franz. Weißweintraube, aus welcher vor allem in den Anbaugebieten → Anjou und Touraine *feine, frische, fruchtige* Weine gewonnen werden, die freilich keine lange Lagerung zulassen.
Chianti, bedeutendste Weingattung der → Toskana. Ihre Anbauzone erstreckt sich über die Provinzen Arezzo, Florenz, Pisa, Pistoia und Siena; die Groß- und Einzellagen sind gesetzlich auf bestimmte Hügelregionen bis maximal 550 (in Ausnahmefällen 650) Meter Höhe über dem Meer

Châteauneuf-du-Pape: Etikett.

beschränkt, bestockt mit alten einheimischen Rebsorten (*Cannaiolo, San Gioveto* u. a.). Die Ch.-Skala reicht von angenehmen, appetitanregenden Tischweinen bis zu großen, kraftvollen Kreszenzen, die einen im strohumflochtenen → fiasco, die anderen z.T. in braunen Bordeauxflaschen. Kein Ch. darf vor dem 1. März des auf die Lese folgenden Jahres in Verkehr gebracht werden. Der Ch. ist dann (WA) *abgerundet, trocken* im Geschmack und von schöner *Frische;* bei Alterung wird er *weich* und *samtig,* und sein lebhaftes Rubinrot geht in Granatrot über. Nach zweijähriger Lagerung und Erreichen von 12 (bei *Ch.*) bzw. 12,5 Prozent Mindestkohol (bei *Ch. classico*) ist die Bezeichnung *vecchio* zugelassen, nach drei Lagerjahren *riserva. Ch. classico* stammt ausschließlich aus der historischen Ch.-Zone zwischen Florenz und Siena. Weitere kontrollierte Gebiets-Bezeichnungen sind *Ch.*

Chiaretto

dei Colli aretini, Ch. *dei Colli fiorentini,* Ch. *dei Colli senesi,* Ch. *delle Colline pisane,* Ch. *Montalbano* und Ch. *Rufina.* Hinzu kommen bei den besten Gewächsen Gutsnamen (vergleichbar dem franz. → Château) wie der der historischen *Antica Fattoria di Niccolò Machiavelli.* Als halbamtliche Gütezeichen darf man einen schwarzen Hahn bzw. ein Goldengelchen (Putte) auf dem Etikett von Ch. werten.

Chiaretto, *frische, leichte,* sehr *süffige* → Roséweine Oberitaliens. Sie werden südlich des Gardasees sowie in den Weinbauregionen um Mailand, Bergamo und Brescia aus diversen einheimischen Traubensorten (*Marzemino, Schiava* u. a.), am Ostufer des Gardasees und in der Region von Verona (als *Chiarello*) überwiegend aus der piemontesischen → Nebbiolotraube gewonnen.

chien, franz. *Hund,* WA für → rassiges Getränk: *Il a du chien,* der Wein *hat Rasse.*

Chile (Karte → Südamerika), wahrscheinlich ältestes, heute (noch) vor dem stark konkurrierenden → Argentinien qualitativ bedeutendstes Weinbauland Südamerikas. Erste Zuchtreben kamen im 16. Jh. mit den spanischen Eroberern ins Land, aber erst seit der Mitte des 19. Jh. hatten friedfertige Kolonisten aus Europa die Rebsorten im Gepäck, die heute die chilenische Weinlandschaft bestimmen: → Cabernet, → Merlot, *Pinot noir* (später Blauer → Burgunder), → Riesling, → Sauvignon blanc, → Semillon, → Traminer, → Trebbiano u.a. Die jüngste vorliegende Statistik (1974) zählt noch die Früchte der Rebblüte vor dem Militärputsch des Septembers 1973. Sollten diese Zahlen unverändert zutreffen, dann liefern jene (nebst einigen anderen) Rebsorten auf rund 130 000 Hektar Flußkies-, Sand- und Vulkanboden jährlich mehr als sechs Millionen Hektoliter Wein, von gefälligen Tisch- über attraktive Dessert- bis zu edlen Prädikatsweinen (*Gran Vino* und *Reservado* unterliegen staatlicher Qualitätskontrolle), aber auch (z.T. allzu) süße Schaumweine und einen hochprozentigen Branntwein aus Trauben (*Pisco*); Markenzeichen chilenischen Rieslings ist eine dem → Bocksbeutel nachempfundene Flasche. Die Anbaugebiete liegen etwa zwischen 30 und 40 Grad südlicher Breite: in der Landesmitte um die Hauptstadt Santiago (überwiegend mit künstlicher Bewässerung der Rebflächen), nördlich und südlich davon in den östlichen Andenausläufern sowie in den mehr quantitativ als qualitativ bedeutenden Regionen von Talca, Linares und Concepción.

Chinarinde, *Bitterrinde, Fieberrinde, Perurinde,* Rinde des in den peruanischen Anden heimischen *Chinarindenbaumes* (botan. *Cinchosa,* indian. *quinaquina*), unentbehrlich als Rohstoff zur Gewinnung der bitter schmeckenden *Chinatinktur,* deren Zusatz zu Weinen, → Mistellen u. a. aus diesen appetitanregende und verdauungsfördernde → Aperitifs macht. Mit Ch. *gebittert* sind z. B. die Bittersorte des *Amer-Picon, Byrrh, China-Martini, Dubonnet,* der *Carpano*-Klassiker *Punt-e-Mes* und zahlreiche andere *vins cuits.*

Chinawein, mit Auszügen der → Chinarinde aromatisierter *Bitterwein,* → Aperitif.

Christentum, *Wein aus christlicher Sicht,* → Altes Testament, → Meßwein, → Neues Testament, → Trinksprüche, → Weinpatrone, → Weinwunder; vgl. → Bibel.

cidre, franz., → Apfelwein.

clair, franz. WA im Sinn von *hell;* → Farbe, → Klarheit.

clairet, *fauvelet,* historische franz. Bezeichnungen für helle, jedoch nicht völlig klare, d. h. durchscheinende, aber nicht eigentlich durchsichtige Weiß- bzw. Rotweine, die bis zum 17./18. Jh. die Norm bildeten.

Chile: Etiketten.

Nach der Legende soll erstmals Dom → Pérignon den Traubensaft zu kristallgleicher → Klarheit geläutert haben. C. wurde in jüngster Zeit sprachlich wiederbelebt als Inbegriff einer bestimmten, zwischen Rosé- und Rotwein anzusiedelnden, jung (und recht kühl) zu trinkenden → Bordeaux-Weinsorte.

Clairette-de-Die, franz. *A.C.*-Schaumwein des kleinen Anbaugebietes von *Die* im Drôme-Tal (östlich der mittleren → Côtes du Rhône). Er wird aus der *Clairette*-Traube mit *Muscat*-Zusatz gewonnen, ist *lieblich,* mit kräftigem *Muskatgeschmack,* oder *extra-trocken.* Nach der ersten, mehrmals durch Kühlung oder Filtern unterbrochenen Gärung in Tanks wird der Wein (der dann noch etwa 40 Gramm Fruchtzucker je Liter enthält) auf Flaschen gezogen, in welchen während mindestens neunmonatiger Lagerzeit die zweite Gärung stattfindet. – Stille Rot-, Rosé- und Weißweine aus *Die* tragen die → V.D.Q.S.-Bezeichnung *Châtillon-en-Diois.*

classico, ital. *klassisch,* fachsprachliche Bezeichnung für Kreszenzen eines genau umrissenen Bereichs innerhalb eines *bestimmten Anbaugebiets.* In der Regel ist diese Erzeugungszone identisch mit dem historisch-traditionellen Ursprungsbezirk des betreffenden Weines.

Clävner, *Clevner, Klävner, Klevner,* Synonyme für → Burgunder, Blauer; → Burgunder, Weißer; gelegentlich auch für → Traminer.

clément, franz. WA, → mild.

Clevner, → Clävner.

climat, franz. *Klima,* aber auch *Landstrich,* in → Burgund. Bezeichnung besonderer Weinlagen, deren Gewächse höchsten (kontrollierten) Qualitätsanforderungen gerecht werden müssen.

Clos, franz., *geschlossener Raum, umfriedetes Terrain;* trad. Bezeichnung für einen Weinberg mit Umfassungsmauer oder -mäuerchen (aus vor der Bestockung vom Feld geräumten Natursteinen). Die Bezeichnung C. auf dem Weinetikett besagt, daß das betreffende Gewächs tatsächlich (und garantiert ausschließlich) von einem solchen, seit Generationen klar eingegrenzten Weinberg stammt.

Cobbler zählen zu den → Long drinks, werden aber nicht im Mixbecher (*Shaker*), sondern direkt in Cobblerglas oder Sektschale zubereitet. Sie bestehen aus feingehacktem Eis und Früchten verschiedener Art, über welchen man – meist stark gekühlte – Alkoholika eigener Wahl (Wein, Schaumwein, Spirituosen) aufgießt. Serviert wird mit Löffel, oft auch mit Strohhalm.

Cocktail, geläufige Sammelbezeichnung von Barmixgetränken verschiedenster Art. Zur Herkunft des Wortes gibt es verschiedene, gleichermaßen einleuchtende Versiönen: aus *coquetels* (franz. *coque* = Eierschale), Eierschalen nachgebildeten Gläsern, gefüllt mit Mixgetränken, die seit der Franz. Revolution auch bei breiteren Volksschichten populär wurden; aus engl. *cock's tail* (Hahnenschwanz), da manche Mixdrinks in ihrer Farbigkeit an dessen Buntheit erinnern; von *Let's have a drink on the cock's tail!* (Trinkspruch im mexikanisch-amerikanischen Grenzgebiet beim Umtrunk nach einem Hahnenkampf). – Welche Deutung auch immer zutreffen mag, gemeint war von Anfang an sicher kein vegetarischer Obst- und Gemüseund auch kein Krabben-C. oder Milch-*Shake,* sondern etwas vornehmlich Alkoholisches. Unter einem C. im engeren Sinn versteht man heute ein im C.-*Shaker* zubereitetes Mixgetränk aus Spirituosen, Fruchtsäften, Bitters und Eis. Dessen feste Reste bleiben überm Sieb des Schüttelbechers zurück, wenn der fertige C. in die C.-Gläser gegossen wird. – C.s zählen gemeinhin zu den → Short drinks. Es gibt sie als → Aperitif und/oder → Digestif; manche dieser Mixturen aber sind auch nur zum Genießen und Büßen erfunden. S. a. → Mischgetränke.

Cognac, franz. Weinbrand aus Grundweinen gesetzlich klar umrissener Anbaubereiche der → Charente. Der Wein muß nach der alkoholischen → Gärung ungeklärt (mitsamt der Hefe) in Brennhafen mit direkter Feuerung (→ Brennblase) ein erstes Mal als *Rohbrand* und ein zweites Mal als *Feinbrand* destilliert werden. Hiernach erhält das Destillat (das nun 60–70 Volumenprozent Alkohol aufweist) durch mehrjährige Reifung in dünnwandigen Fässern aus *Limousin*-Eiche seine charakteristische Farbe und Feinheit. Diese wird schließlich durch Mischung (→ Cuvée) vollends abgerundet, wobei man auch den Alkoholgehalt auf die Trinkstärke von 41 bis 42 Volumenprozent senkt, ehe der C.

Collage

Cognac: Etiketten.

auf Flaschen abgefüllt wird. Deren Etikettierung muß die Einhaltung der gesetzlichen Mindestanforderungen verbürgen – und kann dabei das tatsächliche Alter des (durch Alterung gewinnenden) Getränks verbergen. Denn die staatliche Kontrolle beschränkt sich auf die C.-Faßlagerung während fünf Jahren, nach *Comptes d'âges* zu verbuchen: *Compte 0* bezeichnet die jungen Weindestillate des Jahres, die (auch in Fässern) noch nicht exportiert werden dürfen. *Compte 1 à 5* bezeichnen C.s von mindestens ein- bis fünfjähriger Faßlagerung. Auf handelsübliche Bezeichnungen bezogen, heißt das:

C., C. authentique, C. ☆☆☆ (s. a. → Dreistern) sind den *Comptes 1 – 3* entnommen, wurden mithin erst nach mindestens 1 bis 3 Jahren Faßlagerung auf Flaschen gefüllt; das Alter des Flascheninhalts ist daraus allein nicht abzulesen.

C.V.O. (*very old*, engl. *sehr alt*), → V.S.O.P. und *Réserve* stehen als Chiffren für garantiert vier Jahre (*Compte 4*) im Faß gealterte C.s, die in der Flasche aber auch schon zwei Jahrzehnte alt geworden sein können.

C. extra, Napoléon und *Vieille Réserve* stammen aus Fässern der *Compte 5* (nach wenigstens fünfjähriger Faßlagerung abgefüllt).

C. antique, Cordon d'argent, hors d'âge oder *X.O.* (*extra old*) sind handelsübliche Bezeichnungen über die fünf gesetzlich kontrollierten Jahre hinaus faß- und/oder flaschengelagerter C.s; s. a. → Very Very Superior Old Pale (*V.V.S.O.P.*)

Jahrgangsangaben sind bei C. unüblich. Wenn Branntweine verschiedener Jahrgänge gemischt werden, bestimmt die stimmt die jüngste Komponente den *Compte*-Rang. Vgl. → Armagnac, → Weinbrand.

Collage, franz. Wort für das → Behandlungsverfahren der *Schönung*; → Schönen (in der deutschen Kellerei-Fachsprache gelegentlich auch *Collagieren* genannt).

commun, franz. *gewöhnlich*, WA im Sinn von → klein, langweilig (franz. *embêtant*), auf nur als Durststiller geeignete → Konsumweine ohne → Charakter angewandt.
complet, franz. WA, → voll.
contenu (franz.), **contenuto** (ital.), Inhaltsangabe in Liter auf dem Weinetikett, bei italienischen Erzeugnissen obligatorisch.
cooperativa viticola, ital. → Winzergenossenschaft.
copita, span. Verkleinerungsform von *copa* (*Pokal*), kleines gestieltes Weinglas, Original-Sherryglas.
Cordial-Médoc, Trinklikör einer sehr alten franz. Rezeptur. Er bezieht seinen Alkoholgehalt von mindestens 38 Volumenprozent zu wenigstens 20 Prozent aus reinem Weindestillat/Weinbrand und bis zu 10 Prozent aus reinem Wein. Weitere Ingredienzien sind aromatisierende Drogenauszüge und/oder Fruchtextrakte.
Cordon d'argent, sehr alter → Cognac.
corposo, ital. WA, → körperreich.
corps, franz. WA, → Körper.
corsage, franz. WA, → Körper.
Corse, franz. → Korsika.
corsé, franz. WA, → kräftig.
Corton, → Appellation contrôlée hervorragender Rot- und Weißweine aus → Burgund, von bestimmten Weinbergen dreier Gemeinden an der Grenze der *Côte de Nuits* und der → Côte de Beaune. Die dem guten Durchschnitt der Region zuzurechnenden Gewächse tragen auf dem Etikett den Namen ihrer Herkunftsgemeinde: *Aloxe-Corton, Ladoix-Serrigny* oder *Pernand-Vergelesses*. Die herausragenden Kreszenzen heißen lediglich *C.* und weisen z.T. Einzellagennamen auf.
Côt, vor allem an der Loire in Frankreich gebräuchliches Synonym für die Rebsorte → Auxerrois bzw. deren ortstypische Spielart (auch: *Malbec, Pressac*).
Coteaux champenois, → Appellation contrôlée der (WA) *frischen, fruchtigen, trockenen,* aus der → Chardonnaytraube gewonnenen *Stillweine* der → Champagne; → Blanc de Blancs.
Coteaux d'Aix, → V.D.Q.S.-Gebiet *süffiger* bis *vollmundiger* Rot-, Rosé- und Weißweine zwischen Aix-en-Provence und Marseille mit etwa 30 Kilometer weiter Ausbuchtung nach Osten.
Coteaux du Languedoc, → Languedoc.
Coteaux du Layon, → Anjou.
Côte de Beaune, südlicher Teil der →

Côte d'Or, benannt nach dem Weinbau- und -handelszentrum → Beaune. Die Region C. liefert einige der vorzüglichsten roten und weißen Weine → Burgunds; die gleichnamige → Appellation contrôlée jedoch gilt nur für nicht eben überragende Gewächse aus dem Stadtbereich von Beaune, dessen bessere (vornehmlich rote) Weine lediglich mit dem Namen *Beaune* etikettiert sind. *Côte-de-Beaune-Villages* steht für (z.T. verschnittene) gute Lagerweine jeweils einer oder mehrerer Gemeinden (außer der Stadt Beaune), die ihre respektableren Gewächse mit dem Gemeindenamen signieren, z.B. *Puligny-Montrachet* (überwiegend weiß), *Chassagne-Montrachet* (rot und weiß) und *Meursault* (weiß). Dabei nutzen Chassagne und Puligny im Ortsnamen den Weltruf der nur 7,5 Hektar umfassenden Spitzenlage *Montrachet*, deren Name allein den teuersten (und dabei noch preiswert zu nennenden) trockenen Weißwein ganz Frankreichs symbolisiert. Zusammensetzungen wie *Montrachet-Bâtard* und *Montrachet-Chevalier* bezeichnen qualitativ nicht gleichwertige Nachbarlagen. Mit dem *Montrachet* messen kann sich allenfalls der *Corton-Charlemagne* der ebenfalls zum Bereich von Beaune zählenden Großlage → Corton. Die roten Spitzenweine tragen die *Appellation* der Gemeinden *Volnay* und *Pommard* mit Anfügung der jeweiligen Einzellage.

Côte de Dijon, → Côte d'Or.

Côte de Nuits, nördlicher Teil der → Côte d'Or, unmittelbar südlich von Dijon in → Burgund. Den Namen gab das bedeutendste Weinbau- und -handelszentrum des Bereichs, die Stadt Nuits-Saint-Georges. Aus dieser Landschaft kommen die großen roten, aber auch einige weiße Kreszenzen (vor allem der *Clos Blanc de Vougeot*), die dem *Burgunder aus Burgund* weltweites Renommee eintrugen. C. ist die Bezeichnung des Anbaubereichs, als → Appellation contrôlée zugelassen ist jedoch nur die Marke *C.-Villages* für Qualitätsweine bestimmter Gemeinden. Deren bekannteste (neben *Nuits-Saint-Georges* und *Vougeot*) – *Chambolle-Musigny, Gevrey-Chambertin* und *Vosne-Romanée* – bieten typische Beispiele für die in der *Bourgogne* vielgeübte (amtlich sanktionierte) Praxis, dem eigentlichen Ortsnamen die Bezeichnung der besten örtlichen Einzellage anzufügen. Insgesamt umfaßt die C. 22 absolute Spitzenlagen; deren wohl bedeutendste sind: *Chambertin, Clos-de-Vougeot, Musigny, La Romanée* und *Romanée-Conti*.

Côte d'Epernay, → Côte des Blancs, → Epernay.

Côte des Blancs, auch *Côte d'Epernay* genannt, südlicher Anbaubereich der → Champagne. Aus der → Chardonnaytraube werden hier neben → Cuvée-Grundweinen auch sortenreine (unverschnittene) → Champagner (mit Angabe des Herkunftsortes auf dem Etikett, z.B. *Avize, Cramant, Mesnil-sur-Oger*) sowie hervorragende Stillweine der → Appellation contrôlée → Coteaux champenois (→ Blanc de Blancs) erzeugt.

Côte d'Or, ostfranz. Weinbauregion und Département mit der Hauptstadt Dijon im nördlichen → Burgund. Obwohl als Weinbauregion selbst nie namentlich auf Weinetiketten in Erscheinung tretend, bringt die C. aus ihren Teilgebieten → Côte de Nuits (mit → Chambolle-Musigny u.a.) und → Côte de Beaune (mit → Corton, Pommard, Volnay u.a.) die meisten der roten und auch weißen Spitzengewächse hervor, welchen die *Burgunder aus Burgund* ihren Weltruf verdanken. Aus dem dritten, unmittelbar südlich an Dijon anschließenden Anbaubereich (*Côte de Dijon*) ist lediglich der fruchtig-frische, bisweilen recht pikante *Rosé de Marsannay* (aus spätem Blauem → Burgunder gewonnen) besonders bemerkenswert.

Côte, La, → Waadt.

Côte-Rôtie, kleiner Bereich klimatisch begünstigter Südhang-Terrassen im äußersten Norden der → Côtes du Rhône. Weine dieses steilen Fleckchens Erde wurden schon im alten Rom gerühmt, und der legendäre mittelalterliche Ritter Maugiron teilte das Rebland redlich zwischen einer blond- und einer braunhaarigen Tochter auf: daher die heutigen Großlagen-Namen *Côte-Blonde* und *Côte-Brune*.

Côtes de Bergerac, → Bergerac.

Côtes de Blaye, → Blaye.

Côtes de Bourg, → Appellation contrôlée eines kleinen → Bordeaux-Anbaubereichs um die Stadt Bourg am Unterlauf der Dordogne. Bis zum 17. Jh. waren die Weine dieser Landschaft noch gesuchter als jene des → Médoc. Heute wachsen hier keine extraordinären Kreszenzen mehr; es han-

59

Côtes de Provence

delt sich jedoch um appetitanregend *fruchtige* Rotweine mit Rückhalt, die schon sehr jung angenehm bei Tisch zu trinken sind und eine mittlere Lebenserwartung von vier bis sechs Jahren haben. Ihre Besonderheit: Gute Jahrgänge bereiten in höherem Alter nicht selten ungeahnt angenehme Überraschungen.

Côtes de Provence, → Provence.

Côtes du Jura, → Arbois, → Château-Chalon.

Côtes du Rhône, franz. Weinbaugebiet im Rhônetal, zwischen Vienne (südlich Lyon) und → Avignon; *Côtes-du-Rhône*, Qualitätsweine dieses Gebiets mit der → Appellation contrôlée. Die Region umfaßt rund 120 Weinbau betreibende Gemeinden der Départements *Rhône, Loire, Ardèche, Gard, Drôme* und *Vaucluse*. Mit einer durchschnittlichen Jahresernte von 1,8 bis 1,9 Millionen Hektoliter Qualitätswein ist C. nach dem → Bordeaux-Gebiet die zweitgrößte franz. Weinbauregion. Die Gebiets-*Appellation* gilt (überwiegend Rot- und Rosé-)Weinen ohne große Ansprüche; sie sind jedoch ehrlich und preiswert. Strengere Qualitätsanforderungen werden an die A.C.-Gewächse der 14 Weinorte gestellt, welche die Bezeichnung *Côtes-du-Rhône-Villages* auf dem Etikett ausweisen dürfen. Die wichtigsten Bereiche mit eigener *Appellation* sind: *Beaumes-de-Venise* (vin doux naturel), → Château-Grillet (weiß), → Châteauneuf-du-Pape (überwiegend rot), *Condrieu* (weiß), *Cornas* (überwiegend rot), *Coteaux du Tricastin* (rot und rosé), → Côte-Rôtie (rot), → Côtes du Ventoux (hauptsächlich rot und rosé), → Crozes-Hermitage (rot und weiß), → Gigondas (rot), → Hermitage (rot und weiß), *Lirac* (rosé), *Rasteau* (vin doux naturel), *Saint-Joseph* (überwiegend rot), *Saint-Péray* (weiß und Schaumwein) und *Tavel* (rosé). Die wichtigsten für das Anbaugebiet zugelassenen Rebsorten sind *Carignan, Cinsault, Grenache noir, Mourvèdre und Syrah*.

Côtes du Ventoux, → Appellation contrôlée eines franz. Weinbaubereichs der südlichen → Côtes du Rhône, im Département *Vaucluse*. Geographisch sind → Gigondas und *Rasteau* (Erzeugungsbereich eines likörigen vin doux naturel) Teilregionen der C.

coulant, franz. WA, → süffig.

coupé, franz. WA, → verschnitten; *Verschnittwein* heißt franz. *vin de coupage*.

court, franz. WA, → kurz.

Cream, süße, liebliche, dabei mit der vollen Kraft des → Oloroso ausgestattete Spielart des → Sherry. C. ist ein gehaltvoller, dickflüssiger, nahezu cremiger → Dessertwein, der sich mit allem Süßen verträgt.

crémant, franz. WA im Sinn von leicht → perlend, in der Westschweiz vor allem von → Sternliweinen gesagt.

Crémants, franz. A.C.-Schaumweine, vornehmlich aus → Burgund und von der → Loire. Sie zeichnen sich durch niedrigen Kohlensäure-Überdruck (3–3,5 atü) und hohe Qualitätsansprüche aus: Wie beim →

Die Lage Hermitage im französischen Anbaugebiet **Côtes du Rhône.**

Rebberge bei Vaison-la-Romaine im Anbaugebiet **Côtes du Rhône**.

Champagner sind Kelterung von nur 100 Liter Most aus 150 Kilogramm Trauben und Flaschengärung erforderlich, danach Flaschenlagerung während mindestens neun Monaten (*Champagner* ein Jahr, *Jahrgangs-Champagner* drei Jahre), ehe ein *Crémant* in den Handel kommen darf.

creux, franz. WA im Sinn von *gehaltlos,* → fad, → flach.

croupi, franz. *flau,* WA bei muffigem → Faßgeschmack; s.a. → goût de bois *(de goudron, de moût).*

Crozes-Hermitage, → Appellation contrôlée von viel Rot- und wenig Weißwein etlicher Weinberge der unmittelbaren Nachbarschaft von → Hermitage im Nordteil der → Côtes du Rhône. Dominierende Rebsorte ist die sehr dunkel rotfärbende *Syrah.*

cru, adjektivisch gebraucht, franz. WA im Sinn von → unreif.

Cru, franz. *Weinberg,* auch dessen *Ertrag, Gewächs* im Sinn von → Kreszenz, die → Lage als Qualitätsgarant des Weines hervorhebend in Bezeichnungen wie *C. classé, Grand c., Premier c.* usw. (→ Bordeaux-Klassifikation), bis hin zu superlativistischen Wortverbindungen wie *Grand Premier c. classé* (für hervorragende *Barsac-* oder *Sauternes-*Weine) oder *C. bourgeois supérieur exceptionnel* (→ Bourgeois). Insbesondere im → Bordeaux-Gebiet ist C. praktisch gleichbedeutend mit → Château.

Cup, engl. *Tasse,* amerik. Ausdruck sowohl für → Bowlen klassischer Rezeptur als auch für solche, die außer oder anstelle von Wein oder Sekt (auch) hochprozentige Schnäpse oder Liköre enthalten. S. a. → Mischgetränke.

cuve, franz. *Faß*; die Wortverwandtschaft mit deutsch *Kufe* (Schlittenschiene, Faßdaube), → Küfer ist offenkundig; vgl. auch → Bottich.

Cuvée, von franz. *cuve (Faß),* entsprechend zu verstehen als *gefaßt, eingefaßt, in Façon gebracht, geformt.* – 1. Bei *Stillweinen* ist C. gemeinhin gleichbedeutend mit → Verschnitt. – 2. In → Burgund meint C. den Abzug einer bestimmten Menge Rotwein aus einem oder mehreren Fässern *(Kufen)* derselben Herkunft. Der in der Bundesrepublik Deutschland heute nicht mehr erlaubten Bezeichnung → *Bestes Faß* entspricht etwa die *Tête de C.* (franz. *tête* steht für *Kopf, Haupt, Spitze*) einer franz. → Appellation contrôlée (*Château, Domaine*), nämlich *die beste Partie eines bestimmten Weinjahres* (Frank Schoonmaker, *Das Wein-Lexikon*), *die aus einem Faß oder auch aus mehreren verschiedenen stammen kann.* – 3. In → EG-Verordnungen ist C. definiert als Most oder Wein

Cuvéefaß

oder Mischung von Mosten und/oder Weinen mit unterschiedlichen Merkmalen, die zur Herstellung einer bestimmten Art von Schaumwein bestimmt sind – und entsprechend gekennzeichnet werden müssen. Dabei kann es sich auch (im Gegensatz zum Stillwein-Verschnitt) um Grundweine verschiedener nationaler Herkunft handeln. – 4. Beim fertigen Schaumwein steht C. für *die Mischung von Weinen verschie-*

Traditionelles **Cuvéefaß**.

Cuvéefaß: gekachelte Kammer.

dener Herkunft und verschiedener Jahrgänge zu einem harmonischen Ganzen (Helmut Arntz, *Das kleine Sektlexikon*). Auch Sekt mit Lagebezeichnung (→ Lagensekt), *dessen Grundwein nur aus einem einzigen Weinberg stammt, wird häufig auf einer C. aufgebaut, die verschiedene Jahrgänge enthält, um die Jahrgangsunterschiede auszugleichen*. Das mit der Zielvorstellung einer *C. hors pair* (*C. ohnegleichen*) entwickelte Spitzenprodukt einer in Reims ansässigen Sektkellerei, der *Krug Grande C.*, ist eine aus 41 Weinen sieben verschiedener Jahrgänge komponierte Rarität, für die eigens eine neue Flaschenform entwickelt wurde – aus den Flacons des 18. Jh., den ersten *Champagner*-Flaschen der Geschichte.

Cuvéefaß, Großraumbehälter für die Mischung (→ Cuvée) der Grundweine zur Schaumweinbereitung. Seit dem 18. Jh. gebräuchliche, besonders voluminöse Holzfässer wurden mittlerweile fast ausnahmslos durch (innen flußverglaste) gemauerte oder (mit Kunststoff ausgekleidete) Metalltanks ersetzt, in welchen maschinell betriebene Rührwerke die Mischung besorgen. Ein moderner Cuvéesilo oder -tank faßt mehrere hunderttausend Liter.

Cynar, *Artischocken-Bitter*, als → Aperitif ein enger Verwandter der *Camparis* und des *Cinzano-Savoya*, ursprünglich jedoch wohl als allgemeines Kräftigungsmittel (und auch Aphrodisiakum) entwickelt. Grundlage sind verschiedene weiße und rote Weine und Moste bzw. → Mistellen, die erst nach eineinhalbjähriger Vorbereitung gemäß streng geheimgehaltener Rezeptur miteinander verschnitten (→ Verschnitt), durch Zusatz von Eiweißstoffen geklärt und stabilisiert sowie anschließend gefiltert werden. Danach erst erfolgt die typische Aromatisierung. Hierzu ließ man früher → Chinarinde und diverse aromatische Kräuter in dem Wein-Mistellen-Verschnitt mazerieren (→ Mazerat). Heute bereitet man aus einem Teil des Gemischs und wohlabgewogenen würzenden Zutaten (darunter der nunmehr mit ihren Bitterstoffen charakterprägenden Artischocke) unter Wärmezuführung in großen Quirlkesseln einen C.-Extrakt, der dann als → Dosage in den Grundverschnitt eingerührt wird. Es folgen neuerliche Klärung und Kühlung zwecks Ausfällens der → Weinstein bildenden Säuresalze.

Deidesheim

Dalmatien, Küstenlandschaft der jugoslaw. Adria zwischen Rijeka (östlich der Halbinsel *Istrien*) und Kotor (südlich Dubrovnik) einschließlich der vorgelagerten Inselwelt. Auf dem Kalkgesteinsboden der Region gedeihen überwiegend säurearme und gerbstoffreiche Rotweine von schlichter Tisch- bis geradezu sirupähnlich liköriger Dessertwein-Qualität (die hier ohne → Aufspriten erreicht wird). Hervorzuheben sind die dickflüssigen *Postup* und *Prošek*, der süße *Dingač* (ausschließlich von der langgestreckten Halbinsel *Pelješac*, gesprochen *Peljeschatz*) und der trockene *Plavac*, aber auch der *Bogdanusa* von der Ferieninsel *Hvar*, der *Grk* von *Korčula* sowie der frisch-fruchtige Rosé *Ružica* u. a. m.

Damenwein, populäre Bezeichnung für einen *lieblichen, eleganten,* keinesfalls *trockenen* oder gar *herben* Wein; in der franz. WA entsprechend einem als *amoureux* oder *sensuel* (*sinnlich*) charakterisierten *séducteur* (*Verführer*). Der spätestens im 19. Jh. aufgekommene Ausdruck beruht auf der heute möglicherweise statistisch als Vorurteil zu entlarvenden Annahme, daß Frauen im Zweifelsfall eher zuviel als zuwenig → Restsüße im Wein schätzen. → Wein im Volksmund.

Dão, sehr angenehme Tafelweine des portug. Anbaubereichs von Viseu, südlich des Douro. → Portugal.

Darmreißer, → Bauchzwicker.

Das soll am Wein belobet sein: Er trinkt am besten sich zu zwein. – Emanuel Geibel (1815 – 1884), deutscher Dichter; s. a. → Wein und Weisheit; → Trinksprüche.

Das war der Herr von Rodenstein..., eines der → Trinklieder Joseph Victor von Scheffels.

Das war der Zwerg Perkeo..., → Heidelberger Faß, → Perkeo, → Trinklieder; → Trinksprüche.

Daumen, vitale Triebe der Weinrebe, die beim → Rebschnitt auf 1 – 2 *Augen* (Knospen) zurückgeschnitten werden.

debole, ital. WA, → mager.

débraillé, franz. *geschmacklos gekleidet, lumpig, zerlumpt,* WA im Sinn von → eckig.

décharné, franz. *abgemagert,* WA im Sinn von → mager, → dünn.

Deckrotwein, sattfarbiger, im Geschmack möglichst neutraler Rotwein, der zum → Verschnitt mit helleren Rotweinsorten dient, um diese dunkler zu tönen.

dégénérescent, franz. *degenerierend,* WA für: im → Abbau befindlich, im → Umschlagen begriffen.

dégingandé, franz. *schlotterig,* WA im Sinn von → dünn, → fad, → matt.

Degorgieren, veraltende Bezeichnung für *Enthefen,* → Enthefung von Schaumwein nach der zweiten Gärung. Franz. *gorge* steht für *Gurgel, Kehle*: Bei der trad. *Rüttelenthefung* wird das *Hefedepot* in der kopfstehenden Flasche auf den Korken niedergeschlagen, lokal vereist und schließlich in Form eines → Eispfropfens durch den Kohlensäuredruck aus dem Flaschenhals *geschossen*.

Degustation, *Verkostung,* → Weinprobe.

Deidesheim, mit hervorragenden *Riesling*-Lagen und romantischen Reminiszenzen gesegneter Weinort im rheinland-pfälzischen Anbaubereich → Mittelhaardt/Deutsche Weinstraße. Kuriose Attraktion eines großen Wein- und Winzerfestes ist die alljährliche Geißbock-Versteigerung am Pfingst-Dienstag. Einst mußte – historisch belegt – die arme Nachbargemeinde Lamprecht zum Dank für freie Weiderechte auf D.er Grund und Boden jährlich einen Geißbock stiften, *gut gehörnt und gut gebeutelt*. Die Weiderechte sind vergessen, nicht aber der Dank dafür: Das jeweils jüngste Brautpaar aus Lamprecht bringt den Bock bis an die Flurgrenze der Stadt D., von wo er mit Musikbegleitung abgeholt und zum historischen Rathaus geführt wird. Nach Begutachtung

Dekantieren

von Bocksgehörn und (→) *Bocksbeutel* durch das ehrbare Stadtgericht wird das Tier öffentlich versteigert. 1978 brachte es DM 8000 in den D.er Stadtsäckel – freilich nicht als Reingewinn. Denn gemäß Neuregelung des alten Brauchs sucht Lamprecht zwar den Prachtbock aus, aber D. bezahlt ihn.

Dekantieren, vorsichtiges Umgießen von Rotwein in ein Serviergefäß (*Karaffe*), so daß das → Depot in der Flasche zurückbleibt. Diese liegt im (gut auch zum direkten Einschenken ins Glas zu gebrauchenden) *Dekantierkorb* schräg, um ein möglicherweise ruckartiges, den Bodensatz aufwirbelndes Kippen zu vermeiden. Bei jungen Rotweinen und bei Weißweinen ist ein D. überflüssig. S. a. → Chambrieren.

délicat, franz. WA im Sinn von → fein.

delicato, ital. WA im Sinn von → mild, → artig.

delikat, franz. *délicat*, ital. *delicato*, WA, → fein.

déluré, franz. *munter, aufgeweckt*, WA im Sinn von → prickelnd, voll jugendlicher → Frische.

demi-doux, franz. *halbsüß,* → halbtrocken, s. a. → mild.

demi-sec, franz. – halbtrocken; s. a. → mild.

Denominación de Origen, seit 1970 span. Analogie zur franz. → Appellation d'origine contrôlée, jedoch mit weitaus weniger strengen Qualitätsauflagen belegt und vorerst ohne Angleichung an *EG*-Normen.

Denominazione di origine controllata, *D.O.C.*, ital. Herkunftsbezeichnung für → Qualitätsweine bestimmter Anbaugebiete.

Denominazione di origine controllata e garantita, *D.O.C.G.*, höchstes Gütezeichen ital. → Qualitätsweine bestimmter Anbaugebiete; ein besonderes staatliches Siegel beglaubigt Herkunftskontrolle und Gütegarantie. *D.O.C.G.*-Weine dürfen nur in Flaschen oder anderen Behältern bis zu fünf Liter Inhalt gehandelt werden.

D.O.C.
DENOMINAZIONE DI ORIGINE CONTROLLATA

Depot, *Bodensatz,* auch → Drusen, Gesamtheit der Feststoffe, die sich als → Trub aus gärendem Most, reifendem und alterndem Wein in Faß oder Flasche niederschlagen. Ein D. in einer Flasche älteren Rotweins z. B. (dort nicht eben selten) sollte zwar nicht mit ins Glas gelangen, bedeutet aber an sich keinerlei Qualitätsminderung, ähnlich → Weinstein.

Dessertweine, *Likörweine,* franz. mißverständlich als *vins doux naturels* (sinngemäß *natursüße Weine*) bezeichnet, sind in der Regel zugleich *Süd-* und *Süßweine* von ungewöhnlich hohen Alkoholgraden. Man erreicht dies durch besondere (in der Bundesrepublik Deutschland ausnahmslos verbotene) Behandlungsverfahren vor allem des gärenden Mostes, indem man diesen (z. B. durch Zusatz von Trockenbeeren) eindickt oder durch → Aufspriten ein vorzeitiges → Stoppen der Gärung bewirkt. So verbleibt mehr Fruchtzucker im Wein, als die → Restsüße nach vollem → Durchgären bieten könnte. Zugleich läßt sich der Alkoholgehalt des Endprodukts manipulieren. Spezialverfahren gestatten sogar die Herstellung geschmacklich trockener D. wie des → Fino Sherry. → Portwein, → Sherry und → Banyuls, aber auch *A.C.*-Kreszenzen von *Beaumes-de-Venise* und *Rasteau* der franz. → Côtes du Rhône sind typische D.

Destilation, neulat. Kunstwort im Sinn von *Herabtröpfeln*. In der Praxis steht D. für die Erhitzung von Flüssigkeiten zwecks (nach den substanztypischen Siedepunk-

Brennblasen und Kühlrohre in der **Destillerie**.

Lößnitz-Weinberge bei Dresden/Radebeul in der **DDR**.

ten steuerbarer) Ausdampfung und konzentrierter Gewinnung bestimmter Bestandteile als reines Destillat, das sich durch Kühlung des Dampfes wieder in flüssiger Form niederschlägt, während unerwünschte Substanzen von höherem Siedepunkt im Ausgangsgefäß zurückbleiben. Auf diese Weise lassen sich z. B. Alkohol- und Bukettstoffe von Grundweinen abdestillieren. → Brennblase.

Deutsche Demokratische Republik, *DDR*. Im 12. und 13. Jh. brachten Mönchsorden die ersten Weinreben nach Thüringen und Sachsen (auf dem Gebiet der heutigen DDR) und weiter in die Siedlungsräume von Pommern, Ostpreußen und Schlesien, wo sie um → Grünberg (heute *Zielona Góra*) den nördlichsten Weinbaubereich der Welt begründeten. Die ersten klostereigenen Rebflächen Mitteldeutschlands lagen fast ausnahmslos in den Grenzen der heutigen Anbaugebiete an Saale und Unstrut (bei Naumburg und Freyburg) sowie im Elbtal (um Dresden, Radebeul, Lößnitz und Meißen). In der Tendenz, wenn auch (infolge weniger günstiger klimatischer Bedingungen) nicht im Umfang der Entwicklung im westdeutschen Raum entsprechend, weitete sich auch im Osten der Weinbau bis zum ausgehenden Mittelalter recht kontinuierlich aus, schrumpfte aber ab dem 17. Jh. deutlich. Lediglich in Sachsen gab der trinkfreudige Kurfürst (1694–1733) August der Starke dem Weinbau noch einmal nachhaltigen Auftrieb. Im 19. Jh. noch wurden Medaillen mit dem Text geprägt: *Die Reben jung, die Weine alt dem Sachsenlande Gott erhalt'!* Vor Einbußen durch → Reblaus und Rebkrankheiten, Kriege und Kriegsfolgen blieb auch Mitteldeutschland nicht verschont; aber der große Aufschwung, den Weinbau und Weinwirtschaft der Bundesrepublik Deutschland (→ Deutschland, Bundesrepublik) seit den fünfziger Jahren erlebten, blieb der DDR versagt. Ihre Winzer ernten heute auf insgesamt nur knapp 500 Hektar Rebland Trauben für jährlich etwa 20 000 Hektoliter Wein. Hauptrebsorten sind früher Weißer → Burgunder, → Müller-Thurgau und → Silvaner. Sie ergeben hier leidlich gute bis ausgesprochen anerkennenswerte Trink- und Tafelweine. → Achtundachtziger.

Deutsche Landwirtschafts-Gesellschaft, *DLG*, 1884 von dem Ingenieur und Schriftsteller Max Eyth (1836–1906) in Berlin gegründeter, *gemeinnütziger eingetragener Verein (e.V.)*, heute mit Sitz in Frankfurt am Main. Die DLG ist wirtschaftlich unabhängig, nicht auf Gewinn ausgerichtet und in der Öffentlichkeit hauptsächlich bekannt für unbestechliche Systeme zur Qualitätsprüfung landwirt-

Deutscher Sekt

schaftlicher und der Landwirtschaft dienender Produkte. Als wohl ältestes *Testinstitut* der Welt ist die DLG u. a. zuständig für → Bundesweinprämierung und Vergabe des → Deutschen Weinsiegels; sie entwickelte das vom Staat für die amtliche → Qualitätsweinprüfung übernommene → Bewertungsschema.

Deutscher Sekt, seit 1919 gebräuchliche, ab 1930 gesetzlich vorgeschriebene, heute nur noch in der DDR (→ Deutsche Demokratische Republik) amtliche Bezeichnung für deutschen → Schaumwein, der nach der franz. → méthode champenoise hergestellt wurde. In der Bundesrepublik Deutschland (→ Deutschland, Bundesrepublik) steht heute gemäß EG-Verordnung das Wort Sekt allein sowohl für deutsche als auch für ausländische Qualitätsschaumweine (z. B. → Champagner).

Deutsches Weinlesefest, alljährlich mit der Wahl der → Deutschen Weinkönigin am ersten Samstag im Oktober beginnendes Wein- und Winzerfest in Neustadt an der Weinstraße (→ Rheinpfalz).

Deutsches Weinsiegel, seit 1950 von der → Deutschen Landwirtschafts-Gesellschaft zu verleihendes, *RAL*-anerkanntes Gütezeichen. Es kann (auf Antrag) nach einer nochmaligen → Sinnenprüfung solchen Qualitäts- und Prädikatsweinen zuerkannt werden, die 3 bzw. 2 Punkte über den amtlichen Mindestanforderungen (→ Bewertungsschema) liegen. Denselben Vorsprung signalisieren das gelbe Weinsiegel für → trockene und das grüne für → halbtrockene Weine. In Verbindung mit einem DLG-Rückenetikett, welches exakte gesundheitsbezogene Angaben ausweist, ist das D.W. in Gelb ein Kennzeichen für → Diabetiker-Wein. Das Schmuckmotiv des D.W.s stellt – einer der ältesten Abbildungen eines Winzers nachempfunden – den Römer *Antinuus* dar, der eine Weinrebe in der Hand hält.

Deutsches Weinsiegel.

Deutsches Weintor, → Weintor.

Deutsche Weinkönigin, höchste Repräsentantin des *Deutschen Weines* im In- und Ausland mit jeweils einjähriger Amtszeit. Zur Bewerbung zugelassen sind nur Winzertöchter, die zuvor bereits Weinkönigin eines der elf Anbaugebiete der Bundesrepublik Deutschland waren und außer Charme und sicherem Auftreten auch noch solides Weinfachwissen vorzuweisen haben. Nach Examination durch eine Jury prominenter Weinexperten erfolgen Kür und Krönung der Siegerin am Galaabend des → Deutschen Weinlesefestes.

Deutsche Weinstraße, erste offizielle, 1932 amtlich registrierte Weinstraße in Deutschland. Sie führt rund 90 Kilometer weit durch beide Bereiche des Anbaugebiets → Rheinpfalz, von Bockenheim im Norden über Bad Dürkheim (→ Dürkheimer Faß, → Dürkheimer Wurstmarkt), Neustadt a.d.W. und Bad Bergzabern bis Schweigen-Rechtenbach an der elsässischen Grenze (→ Weintor). Dabei folgt sie über weite Wegstrecken alten Straßenführungen, die schon im pfälzischen Volksmund des 19. Jh. als *Woistrooß* o. ä. bezeichnet wurden.

Deutschland, Bundesrepublik. Auf knapp 1 Prozent der Welt-Rebfläche erzeugt die Bundesrepublik Deutschland fast 4 Prozent des Welt-Weinertrags. Mit einer Jahresmosternte von 8 bis 9 Millionen Hektoliter steht die BRD in der Welt-Mengenstatistik erst an achter Stelle. Dafür zählen ihre edelsten Kreszenzen, etwa die *Rheingauer Rieslinge,* aber auch manche *spritzigen Mosel-* oder *herben Frankenweine* in guten Jahren zu den besten Weißweinen der Welt.

Die Anbaugebiete liegen ausschließlich in Süd- und Westdeutschland. Hier sind die mildesten Winter (Januar-Temperaturmittel meist über 0° Celsius) und die wärmsten Sommer (Julimittel um 18° C) zu verzeichnen, in klima- und bodenbegünstigten Beckenlandschaften sowie tiefeingeschnittenen Durchbruchstälern. Die Weine der *Mosel* und des *Mittelrheintales* wachsen auf dunklem, leicht erwärmbarem Schiefergrund, die des *Kaiserstuhls,* des *Nahe-* und *Ahrtales* auf unterschiedlich strukturierten vulkanischen Böden. In *Rheingau, Kraichgau* sowie in *Rheinhessen* und am *Kaiserstuhl* bilden vielfach Lößböden die Grundlage des Weinbaues, wäh-

Deutschland, Bundesrepublik

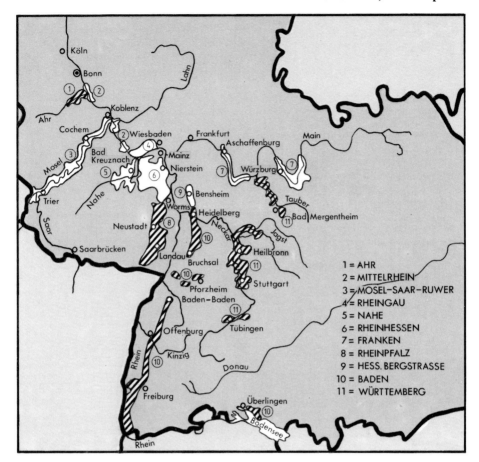

Deutschland: Weinbauregionen.

rend die Weine *Mainfrankens* und *Neckarschwabens* auf Buntsandstein, Muschelkalk und Keuper wachsen. Am *Schwarzwaldrand* und im *Dungau* stehen die Reben z. T. auf Granit und Gneis, am *Bodensee* auf eiszeitlichem Moränenschutt und -schotter.
Von den über 86 000 Hektar Ertrags-Rebfläche der Bundesrepublik Deutschland sind 88 Prozent mit weißen, 12 Prozent mit roten Rebsorten bepflanzt. Unter den Weißweinreben dominiert → Müller-Thurgau, gefolgt von → Riesling und → Silvaner; in weitem Abstand folgen → Ruländer, → Morio-Muskat, → Scheurebe und → Kerner sowie, in jeweils nur geringem Umfang, → Bacchus, → Elbling, → Faber, → Gutedel, Weißer → Burgunder, → Huxelrebe, *Gewürztraminer* und →

Traminer. Bei den roten Sorten führen der späte Blaue → Burgunder und der → Portugieser, gefolgt von → Trollinger und → Müllerrebe (*Schwarzriesling*). Ausgesprochene Rotweingebiete sind das *Ahrtal*, die Gegend um Ingelheim (*Rheinhessen*), die Rotlagen am → Kaiserstuhl (*Baden*) sowie das württembergische Neckarbecken (z. B. *Cannstatter Zuckerle*).
Die Römer begründeten – an Rhein und Mosel – den deutschen Weinbau, der sich später nach Franken und Schwaben ausbreitete und im Mittelalter (12./13. Jh.) bis nach Pommern, Ostpreußen und Schleswig gedieh. Der nun erst aufkommende Terrassenbau, der bessere Nutzung der Klimagunst erlaubte, folgte den Flußtälern und schuf an deren Hängen bedeutende Anbau-Schwerpunkte. Durch Kir-

dévergondé

che und Klöster, aber auch durch weltliche Grundherren gefördert, fand der Weinbau in Deutschland um 1600 seine größte Ausbreitung – und schrumpfte alsbald wieder Jahr um Jahr. Die Gründe: hohe Lehnsabgaben und Zölle, die Konkurrenz von Bier (nunmehr billiger als Wein), *Obstwein* (vor allem in Württemberg und Baden), *Branntwein* (aus Norddeutschland) und neuartigen Getränken (Kaffee, Kakao, Tee), verbunden mit einer durch die Zuckererzeugung bewirkten Geschmacksänderung. Hinzu kamen der reformationsbedingte Klosterschwund in den nunmehr evangelischen Gebieten sowie schließlich die Verwüstungen, die Produzenten und Konsumenten gleichermaßen ausrottenden Schrecken des Dreißigjährigen Krieges. Ab der zweiten Hälfte des 17. Jh. erholte sich der Weinbau vor allem in den geistlichen Territorien *Kurtrier* (*Mosel*), *Kurmainz* (*Rheingau*), *Hochstift Speyer* (*Rheinpfalz*) und *Hochstift Würzburg* (*Mainfranken*). Im 19. Jh. standen die Reben vor allem an der *Mosel* (Hauptweinbaugebiet Preußens) und in der *Pfalz* (Hauptweinbaugebiet Bayerns) in schöner Blüte, während andernorts steigender Konkurrenzdruck (infolge fallender Zollschranken und neuer Verkehrswege) sowie empfindliche Einbußen durch → Reblaus und *Falschen Mehltau* (*Peronospora*) die Rebflächen drastisch dezimierten. Erst das 20. Jh. brachte dem Weinbau – der sich inzwischen auf eng umgrenzte, klimatisch besonders begünstigte *ökologische Nischen* zurückgezogen hatte – Intensivierung und Modernisierung. Die Flurbereinigung veränderte vielerorts das Landschaftsbild (am stärksten in *Franken* und am badischen *Kaiserstuhl*). Neue Zufahrtswege, *Drahterziehung* (→ Erziehungsarten der Rebe) und größerer Zeilenabstand, Sorten-*Neuzüchtungen* und Verbesserung der Lager- und Vermarktungsmethoden sind nur einige der arbeits- und kapitalintensiven Strukturwandlungs-Details der neuen deutschen Weinlandschaft. Neue Maßstäbe setzte schließlich das Weingesetz von 1971, das die deutschen Gewächse nach streng kontrollierten Kriterien in drei Güteklassen einteilt: → Tafelweine, → Qualitätsweine bestimmter Anbaugebiete (*Q.b.A.*) und → Qualitätsweine mit Prädikat (*Kabinett, Spätlese, Auslese, Beerenauslese, Trockenbeerenauslese, Eiswein*). Dasselbe Gesetz hat auch die zuvor fast 30 000 kleinen und kleinsten, jeweils mit eigenen Namen versehenen Lagen auf rund 2800 reduziert, diese zu → Großlagen zusammengefaßt und nach → Bereichen gegliedert. Ein oder mehrere Bereiche ergeben ein nach klimatischen, geologischen oder auch historischen Gesichtspunkten abgegrenztes *bestimmtes Anbaugebiet*. Davon gibt es nunmehr vier für Tafelweine: *Main, Neckar, Oberrhein* (mit Untergebieten *Burgengau* und *Römertor*) sowie *Rhein und Mosel* (mit Untergebieten *Rhein* und *Mosel*). Und es gibt die 11 gesetzlich *bestimmten Anbaugebiete* für Qualitätsweine: → Ahr, → Baden, → Franken, → Hessische Bergstraße, → Mittelrhein, → Mosel-Saar-Ruwer, → Nahe, → Rheingau, → Rheinhessen, → Rheinpfalz und → Württemberg.

dévergondé, franz. *ungezügelt*, WA im Sinn von → prickelnd, *spritzig*.

Dézaley, → Waadt.

Diabetes mellitus, *Zuckerkrankheit*, med. *Zuckerharnruhr*, leichte bis sehr schwere Stoffwechselstörung infolge meist konstitutionell bedingter Erkrankung der Bauchspeicheldrüse u. a. Mangelhafter Kohlehydrat- und Fettabbau läßt den Blutzuckerspiegel steigen, Zucker (bis zu 100 Gramm binnen 24 Stunden) in den Harn gelangen (*Glykosurie*) und im schlimmsten Fall als Folge einer Säurevergiftung (*Acetonurie*) Koma und Tod eintreten. Wichtiger Teil der D.-Therapie ist die vom Arzt individuell festzulegende, kohlehydrat- und fettarme D.-Diät. Diese schließt den Weingenuß heute nicht mehr grundsätzlich aus, sondern beschränkt ihn lediglich auf die rechte Wahl und Dosierung von → Diabetikerwein; s. a. → trocken.

Diabetikersekt, auch für Zuckerkranke (→ Diabetes mellitus) bedingt verträglicher Schaumwein. Er darf in der Bundesrepublik Deutschland wie → Diabetikerwein gekennzeichnet werden, wenn er den Vorschriften der *Schaumwein-Branntwein-Verordnung* (Paragraph 9) von 1971 genügt. Dazu gehört, daß der Anteil der in der → Dosage verwendeten → Zuckeraustauschstoffe (in Gramm je Liter des Fertigprodukts) auf dem Etikett ausgewiesen wird.

Diabetikerwein, auch für *Zuckerkranke* (→ Diabetes mellitus) bedingt verträglicher Wein, in der Bundesrepublik Deutschland gekennzeichnet mit der Aufschrift: *Für Diabetiker geeignet – nur nach Befragen des Arztes!* Solche Weine dürfen in einem Liter höchstens 4 Gramm unvergorenen Zucker (als → Invertzucker berechnet; → Restsüße), maximal 25 Milligramm freie und 200 Milligramm gesamte → schweflige Säure sowie nicht über 12 Grad Alkohol aufweisen. D. mit dem *Weinsiegel* → Trocken tragen außerdem ein Rückenetikett der → DLG mit sachdienlichen Angaben, die es Arzt und Patient ermöglichen, das Genußmittel Wein sinnvoll und schadlos in den Diätplan einzubeziehen.

Dichtung vom Wein, → Anakreon, → Ausone, Château (Ausonius), → Goethe, → Islam, → Jüdische Dichtung, → Trinklieder, → Trinksprüche.

dick, franz. *épais,* auch *lourd* (*schwer*), WA für meist *ölige,* an → Körper *füllige,* ja *plumpe, alkoholreiche* Weine, die Eleganz (→ elegant) und Harmonie (→ harmonisch) vermissen lassen, etwa infolge von zuviel → Restsüße.

dickfarbig, WA für undurchsichtig dunkle Rotfärbung, s. a. → tintig.

Digestif, verdauungsförderndes Getränk. Jeder → Aperitif wird zum D. allein dadurch, daß man ihn während der Mahlzeit, zwischen den einzelnen Gängen eines Menüs und/oder nach dem Essen (als → Dessertwein) trinkt (hier ist auch ein *Verdauungs-Schnäpschen* als D. anzusprechen). D. und das medizinische Fachwort *Digestion* (*Verdauung*) sind von lat. *digerere* (*trennen, zerteilen*) abgeleitet.

Dimiat, einheimische Rebsorte und aus ihr gewonnener, *frisch-fruchtiger, würziger* bis *rassiger* (WA) Weißwein → Bulgariens.

Dingač, → Dalmatien.

Dionysos, griech. *Sohn des Zeus* (und der thebanischen Königstochter Semele), Urbild des röm. → Bacchus, mythologisch wahrscheinlich anknüpfend an die Gestalt eines vorgriechischen Fruchtbarkeitsgottes. Dessen phallische Symbolik spielte auch im dionysischen Kult noch eine große Rolle, obwohl D. eigentlich – gemessen am Liebesleben anderer göttlicher Olympier – eher Sparsamkeit im Umgang mit dem anderen Geschlecht nachgesagt wurde (er vermählte sich nur *Ariadne* auf Naxos sowie der Frau des *Archon Basileus* von Athen). Als *D. Anthios* war er der

Dionysos und Euoinos, griechisches Vasenbild.

Blütengott des Frühlings, als *D. Liknites* Kindgott von Delphi, seiner Begräbnisstätte. Orgiastischen Festivitäten zu seinen höheren Ehren standen – Höhepunkt der *Großen Dionysien* – Aufführungen der großen Komödien und Tragödien des altgriech. Theaters gegenüber. Ekstatischer Widerpart des schöngeistigen *Apollon,* verband sich D. just mit diesem, und sie beide schenkten (nach Platon) den Menschen *das Empfinden für Rhythmus und Harmonie,* das rein geistig am klarsten erkennbar (*begreifbar*), in der Ekstase aber wohl am intensivsten fühlbar (*greifbar*) wird. Zum Gott des Weines und Spender der Rebe wurde D. erst etwa im 7. Jh. v. Chr. Seine Kennzeichen blieben dennoch der *Thyrsos* (ein Zepter mit Pinienzapfen-Krone) und ein Stirnkranz aus Efeu: Dieser sollte vor Trunkenheit bewahren, ebenso wie der D. zugeordnete Amethyst (griech. *a = nicht, methyo = bin von Wein berauscht*). Trunken gebärdeten sich dagegen *Silene* und *Satyrn* als D. begleitende Naturgeistwesen, bis im späten 5. Jh. v. Chr. eine Persönlichkeitsspaltung in der antiken Kunstgeschichte Platz griff: Der bärtige Ekstatiker D. nahm quasi seine kleinen Trunkenbolde mit nach Rom, tauschte dort Pinienzapfen gegen Weintraube, Efeu gegen Weinlaub, *Thyrsos* gegen *Römerglas* und schlüpfte in

Dioxybernsteinsäure

die neue Identität des Weingottes → Bacchus; in Griechenland verwandelte er sich in einen jugendlichen Helden.
Dioxybernsteinsäure, → Weinsäure.
Diplomatensprudel, *Gewerkschaftsbrause, Prominentenlimonade, Ruhrsprudel,* umgangssprachliche Spottnamen für → Sekt. Die durchweg erst nach 1950 aufgekommenen bzw. verbreiteten Sachschelten leiten sich aus dem ironisierenden Vorurteil ab: Diplomaten, Gewerkschaftsfunktionäre, Prominente schlechthin, nicht zuletzt Großindustrielle (früher: *Ruhrbarone*) konsumieren Sekt, *wie andere Leute Sprudelwasser trinken* (Küpper, *Wörterbuch der deutschen Umgangssprache V*, Hamburg 1967); → Wein, hochnäsiger, → Sekt im Volksmund.
Direktträgerwein, *Hybridenwein,* Erzeugnis aus Trauben von direkt fruchttragenden, unveredelten Rebstöcken, d. h. → Amerikanerreben oder → Hybriden. Für viele dieser Weine typisch ist der befremdliche bis widerwärtige → Foxton in Geschmack und Geruch, der sich bei neueren *Hybriden* allmählich zu verlieren scheint. D. ist in der Bundesrepublik Deutschland nicht handelsfähig, in der Schweiz mit entsprechender Kennzeichnung (*Americano* oder *Hybridenwein*) zugelassen.
discret, franz. WA, → zart.
distingué, franz. WA, → vornehm.
Divabad, → Monroe-Bad.
DLG → Deutsche Landwirtschafts-Gesellschaft.
D.O.C., → Denominazione di origine controllata.
D.O.C.G., → Denominazione di origine controllata e garantita.
Dôle, → Wallis.
Doluca, Weiß- und Rotweinsorte aus der → Türkei.
Domäne, in der BRD Begriff für ein meist größeres, geschichtsträchtiges Weingut in Adels- oder Staatsbesitz (*Staatsdomäne*). Mit Bezeichnungen wie *D., Schloß* oder *Burg* dürfen (ähnlich wie *Domaine* oder → Château in Frankreich) nur solche Weine etikettiert werden, die ausschließlich aus eigener Ernte des genannten Betriebes gewonnen wurden.
Dom Pérignon, → Pérignon, Dom.
Donauland, alte österr. Weinbauregion, umfassend die Bereiche → Klosterneuburg (früher *Traismauer-Carnuntum*) → Krems, → Langenlois und → Wachau. Gemäß neuem österr. Weingesetz von 1976 wurden D., *Thermenregion* und *Weinviertel* zur heutigen Weinbauregion → Niederösterreich vereinigt. D. steht heute auch für dieses Gesamtgebiet, zur Unterscheidung von → Burgenland, → Steiermark und → Wien.
Doppelmagnum, *Vierfachflasche,* → Magnum.
Dorin, → Waadt.
Dosage, *Dosierung,* in der Schaumweinbereitung Zugabe von → Likör vor (→ Fülldosage) und nach der zweiten Gärung (→ Versanddosage).
doucereux, franz. WA im Sinn von *gezukkert,* durch Zuckerzusatz *alkoholreicher* gemacht, jedoch im geschmacklichen Gesamteindruck gestört.
Douro, auf seinem spanischen Oberlauf (*Duero*) für den Weinbau bedeutungsloser Fluß, in → Portugal Lebensader des → Portwein-Gebietes; vgl. → Alto Douro.
doux, franz. *süß,* in der WA wirklich respektable Kreszenzen von natürlicher Süße durch → moëlleux oder → liquoreux ersetzt. Ein *Vin d.* oder *Vin d. naturel* hat seine Süße durch → Stoppen der Gärung erhalten.
Drahtrahmenerziehung, neuzeitliche Methode der Wuchshilfe für Weinreben in die Bearbeitung erleichternden Wuchsformen, vor allem in langzeilig angelegten Weinbergen; → Erziehungsarten der Rebe.
Dreikönigswein, vor dem Inkrafttreten des neuen Weingesetzes von 1971 in Deutschland übliche Bezeichnung für einen Wein, der am Dreikönigstag (*Epiphanias,* 6. Januar) geernet wurde. Zumeist war dies ein → Eiswein.
Dreimännerwein, volkstümliche Bezeichnung für einen besonders *schweren, alkoholreichen* oder ungewöhnlich sauren Wein; sinngemäße Bedeutung: Ein Mann trinkt, und zwei müssen ihn dabei stützen/festhalten; → Witwenwein, → Wein im Volksmund.
Dreistern, ☆☆☆, international gebräuchliche Auszeichnung für erst nach fünfjähriger Reifung im Faß auf Flaschen gefüllten → Weinbrand. S. a. → Very Superior Old.
droit, franz. *aufrichtig,* WA im Sinn von → sauber, → typisch.
droit de goût, *franc de goût,* franz. WA, *ehrlich,* ohne Beigeschmack, → reintönig → goût.

Dropsgeschmack, → sauer-süß.
Druck, *Kohlensäuredruck* bzw. *-überdruck,* durch die *EG*-Verordnung Nr. 816/70 (*Weinmarktordnung*) nach Grenzwerten bestimmter Gehalt an → Kohlendioxid in verkehrsfähigen Produkten: Stillwein darf nicht über 1,5 *atü,* → Perlwein muß 1,5 bis 2,5 *atü* Kohlensäure-Überdruck (bei 20 Grad Celsius) ausweisen, Schaumwein (und Sekt in kleinen Flaschen bis 0,25 Liter Inhalt) braucht mindestens 3,0, Champagner/Sekt in Normal- und Großflaschen 3,5 *atü.* Dies besagt, daß in einer Flasche Sekt zusätzlich zum Normalluftdruck von einer *Atmosphäre* bei 20 Grad Wärme ein Überdruck von *3,5 Atmosphären* wirksam wird. Seit einigen Jahren nun setzte sich international zunehmend die Druckeinheit *bar* durch: 1 *bar* = 1,01972 *at* (*technische Atmosphären*). 3,5 atü entsprechen mithin 4,5 *at* = rund 4,41 *bar* oder (1 *bar* = 100000 *Pascal*) 441297,61 *Pascal.* Diese in der Bundesrepublik Deutschland 1978 verbindlich eingeführte D.-Meßnorm findet im Weinfach – mangels Nutzeffekts einer solchen Komplizierung – keine Anwendung.
Drucktank, Großraum-Gärbehälter (→ Cuvéefaß), welcher bis zu 10 *atü* Überdruck (entsprechend einem Gesamtdruck von 11 *Atmosphären* = 10,787 *bar* = 1078727,4 *Pascal*) standhalten muß. D.s sind heute meist stählerne oder auch gemauerte Behälter mit Kunststoff- oder Glasfluß-Auskleidung der Innenwandungen.
Drusen, Sammelbegriff für Feststoffablagerungen (→ Depot) vergorenen Weintrauben-Mostes am Faßboden, bestehend aus → Hefe, → Weinstein u. a., teilweise aromatischen Trubstoffen.
Drusenbranntwein, aus eingemaischten → Drusen destillierter Hausschnaps; s. a. → Tresterbranntwein.
Drusenöl, → Önanthäther.
dry, engl. → trocken.
Dubbeglas, in der → Rheinpfalz trad., heute immer seltener werdendes → Schoppenglas mit tupfenförmig (pfälzisch *Dubbe*) eingeschliffenen Vertiefungen. Verschmitzte Erklärung: Hieran könne man sich nach reichlichem Weingenuß besser festhalten als an einem Glas mit glatter Oberfläche.
Dubonnet, franz. *Wein-Aperitif* (→ Aperitif) auf Rotweinbasis, mit Alkohol angereichert (*gespritet*) und mit Auszügen von → Chinarinde und diversen Würzkräutern aromatisiert. In Frankreich selbst schätzt man den unverfälschten D.-Geschmack (pur, *on the Rocks* oder mit Wasser); andernorts mixt man D. gern in → Cocktails.
duftig, engl. *fragrant,* franz. *parfumé,* ital. *profumato,* WA, von angenehm *feiner, zarter,* deutlich wahrnehmbarer, aber nicht aufdringlicher → Blume.
duftlos, → Geruch.
dumpf, → Faßgeschmack.
Düngung, im modernen Weinbau von besonderer Bedeutung, da Zusammensetzung und Dosierung der in den Boden einzubringenden, organischen und anorganischen Nährstoffe mit hoher Genauigkeit festgelegt werden müssen. Dabei sind Zusammensetzung und Struktur des → Bodens, topographische → Lage sowie Eigenarten der Rebsorten zu berücksichtigen. Hier helfen beratend die Weinbauämter, bis hin zur individuellen Dünger-Rezeptur anhand von Bodenproben der einzelnen Weinberge. Im alten → Israel wurde mit Trester, Kompost und Tierblut gedüngt.

Düngung: misttragender Winzer im Wallis. Heute wird häufig Kunstdünger verwendet.

dünn, franz. *décharné, dégingandé, éventé* (→ goût d'évent), *faible,* in der deutschen WA etwa gleichbedeutend mit → arm oder → abgelebt, einen → *fad* schmeckenden Wein von zu geringem Alkohol- und Extraktgehalt bzw. zu hohem Alter (→ Firne) kennzeichnend.

dur, franz. WA, → unharmonisch, → hart.

Durchgären, 1. bei Stillwein der Prozeß der natürlichen, unbehindert (ohne → Stoppen) verlaufenden alkoholischen Gärung, bis diese von selbst abflaut und zum Stillstand kommt. Das geschieht im Normalfall, sobald etwa 14 bis 15 Prozent Alkoholgehalt erreicht sind, unabhängig davon, wieviel unvergorener Zucker (→ Restsüße) im Wein verbleibt. Auch eine sehr süß schmeckende *Beeren-* oder *Trockenbeerenauslese* wäre mithin als *durchgegoren* zu bezeichnen. Bestrebungen, diesen Begriff folgerichtig im neuen deutschen Weingesetz von 1971 zu verankern, stießen jedoch auf den – letztlich erfolgreichen – Widerstand der Weinbaulobby (die wohl unbequeme Verbraucherfragen nach der Machart *nicht durchgegorener* Weine befürchtete). So kommt es, daß *durchgegorene* Weine mit der im Einzelfall nicht immer ganz zutreffenden (aber von der Lobby favorisierten) Kennzeichnung → *trocken* versehen werden. – 2. Bei → Schaumweinen meint D. die restlose Umwandlung allen ursprünglich in Most und *Grundweinen* enthaltenen (gegebenenfalls auch zugesetzten) Zuckers in → Alkohol und → Kohlendioxid. In diesem Sinn ist jeder Rohschaumwein nach der zweiten Gärung völlig *durchgegoren*, d. h. *ohne Zuckerrest*. Erst die nachfolgende → Abstimmung (*Versanddosage*) verleiht ihm die gewünschte Geschmackstönung.

Durchrieseln, Abfallen von Weinbeer-Keimanlagen vor der Reife; gefürchteter Ernteschaden, der die Weinernte ganzer Anbaugebiete empfindlich dezimieren kann, ohne im übrigen die Weinqualität zu beeinträchtigen. Zum D. kommt es, wenn zu kühle und regenreiche Witterung während der Rebblüte deren Befruchtung be- bzw. verhindert. Die unbefruchteten Fruchtansätze fallen dann vorzeitig als *Kümmerlinge* aus.

durchsoffen, fachsprachl. kennzeichnend für einen gepanschten (→ Panschen) oder fehlerhaft verschnittenen (→ Verschnitt), verdorbenen Wein.

Dürkheimer Faß, größtes Faß der Welt, jedoch als Vollraum-Weinbehälter nicht funktionsfähig, sondern als mehrstöckiges Schankhaus von faßförmiger Architektur in der Wein- und Kurstadt Bad Dürkheim (→ Rheinpfalz, Bereich → Mittelhaardt-Deutsche Weinstraße) alljährlich Mittelpunkt des größten Weinfestes der Welt (→ Dürkheimer Wurstmarkt) und ganzjährig geöffnetes, imposantestes Weindenkmal Deutschlands. Der Küfer- und Kellermeister Fritz Keller wollte damit 1933 der 1932 amtlich eröffneten → Deutschen Weinstraße ein sach- und sinngerechtes Monument an den Weinstraßenrand stellen. Über 200 Kubikmeter Holz wurden für diesen Kolossalfaßbau verarbeitet, dessen 15 Meter lange Dauben nur aus 30 bis 40 Meter hoch gewachsenen Schwarzwald-Tannen geschnitten werden konnten. Das Weinfaß, das ganze Menschentrauben faßt, ist 15 Meter lang, hat 13,5 Meter Durchmesser und einen Rauminhalt von rund 1,7 Millionen Liter. → Heidelberger Faß.

Größtes Faß der Welt: das **Dürkheimer Faß**.

Dürkheimer Wurstmarkt, wohl größtes Wein- und Winzerfest der Welt. Trotz ausufernder Dimensionen hat man sich in Bad Dürkheim an der → Deutschen Weinstraße ein gewisses Maß an Urtümlichkeit bewahrt. Die Kenner unter den Besuchern bevorzugen einen Platz unter den Einheimischen auf *Schubkärrcher* genannten, planengedeckten Wagen, auf welchen der trad. → Schoppen noch in → Dubbegläsern und dazu *Handkäs'* mit oder *ohne Musik* (= Zwiebeln) oder die pfälzische Spezialität Saumagen serviert werden. S. a. → Dürkheimer Faß.

duro, ital. WA, → unharmonisch.

Durst, → Trinksprüche.

Eberbach, Kloster

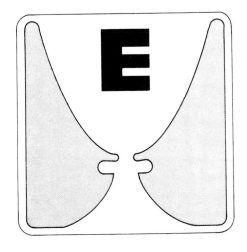

Eberbach, Kloster, im bewaldeten Kisselbachtal bei Hattenheim im → Rheingau, 1116 als *Augustiner*-Chorherrenstift begründet, 1131 der *Benediktiner*-Abtei → Johannisberg unterstellt, ab 1135 Domizil und Domäne des *Zisterzienser*-Ordens. Schon das erste Dutzend von Bernhard von Clairvaux nach E. vorausgeschickter Zisterzienser-Gründermönche brachte heimatliches Wissen um Weinbau und -ausbau mit (*Clairvaux*, als Kloster erst 1792 aufgehoben, liegt im franz. Département → Aube, in der südlichen → Champagne). Die Mönche gaben ihr Wissen und Können in der Folge an die Bauern der Umgebung weiter, so daß sich hier die – neben *Schloß Johannisberg* – bedeutendste Keimzelle des heute weltweit gerühmten Rheingauer Weinbaues entwickelte. Das 1803 säkularisierte Kloster E. ist heute Landeseigentum und Sitz eines der sieben *Staatsweingüter* Hessens, mit Verwaltung in Eltville am Rhein. Der E.er *Steinberg* vor allem – die größte zusammenhängende Einzellage im Rheingau – hat den Weltruf der Klosterdomäne begründet. Im gotisch-romanischen Hauptbau der einstigen Klosterkirche begehen nunmehr alljährlich (am ersten Sonntag im Dezember) die Rheingauer Winzer ihr Erntedankfest

Kloster **Eberbach**, jahrhundertelang Träger der Weinkultur, heute Staatsweingut.

als Gottesdienst. In einstigen *Refektorien* und *Dormitorien* (Speise- und Schlafsälen) finden in der Fachwelt vielbeachtete Weinmessen und -versteigerungen statt. Seit 1972 ist das Kloster E. Sitz der *German Wine Academy*, eines neutralen, überregionalen Weinseminars in englischer Sprache. – Besonders sehenswert sind die einzigartige Kelterssammlung sowie die einstige *Fraternei* des Klosters, der *Cabinets-Keller* (→ Cabinet), welchem das Weinprädikat → Kabinett seinen Namen verdankt.

éblouissant, franz. *blendend, verblüffend,* WA im Sinn von → adelig.

echt, etwa gleichbedeutend mit umgangssprachlich *kernig, kräftig, urwüchsig,* in der WA kennzeichnend für betonte, jedoch nicht unangenehm hervortretende Säure im Wein, oft lagen- bzw. jahrgangstypisch, nicht bei Spitzenweinen; ähnlich in der schweizer. WA → krautig. Das franz. Wort *sérieux (aufrichtig)* wird sowohl im Sinn von e. als auch von → ehrlich gebraucht.

eckig, kantig, in der franz. WA *débraillé (geschmacklos gekleidet, in Fetzen, zerlumpt),* holpernd unausgeglichen, von einem Wein gesagt, dessen einzelne Geschmackskomponenten sich nicht zu einem harmonischen Gesamteindruck verbinden, sondern in Stärken und Schwächen auseinanderfallen.

edel, engl. *noble,* franz. *généreux,* ital. *generoso,* synthetisierender Begriff der WA für charaktervolle Kreszenzen von feiner Süße, vor allem für Spitzenweine mit → Botrytiston; vgl. → adelig. Die feinsinnige Steigerung *vornehm/edel/hochedel* ist objektiv bedeutungslos. Wortverbindungen wie *Edelfirne, Edelfrucht, Edelsüße* u. a. superlativieren die jeweilige Begriffsaussage.

Edelfäule, *Graufäule, Grauschimmel,* erwünschter Befall über die Fruchtreife hinaus am Rebstock belassener Weintrauben durch den Grauschimmelpilz → *Botrytis cinerea;* er verleiht aus solchen → Trockenbeeren gekelterten Weinen den hochgeschätzten, charakteristischen → Botrytiston in Geruchs- und Geschmacksausdruck. Die E. bewirkt durch → Osmose in Haut und Fruchtfleisch der austrocknenden Weinbeeren zunehmende Konzentration der Farb- und → Extraktstoffe, wobei vor allem der Zuckeranteil rapide ansteigt,

Edelfaule Trauben ergeben zuckerreiche Moste.

vermehrt → Glyzerin u. a. Substanzen gebildet werden, freilich auf Kosten rebsortentypischer Aroma- und Bukettstoffe sowie der zur alkoholischen → Gärung erforderlichen → Hefen. Als Rekordergebnis brachten z. B. edelfaule Trockenbeeren des Spätherbstes 1971 → Mostgewichte bis zu 327 *Grad Öchsle* in die Bütte. Das Weingesetz (Bundesrepublik Deutschland/EG) schreibt für *Beeren-* und *Trockenbeerenauslesen* einen Mindestgehalt von 43,4 Gramm natürlich gebildeten Alkohols je Liter Wein vor, hierfür müssen nur rund 45 *Grad Öchsle* des Ernte-Mostgewichts vergoren werden. Das erscheint gering, und dennoch kommt es (nach Dr. L. Jakob, *Landes-Lehr- und -Forschungsanstalt für Weinbau,* Neustadt/Weinstraße) vor, daß hochgradige *Speziallesen* erst nach über einjähriger Gärung der gesetzlichen Mindestalkohol-Forderung gerecht werden. Der Grund: Extrem hoher Mostzuckeranteil trocknet die meisten der schon am Rebstock entwickelten, mit den Trauben in den Most gelangenden Hefearten aus, hemmt deren Vermehrung und behindert so die alkoholische Gärung erheblich. Nur gewisse Hochleistungshefen, die sich an der Oberfläche zuckerreicher Moste ansiedeln und langsam vermehren, bewerkstelligen letztlich doch noch die aus dem Most den Wein machende Gärung, mit zeitlicher Verzögerung und (nicht zuletzt infolge des permanenten Oberflächen-Luftkontaktes) unter Bildung von typischen E.-Folge- bzw. -Nebenprodukten, die bei turbulenter Spontangärung nicht botrytis-infizierten Mostes ausbleiben. Sortencharakter bewahren, für Kenner erkennbar, unter dem E.- bzw. *Botrytiston* nur noch Weine von sehr ausgeprägter Individualität (z. B. *Gewürztraminer, Scheurebe*); aber der Faulton hat seine eigenen Reize.

Edelfirne, → Firne.

Edelschwarze, Synonym der ital. Rebsorte *Negrara*.

Edelvernatsch, österr. Bezeichnung für → Trollinger, Blauer.

Edelzwicker, ein durchaus unverdientermaßen hochstilisierter und entsprechend teuer gehandelter Weißweinverschnitt des → Elsaß, meist von trockenem Geschmackszuschnitt. Als simple *Zwicker* werden anspruchslose Tischweine gleicher Machart bezeichnet; E. sind Verschnitte aus andernorts eigenständige Kreszenzen hervorbringenden *Edeltrauben*: vor allem → Riesling, → Ruländer, → Silvaner und → Traminer.

Egri Bikavér, *Erlauer Stierblut*, tiefdunkler, aroma-, bukett- und körperreicher Rotwein, leicht süß gestimmt, aber (→) *rund und samtig* im Gesamteindruck; seit den Glanzzeiten der k.u.k. Donaumonarchie ein Markenwein → Ungarns. Er wird aus jeweils zwei Dritteln *Kadarka* und einem Drittel → Verschnitt anderer Rebsorten bereitet, um das funkelnde Feuer – nebst Duft-, Geschmacks- und Alkoholnoten – auch in weniger attraktiven Ernte-Jahrgängen des Anbaubereichs um Eger (Erlau), zwischen Budapest und Tokaj, zu bewahren.

EG-Verordnungen, → Europäische Gemeinschaft.

Ehrenfelser, deutsche Rebneuzüchtung, eine Kreuzung aus → Riesling und → Silvaner, erzielt 1929 durch Prof. Birk am Institut für Rebenzüchtung und Rebenveredlung Geisenheim im → Rheingau, → Sortenschutz seit 1969. Der Name wurde von der Burgruine Ehrenfels bei Rüdesheim am Rhein abgeleitet. Die E. Rebsorte liefert rieslingähnliche, *fruchtig-elegante* Weine und zeitigt in unguten Weinjahren bessere Reifeergebnisse als der Riesling.

ehrlich, *gediegen, sauber,* engl. *honest,* franz. *loyal,* auch *sérieux,* ital. *legale,* WA im Sinn von fehlerfrei, unverfälscht, tadellos.

Eiche, → Faß.

Eimer, trad. Faßmaß unterschiedlicher Größe. → Faß (Tabelle).

Ein Dichten ist auch das Weingenießen, nur daß die Verse nach innen fließen. – Wandspruch im → Bremer Ratskeller.

Einzellage, im modernen Weinrecht engstmöglich gefaßte Herkunftsbezeichnung, vor allem in Frankreich nicht selten für das Erntegut eines einzigen, knapp bemessenen Weinbergs stehend (→ Clos). In Deutschland (Bundesrepublik Deutschland) wurden kraft Weingesetz von 1971 zuvor annähernd 30 000 zu heute nur mehr rund 2800 E.n zusammengelegt, unter Berücksichtigung geologischer, topografischer und klimatischer Gesichtspunkte. Vgl. → Großlage.

Eisbrecher, norddeutsch für roten → Sekt oder Grog; erstmals erfaßt bei Otto Mensing, *Schleswig-Holsteinisches Wörterbuch,* Neumünster 1927–35.

Eisenberg, Bereich mit nur rund zwei Prozent der Gesamtrebfläche der österr. Weinbauregion → Burgenland. Er umfaßt die Weinbaugemeinden der Bezirke Oberwart, Güssing und Jennersdorf, die überwiegend die blaue → Limberger-Rebe (ortsüblich *Blaufränkisch* genannt) anbauen; so ist die *Pinkataler Weinstraße* von Rechnitz im Norden nach Strem bei Güssing im Süden des Bereichs eine reine Rotweinstraße. Eisenberger Weine haben nicht selten einen besonderen → Bodengeschmack, der nicht jedermann willkommen ist, von Liebhabern aber besonders geschätzt wird. – Nördlicher Anschlußbereich ist → Rust – Neusiedlersee.

Eisheilige, vier Tage im Mai, an welchen, der fortgeschrittenen Jahreszeit zum Trotz, gelegentlich noch ein Frosteinbruch erfolgt. Ihn fürchten Winzer der nördlichen Weinbauregionen besonders, weil Frost zur Zeit der Rebblüte die Weinernte empfindlich schädigen und sogar völlig vernichten kann. Für die verspäteten Fröste des Frühlings verantwortlich gemacht

Eispfropfen

wurden im alten Volksglauben die E. *Pankratius, Servatius* und *Bonifatius* (Namenstage am 12., 13. und 14. Mai) im Verein mit einer der heiligen Sophien: jener legendären Märtyrerin, die im Rom Kaiser Diokletians in Verteidigung ihrer Jungfräulichkeit ihr Leben ließ. Der Tag dieser im Althochdeutschen *Iswibili* (*Eisweiblein*) gerufenen *Kalten Sophie* ist der 15. Mai.

Eispfropfen, Fachwort für den Rohsekt-Anteil, der nach der Flaschengärung (→ méthode champenoise) beim → Degorgieren verlorengeht. Zum → Enthefen werden zunächst der Hefetrub in den kopfschräg gelagerten Flaschen auf den Korken niedergerüttelt (→ Hefedepot) und dann das Flaschenhalsende bei etwa 18 Grad unter Null vereist. Dadurch frieren Hefedepot und ein Teil des geklärten Rohsektes zu einem E. zusammen, der sich schließlich (Sekundäreffekt der Unterkühlung) ohne nennenswerten Kohlensäureverlust aus der Flasche treiben läßt.

Schaumweinflasche mit **Eispfropfen** aus niedergerüttelter Hefe und Schaumwein.

Eiswein, eine international hoch angesehene, nicht alljährlich zu erzeugende und entsprechend teure deutsche Weinrarität. Nach dem Weingesetz müssen die zu Eiswein zu verarbeitenden Trauben während Lese und Kelterung hartgefroren sein. Das setzt draußen im Weinberg einen Frost von mindestens 8 Grad unter Null voraus; andernfalls tauen die Trauben durch die ihnen bei der Lese und auf dem Transportweg übermittelte Wärme vorzeitig auf. Das Abpressen vereister Trauben bringt zwar wenig Masse, aber hohe Qualität in die Bütte, da der Frost die Inhaltsstoffe der Weinbeeren stark konzentriert. Eine → Trockenbeerenauslese hat vergleichsweise mehr Harmonie zwischen Säure und Restzucker, wirkt daher milder als ein E., dessen deutliche geschmacksprägende Säure ihn fruchtiger und frischer erscheinen läßt – und dies auch noch nach sehr langer Lagerzeit.

Elba, ital. Mittelmeerinsel zwischen → Korsika und Piombino (*Toskana*), erzeugt schwere Rot- und Weißweine. Bestes Produkt ist ein – nach dem Hauptort der Insel *Portoferraio* genannter – Dessertwein, dem die *Aleatico*-Traube deutlichen Muskatcharakter verleiht.

Elbling, *Elben, Alben, Albig, Kleinberger,* sehr alte, wahrscheinlich schon von den Römern an Rhein und Mosel eingeführte Rebsorte, benannt nach ihrem weißen (lat. *albus*) Wein. Dieser kann in guten Jahren einigermaßen herzhaft ausfallen, ist gemeinhin aber arm an Alkohol und Aroma, in schlechten Jahren sogar ziemlich sauer. Hauptanbaugebiet ist das Moseltal, in dem der E. auf deutscher Seite heute fast nur noch Sektgrundweine hergibt, während in → Luxemburg aus ihm ein einfacher, aber erfrischender, trockener Konsumwein gekeltert wird. Von kleinen Anbauinseln im → Elsaß und in der → Ostschweiz abgesehen, baut ein badischer Winzer am Oberrhein noch E. an, und zwar aus besonderem Grund: Altbundespräsident Walter Scheel schwört darauf, daß dieser Wein seinen Nieren besonders wohltue.

elegant, *Eleganz,* in der WA kennzeichnend für einen optimal ausgewogenen *Qualitätswein* von *feiner* → *Art, feinblumig, feinfruchtig, feinsäuerlich,* charakteristisch z. B. für → Riesling. Wird ein solcher Wein dank ein wenig mehr betonter Säure als besonders *anregend, belebend*

Das Weindorf Eguisheim im **Elsaß**, wo vorwiegend Weißweine erzeugt werden.

empfunden, bezeichnet man ihn als → pikant.

Elsaß, franz. *Alsace,* Weinbaugebiet im äußersten Osten → Frankreichs, parallel zum Rhein an den Vogesenhängen zwischen Straßburg und Cernay bei Mülhausen (Mulhouse) gelegen, zu Teilen den Départements *Bas-Rhin* und *Haut-Rhin* zuzurechnen. Das auch landschaftlich, kultur- und kunsthistorisch gleichermaßen reizvolle Gebiet bringt auf über 13 000 Hektar Rebfläche eine Jahresernte von rund 900 000 Hektoliter überwiegend weißer *A.C.*-Weine hervor. Sie werden (in Frankreich sonst unüblich) meist nach den Rebsorten benannt, vor allem: → Riesling, → Silvaner, Weine der → Burgundergruppe (*Pinot*), teils mit ortsüblichen Namen (z. B. *Grauklevner* oder *Tokay d'Alsace* für → Ruländer), *Gewürztraminer* und → Traminer, → Knipperlé und *Muscat d'Alsace* (ein bemerkenswert herber → Muskatwein). Die wenigen Rot- und (hier meist *Bleichert* oder *Vins gris* genannten) Roséweine des E. werden fast ausschließlich aus Blauem → Burgunder gekeltert. *Zwicker* und → Edelzwicker sind leidliche bis gute Verschnittweine; im übrigen müssen die Weine des E. absolut sortenrein sein, um den Erfordernissen ihrer → Appellation contrôlée zu genügen. Das gilt ganz selbstverständlich auch für die mit Lagennamen deklarierten Spitzenweine, z. B. *Kaeferkopf* (Weinort Ammerschwihr), *Sonnenglanz* (Beblenheim) oder den *Sporen Hügel* (Reichenweier, franz. Riquewihr), von dem ein mittelalterlicher Spruch kündete: *Gegen Reichenweier Sporen haben all' das Spiel verloren.* Die Bezeichnung *Grand cru* (→ Cru) hat im E. nicht den Sinn von *Château-Lage,* sondern bedeutet konkret, daß der Wein aus besonders hochreifen Trauben nobler Rebsorten gewonnen wurde (z. B. Riesling-Spätlese) und einen über das übliche Maß hinausgehenden Alkoholgehalt (wenigstens 11 Volumenprozent) ausweist. Die Weine des E. werden überwiegend in schlanken grünen, *flûtes* (Flöten) genannten Glasflaschen gehandelt, sind im allgemeinen ehrlich *durchgegoren trocken* (nach der in der Bundesrepublik Deutschland geltenden Weinrechts-Nomenklatur eher schon als *herb* zu bezeichnen) und bei 10 Grad Trinktemperatur bestens zu genießen.

embêtant, franz. *langweilig,* WA im Sinn von → *klein, gewöhnlich* (franz. *commun*), auf nur als Durststiller geeignete → Konsumweine ohne → Charakter angewandt.

Emilia-Romagna, ital. Weinlandschaft südlich des Po, die außer viel Tisch- und Tafelwein vergleichsweise wenig höchst reizvollen → Lambrusco hervorbringt.

England, → Großbritannien.

Enthefung, Entfernung des → Hefedepots aus Schaumwein bzw. Sekt nach der zweiten Gärung, fachsprachlich auch heute noch vielfach als → Degorgieren bezeichnet. Tatsächlich geschieht die E. entweder durch das trad. Verfahren des → Rüttelns (mit anschließendem *Degorgieren*) oder durch → Filterenthefung.

Enthefung der Schaumweinflasche.

entier, franz. WA, → voll.

Entrappen, → Abbeeren.

Entre-deux-Mers, wörtl. *Zwischen zwei Meeren,* Bereich (zwischen Dordogne und Garonne) des franz. → Bordeaux-Anbaugebiets; er liefert sehr trockene Weißweine der *A.C.*-Klasse.

Entsäuern allzu säurereicher Weine, geschieht durch Zugabe von kohlensaurem Kalk, der sich als weinsaurer Kalk im → Depot niederschlägt, s. a. → Säureabbau.

entwickelt, reif, ausgebaut, WA im Sinn von → abgelagert.

épais, franz. WA, → dick.

Epernay an der Marne, neben Reims wichtigstes Weinbau- und Weinhandelszentrum der → Champagne. Die unterirdischen Faß- und Flaschenlager von E. bilden ein labyrinthisches Gefüge aus Tunnelgängen und Kellergewölben von insgesamt über 300 Kilometer Länge.

équilibré, franz. WA, → abgerundet, → harmonisch.

Erdbeergeschmack, in der WA wenig gebräuchlich für → Foxton.

Erdgeschmack, *erdig,* → Bodengeschmack.

Ergo bibamus! Zitat Papst Martins IV. (1281–1285), zu deutsch: *Also trinken wir!* Johann Wolfgang von → Goethe (1749–1832) machte sich die lat. Wendung als Kehrreim für eines seiner → Trinklieder zu eigen. – S. a. → Trinksprüche.

Erlauer Stierblut, → Egri Bikavér.

Ermitage, 1. aus der *Marsanne*-Rebe erzeugter Weißwein des → Westschweizer Kantons → Wallis; 2. phonetisch ausgeschriebenes Synonym für Weine der franz. → Hermitage.

Ertragsrebfläche, Gesamtheit des mit tatsächlich fruchtbringenden Reben bestockten Bodens. Neuanpflanzungen brauchen in der Regel mindestens drei Jahre Anlaufzeit bis zum ersten, bescheidenen Ertrag an → Jungfernwein. Die Differenz zwischen lediglich bestockter und tatsächlich Ertrag bringender Rebfläche bot schon des öfteren Zündstoff im Rangeln von → Rheinhessen und → Rheinpfalz um den Platz des *größten* deutschen Anbaugebiets.

Erzeugerabfüllung, rechtsverbindlicher Begriff im Sinn der früher gebrauchten (und mißbrauchten) Vokabel *Originalabfüllung.* Als E. deklariert werden dürfen nur Weine, die auf eigenem Rebland des Weingutes (oder der → Winzergenossenschaft) gewachsen sind, für den eigenen Keller gekeltert und in demselben ausgebaut und abgefüllt wurden. Das bedeutet, daß der die Trauben Erntende die volle Verantwortung auch für das Endprodukt trägt.

Erziehungsarten der Rebe, *Trachten,* durch → Rebschnitt erzielte Wuchsformen. Nach einer – vielerorts durchbrochenen – Grundregel sollen Weinreben um so niedriger *erzogen* werden, je kühler das → Klima ist, in dem sie wachsen. Zu den niederen E. zählen z. B. der in Niederösterreich und Ungarn weit verbreitete *Kopf-* oder *Kahlschnitt* sowie der ebenfalls in Ungarn, in der Steiermark, in Deutsch-

Essigstich

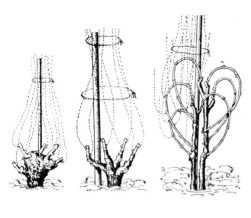

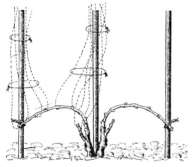

Vor allem in Deutschland verbreitete **Erziehungsarten**: Kopfschnitt, Bockschnitt und Rheingauer Erziehung.

land an der Nahe und, in verschiedenen Abwandlungen, in Frankreich übliche *Bockschnitt*; bei diesen E. bildet der Stamm in geringer Höhe über der Erde einen knorrigen Strunk (*Kopf*), oder er verzweigt sich in zwei bis vier kurze *Rebschenkel*. In Deutschland üblich sind neben Variationen solcher *Pfahl-* bzw. *Einzelstock-E.* (auch an Ahr und Mosel sowie generell in den Steillagen) vor allem *Drahtrahmen-E.*, bei welchen die Reben an Spanndraht-Zeilen empor- und entlangranken. *Rheingauer* und *Hochheimer E.* unterscheiden sich im wesentlichen nur durch längere bzw. kürzere → Bogreben, an deren Stelle die *Pfälzer Drahterziehung* geradegewachsene Strecker in einem Winkel von 45° hochbindet, was für die Rebsorte → Silvaner sehr vorteilhaft sein soll. Bei mittelhohen E. ist lediglich der Rebstamm deutlich höher (bis über 80 cm statt 10–35 cm bei den niederen E.); ansonsten ändert sich im Prinzip nicht viel. Im Elsaß, im badischen Markgräflerland sowie an der Mosel findet man mittelhohe *Pfahltrachten*, bei welchen die *Tragreben* streng niedergebogen und am Stamm festgebunden werden; beim schweizer. *Stikkelbau* ranken die Reben an den Pfählen hoch. Hohe E. sind die auch in nördlicheren Breiten (nicht nur in ausgesprochenen Weinbaugebieten) beliebten *Wand-* und *Laubenspaliere* sowie die → Hochkultur. Vor allem in Südtirol bevorzugt man *einfache Pergel-* oder *Dachlauben-E.* (*geschlossene Doppelpergel*), diese an einem Balken- und Lattengerüst von 2,30 bis 2,60 Meter Höhe und bis zu 6 Meter Spannweite. In Italien, da und dort in Südfrankreich und in Spanien werden Reben sogar an Bäumen erzogen, d. h., man läßt sie am Stamm entlang in die (stark beschnittenen) Kronen emporklimmen und von den Baumästen frei herabhängen oder wie Girlanden von Baum zu Baum oder zu Leitpfählen winden.

Essig, Würzflüssigkeit von saurem Geschmack, dessen Intensität vom Anteil an Essigsäure ($CH_2COOC_2H_5$) bestimmt wird. Schon die altorientalischen Hochkulturen nutzten die Erfahrung, daß offen stehengelassene alkoholische Getränke sauer werden, zur gezielten Herstellung von E. als Würz-, Arznei- und Konservierungsmittel sowie zur Bereitung besonders durststillender Getränke. Jede → Kahm-Schimmeldecke enthält auch E.säurebakterien, welche in ihrem Stoffwechsel Alkohol zu E.säure oxidieren. Die besten Würzessige werden aus Wein gewonnen. Der Stärke nach unterscheidet man *Speise-* und *Tafelessig* mit 5 bzw. 10 Prozent Gesamtessigsäure. Sogenannter *Weinessig* muß zu mindestens 40 Prozent aus *echtem Weinessig* bestehen, der tatsächlich ausschließlich aus Wein bereitet wurde. Eine ungewollte E.säuregärung beim Weinausbau bewirkt den verderblichen → Essigstich.

Essigstich, Geruch nach Essigsäure, von (nicht unbedingt auch essigsauer schmeckendem) bakterienkrankem Wein ausgehend, den die franz. WA als *piqué* oder *vinaigreux* charakterisiert. Winzer sprechen bei E. bisweilen synonym von *flüchtiger Säure* (→ Säure, flüchtige), zumal der penetrante Geruchseindruck des – nicht mehr handelsfähigen – Weines im → Abgang meist nicht anhält.

Ester

Ester, flüchtige chemische Verbindungen von Alkoholen mit Fruchtsäuren. Einige wenige der rund 80 im Traubenmost enthaltenen Aromastoffe sind E. Ihr Zusammenspiel bestimmt das sorten- und lagentypische → Bukett des Weines.

éteint, franz. *ausgelöscht,* WA im Sinn von → tot.

Etikett, nach heutigem Verständnis eine Art *Geburtsurkunde* oder *Paß* des Weines, ein zumindest halbamtliches Papier, das verläßliche Auskunft über den Inhalt einer Flasche gibt. Ausgewiesen werden: *Jahrgang, Anbaugebiet, Groß-* oder *Einzellage, Rebsorte(n), Erzeuger* oder *Abfüller, Amtliche Prüfungsnummer* und *Qualitätsstufe.* Alle diese Angaben sind – bis hin zu Schriftgrößen-Verhältnissen – für die Länder der → Europäischen Gemeinschaft durch die EG-Verordnung 1608/76 (*Aufmachungsverordnung*) geregelt und in den nationalen Weingesetzen definiert. – Als *Weinpaß* anzusprechen war wohl schon in der Antike die Kennzeichnung von → Amphoren nach Weinart, Herkunfts- und Bestimmungsort usw. Die ersten mit Lagennachweis etikettierten Kreszenzen waren jedoch → Steinweine des 18. Jh. In der Folge wurde das E. sehr rasch zur in Phantasienamen schwelgenden, künstlerisch oder kitschig aufbereiteten Etikette, die Witz, Esprit oder witzloses Epigonentum, auch peinliche Geschmacksverirrungen verraten konnte, aber kaum mehr Verläßliches über den Flascheninhalt aussagte. Das E. wurde zum Passepartout des Etikettenschwindels; ein noch in den fünfziger Jahren unseres Jahrhunderts sehr geflügeltes Wort lautete: *Im Wein liegt Wahrheit, der Schwindel liegt im Etikett.* Alle Wein erzeugenden Länder der Welt haben der Phantasie vor allem hinsichtlich der Textgestaltung des E.s inzwischen mehr oder minder enge Grenzen gesetzt, zugunsten verbraucherfreundlicher Sachinformation. Die vielfach pompösen Kuriositäten von einst sind zu Raritäten für Sammler geworden.

étoffé, franz. WA → körperreich.

étriqué, franz. *unentwickelt,* WA im Sinn von *unfertig, unharmonisch, unreif.*

Europäische Gemeinschaft, *EG,* bis zur gesamtpolitischen Verwirklichung der *Vereinigten Staaten von Europa* (o. ä.) lediglich nuancenreicher Sammelbegriff für derzeit bestehende und funktionierende, durch übernationale Verträge geregelte

Etikett von Schloß Johannisberg 1865.

Etikett eines Hochheimer 1904er.

Etikett eines Gaubickelheimer 1925.

Etikett vom Weingut der Sängerin Erika Köth.

Teil-Zusammenschlüsse wie die *Europäische Wirtschaftsgemeinschaft* (*EWG*), die *E.G. für Kohle und Stahl* (*Montanunion*) und die *E.G. für Atomenergie* (*Euratom*). Für Wein und Schaumwein ist allein die *EWG* mit Sitz in Brüssel von Bedeutung. Sie schuf für die Mitgliedsstaaten ein gemeinsames, übergeordnetes Weinrecht in Form der EG-Weinmarktordnung. Die *EG-Verordnungen* werden in den weinbautreibenden Ländern durch nationale bzw. Bundes- und Länderverordnungen interpretiert und nach Maßgabe der spezifischen Verhältnisse (zweifelsfrei aber auch der starken Einfluß ausübenden Lobbys) interpretiert und abgewandelt. Das hat z.T. positiv, z.T. negativ zu bewertende Effekte. So wurde z.B. das → *Etikett* in der EG zum klar lesbaren *Steckbrief* des Flascheninhalts – unter Ausschluß sowohl zur Täuschung geeigneter, aber auch für den Verbraucher sachlich-informativer Details. So mußten Dänemarks Wein-Abfüller den bisher üblichen Hinweis auf künstliche Zusatzstoffe (Lebensmittelfarben, Schwefelverbindungen u.a.) 1978 streichen: Da dergleichen in keinem anderen EG-Land bindend vorgeschrieben ist, gibt es auch keine entsprechende EG-Verordnung, und die Offenlegung gewisser Manipulationen gilt mithin als illegal.

éveillé, franz. *aufgeweckt*, WA im Sinn von → prickelnd, jung und vielversprechend, noch ausbaubedürftig und -fähig.

éventé, franz. WA für → abgestandenes oder durch Überalterung (→ Firne) *dünn, fad, müde, schal* gewordenes Getränk; → goût d'évent.

évoquant, franz. *beschwörend, wachrufend*, WA bei in der → Sinnenprüfung als → typisch erkennbaren Eigenschaften, auch verbal gebraucht, z.B.: *Il évoque la violette,* sinngemäß: der Wein entfaltet den für jungen → Gamay typischen Veilchenduft (→ Bukett). Stellt sich etwa nach der → Blindprobe heraus, daß die betreffende → Kreszenz eigentlich gar nicht nach Veilchen duften dürfte, weil es sich z.B. nicht um jungen *Gamay* handelt, wird aus dem positiv wertenden *é.* ein negativ wertendes *étrange* im Sinn von *eigen-* und *fremdartig, sonderbar, unpassend.*

excitant, franz. *aufreizend,* WA im Sinn von → anregend.

Expeditionsfüllung, *Fertigfüllung,* Abfüllung fertiger → Schaumweine auf handelsübliche *Versandflaschen.* Solche gibt es auch in Klein- und Übergrößen; vgl. → Tiragefüllung.

Expeditionslikör, → Versanddosage bei der Schaumweinbereitung.

Export-Weinsiegel, Sonderform des → Deutschen Weinsiegels zur Auszeichnung für den Export bestimmter Qualitätsweine. Da der Handel von dieser Siegelmarke kaum Gebrauch machte, wurde sie 1973 abgeschafft. In jüngerer Zeit wird zunehmend das *Deutsche Weinsiegel in Rot* als Gütezeichen auch für Exportweine gebraucht.

extra dry, engl., *sehr trocken,* franz. *extra sec,* gemäß EG-Richtlinien bei Schaumwein → Abstimmung auf 12 bis 20 Gramm unvergorenen Restzuckers je Liter.

Extrakt, Gesamtheit der in Wein und Schaumweinen gelösten, im Gegensatz zum reinen → Alkohol nichtflüchtigen (bei Erhitzung auf 100°C nicht verdampfenden) Stoffe, die für den → Körper des jeweiligen Erzeugnisses ausschlaggebend sind. Hauptbestandteil des E.s ist Zucker verschiedener Arten; hinzu kommen nichtflüchtige Säuren, höhere Alkohole (→ Glyzerin), Mineralsalze, Stickstoffverbindungen, Gerb- und Farbstoffe sowie zahlreiche weitere und z.T. noch nicht identifizierte Ingredienzien, deren Zusammenwirken das reiche → Spiel erzeugt, welches Qualitäts- und Spitzenweinen ihre individuelle Note gibt. Am unspezifischsten ist dabei der im Gesamt-E. dominierende Zuckeranteil; deshalb wird bei der Analysenprüfung (→ Qualitätsweinprüfung) der zu ermittelnde Grundwert auf den *zuckerfreien E.* reduziert. Von diesem enthält durchschnittlicher Trinkwein etwa 25 Gramm je Liter. Den Qualitätsstufen entsprechend, steigt der z.E.-Anteil bis zu hoch- und höchstwertigen → Trockenbeerenauslesen beträchtlich an; es wurden schon Werte von über 100 Gramm pro Liter gemessen. Noch präzisere Analysen beziehen sich auf den *zucker- und säurefreien E.,* insbesondere bei → Sekt. Grundregel bleibt stets: Je mehr E., desto *körperreicher,* je weniger E., desto *körperärmer* der Wein.

Extra Old, X.O., seltene Bezeichnung für mehr als fünf Jahre im Eichenfaß gereiften und hiernach noch lange flaschengelagerten → Cognac.

extra sec, → extra dry.

Faber, deutsche Rebneuzüchtung, eine Kreuzung aus Weißem → Burgunder und → Müller-Thurgau, erzielt 1929 durch Georg Scheu an der rheinland-pfälzischen Landesanstalt für Rebenzüchtung, Alzey; → Sortenschutz seit 1967. Der Name F. ehrt einen Winzer namens Schmied (lat. *faber,* Schmied) aus Wollmesheim bei Landau/Pfalz, dessen Anbauversuche den Beweis erbrachten, daß die F.-Rebe auch in klimatisch nicht allzu günstigen Lagen spätlesetauglich ist. F.-Weine rangieren im Charakter zwischen → Riesling und → Silvaner, bisweilen mit dem einen oder anderen verwechselbar.

fackelhell, WA für → Klarheit, vor allem bei Rotweinen von feurig intensiver und dabei licht durchscheinender Färbung.

fad, fade, engl. *flabby,* franz. *creux, dégingandé, flasque* (bei Altwein *éventé, morbide, sénile),* ital. *molle,* WA im Sinn von *ausdruckslos,* ohne Charakter, *flach* bis *flau,* bar jeden Säurereizes; auf kleine oder überalterte Weine angewandt.

Fahnenwein, saurer, minderwertiger Wein, als Spottwort in der Soldatensprache seit 1850 belegt (Sammlung Kollatz-Adam): Man brauche nur ein Achtel eines solchen → adstringierenden Weines auf die Fahne zu gießen, und schon ziehe sich das ganze Regiment zusammen. Eine jüngere Deutung bezieht sich auf die Fahneneid, nach welchem den Rekruten ein bescheidenes Festessen mit Wein von minderer Güte gegeben wurde (Küpper V, Hamburg 1967). → Wein im Volksmund.

faible, franz. schwach, WA im Sinn von *ausdruckslos,* → flach.

Falerno, von röm. Dichtern meistbesungener Wein, dessen Reben (*Vitis aminaea*) mutmaßlich von den Aminäern aus Thessalien (Griechenland) ins röm. Latium (*Falernae*) und von den Römern über Marseille (*Massilia*) das Rhônetal hinauf bis ins schweizer. → Wallis gebracht wurden. Der F. des klassischen Altertums soll auch nach hundertjähriger Lagerung noch vorzüglich gemundet haben. Der heute unweit Neapel geerntete F. (rot und weiß) hält solchem Vergleich nicht mehr stand.

Falkenstein, östlicher Teil des trad. österr. *Weinviertels,* gemäß Weingesetz von 1976 einer von insgesamt 8 Bereichen der Weinbauregion → Niederösterreich (*Donauland*). Bekannteste Weinbauzentren des Bereichs sind neben dem namengebenden Ortsbezirk F. die Bezirke Gänserndorf, Mistelbach, Poysdorf, Wolkersdorf und Zistersdorf. *Falkensteiner* und Weine aus → Retz wurden schon in einem Dokument aus dem Jahr 1673 als beste Kreszenzen des niederösterr. *Weinviertels* gelobt; in der Folge wurde die Region zum Hoflieferanten zahlreicher europäischer Fürstenhäuser, bis hin zum russischen Zarenhof in St. Petersburg (Leningrad). Im ausgehenden 19. Jh. wurden für einen *Eimer* (56,5 Liter) Wein im allgemeinen bis zu 15 Gulden oder wenig mehr bezahlt, für einen *Eimer Falkensteiner* aber 25 Gulden. Just in dieser Zeit begann in Poysdorf im heutigen Bereich F. die systematische Kultivierung der Grünen → Veltlinerrebe, der heute (mit 26 Prozent Gesamtanteil) meistangebauten Rebsorte in Österreich; sie beansprucht rund 38 Prozent aller Rebflächen in *Niederösterreich* und 42 Prozent im Bereich F. In dessen sonnenoffenem Hügelland gedeihen ansonsten überwiegend → Müller-Thurgau und → Welschriesling, aber auch Weißer → Burgunder, → Traminer u. a. m. Eine in Groß-Wien volkstümlich verbreitete Bezeichnung für alle Weine aus F. lautet *Brünnerstraßler.* – Anschlußbereich im *Weinviertel* ist → Retz.

Farbe, in der franz. WA *robe* (*Kleid, Gewand*), wesentliche Komponente der Weinbeurteilung bei der → Sinnenprüfung. Die F. eines Weines ist sorten-, herkunfts- und altersbedingt. Als typisch gelten z. B. ein helles Gelbgrün für → Riesling, ein rötlich angehauchtes Goldgelb für → Traminer, sattes, glühendes Rot mit Spiel ins Bläuliche bei → Limberger, mit Spiel ins Bräunliche bei → Bordeaux-Weinen, Lichtgrün für Weißweine von der → Mosel, Bernsteingelb für solche aus der → Rheinpfalz sowie für Kreszenzen auch hellerer Ursprungstönung im Stadium der → Firne usw. Als Wertungsskala für Weißweine setzt Dr. Wolfgang Hynitzsch die Begriffsfolge von Hell zu Dunkel: *wäßrig – blaß*, negativ; *hellfarbig* (franz. *clair, légère robe*) – *zartgrün – zartgelb – grüngelb – gelb – goldgelb – bernsteinfarben* (franz. *ambré, mordoré*), positiv; *hochfarbig* (*Sherryton, Madeiraton;* franz. *mordoré, madérisé*) – *rahn – mißfarbig* (franz. *trop de robe*), negativ. Bei Rot- und Roséweinen gilt eine gesunde Ausgangstönung schlicht als *typisch*, nicht unbedingt mit konkreter Farbbezeichnung, denn deren positiv zu wertende Palette reicht vom hellen Purpur noch sehr junger und nicht allzu anspruchsvoller Rotweine bis zum tiefen Rotschwarz des → Cahors. Roséweine haben ihre beste Zeit zwischen Rosa (noch zu jung) und Orange (schon zu alt). Die sortentypische Dunkelungsstaffel endet im → Alter bei *braunrot – braun* (Rotwein) bzw. *blaurot – mißfarben* (Rosé). Die franz. WA bezieht in die Farbbeurteilung vielfach die Komponente der → Klarheit mit ein; vgl. z. B. → *brillante robe*, → *fauve*.

farbkrank, WA für gebrochene, unklare, dumpfe → Farbe; franz. *fauve*.

farblos, WA im Sinn von blasser, wäßriger → Farbe; franz. *fauve*.

Faschingswein, *Flabbenzieher,* um 1900 bzw. *1850* aufgekommene Spottworte für sauren Wein: Wer solchen trinkt, verzieht das Gesicht zur Grimasse, die eine Faschingsmaske ersetzt; er *zieht eine Flabbe,* d. h. er schaut verdrießlich drein (Küpper I/V, Hamburg 1963/67); → Wein im Volksmund.

Faß, trad. vom → Küfer (*Faßbinder, Böttcher*) aus *Holzdauben* gefügtes und mit

Faß in Rüdesheim (unten); drei Meisterwerke der Küferkunst (rechts oben); Eichenfässer in der Westschweiz.

Fassadenwein

Eschenholzreifen oder Metallbändern gebundenes Gefäß von kreisrundem oder rundovalem Querschnitt, an beiden offenen Seiten mit Holzböden verschlossen, zugänglich durch ein *Spundloch* in der nach oben gelegenen Faßwand sowie ein Loch für den *Zapfhahn* im vorderen Boden. Bei größeren und großen Fässern sitzt der *Hahn* in einem *Tor,* das zur Innenreinigung des Fasses herausgenommen werden kann. Die älteste Kunde von solchen Weinlagergefäßen stammt von dem röm. Staatsmann und Schriftsteller Plinius (61/62–113 n. Chr.), der die gallischen Kelten als *F.binder* rühmt. Als *Faßhölzer* fanden und finden Verwendung in erster Linie Eiche (für die Reifung von → Cognac u. a. heute noch unverzichtbar die *Limousin-Eiche*), in Südeuropa nicht selten auch Kastanie oder Lärche, in Amerika das *Rotholz* des Küsten-Mammutbaums (*Sequoia sempervirens*). Holz läßt den Wein *atmen,* d. h. er verliert → Kohlendioxid und damit → Frische, gewinnt jedoch durch Oxidation einen z. B. bei → Bordeaux erwünschten Holzton (bei unliebsamem Hervorschmecken als → Faßgeschmack gerügt). Der Eiche entzieht der Wein Gerbsäure, der Lärche Harzstoffe, dies mit konservierendem Effekt (→ Gletscherwein, Harzwein). Die industrielle Serienfertigung von Fässern setzte erst im 19. Jh. ein. Heute wird das F. in großem Stil von Glasfaserbehältern, gekachelten oder glasflußversiegelten Betonzisternen sowie → Tanks aus Edelstahl verdrängt. Freilich, eine große badische Genossenschaftskellerei z. B., die fast alle ihre Weine in Stahltanks ausbaut, errichtete jüngst neuerlich einen Holzfaßkeller, um ihre besten Rotweine wenigstens vier bis sechs Wochen vor der Abfüllung noch im Holz lagern zu können, das für geschmackliche Abrundung, die der Stahl nicht schafft. S. a. → Dürkheimer Faß, → Faßritt, → Fuder, → Heidelberger Faß, → Tausendeimerfaß.

Eine Aufstellung trad. Faß-Einheiten:

Name	Inhalt in Liter
barrel = 50 US-*gallons*	190
barrique (Bordeaux)	224–225
bota (Sherry)	572
Eimer (Nahe)	160
Eimer (Württemberg)	300
feuillette (Chablis)	114–136
foudre (Elsaß)	1000
Fuder (Mosel)	1000
Gönez (Tokaj)	144
Halbstück	600
hogshead = 63 engl. *gallons*	286
Ohm, Saum	150
Oxhoft (Hamburger Maß)	226
pièce (Beaujolais)	212
p. (Burgund)	228
p. (Champagne)	200
pipa (Portwein)	522–572
p. (Madeira)	418
puncheon (Kalifornien)	606
quarter cask (engl.)	125–160
Stück	1200
tonneau = 4 *barriques*	900
Viertelstück	300

Fassadenwein, beim → Verkosten enttäuschender Wein: Der Flascheninhalt entspricht nicht den durch die Flaschen-*Fassade* (→ Etikett) geweckten Erwartungen. Der Ausdruck kam um 1965 in Frankfurt/Main («*Bei Hélène*») auf; → Wein im Volksmund.

Faßgeschmack, unliebsamer Wein-Beigeschmack nach Holz, Harz oder Verunreinigungen des Ausbau- bzw. Lagerfasses. Der Geschmack kann aufdringlich holzig (bei zu jungen Fässern, franz. *goût de bois,* österr. *Neuerl*), beizend harzig-teerig (franz. *goût de goudron*) oder muffig-dumpf bis faulig (bei unreinen oder zu alten Fässern; franz. *croupi, goût de moût*) sein. Erwünschte Einflüsse des Faßholzes auf den Weincharakter (→ Harzwein) werden nicht als F. vermerkt.

Faßlrutschen, → Tausendeimerfaß.

Faßritt, ein in Überlieferungen und literarischen Bearbeitungen vielzitiertes, jedoch unterschiedlich dargestelltes Motiv der Faust-Legende. In Goethes *Faust I* (1806) sind Faust und Mephisto plötzlich aus → Auerbachs Keller in Leipzig verschwunden, während die Zechgesellen, von Mephisto genarrt, die Augen reiben, und der Trinker Altmayer bekennt: *Ich hab' ihn selbst hinaus zur Kellertür auf einem Fasse reiten seh'n.* Die früheste bekannte Kunde von Fausts F. wird auf 1589 datiert, zwei Jahre nach Erscheinen der von Johann Spies gedruckten *Historia von D. Joh. Fausten* (Berlin 1587), die den F. noch nicht enthielt. Legendärer Hergang: Einige Gesellen sollen ein großes Faß Wein aus den Gewölben von *Auerbachs Keller* auf den Hof schaffen. Der Wirt

Faust und Mephisto beim **Faßritt**. Der Wirt in Auerbachs Keller versprach demjenigen ein volles Faß, der es aus dem Gewölbe in den Hof schafft.

verspricht scherzhaft den ganzen Inhalt des Fasses demjenigen, der das Faß allein die Treppe heraufzubugsieren vermag. Doktor Faustus, im Verein durstiger Seelen zugegen, geht die Stiege hinunter, besteigt das Weinfaß, als ob es ein Reitpferd wäre, und schwebt damit über die Treppe zutage. Dieser Hergang ist auf zwei heute noch in *Auerbachs Keller* erhaltenen Ölgemälden verewigt, die mit der Jahreszahl 1525 signiert sind, nachweisbar jedoch erst um 1600 entstanden sein können. – Der historische Faust, jener Georg Sabellicus oder Johannes Faust (1480–1536/39), der 1507 Schulmeister in Kreuznach war und danach ein unstetes Wanderleben führte, verstand sich u. a. auf hypnotisch-suggestive Fertigkeiten, so daß es möglich erscheint, daß tatsächlich in den frühesten Jahren des Bestehens von *Auerbachs Keller* (seit 1530) in Leipzig die Imagination des F. in Fausts Gegenwart erlebt wurde – mit manipuliertem Bewußtsein. Literarisch erscheint der F. als Urbild des dem *Lügenbaron* Karl Friedrich Hieronymus, Freiherrn von Münchhausen (1720 bis 1797), zugeschriebenen Ritts auf der Kanonenkugel.

fatigué, franz. → müde, WA für im Altersabbau (→ Firne) befindlichen Wein.
fatto, ital. WA für → reif.
fattoria, auch *tenuta*, ital. für → Weingut.
Fäukeln, österr. für → Botrytiston hochwertiger Weine.
Faulton, → Botrytiston.

fauve, franz. *fahlrot, falbfarben,* WA im Sinn von → gedeckt oder *dumpf, getrübt, mißfarben;* → Farbe, → Klarheit.
fauvelet, → clairet.
faux goût, franz. *falscher, fehlerhafter Geschmack,* WA für unliebsamen → Fremdgeschmack (→ Böckser, → Foxton); → goût.
Fechsung, österr. für → Weinlese.
Federweißer, *Mostwein,* wohl am besten gekennzeichnet durch das nach 1960 in Frankfurt/Main aufgekommene Synonym *Wedernochun'doch:* F. ist weder → Most noch → Wein, und doch beides in einem. Gemeint ist das Zwischenstadium der Weinwerdung aus Traubenmost, bei eben noch hörbar turbulenter, abklingender →

Federweißer, hefetrübes Stadium zwischen Most und Jungwein.

fein

Gärung, jedoch noch vor Klärung zum → Jungwein. F. gewinnt bei schwindender Süße zunehmend an Alkoholgehalt; er kann bitzeln, den Gaumen kitzeln, im Hals kratzen und im Magen drücken, je nach Entwicklungsstadium; kennzeichnend ist die weißlich-federflockige Trübung, die sich im Faß nach und nach als Bodentrub unter dem Jungwein absetzt. Volkstümliche Synonyme für F. spiegeln typische Sinneseindrücke: *Bitzler, Blitzer, Brauser, Bremser, Brummer, Gaumenkitzler, Kitzler, Krätzer, Rauscher, Sauser, Staubiger, Sturm, Süßdruck* (auch für → Roséwein gebraucht), *Süßkrätzer.*

fein, engl. *fine,* franz. *fin, délicat,* ital. *fino,* gleichbedeutend mit *delikat,* WA im Sinn von *gut, schön, wohlmundend,* ohne spezifische Aussage über die *Art* von → Aroma und → Bukett.

Fendant, Synonym für die Rebsorte → Gutedel (*Chasselas*) und aus ihren Trauben bereitete Weine im Schweizer Kanton → Wallis.

ferme, franz. WA, → hart.

Fermentation, von lat. *fermentum* (*Sauerteig, Gärmittel, Gärung*), 1. engl. und franz. gleichbedeutend mit alkoholischer → Gärung; 2. in der deutschen Weinfachsprache Sammelbezeichnung für unerwünschte enzymatische Prozesse, bes. in Vor- und Frühstadien der Gärung, verbunden z. B. mit geleeartiger Ausfällung des *Pektins* oder Mostbräunung.

fertig, auch in der WA ein relativer Begriff: 1. f. im Sinn von *trinkfertig, trinkreif;* bei Schaumwein eben erst genußwürdig und damit handelsfähig geworden, bei Wein voll *ausgebaut,* optimal *entwickelt,* so daß der Kellermeister seine Schuldigkeit getan hat und nichts mehr dazutun kann; 2. f. im Sinn von *aus und vorbei,* → passé, → tot, bei Schaumwein gleichbedeutend mit → stumm. Vgl. → flaschengereift, → flaschenreif.

Fertigfüllung, → Expeditionsfüllung.

fest, → WA für kräftige, jedoch nicht unangenehme → Säure.

fett, *schmalzig,* WA für als zu *ölig* empfundenes Getränk.

Feuer, WA, 1. Farblob für roten → Sekt; 2. → feurig.

Feuersteingeschmack, franz. *goût de (pierre à) fusil,* von Kieselsäure herrührender → Bodengeschmack mit Feuersteingeruch, typisch vor allem für → Gutedel-Weine (*Chablais*) des Schweizer Kantons → Waadt.

Feuerwein, seit dem 16. Jh. an Adelshöfen nördlich der Alpen bevorzugter Tafelwein, nicht identisch mit → Glühwein. Infolge Erhitzung in Feuerkesseln verlor der Wein durch Verdampfung Wasser und flüchtige Bukettstoffe, gewann jedoch mit höherer → Extrakt-Konzentration → Körperfülle und südweinähnliche Geschmacksqualitäten.

feuillette, trad. Faßmaß für Weine des → Chablis; → Faß.

feurig, engl. *fiery,* franz. *chaud* (*warm/ heiß*), ital. *caldo,* WA für 1. → alkoholreich (erwärmend), bei harmonischer Abstimmung von Geruchs- und Geschmackskomponenten, meist auf Rotwein oder roten → Sekt angewandt und hier 2. auch auf leuchtend klaren, im Licht *feurig lohenden* Farbeindruck bezogen.

fiasco, ital. Bezeichnung der dickbauchigen, mit Bast umflochtenen → Chianti-Flasche aus grünem Glas. Dekorations-*fiaschi,* kugelförmig, ohne Hals und Standboden, repräsentieren die Urform mundgeblasener → Flaschen.

Filterenthefung, *Filtrationsenthefung, Transvasionsenthefung,* moderne Art der → Enthefung von Schaumwein nach der zweiten Gärung und anschließendem Reifelager. Anders als bei der Schaumweinklärung durch → Rütteln und → Degorgieren, wird der in der Flasche gegorene Schaumwein zur F. zunächst über → Gegendruckfüller in einen Großraumtank (vgl. → Cuvéefaß) umgefüllt (Vorgang der Transvasion) und dann wie entsprechendes Füllgut nach der → Großraumgärung weiterbehandelt. D. h., nach Zugabe von → Versanddosage und gründlicher Umwälzung durch ein Rührwerk wird der Schaumwein einer Filteranlage und anschließend – nunmehr völlig frei von Hefe und anderen Trubstoffen – der Abfüllmaschine zugeführt, bei der es sich wiederum um einen *Gegendruckfüller* handelt.

Filtergeschmack, franz. *goût de filtre,* flauer Beigeschmack junger Weine, von unsauberen Gefäßen herrührend. Die Ursache kann schon in unzureichend ausgewaschenen Preßboden der → Kelter, in einem mangelhaft gereinigten Faß oder im Filtrieren durch überstrapazierte, weil mit Rückständen bereits weitgehend zugekleisterte Filter liegen. Der Fehler läßt sich in fachmännischem → Ausbau meist wiedergutmachen.

Filtration, Sammelbegriff für moderne Techniken der Weinklärung. Diese beginnt eigentlich bereits beim *Separieren* gröberer Trub- und Schmutzteilchen aus dem Most. Sodann wird der Wein nach jedem → Abstich einer Kieselgur-F. unterzogen. Dabei setzt man ihm als → Behandlungsstoff die mehlige Substanz Kieselgur (*Diatomeenerde, Infusorienerde*) zu, deren völlig geschmacksneutrale, im Wein nicht lösliche Partikel Trubstoffe an sich binden; der Wein wird dann durch feine Haarsiebe gepreßt, in welchen Kieselgur und Trub zurückbleiben. Bei einer anderen F.sart wird der Wein durch hintereinandergeschaltete Asbestplatten gepreßt, zuletzt unmittelbar vor der Abfüllung. Die feinsten Asbestfilter halten auch die winzigsten Mikroorganismen (Hefen) fest. Das ist z. B. bei süßgehaltenen Weinen wichtig, um eine Nachgärung zu vermeiden.

Filtrationsenthefung, → Filterenthefung.

fin, fine, franz. bzw. engl. WA, → fein.

Findling, zu den → Neuzüchtungen zählende Rebsorte, eine Mutation des → Müller-Thurgau. Der F. liegt im Ertrag etwa ein Drittel unter dem *Müller-Thurgau* und weist ein etwas höheres Durchschnitts-Mostgewicht auf. Bei ähnlichen Eigenschaften wie die Grundsorte erreicht er allerdings deren Bukett nicht ganz.

Finesse, bestechendes, raffiniert anmutendes → Spiel der Geschmacks- und Geruchsnuancen in einem Wein erster Güte.

fino, 1. ital. WA, → fein; 2. *F.,* die herbtrockene Spielart des → Sherry, im Handel vielfach als *Dry, Very Dry* oder *Pale Dry* (*blaß-trocken*) bezeichnet, wegen seiner blaßblanken, hellgoldenen Farbe. Mit 17 bis 18 Volumenprozent Alkohol, wenig Säure und einem feinen Mandelaroma gilt er als der klassische → Aperitif schlechthin.

Firne, Firngeschmack, franz. *goût de vieux,* ital. *gusto di vecchio,* österr. *Altl,* WA für die charakteristische Geschmacks- und Geruchstönung von Weinen in hohem Alter. Während langer Lagerzeit verliert der Wein an → Frische, *Sortenbukett* und flüchtigen Aromastoffen, gewinnt jedoch gleichzeitig durch Oxidationsvorgänge, Veresterung u. a. chemische Veränderungen zunächst neue Qualitäten einer *Edelreife:* Weißwein wird *bernsteinfarben* (franz. *ambré*), das *Lagerbukett* der *Hoch-Zeit* verwandelt sich in ein weniger differenziertes, bei guten, sehr guten und Spitzenweinen jedoch sehr harmonisches, wohlduftendes Oxidationsbukett, und das Aroma wird *edelsüß.* Die engl. Fachsprache kennzeichnet Wein in diesem Stadium als *turning* (umkehrend), denn mit der *Edelfirne* beginnt der endgültige → Abbau des Weines: Er *kippt um* (→ Umschlagen); aus *edelfirn* wird *firn – passé – tot* (franz. *vieilli, fatigué, sénile, éventé,* → goût d'event), aus Bernsteingelb der *hochfarbige,* bräunliche *Sherry-* oder *Madeiraton* (franz. *mordoré, madérisé,* → trop de robe); s. a. → Farbe, → schwefelsäurefirn.

Flabbenzieher, → Faschingswein.

flach, franz. *creux, faible, flasque, plat,* WA für kleine Weine ohne → Ausdruck und Bedeutung; s. a. → matt.

flackerhell, → Klarheit.

Flaschen, Hohlgefäße mit mehr oder minder ausgeprägtem Hals und enger Öffnung. Gläserne F. gibt es erst seit der Erfindung der Glasbläserpfeife vor rund 2000 Jahren. Die Form der frühesten mundgeblasenen F. ist uns in der heute noch für Dekorationszwecke hergestellten, kugelförmigen Chiantiflaschen (→ fiasco) erhalten, mit dem charakteristischen Bastnetz überzogenen, grünen Glaskugeln ohne Hals und Standboden, lediglich mit einem Loch als Füll- und Ausgußöffnung versehen. Seit der Renaissance kamen standfeste, dünnwandige Glasf. aus Italien in Gebrauch, jedoch nicht als Weinlager- und -handelsgefäße, sondern als Tischkaraffen. Im 17. Jh. gewannen zunächst in England hergestellte F. an Wandstärke: Admiral Sir Robert Mansell befürchtete, die Glasschmelzöfen würden soviel Holz verbrauchen, daß bald kaum mehr welches für den Schiffbau übrigbleibe; er erwirkte 1650 ein Dekret König Jakobs I., das die Glasbläser zur Umstellung auf Kohlefeuerung verpflichtete, womit sich keine allzu dünnwandigen Hohlkörper mehr fertigen ließen. Nunmehr entstanden solide Weinf., zunächst in Zwiebelform, später zylindrisch; erst im 19. Jh. entwickelte sich die langgezogene Keulenform. In Deutschland präsentierte die *Königl. Hüttenverwaltung Schönmünzach* 1827 bereits die typische, dickwandige Schaumweinflasche aus dunkelgrünem

Flaschen

Flaschen: Weißwein, Bordeaux, Burgunder, Frankenwein, Chianti, Tarragona, Tokajer.

Glas, gedrungen geformt, mit gleichmäßig sich verjüngendem Hals, Halswulst (zum Festhalten der → Agraffe) und tiefem Bodeneinzug (Flascheneinstich, → Stoß, spitzstehender). Noch zu Beginn des 20. Jh.s gab es ausschließlich mundgeblasene Wein- und Schaumweinflaschen. Erst nach Einführung der *Boucher-Patentflaschenmaschine* in Frankreich (1922) lösten nach und nach die *bouteilles mécaniques* jene *bouteilles à la main* ab, die 1936 völlig vom Markt verschwanden. Um → Flaschenbruch weitgehend zu vermeiden, müssen Schaumweinf. einem Innendruck (→ Druck) von bis zu 10 Atmosphären standhalten. Dies erreicht man heute mit einer Glasflußmischung von 70 Prozent Quarzsand, 15 Prozent Soda und 7 Prozent kohlensaurem Kalk. Moderne Vergütungsverfahren erst erlauben die Herstellung von *Leichtflaschen* mit dünner Wandung bei gleichbleibender Druckfestigkeit, verbunden mit erheblicher Gewichts- und Materialersparnis. Da Wein und Schaumwein lichtempfindlich sind, eignen sich für die F.-Herstellung nur farbige Glassorten; die konkrete Farbwahl ist von untergeordneter Bedeutung. Die → flûtes des Elsaß sind von sehr hellem Grün; für Mosel- und Rheinweine wurden grüne bzw. braune F.

Moderne **Flaschen**-Abfüllanlage in Frankreich.

Flaschenseide

nachgerade zu Markenzeichen; allgemein aber sind F.-Farben keine verläßlichen Indizien für die Herkunft der Produkte. Bezüglich der F.-Größen gilt als Grundregel: Je kleiner die Flasche, desto rascher reift ihr Inhalt; je größer die F., desto länger halten sich in ihnen insbesondere rote, aber auch weiße Weine und Schaumweine. Deshalb sollte man *Viertelflaschen* (siehe Tabelle) binnen längstens sechs Monaten leeren, während *Magnum*-Größen besonders lange lagerfähig sind. Handelsfähig sind F.-Größen bis zu drei Liter Fassungsvermögen. Was darüber ist, ist – obwohl voll funktionsfähig – nur für Demonstrations- bzw. Werbezwecke erlaubt.

Handelsgrößen von Weinflaschen

Die $^1/_1$-*Normalflasche* muß in Deutschland (BRD) 0,70, im Elsaß 0,72, im Bordeaux-Gebiet und in Burgund z. B. 0,75 Liter Wein enthalten, ungeachtet ihrer Formgebung (s. z. B. → *Bocksbeutel*). Die *halbe Flasche* faßt im allgemeinen 0,35, im Elsaß nur 0,34 Liter. Im Gegensatz zum süddeutschen und schweizer. → Schoppen von (ungefähr) 0,50 Liter hat der *pfälzische Schoppen* (auch in der – seltenen – Flaschenform) 0,20 Liter und entspricht damit genau der handelsüblichen *Viertelflasche* (de facto mehr als $^1/_4$ der *Normalflasche*, aber weniger als $^1/_4$ Liter), während es auch *das Viertel* in der Flasche gibt, d. h. genau 0,25 Liter. Das österr. *Stifterl* ist im allgemeinen eine *Viertelflasche* (0,20 Liter); umgangssprachlich kann damit aber auch gelegentlich eine Viertelliter- oder eine *halbe Flasche* (0,35 Liter) gemeint sein.

Handelsgrößen von Schaumweinflaschen

Bezeichnung	Flaschenmaß	Liter
Viertelflasche	$^1/_4$	0,20
halbe Flasche	$^1/_2$	0,375
Médium		0,60
Normalflasche*	$^1/_1$	0,75
Magnum, Doppelflasche	2	1,50
Tregnum, Dreifachflasche	3	2,25
Doppelmagnum, *Double Magnum*, in der Champagne *Jéroboam*	4	3,00

Schaumwein-Schauflaschen

Rehobéam, Rehoboam, auch *Jeroboam* genannt 6 – 4,50
Imperial, auch *Methusalem* oder *Methuselah* genannt 8 – 6,00
Salmanassar, Salmanazar 12 – 9,00
Balthasar, Balthazar 16 – 12,00
Nebukadnezar, Nebuchadnezzar, Nebuchodonosor 20 – 15,00

* Die erste Sektflaschennorm, für Champagner 1735 durch *Ordonnance royale* festgelegt, betrug 0,93 Liter für eine *pinte de Paris*.

Flaschenbruch, das Platzen von Schaumweinflaschen während der → Flaschengärung vernichtete im 19. Jh. bis zu 80 Prozent der → Cuvées einer Arbeitsschicht. Noch bis 1914 galten fünf Prozent Verlust durch F. als normal; inzwischen ist die Rate auf knapp ein Prozent gesunken. Solange man den Gärzuckergehalt des *Brutschaumweins* nicht exakt bestimmen konnte, war auch der Druckanstieg in den Rohsektflaschen während der zweiten Gärung unwägbar; hinzu kamen bei den einst mundgeblasenen → Flaschen häufige Materialfehler und -spannungen als weitere Risikofaktoren. Heute ist der – für die Kohlendioxid-Entwicklung ausschlaggebende – Zuckergehalt exakt meß- und dosierbar (→ Fülldosage), und die industriell hergestellten Flaschen sind auf bis zu zehn Atmosphären Innen-Überdruck angelegt und werden mit modernsten Prüfverfahren kontrolliert.

Flascheneinstich, *Flascheneinzug,* → Stoß, spitzstehender.

Flaschengärung, trad., bis um 1890 einziges, auf Dom → Pérignon zurückgehendes Verfahren der Schaumweinbereitung. Dabei erfolgt in dickwandigen Glasflaschen eine zweite → Gärung der → Cuvée mit → Hefelager von gesetzlich bestimmter Dauer. Die → Enthefung erfolgt nach der alten → méthode champenoise oder, wie bei der → Großraumgärung, durch → Filterenthefung.

flaschengelagert, → Jugend.

flaschengereift, → Alter; nicht identisch mit *flaschenreif* (→ füllreif).

flaschenreif, → füllreif; nicht identisch mit *flaschengereift* (→ Alter).

Flaschenseide, seidenweiches, dünnes Papier zum Einwickeln von Schaumweinfla-

flasque

schen; darüber wird die *Flaschenhülse* aus Stroh oder Wellpappe gezogen. Diese herkömmliche Art der Flaschenverpackung wird heute vielfach schon durch der Flaschenform angepaßte, gut stapelbare Kunststoff-Futterale ersetzt.

flasque, franz. *schlaff, welk,* WA im Sinn von → fad, → flach.

flau, → fad.

Fleischtraube, → Trollinger, Blauer.

Fleischweiner, süddeutsch-österr. Synonym für die Rebsorte → Traminer, welche fleischfarbenen Wein ergibt.

flétri, franz. *faul, welk,* in der WA 1. rügend gebraucht für Fehlgeschmack nach Faultrauben bei Weinen aus unzureichend verlesenem Erntegut; 2. positiv wertend beim hochgeschätzten → Botrytiston der → Edelfäule; 3. als Substantiv f. (oder *mi-f., vin f.*) Bezeichnung schweizer. → Luxusweine des → Wallis; s. a. → Strohwein.

fleuri, franz. → blumig.

flor, span. WA, 1. → Blume; 2. → Kahm.

Flöte, 1. sehr schlankes, hohes Sektglas; 2. franz. *flûte,* langgezogene Flasche aus hellgrünem Glas für Weine des → Elsaß.

flüchtig, rasch verfliegend, WA, 1. im Sinn von → kurz für die nur f. (ohne → Abgang) wahrnehmbare → Blume *kleiner Weine;* 2. für *flüchtige Säure* (→ Essigstich); 3. bei Schaumwein positive Wertung im Sinn von besonders → prickelnd, → spritzig.

fluet, franz. *dünn, schmächtig,* WA im Sinn von → arm.

Flugsommer, → Altweibersommer.

Flöten, ideale Schaumweingläser.

flûte, franz. für → Flöte.

fond, franz. *Grund, Boden,* WA für → Bodengeschmack: *Il a du fond,* d. h., der Wein kann seine bodenständige Herkunft nicht verleugnen, er schmeckt und riecht *gebiets-* oder gar *lagentypisch erdig* nach dem Murwurzelgrund seiner → Kreszenz.

Forschungsanstalten. Wie in den übrigen Agrarwirtschaft wird auch beim Weinbau nichts mehr dem Zufall überlassen. Die Weinbau treibenden Bundesländer der Bundesrepublik Deutschland etwa unterhalten sogenannte *Landes-Lehr- und -Forschungsanstalten.* Die 15 Anstalten sind meist gekoppelt mit Weinbauschulen und ähnlichen Einrichtungen. Der Lehrbereich trägt heute den Charakter einer Fachhochschule. Zu ihrem Besuch ist das Abitur erforderlich. Der daraus resultierende Beruf ist der eines *Weinbau-Ingenieurs,* heute vielfach auch von Frauen ausgeübt.

foudre, franz. Faßmaß; → Fuder.

Foxton, Foxgeschmack, Fuchsgeschmack, auch *Erdbeer-, Himbeer-, Hybriden-, Wanzengeschmack,* franz. *goût de framboise* (adj. *foxé, framboisé*), WA für eigentümlich süßliches, als arg ungewohnt oder ausgesprochen unangenehm empfundenes → Aroma (nebst → Blume) von Weinen aus → Amerikanerreben und deren Kreuzungen (→ Direktträgerweine).

fragrant, engl. → duftig.

frais, franz. WA, → frisch; auch im Sinn von *kühl, gekühlt* gebraucht.

franc de goût, *droit de goût,* franz. *echt im Geschmack,* WA für → ehrlich, → reintönig; → goût.

franche de robe, franz. WA, *unverfälscht* in der → Farbe; Gegensatz: → trop de robe.

franco, ital. WA für → reintönig.

Franken, deutsches Weinanbaugebiet entlang des Mains und seiner Nebenflüsse mit den Bereichen → Mainviereck, → Maindreieck, → Steigerwald und → Bayerischer Bodensee. Die meisten Rebflächen liegen an den Sonnenhängen des im Muschelkalk eingeschnittenen mittleren Maintals; besonders bekannt sind die *Weinschleife* bei Volkach mit den Weinorten Escherndorf, Nordheim und Sommerach sowie der Talabschnitt zwischen Frickenhausen und Thüngersheim mit den Mittelpunkten Würzburg und Randersakker. Im Tal der fränkischen Saale wird um Hammelburg, im Taubergebiet unter an-

Frankreich

Vogelsburg an der Volkacher Mainschleife in **Franken**.

derem um Dertingen, Beckstein und Markelsheim Wein angebaut. Der zweite mainfränkische Anbaubereich umfaßt den Steigerwald, der mit Handthal, Abtswind und Castell, vor allem aber mit Rödelsee und Iphofen berühmte Weinorte aufzuweisen hat. Der dritte, relativ kleine Anbaubereich liegt am Untermain, wo der *Klingenberger Rote* und der *Hörsteiner Riesling* besonders bekannt sind. Nonnenhorn bei Wasserburg am Bodensee schließlich produziert die → Seeweine F.s. – In Würzburg sind drei der vier größten deutschen Weingüter beheimatet. Gerade in F., dessen erdige *Silvaner-* und *Müller-Thurgau*-Weine in → *Bocksbeutel*-Flaschen abgefüllt werden, zeigt sich der Erfolg des Weinbaus in einer der reichsten Kulturlandschaften Deutschlands mit ummauerten Dörfern und Städtchen, mit Kirchen, Kapellen und Bildstöcken. Die klimatische Gunst des Gebiets liegt in der günstigen Exposition der Flußhänge und dem Windschutz durch den Steigerwald. Die drei Hauptbereiche haben auch verschiedene → Bodentypen: Verwitterungsböden des Buntsandsteins im *Mainviereck*, Muschelkalk, Lehm- und Lößböden im *Maindreieck* und Verwitterungsböden des Keupers im *Steigerwald*. Die Rebsorten → Müller-Thurgau (45 Prozent der Anbaufläche) und → Silvaner (35 Prozent) liefern aufgrund dieser Bodenverhältnisse *erdige, kräftige* Weine. Der gesamte Ertrag F.s macht 3,5 Prozent der deutschen Produktion aus. S. a. → Frankenwein – Krankenwein, → Steinweine.

Frankenland, Badisches, → Badisches Frankenland.
Frankentaler, *Frankental noir,* in Deutschland regionales und französisches Synonym für → Trollinger, Blauer.
Frankenthaler, scherzhafte Bezeichnung für einen pappig süßen Wein, nach der Zuckerfabrik Frankenthal-Worms; → Wein im Volksmund.
Frankenwein – Krankenwein, Neckerwein – Schleckerwein, Rheinwein – Feinwein. – Deutsche Merkverse (*Neckerwein* steht für am Neckar gewachsene Weine des Anbaugebiets → Württemberg); s. a. → Zu Bacharach am Rheine . . .; → Trinksprüche.
Fränkischer, altes Synonym für roten → Traminer.
Frankreich, wohl traditionsreichstes, für die Weinkultur maßgebendes Weinland der Erde. Die ersten Rebstöcke brachten Phönizier und Griechen um 600 v. Chr. an die französische Mittelmeerküste, und schon im Altertum war Marseille (*Massilia*) ein wichtiger Drehpunkt des Weinhandels. Die Römer trieben den Weinbau rhôneaufwärts vor ins Burgunderland und ins schweizer. → Wallis, ins deutsche Rhein-Mosel-Gebiet sowie an die französische Atlantikküste. Schon Ausonius lobte die Weine des *Bordelais* (Bordeaux) und beackerte seinen eigenen Weinberg (Château → Ausone). Als jedoch die gallischen Weine mit den römischen ernstlich zu konkurrieren begannen, ließ Kaiser Domitian 92 n. Chr. etwa die Hälfte der Weinstöcke Galliens vernichten. In den folgenden Jahrhunderten wechselten Perioden des Aufschwungs mit solchen des Niedergangs, bis 1875 fast der gesamte Rebbestand F.s durch die → Reblaus zerstört wurde. Mit → Pfropfreben gelangten Neubestockung und Ausweitung der Rebkultur zu höherer Blüte als je zuvor. Heute produziert F. auf einer Gesamtrebfläche von 1,2 Millionen Hektar 75 Millionen Hektoliter Wein pro Jahr und liegt damit – zusammen mit Italien – an der Spitze der Weltproduktion. Über 7 Millionen Franzosen leben direkt oder indirekt vom Weinbau. Rund ein Drittel der Rebkulturen wird genossenschaftlich bewirtschaftet. Für die Qualitätsweinerzeugung spielen die trad. Weingüter (→ Château, *Bordeaux-Klassifikation*) eine wichtige Rolle. Bei dem hohen Pro-Kopf-Weinverbrauch der Franzosen bleibt nur ein ver-

frappé

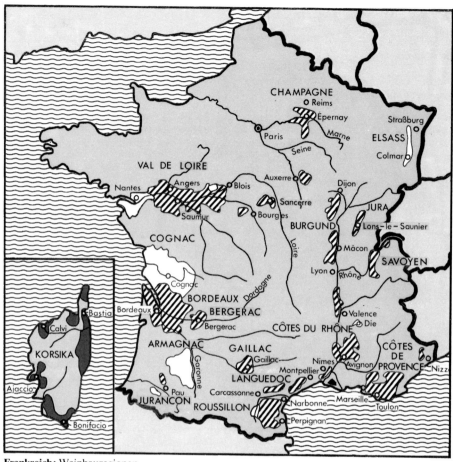

Frankreich: Weinbauregionen.

hältnismäßig geringer Anteil der Ernte (um 6 Millionen Hektoliter) für den Export. Die bedeutendsten Abnehmer sind Deutschland (BRD) und Großbritannien. Die Weine der höchsten franz. Güteklasse, die → A.O.C.-Weine, machen durchschnittlich ein Siebentel der Produktionsmenge aus, die → V.D.Q.S.-Weine etwa 5 Prozent. Den Rest bilden → Landweine, Tafelweine und geringere Gewächse. F. produziert zu drei Vierteln rote, zu einem Viertel weiße Weine. Die wichtigsten Anbaugebiete, in der Reihenfolge ihrer Qualitätsweinernte, sind → Bordeaux, → Côtes du Rhône, → Burgund, → Loire, → Champagne und → Elsaß; s. a. → Armagnac, → Beaujolais, → Bergerac, → Cognac, → Jurançon, → Korsika, → Languedoc-Roussillon, → Provence.

frappé, *frappiert,* franz./deutsche WA im Sinn von *rasch abgekühlt,* auch *unterkühlt.* Bei Wein und Schaumwein droht hierbei unerwünschtes *Einfrieren der Blume,* d. h. Verdunstungshemmung der Duftstoffe (→ Bukett).

Frascati, Weinstädtchen im Anbaubereich der *Castelli Romani* in der ital. Provinz Rom. Die nach ihm benannten, strohgelben Weißweine (vornehmlich aus *Malvasier-* und *Trebbiano*-Trauben) sind angenehm im Geschmack, *weich, mild* bei 1–3 und *süß (Cannellino)* bei 3 bis 6 Prozent Restsüße und stets mindestens 11,5 Grad Alkohol. Mindestens 12 Alkoholgrade aufweisende und auch im übrigen qualitativ hervorragende Gewächse des Vulkanbodens von F. werden als *Superiore* ausgezeichnet.

Freiburg, *Fribourg,* westlich an den Kanton Bern anschließender Kanton der → Westschweiz mit knapp 100 Hektar Rebareal. Das weitaus bedeutendste Anbaugebiet liegt am *Mont Vully* über dem Nordufer des Murtensees (89 Hektar). Die Gewächse zweier kleinerer Bereiche bei Cheyres und Font am Südufer des Neuenburgersees lassen sich mit den angrenzenden Lagen der → Waadt vergleichen. Fast 80 Prozent des gesamten Rebareals sind mit *Chasselas* (→ Gutedel), 10 Prozent mit *Pinot noir* (Blauer → Burgunder) und 3 Prozent mit → Gamay bepflanzt.

Freiburger, → Freisamer.

Freisamer, früher *Freiburger,* deutsche Rebneuzüchtung, eine Kreuzung aus → Ruländer und → Silvaner, erzielt 1916 durch Prof. K. Müller am Staatlichen Weinbauinstitut in Freiburg/Breisgau. Die Umbenennung der Freiburger Kreation erfolgte 1958 allein aus saatgutrechtlichen Gründen, was in dem neuen Namen F. noch anklingt. F.-Weine sind silvanerähnlich, *neutral* bis ausgesprochen *lieblich,* in besonders guten Lagen und Jahren nach *Frucht* und *Rasse* (WA) auch an → Riesling heranreichend. F. wird in deutschen Anbaugebieten bereits auf annähernd 100 Hektar Rebland angebaut, vor allem für → Verschnittzwecke.

Fremdgeschmack, WA für nicht zwingend objektiv ungute, aber subjektiv als unpassend und darum störend empfundene Geschmacks- oder Geruchsabweichungen im Wein oder Schaumwein, z. B. → Faßgeschmack.

fresco, ital. WA, → frisch, → rassig.

Freude sprudelt in Pokalen..., → Wein erfreut des Menschen Herz.

friand, franz. lecker, WA im Sinn von → gefällig.

frisch, engl. *fresh,* franz. *frais,* auch *Ohé! Ohé!,* ital. *fresco,* gleichbedeutend mit *lebendig,* WA für *junge, spritzige* Weine mit erfrischender Kohlen- und kräftiger, aber nicht unangenehm hervortretender Fruchtsäure; → Frische, → Säure.

Frische, franz. *vivacité* (*Lebendigkeit*), in der WA kennzeichnend 1. bei Schaumwein/Sekt für kräftige, aber nicht unangenehm hervorschmeckende → Säure; 2. bei Wein für den Gehalt an → Kohlendioxid (umgangssprachlich *Kohlensäure*), bzw. dessen Eindruck bei der → Sinnenprüfung. Nach Dr. Wolfgang Hynitzsch gilt etwa folgende Beurteilungsskala für die mit zunehmendem → Alter des Weines abnehmende F.: *gestört – scharf – unruhig* (bei noch zu jungen Weinen), *spritzig – prickelnd – anregend – lebendig – ausgeglichen* (Abstufungen während der *Hoch-Zeit*), *matt – platt* (F.-Mangel in der → Firne).

frizzante, ital. WA, entsprechend franz. *pétillant,* d. h. → perlend im Sinn von → Perlwein.

froid, *kalt,* franz. WA im Sinn von → arm; *vin froid* ist ein *Wein ohne Wärme,* für den man sich auch nicht *erwärmen* kann.

Frucht, sortentypischer (die Rebsorte verratender) Geschmacks- und Geruchsausdruck des Weines bei der → Sinnenprüfung. Die Beurteilungsskala nach Dr. Wolfgang Hynitzsch steigt von *neutral* bei *kleinen,* aber *sauberen* Weinen über die Stufen *weinig – fruchtig – würzig* bis zur *hochedlen* F. von Spitzenweinen an und fällt dann zum *Faulton* (→ Edelfäule) ab.

fruchtig, engl. *fruity,* franz. *fruité,* ital. *fruttato,* WA, 1. für *reintönige* Weine, die in Geschmacks- und Geruchsausdruck (→ Aroma, → Bukett) deutlich die Traubensorte (Rebfrucht) erkennen lassen, aus der sie gewonnen wurden; 2. analog für Schaumweine (vor allem bei *Rieslingsekt*); 3. für Kreszenzen mit *feinem,* an bestimmte Früchte (Apfel, Mandeln, Pfirsich u. a.) erinnerndem Geruch; Analogie beim Geruch: → blumig.

Fruchtsäure, eigentlich Oberbegriff organischer, insbesondere in Früchten vorkommender Säuren, z. B. *Zitronensäure.* Im Fachsprachgebrauch der Chemie ist jede Weinsäure eine F., aber nicht jede F. eine *Weinsäure.* In der Weinfachsprache finden sich beide Vokabeln als Synonyme für die *gesamte titrierbare* (meßbare) *Säure* in Traubensaft, Most und Wein, mit Ausnahme der *Kohlensäure* (→ Kohlendioxid). Der Gesamtsäuregehalt wird in Gramm je Liter (g/l) gemessen bzw. in Promille (‰) notiert; er ist starken Schwankungen unterworfen und differiert auch beträchtlich in der jeweiligen chemischen Zusammensetzung. Traubenmost enthält vor der Gärung fast ausschließlich *Wein-* (4–7 g/l) und *Apfelsäure* (3–7 g/l) bei durchschnittlichem Gesamt-F.-Gehalt von 6 bis 16 Gramm je Liter (franz. Werte). Gärung und Kellerreifung senken den

Fruchtzucker

F.-Spiegel insgesamt (→ Säureabbau) rapide, wobei – quantitativ höchst unterschiedlich – *Apfelsäure* (möglicherweise völlig) zu *Milchsäure* ab- und *Bernsteinsäure* (als Gärungs-Nebenprodukt) aufgebaut, *Weinsäure* (bis auf 1–2,5 g/l) in → Weinstein auskristallisiert, *Essig-* und andere *flüchtige Säuren* neugebildet und/oder vermehrt werden. Insgesamt enthalten voll ausgebaute Weine in Frankreich noch etwa 4 bis 4,5, gute Weißweine in Deutschland etwa 5 bis 8 Gramm F. je Liter. Zuwenig F. im Endprodukt läßt dieses vorzeitig altern. Ein zu hoher Anteil *flüchtiger Säuren* jedoch beeinträchtigt (schon ab 0,7–0,8 g/l) den Geschmackseindruck so gravierend, daß Weine mit 1 g/l *Essigsäure* u. a. (→ Essigstich) vielfach schon nicht mehr handelsfähig sind, auch wenn ihr F.-Wert sich im großen und ganzen in den Grenzen des Gewohnten und Erlaubten hält. Geschmacksbewertung: → Säure.

Fruchtzucker, *Fruktose, Lävulose,* eine sirupartig dickflüssig oder kristallin zu gewinnende Zuckerart pflanzlichen Ursprungs (auch in Honig enthalten). F. ist Bestandteil des → Invertzuckers und wird in der → Dosage von → Diabetikersekt als → Zuckeraustauschstoff eingesetzt.

Frühburgunder, → Burgunder, Blauer.

fruité, franz. WA, → fruchtig.

fruttato, ital. WA, → fruchtig.

Fuchsgeschmack, → Foxton.

Fuchs und die sauren Trauben, Der – Die älteste bekannte Fassung dieser Fabel findet sich bei dem legendären griechischen Dichter Äsop (Aisopos, 6. Jh. v. Chr.), der sie wohl aus orientalischen Quellen übernahm. Das Motiv kehrt in nachbiblischen jüdischen Tierfabeln wieder als Beispiel für Gier und Heuchelei.

Fuder, althochdeutsch *fuodar* (*Fuhre*), Weinmaß, 1. einst mit einer Wagenladung in Fässern zu karrende Menge zwischen 750 und 1950 Liter; 2. bei Weinversteigerungen jüngerer Zeit am Rhein um 1200, an der Mosel 1000 Liter; 3. heute offiziell genormt als Faßmaß (im → Elsaß *foudre*) von 1000 Liter; → Faß.

Fülldosage, *Tiragelikör,* in der Schaumweinbereitung die Wein-Zucker-Lösung, die der → Cuvée zugesetzt wird, um die zweite Gärung zu ermöglichen. Früher enthielt die F. vielfach (heute nur noch gelegentlich; in Deutschland gesetzlich untersagt) trinkfertigen → Likör; von entscheidender Bedeutung ist ihr Zuckergehalt. Menge und Zuckerkonzentration der F. sind abhängig vom in der Cuvée noch enthaltenen, unvergorenen Zuckerrest (→ Restsüße). Insgesamt werden etwa 25 Gramm Zucker je Liter Rohschaumwein gebraucht, um den gesetzlich geforderten Kohlensäuredruck zu entwickeln.

Fülle, *füllig,* engl. *full,* franz. *gras,* ital. *grasso,* WA reich an Schwere, an Alkohol und → Extrakt reiche (*alkohol-* und *körperreiche*), dabei aber *ausgewogene, harmonische, vollmundige* Weine ohne Überhang einer Komponente.

Füllkorken, *Tiragekorken,* Korkverschluß von Sektflaschen während der Flaschengärung; eine → Agraffe verhindert sein Austreiben durch den zunehmenden Kohlensäuredruck. Heute kommen zunehmend *Kronkorkverschlüsse* anstelle der *agraffierten* F. in Gebrauch.

füllreif, *flaschenreif,* fachsprachl. kennzeichnend für Wein, der im Faß soweit ausgebaut wurde, daß er nunmehr *auf Flaschen gezogen* (abgefüllt) werden kann.

Füllwein, *Ausgleichswein,* der – zum Ausgleich der Verdunstungsverluste – ins Faß nachgefüllt wird, um das Faß stets spundvoll zu halten und so den die → Oxidation ermöglichende Oberflächen-Luft-Kontakt auf das unabdingbare Minimum zu beschränken.

Furmint, *Gelber Mosler,* ungar. Weißweinrebe, gelegentlich auch *Tokajer-Rebe* genannt, denn im Nordosten → Ungarns (*Tokaj-Hegyalja*) gedeiht sie – dank idealer Klimabedingungen – zu ihrer höchsten Fruchtqualität. Die F.-Traube verleiht dem weltberühmten → Tokaj Aszú seine unverwechselbaren Geschmacks- und Geruchsreize, aber auch manchem *Ruster Ausbruchwein* (→ Rust – Neusiedlersee) besonderen Charakter. Ansprechende F.-Weine wachsen in Ungarn auch außerhalb der *Tokajer-*Zone, in der → Steiermark (Österreich) sowie in einigen Weinbaugebieten → Jugoslawiens.

Ein **Fuder** Wein: Altes Schild aus Beaune.

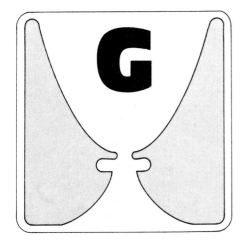

Gallisieren, *Naßzuckern,* Zugabe von Zuckerlösung zwecks *Anheizung* (der alkoholischen → Gärung) zuckerschwacher Moste. Das Verfahren steigert den Alkoholgehalt, vermehrt das Volumen und mindert den Säuregrad des zu gewinnenden Weines. In einigen Ländern (darunter Portugal und Kalifornien) schon seit langem verboten, ist das G. nach Ablauf letzter Ausnahmeregelungen ab 1979 auch im gesamten EG-Bereich untersagt.

Gamay, die exklusive Rotweinrebe des → Beaujolais, wo sie auf markigen Lehm- und kräftigen Granitböden zu ihrer Höchstform gedeiht. Farbglühende, vollmundige Kreszenzen bringt sie auch in den Schweizer Kantonen → Genf, → Waadt und → Wallis hervor. Andernorts geben buchstäblich bodenständige (auf sortenspezifischen → Boden angewiesene) G.-Spielarten nur mehr oder minder süffige Konsumweine her. Im nördlichen → Burgund (→ Côte d'Or) wie auch im schweizer. → Neuenburg sind bessere und beste Lagen für den G.-Rebanbau kraft Gesetzes tabu, zugunsten des auf Kalkgrund u. a. sehr viel bessere Ergebnisse zeitigenden späten Blauen → Burgunders (*Pinot noir*).

Ganter, österr. Ausdruck für Faßlager, Holzbock, d. h. den Balkenrahmen, auf welchem das Weinfaß ruht.

Gäransatz, *Hefeansatz, Anstellmost,* bei der Schaumweinherstellung exakt dosierter Zusatz zur mit *Tirageliqör* (→ Fülldosage) versetzten Cuvée, um die zweite → Gärung zu bewirken. Der G. besteht aus einer relativ geringen Menge Wein mit Zucker (*Anstellwein*) und → Reinzuchthefe.

Gärführung, Ansatz, Überwachung und Steuerung der alkoholischen → Gärung durch den Kellermeister. Die G., von der in hohem Maß die Qualität des fertigen Weines abhängt, erfordert außer gehörigem Fachwissen auch großes Fingerspitzengefühl, um die Eigenarten jeder Rebsorte und jedes → Jahrgangs im Positiven optimal zur Geltung zu bringen und im Negativen zu eliminieren. Verläuft die Gärung z. B. zu stürmisch, muß der Most abgekühlt werden (*gezügelte Gärung*), damit im Verein mit dem aufsprudelnden → Kohlendioxid nicht zu viele → Bukettstoffe entweichen. Entwickelt sich die Gärung dagegen zu träge, bringt man sie durch leichte Erwärmung, Aufrühren der Hefe oder Zugabe von → Reinzuchthefe in Gang. Die modernen → Tanks erlauben eine sehr viel sensiblere Temperatursteuerung als das trad. → Faß, da Edelstahl ein ausgezeichneter, Holz dagegen ein sehr schlechter Wärmeleiter ist.

Garganega, weiße Rebsorte Norditaliens, ausschlaggebend für den Charakter des *Soave.* G. wird überwiegend in Form der *Pergolerziehung* (ital. *Pergola;* → Erziehungsarten der Rebe) angebaut.

Gärkeller, der Raum, in dem die Vergärung der Moste stattfindet. Er sollte im Gegensatz zum Lagerkeller nicht zu kühl sein, damit die Gärung in Gang kommt. Während der Gärung entstehen große Mengen Kohlensäuregas, die durch den → Gärspund entweichen. Sie setzen sich am Boden des Kellers ab und stellen eine Erstickungsgefahr für den Menschen dar. Deshalb nahm man früher eine brennende Kerze mit in den G. Verlöschte sie, war es höchste Zeit, das Freie zu suchen. In den modernen G.n sorgen Entlüftungsanlagen für das Absaugen der Gärgase.

Garnacha, span. Name der Rebsorte → Grenache noir.

Gärspund, bestehend aus einer Glasröhre mit Windungen und Kammern oder einem zweiteiligen Keramik- oder Kunststoffgerät, dazu bestimmt, Gärgase aus dem Gärgefäß entweichen zu lassen, ein Eindringen von Verunreinigungen (Hefen, Essigbakterien u. ä.) aber zu verhindern. Diesem Zweck dient eine siphonähnlich funktionierende Wasserfüllung, der keim-

Gärung, alkoholische

Rohschaumwein nach der zweiten **Gärung**.

tötende *schweflige Säure* zugesetzt werden kann.

Gärung, alkoholische, durch (schon mit der Traube in Maische und Most gelangende) einzellige → Hefe-Pilze bewirkte Umwandlung von Zucker vornehmlich in → Alkohol und → Kohlendioxid. Vergärbare Zucker im Traubensaft sind die *Hexosen* Trauben- und → Fruchtzucker (*Glukose* und *Fruktose*) sowie *Galaktose* und *Mannose*. Für die G. stellte schon 1810 der franz. Chemiker Louis-Joseph Gay-Lussac folgende Gleichung (Umwandlung eines Kilogramms Zucker) auf:

$$\underset{\text{(Zucker)}}{\underset{1000\,g}{C_6H_{12}O_6}} - \underset{\text{(Alkohol)}}{\underset{511\,g}{2\,C_2H_5 \cdot OH}} + \underset{\text{(Kohlendioxid)}}{\underset{489\,g}{2\,CO_2}}$$

Diese Formel kann freilich nur zur groben Verdeutlichung dienen, denn tatsächlich entstehen bei der G. zusätzlich → Fruchtsäuren und andere Nebenprodukte wie *Aldehyd* und → Glyzerin. Fachsprachlich wird zwischen stürmisch verlaufender *Haupt-*, schwächerer *Fein-* sowie → Nachgärung unterschieden. In südlichen Ländern werden z.T. auch → Schaumweine aus der ersten G. gewonnen, die Most (über Zwischenstufen des → Federweißen) in Wein verwandelt. Für die Herstellung von Qualitätsschaumweinen jedoch (→ Champagner, → Sekt) ist eine zweite G. (→ Großraumgärung, → Flaschengärung) vorgeschrieben. Um diese in Gang zu bringen, muß die → Cuvée durch Zusatz des *Tiragelikörs* (→ Fülldosage) neuerlich mit Zucker angereichert werden; die nötige Hefe wird in Form des → Göransatzes beigegeben. Vgl. → Gärführung.

gärvoll ist ein Faß, das zu etwa ²/₃ seines Fassungsvermögens mit zu vergärendem Most gefüllt ist. Da die alkoholische → Gärung starkes Aufschäumen bewirkt, würde ein *spundvoll* mit Most gefülltes Faß verlustreich überschäumen. Aus g.en Fässern wird der → Federweiße abgezapft.

Gas-Chromatographie, Verfahren zur

Computer im Weinbau: **Gas-Chromatographie**.

Trennung und Identifizierung gasförmiger bzw. verdampfbarer Stoffe mit Computer-Auswertung der Meßergebnisse; → Aromagramm.

Gaumenkitzler, → Federweißer.

Gay-Lussac-Grade, Einheiten der in der → Europäischen Gemeinschaft (*EG*) verbindlichen Bestimmungsnorm des Alkoholgehalts in Flüssigkeiten, bei 20 Grad Celsius Eichtemperatur zu messen. Ein *Grad Alkohol* nach *Gay-Lussac* entspricht 10 Milliliter (*ml*, tausendstel Liter) je Liter Flüssigkeit = 1 *Volumenprozent* = 8 Gramm Alkohol je Liter. Ein Beispiel: Traubenmost baut vom Einsetzen der → Gärung an in zunächst stetig zunehmendem Maß aus Zucker → Alkohol (und → Kohlendioxid) auf und wird dabei zum → Federweißen. Sobald reiner Alkohol 7 Prozent des Most-Volumens (56 Gramm je Liter) ausmacht, mithin 7 *G.-L.-G.* erreicht sind, ist der Most zu Wein geworden. Die Bestimmung der → Grädigkeit nach dem *Gay-Lussac-Verfahren* beruht auf → Destillation und Wägung der Destillate.

gazéfié, franz. Kennzeichnung durch → Imprägnierung zum → Moussieren gebrachter Weine. In der Bundesrepublik Deutschland ist in solchen Fällen bei → Schaumwein (nicht bei → Perlwein) der Vermerk *Mit zugesetzter Kohlensäure* vorgeschrieben.

Gebietsweinprämierung, regionaler Weinwettbewerb in den elf deutschen Anbaugebieten. Die G. wird je nach Gebiet vom Weinbauverband oder der Landwirtschaftskammer (*Kammerprämierung*) veranstaltet. Die Teilnahme ist freiwillig. Die G. ist die Vorstufe zur → Bundesweinprämierung der → Deutschen Landwirtschafts-Gesellschaft. Zu dieser werden nur solche Weine zugelassen, die auf einer regionalen Prämierung bereits einen Preis errungen haben.

Gebirgler-Grog, → Glühwein.

gedeckt, WA für nicht durchscheinendes Rot tiefdunkler Rotweine.

gediegen, → ehrlich.

gefällig, engl. *pleasant,* franz. *attirant, friand,* ital. *beverino,* WA im Sinn von → artig, gut zu trinken, ohne Fehl, aber auch ohne besondere Qualitäten.

Gegendruckfüller, Um- und Abfüllautomat, eine bei der modernen Schaumweinbereitung im Großraumverfahren unentbehrliche Spezialmaschine. Sowohl beim Umfüllen flaschengegorenen Schaumweins in einen völlig leeren Großraumbehälter (zur → Filterenthefung) als auch beim Abfüllen der völlig geklärten, trinkfertigen → Cuvée auf völlig leere Flaschen würde → Kohlendioxid (→ Druck) in den leeren Raum entweichen. Um dies zu verhindern, erzeugt man in dem jeweils zu füllenden Gefäß selbst zunächst einen Kohlensäuregasdruck, adäquat dem aus dem Füllgut (vom in diesem gebundenen Kohlendioxid) wirkenden. Der zwischen beiden Behältern arbeitende G., der nach außen völlig dicht schließt, steuert über Ventile Druckausgleich und Ortswechsel des Schaumweins und sorgt schließlich auch wieder für Druckentlastung, so daß Leer- und Füllgefäß problemlos wieder getrennt werden können.

Gehalt, 1. WA für → Körper, entsprechend *gehaltvoll,* → körperreich; 2. ansonsten nur in zusammengesetzten Bildungen gebraucht, von *Alkohol-* bis *Zucker-G.*

Geisdutte, bes. Form ovaler, unten leicht zugespitzter Weinbeeren.

Geist, in der WA bisweilen für die feinstofflichen Komponenten (Aroma, Blume/Bukett) des Weines gebraucht, analog zu → Körper und → Seele.

Geizen, richtiger *Ausgeizen,* zählt wie das → Gipfeln zu den *Laubarbeiten* im Weinberg. Dabei werden die *Geizen,* d. h. Nebentriebe der Tragrebe, entfernt. Das geschieht heute nicht mehr generell, da die G. einen günstigen Einfluß auf die Qualität der Traube haben. Bei Rebsorten, die besonders viele *Geiztriebe* entwickeln (z. B. der → Kerner) wird das sommerliche *Ausgeizen* jedoch weiterhin empfohlen.

Geläger, österr. für Feststoff-Niederschlag im Faß, → Depot, → Drusen.

Gelägergeschmack, österr. für → Faßgeschmack, bes. Beigeschmack nach Hefe; s. a. → Hefedepot.

gelängt, → gestreckt.

Gelber Mosler, → Furmint.

Gemischter Satz, 1. Anpflanzung, Traubenernte und gemeinsame Einmaischung (→ Maische) von mehreren Rebsorten auf einunddemselben Terrain (Weinberg, Lage); 2. hieraus gewonnener, vom Zufall mitbestimmter *Mischwein* – im Gegensatz zu gezieltem → Verschnitt aus sortenreinen → Mosten oder *Fertigweinen.*

généreux, *generoso,* franz. bzw. ital. WA

Genf

für → edel; im franz.-schweizer. Sprachraum auch im positiven Sinn von → alkoholreich gebraucht.

Genf, *Genève,* am Genfersee-Südende und an der Rhône gelegener Kanton der → Westschweiz mit 1060 Hektar Rebfläche, die zu über 50 Prozent mit *Chasselas* (→ Gutedel), zu 6 Prozent mit *Riesling × Silvaner* (*Rivaner, Müller-Thurgau*) und zu etwa 30 Prozent mit → Gamayreben bepflanzt ist; auf dem restlichen Areal wachsen verschiedene Spezialitäten. Der größte der drei wichtigsten Anbaubereiche ist mit rund 600 Hektar das *Mandement* auf der rechten Rhôneseite im Südwesten des Kantons – mit den Gemeinden Satigny, Russin und Dardagny. Im *Mandement* werden zu etwa gleichen Teilen *Chasselas* und *Gamay* angebaut. Am linken Rhôneufer bis zur Arve liegt ein Rebbaubereich mit etwa 200 Hektar und den wichtigsten Winzergemeinden Soral, Laconnex und Lully, der ebenfalls etwa je zur Hälfte Rot- und Weißwein produziert. Die dritte Weinregion, *Arve et Lac,* ebenfalls mit etwa 200 Hektar, umfaßt mehrere kleinere, weit gestreute *Chasselas*-Rebberge. Die sanften Hügellagen erlauben eine weitgehend mechanisierte Bearbeitung mit dem Hochtraktor, wobei rund 90 Prozent der Flächen mit enger → Drahtrahmenerziehung (*Guyot étroite*) bestückt sind. Der G.er Weinbauer wendet denn auch jährlich im schweizerischen Durchschnitt am wenigsten Arbeitsstunden pro Hektar auf (735 Stunden gegen 1760 im Lavaux, → Waadt), und rund 80 Prozent der Rebfläche werden heute durch Großbetriebe bebaut. Die *Chasselas*-Weine aus G. tragen die offizielle Bezeichnung *Perlan* und sind heute namentlich in der deutschen Schweiz – neben den Waadtländer Dorins und den (ebenfalls aus → Gutedel-Trauben gekelterten) Walliser *Fendants* – dank ihres ausgeglichenen Buketts sehr geschätzt. Wesentlich beteiligt am Ruf der G.er Weine sind jedoch auch die aus der → Gamaytraube gekelterten Roten und nach den Rebsorten benannte Spezialitäten wie *Aligoté,* → *Chardonnay, Pinot gris* (→ Ruländer), *Riesling × Silvaner* (→ Müller-Thurgau), *Pinot noir* (→ Burgunder, Blauer) und *Rosé Gamay.*

Genfer See, westschweizerisch-savoyischer Grenzsee, dessen sanft ansteigendes (*La Côte*) bis steiles (*Lavaux, Chablais*) Nordufer ausgezeichnete Weinbaubedingungen bietet (→ Waadt).

Reblandschaft des Lavaux am **Genfer See**.

Gentil-Duret rouge, franz. Synonym für → Traminer.
Gentile Aromatique, franz. Synonym für → Riesling.

Der heilige **Georg**, gotische Holzplastik.

Georg, Heiliger, *Ritter St. Georg der Drachentöter,* Schutzpatron von Waffen-, Pflug- und Hufschmieden, Kriegern, Bauern und Winzern. Nach der Überlieferung ein Christ aus dem östlichen Anatolien (*Kappadokien*), der unter dem römischen Kaiser Diokletian den Märtyrertod erlitt. Das war um 303 n.Chr.; erst im 12. Jh. wurde dem Heiliggesprochenen der siegreiche Kampf (um ein Burgfräulein) mit einem Lindwurm minniglich angedichtet. Im mittelalterlichen Volksglauben galt G. als einflußreicher Gut-Wetter-Macher im Kreis der 14 Nothelfer. Diese Bedeutung erhellt aus vielen Wein-Ortswappen besonders der → Rheinpfalz. Der G. geweihte Tag (23. April) wird – im Gegensatz zum Tag des hl. → Urban – heute kaum mehr festlich begangen. → Weinpatrone.
Gerbstoffe, Gerbsäure (*Tannin*) u.a. zusammenziehend wirkende, organische Substanzen, die beim Wein aus Beerenhülsen, Kernen und *Kämmen* (Stielen) der Trauben stammen. Viel Gerbstoff (1,5 bis 2,5 Gramm je Liter) gelangt infolge → Maischegärung in Rotweine, verleiht ihnen Herbe und Haltbarkeit. Bei → Mostgärung (Weiß- und Roséweine) beträgt der Gerbstoffanteil nur 0,1 bis 0,5 Gramm je Liter.
gerbstoffreich, *tanninreich,* WA für *herbe* Geschmacksnote, verbunden mit → adstringierender Eigenart bes. junger Rotweine. *Gerbstoffreichtum,* in der franz. WA *amertume* (*Bitterkeit*) genannt, mag geschmacklich störend wirken (franz. WA, *mâché*), verliert sich aber weitgehend oder völlig im Verlauf der Reifung des Weines durch Niederschlag im → Depot. Und ein Wein, der sich in seiner Jugend (wie z.B. die erlesensten → Bordeauxweine) bes. g. ausnimmt, ist auch bes. alterungsfähig, läßt hohe Qualität erwarten.
gerebelt, *gerebbelt,* aus von den Stielen befreiten Trauben bereitet; → Abbeeren.
German Wine Academy, Institution in engl. Sprache abgehaltener Weinseminare mit Sitz in Kloster → Eberbach im Rheingau (Bundesrepublik Deutschland).
Geruch des Weines, Gesamteindruck der aus dem Glas aufsteigenden, unmittelbar über die → Nase wahrgenommenen und der sich erst im Mund entfaltenden, über den Rachen unmittelbar die Geruchsnerven ansprechenden Duftstoffe (→ Bukett) des Weines; wesentlicher Bewertungsfaktor bei der → Sinnenprüfung. Bezeichnungsskala der WA nach Dr. Wolfgang Hynitzsch (von zu schwach bis zu stark und verdorben): *duftlos* (negativ); *flüchtig – zartduftig – duftig – blumig – fruchtig – würzig – kräftig – typisch* für Lage/Jahrgang/Sorte (positiv); *aufdringlich – einseitig – fremd – eigenartig – plump – unsauber* (negativ).
Gesamtalkohol, Gesamtheit des *flüchtigen* und *nichtflüchtigen* → Alkohols im Wein. *Nichtflüchtig* ist z.B. das bei Erwärmung auf 100 Grad Celsius nicht mitverdampfende → Glyzerin.
Gesamtextrakt, Gesamtheit der → Extraktstoffe des Weines, die sich bei dessen → Destillation nicht verflüchtigen.
Gesamtsäure, Gesamtheit aller *titrierbaren Säuren* in Most, Wein oder Schaumwein/Sekt (→ Fruchtsäure). Die G. wird in Gramm je Liter gemessen, indem man die zu analysierende Flüssigkeit durch Zugabe einer *eingestellten* (d.h. *genormten*) Lauge bis zum → pH-Wert 7 neutralisiert.
Geschein, die aus 100 bis 250 unscheinba-

ren, weiß-grünlichen Einzelblüten zusammengesetzte Blütenrispe der → Weinrebe. Wild- und → Amerikanerreben sind in der Regel ein- bzw. getrenntgeschlechtlich, d. h. ein und derselbe Rebstock kann nur entweder Pollen (von männlichen Blüten) oder Weintrauben (von befruchteten weiblichen Blüten) hervorbringen. Die aus männlichen bzw. weiblichen *Scheinzwittern* gezüchteten Kulturrebsorten sind *Zwitter*, die in ihrer Blüte männliche Staubgefäße und weibliche Stempel mit Narbe vereinen. Die Befruchtung geschieht unter der (treffend als *Käppchen* oder *Mützchen* bezeichneten) Blütenkrone, welche die Keimanlagen wie eine umgekehrte Tulpe behütet und nach vollzogener Bestäubung abfällt. Die Zeit der Rebblüte ist etwa Mitte Juni. Zu niedrige Temperaturen bewirken Verzögerung; zuviel Regen kann vorzeitig die *Käppchen* kappen und die Bestäubung verhindern, so daß es zum → Durchrieseln kommt.

geschliffen, österr. WA für *gute, ausgewogene* Weine, deren *harmonischer* Gesamteindruck nicht selbstverständlich vorgegeben erscheint, sondern erst durch fachkundige → Kellerei (→ Anreichern, → Schönen, → Verschnitt) ermöglicht wurde.

Geschmack des Weines, franz. *saveur*, Gesamtheit der sich bei der *Verkostung* als → Aroma mitteilenden Eindrücke und Empfindungen. Hauptsensor ist die Zunge, deren Spitze vor allem für Süße sensibilisiert ist, während an ihren Flanken Säure und Salzgeschmack, am Zungengrund Herbe und Bitterstoffe wahrgenommen werden; zusätzlich werden die Geschmacksnervenenden des Gaumens angesprochen, und die Grenze zu Geruchseindrücken der Nase (→ Bukett) ist – im konkreten und übertragenen Sinn des Wortes – fließend. Objektiv wird der G. bestimmt durch Rebsorte (*Sortenaroma*), Wachstum (*Lage*), → Jahrgang (*Klima*, Witterung), → Ausbau und → Alter des Weines; an der Grenze zur subjektiven Wertung steht die Trinktemperatur, die zwar (bei der → Sinnenprüfung) objektiv normbar, aber nicht nach subjektivem Empfinden idealisierbar ist, wohl aber beträchtlichen Einfluß auf G. und → Bukett (→ Geruch) des Weines hat. Vollends subjektiv sprechen gesundheitliche Konstitution und psychisches Befinden bei der individuellen Geschmacksbeurteilung mit (z. B. physiologisch Erkältung, psychologisch vor allem im Süßbereich besonders tolerante Hochstimmung). S. a. → Boden-, → Faß-, → Feuerstein-, → Filtergeschmack, → Foxton, → Hefe-, → Korkgeschmack, → Weinansprache.

geschmeidig, synthetisierender Begriff der WA im Sinn von → *glatt*, jedoch weniger *füllig* und von ausgeglichener → *Säure*; vornehmlich von *milden* Schaumweinen gesagt.

Gesellschaft für Geschichte des Weines, über die Grenzen Deutschlands hinaus bekannte Gesellschaft mit Sitz in Wiesbaden. Sie sieht den Sinn ihrer Tätigkeit in der Erforschung und Weiterverbreitung weingeschichtlicher und weinkultureller Erkenntnisse, veröffentlicht in ihren *Schriften zur Weingeschichte*.

gespritet, 1. mit Zusatz reinen Weingeistes, auch von → Branntwein o. ä. künstlich → alkoholreich gemacht (nicht identisch mit → Anreichern); 2. Geschmackseindruck bei aufdringlich hervortretendem Alkohol im Wein, in der WA auch als *brandig, schnapsig, spritig* bezeichnet.

Gespritzter, → Schorle.

gestoppt, WA, unguter Geschmackseindruck *eckig* hervortretender Süße bei unentwickelten Weinen; Folge unterbrochener Gärung; vgl. → Mistellen. Franz. *muté* und span. *apagado* besagen in der Sache dasselbe, jedoch nicht zwingend mit negativer Wertung.

gestört, WA im Sinn von *nicht normal entwickelt*; d. h. durch unkundige, fehlerhafte oder unzulässige Eingriffe (→ Panschen) verdorben.

gestreckt, gelängt, getauft, engl. *watered*, franz. *mouillé*, ital. *allungato*, → Panschen mit Wasser bzw. Zuckerlösung (→ Gallisieren) quantitativ vermehrter, qualitativ aber verfälschter, *verwässerter* Wein; → Wein im Volksmund.

gesund, WA im Sinne von → *sauber*, ohne Tadel.

getauft, → gestreckt; → Wein, christlicher.

Gewächs, franz. *Cru*, gleichbed. mit → Kreszenz. G. wurde früher als Qualitätsmarke gebraucht, ist heute als solche jedoch nicht mehr zulässig.

Gewerkschaftsbrause, → Diplomatensprudel.

Gewürztraminer, am Stock kaum zu unterscheidende, im Wein würzigere Spielart (→ Mutante) des → Traminers mit besonders ausgeprägter Duftnote.

Rebfläche bei **Gigondas**.

Gigondas, Stadt und Weinbaubereich mit eigener → Appellation contrôlée im franz. Département *Vaucluse*. Die alkoholreichen, dabei als (→) *rund und samtig* anzusprechenden Rotweine des G. gehören zu den bewährt guten, wenn auch nicht zu den nobelsten der → Côtes-du-Rhône. G.-Roséweine altern rasch und neigen zur → Sherryton-Bildung.
Gilbhard, Gilbhart, → Weinmond.
gilet, franz. *Wams, Weste,* WA für → rassiges Getränk: *Il a du gilet,* der Wein *hat Rasse.*
Giltwein, → Gültwein.
giovane, ital. WA, → unreif.
Gipfeln, *Gippeln,* Kappen der Gipfeltriebe (Rebschößlinge) vor Beginn der Traubenreifung; vgl. → Geizen, → Laubarbeiten.
Gipsen, Zusatz von Gips (*Kalziumsulfat*) zu Traubenmaische oder -most vor der Gärung. Dieses nur in wenigen Ländern (z. B. in Spanien zur → Sherry-Herstellung) noch bedingt erlaubte Verfahren dient zur Konservierung des Säuregehalts im Wein und trägt zu Farbreinheit und → Klarheit bei.
Glacier, → Gletscherwein.
glanzhell, WA für optimalen Grad farblicher → Klarheit; bei Sekt wird das höchstmögliche Stadium als *Schwarzglanz* bezeichnet.
Glarus, Kanton der → Ostschweiz mit einem einzigen Rebberg bei Niederurnen (1,5 Hektar), überwiegend mit Blauem → Burgunder und zum Teil mit *Riesling* ×

Gigondas: Etiketten.

Silvaner (→ *Müller-Thurgau, Rivaner*) bebaut. Der *Niederurner Burgwegler* ähnelt den Weinen der *Bündner Herrschaft* (→ Graubünden).
Gläser, als Gefäß für den Wein fast so alt wie dieser selbst. Bereits um 1500 v. Chr. wurden in Mesopotamien G. gefertigt, die auch für den Weingenuß Verwendung fanden, obwohl damals der Keramikbecher üblich war. Viele Jahrhunderte später entwickelte sich aus dem sogenannten *Krautstrunk* der *Römer,* das wohl bekannteste Weinglas, dessen Name allerdings nichts mit den alten Römern zu tun hat, sondern im 16. Jh. von niederländisch *roemen* (*rühmen, preisen*) abgeleitet wurde, dieweil das Glas zum *Hochlebenlassen* diente (→ Prosit). In den einzelnen Weinlandschaften entwickelte man spezifische Gläser, so in Deutschland das Pfälzer → Dubbeglas, das Württemberger Viertelesglas, den → Binger Schoppen in Rheinhessen, das → Trevirisglas an der Mosel. Das weingerechte Glas sollte die typische *Apfelform* haben (für Rotwein etwas größer und oben offener), damit sich das → Bukett zwar entfalten, aber nicht gleich wie-

glatt

Gläser: Weißwein, Bordeaux, Burgunder, Frankenwein, Chianti, Tarragona, Tokajer.

der verflüchtigen kann. Dann darf das Glas nicht zu dick sein, denn nur ein dünnwandiges Gefäß überträgt beim Wein (wie auch beim Tee) den Geschmackseindruck vollkommen. Es sollte ferner klar und farblos sein, damit man auch Farbe und → Klarheit des Weines beurteilen kann. Und ein Stiel zum Anfassen gehört dazu; damit vermeidet man die Erwärmung des Inhalts durch die Hand sowie unästhetische Fingerabdrücke auf dem → Kelch. S. a. → Sektgläser.

glatt, synthetisierender Begriff der WA für den Gesamteindruck eines *harmonischen, eleganten* Weines mit *milder* → Säure und einem leichten Hang zur → Fülle; ähnlich (vor allem bei Schaumwein) → geschmeidig.

Ernte des **Gletscherweins** im Wallis.

Gleichgepreßter, frischer, süffiger → Roséwein aus dem österr. Anbaugebiet → Burgenland. Die Bezeichnung rührt daher, daß die Trauben der (ortsüblich *Blaufränkisch* genannten) Rotweinrebe → Limberger hier vielfach ohne tieffärbende → Maischegärung gleich nach der Lese abgepreßt (*weißgekeltert*) werden.

Gletscherwein, *Glacier,* im Schweizer Kanton → Wallis schon zu Zeiten der Zugehörigkeit zur römischen Provinz *Raetia* (*Rätien*) aus der → Rèze-Traube gewonnener Weißwein, der – in streng traditionsgetreuer Machart – heute nur noch von Bergbauern des *Eifischtals* (*Val d'Anniviers*) hergestellt wird. G. ist recht alkoholreich, hat ausgeprägten Sortencharakter und ist extrem lange lagerfähig. Diese Eigenschaften und der leicht bittere Geschmack rühren nicht zuletzt vom Ausbau in Fässern aus harzreichem Lärchenholz (→ Faß) her. Dabei wird Jahr um Jahr ins noch Altwein enthaltende Faß neuer Wein spundvoll nachgefüllt. Die trad. G.-Traube *Rèze* mag ihren Namen vom römischen *Raetia* haben; es ist jedoch ebensogut denkbar, daß sie ihn erst später – etwa von franz. *résine* (*Harz*) abgeleitet – erhielt. Denn der echte G. ist (auf andere Weise als der griech. Retsina) eigentlich ein Harzwein. Sortenreiner *Rèze*-G. ist heute eine Rarität, aber selbst Verschnittweine aus *Rèze, Fendant* (→ Gutedel), *Malvoisie* (→ Ruländer) u. a., die eigens zum Ausbau in hochgelegene Dörfer (z. B. Grimentz, 1560 Meter über Meereshöhe) gebracht werden, beziehen aus der Hochland-Lärche eigentümliche Geschmacksreize.

Glinnen, Winzerwort für die Nachlese in regulär bereits abgeernteten Weinbergen.

glissant, franz. WA, → süffig.

glou, franz. WA, → rund (*rund und samtig*).

Glühwein, scherzhaft auch *Gebirgler-Grog* genannt, ein heiß zu trinkender Würzwein für kalte Tage. Üblicherweise wird dazu Rotwein (es darf auch Weißer sein) verdünnt oder unverdünnt mit Gewürzen (Zimt, Gewürznelken, Vanille, Zitronen- und Orangenschale oder -saft), Zucker und nach Belieben Rum aufgekocht.

Glukose, *Traubenzucker*, bildet zusammen mit → Fruchtzucker den natürlichen → Invertzucker der Trauben.

glutvoll, → WA für *schwere, extraktreiche*, besonders auf vulkanischem → Boden gewachsene Weine; nicht identisch mit → feurig.

Glyzerin, *Ölsüß*, von griech. *glykeros*, süß, → Extrakt-Bestandteil aller Weine/ Schaumweine. G. ist ein dreiwertiger, nichtflüchtiger (bei Erhitzung auf 100 Grad Celsius nicht verdampfender) → Alkohol, der u.a. bei der alkoholischen → Gärung von Zucker gebildet wird. Wein bzw. Schaumwein enthalten in der Regel 1 bis 14 Teile G. je 100 Teile Gesamtalkohol.

Goethe, Johann Wolfgang von (geb. 1749 in Frankfurt/Main, gest. 1832 in Weimar), unterhielt bekanntermaßen intime Beziehungen zum Wein wie auch zu anderen schönen Dingen des Lebens, nach dem markigen Motto: *Ohne Wein und ohne Weiber hol' der Teufel unsre Leiber!* (S. a. → Wein, Weib und Gesang.) Seine postum bekanntgewordene Bestellung *einiger Würzburger* (→ Steinweine) machte den großen Frankfurter zum größten Weinwerber → Frankens. Speziell mit G.s Verhältnis zum Wein beschäftigt sich ein von Journalisten in München gegründeter *Internationaler Goethe-Verein.* In dessen Satzung heißt es (§ 6): *Die Mitglieder verpflichten sich, dem hochlöblichen Wirken des Geheimrates Goethe beim Weinkonsum nachzueifern (siehe dazu: Schriften der Stadelmann-Gesellschaft, Band 6, Weimar 1924).* Besagte Schrift ist überschrieben: *Wie Goethe seine Honorare vertrank.* S. a. → Wein erfreut des Menschen Herz.

Goge, Bezeichnung für einen Weingärtner der Tübinger Gegend (→ Württemberg). Die G. gelten gemeinhin als *saugrobe*, aber sonst herzensgute Menschen, über die beim → Vierteleschlotzen manche Schelmengeschichte erzählt wird.

Gönez, ungar. *Tokajer*-Faßmaß; → Faß.

Goron, 1. alte, heute kaum mehr angebaute Rebsorte des Schweizer Kantons → Wallis; 2. Verschnittwein aus Blauem → Burgunder und → Gamay, der das alljährlich festgelegte → Mostgewicht der Walliser *Dôle*-Qualität nicht erreicht.

Gottesgabe Wein in Zitaten. – José Ortega y Gasset (1883–1955), span. Philosoph und Soziologe: *Lange, lange bevor der Wein ein Verwaltungsproblem war, war er ein Gott.* – Meister Eckhart (um 1260–1327/28), deutscher Mystiker: *Nimmer würde ein Mensch, der Durst nach Wein hat, so sehnlich seiner begehren, dafern nicht etwas von Gott in ihm wäre.* – Kardinal Richelieu, Armand Jean du Plessis (1585–1642), franz. Staatsmann: *Wenn Gott verboten hätte, Wein zu trinken, würde er dann diesen Wein so herrlich haben wachsen lassen?* Er meinte den *Château La Mission Haut-Brion* (→ Graves). – Werner Bergengruen (1892 bis 1964), deutscher Dichter: *Der Wein ist so alt wie die Welt und wahrscheinlich der einzige Abglanz aus dem Paradies, der sich ungetrübt erhalten hat.* – Ernst Moritz Arndt (1769–1860), deutscher Dichter, Publizist und Politiker: *Der Traube süßes Sonnenblut, das Wunder glaubt und Wunder tut.* – Aus *Die Verwandlungen des Ebu Seid von Serug* (1826), Friedrich Rückerts Übersetzung der *Makamen* des arab. Dichters Al Hariri (1054–1121): *Der Wein ist der Meister der Menschen und Geister.* – S. a. → Medizin Wein, → Sorgenbrecher, → Wein erfreut des Menschen Herz, → Trinken; → Trinksprüche.

gouleyant, franz. WA, → süffig.

goût, franz. → Geschmack, entsprechend ital. *gusto* (eingedeutscht *Gusto*), teilweise aber auch im Sinn von : Geruch gebraucht; franz. WA in vielen zusammengesetzten Wendungen, z. B. → bon g., → droit de g., → faux g., → franc de g., → mauvais g.; die wichtigsten Charakterisierungen im einzelnen:

goût américain, *Amerikanischer Geschmack* bei → Schaumwein/→ Champagner, entsprechend *lieblich, mittelsüß* (franz. *demi-sec,* eigentl. *halb-trocken*) bis *halbsüß* (franz. *demi-doux*), nach heute gültiger EG-Definition *mild,* mit 33 bis 50 Gramm → Versanddosage je Liter Schaumwein.

goût anglais, *Englischer Geschmack* bei → Schaumwein/→ Champagner, entsprechend *herb* bis *trocken*, d. h. nach EG-Definition mit allenfalls 35 Gramm → Versanddosage je Liter. Damit ist solches Getränk freilich gemeinhin süßer als *stille* Weine, die nach Maßgabe der WA als → trocken oder → herb bezeichnet werden.
goût de bois, franz. WA für *Holz-* bzw. → Faßgeschmack.
goût de bouchon, franz. → Korkgeschmack.
goût de cuit, franz. *Brandgeschmack*, WA im Sinn von *brandig, schnapsig, spritig*, d. h. hervorschmeckend → alkoholreich; s. a. → vin cuit.
goût de ferment, franz. *Fermentgeschmack*, → Hefegeschmack.
goût de filtre, franz. → Filtergeschmack.
goût de fond, franz. WA für willkommenen, *erdigen* → Bodengeschmack.
goût de framboise, franz. *Himbeergeschmack*, WA für → Foxton.
goût de fusil, eigentl. g. de → pierre à fusil, franz. → Feuersteingeschmack.
goût de goudron, franz. → Teergeschmack.
goût de lie, franz. → Hefegeschmack.
goût de moût, franz. WA für leicht fauligen *Mostgeruch* und *-geschmack*, eine aus unsauberen Fässern herrührende Spielart von → Faßgeschmack; s. a. → versotten.
goût de noisette, franz. *Haselnußgeschmack*, WA im Sinn von → nussig, → fruchtig.
goût de taille, franz. WA für erwünschten → Bodengeschmack lagentypischer Kreszenzen, z. B. auf Schiefer wachsender *Moselweine* oder der *Bergweine* aus dem schweizer. Kanton → Wallis, bei *reintönigem Chablais-Dorin* (→ Waadt) auch gleichbedeutend mit *goût de fusil* (→ Feuersteingeschmack).
goût de terroir, franz. für → Bodengeschmack.
goût d'évent, franz. WA für *schalen* Geschmack im Sinn von *passé, tot*; → Firne.
goût de vieux, franz. *Altersgeschmack*, → Firne.
goût de violette, franz. *Veilchengeschmack* bzw. *-geruch*, WA für eine aromatische Variante der → Blume.
goût français, *Französischer Geschmack* bei → Schaumwein/→ Champagner, *lieblich* bis ausgesprochen *süß*, d. h. mit über 45 Gramm → Versanddosage je Liter.

Grädigkeit, 1. österr.-schweizer. Fachwort für → Mostgewicht (in → Öchslegraden oder Gewichtsprozenten nach der *Klosterneuburger Mostwaage*); 2. Alkoholgehalt des trinkfertigen Produkts (in *Volumenprozent* bzw. → Gay-Lussac-Graden), bei 20 Grad Celsius gemessen.
grado alcoolico, *Alkoholgrad*, für ital. Weine gesetzlich vorgeschriebene Angabe des Alkoholgehalts auf dem → Etikett; → Grädigkeit.
Granatapfelwein, ein → Medizinalwein des antiken Judentums. Aus Trauben gewonnenem Wein wurden Fruchtteile des (u. a. Bitterstoffe enthaltenden) Granatapfels beigefügt.
grande, ital. WA, → vornehm.
Grand ordinaire, wörtlich *groß* (und) *gewöhnlich*, franz. Bezeichnung für als landschaftstypisch verkaufte, quasi *bessere* und doch nicht eben hervorragende → Tafelweine. Musterbeispiel: *Bourgogne grand ordinaire* heißt der billigste aller Weine, die mit der Qualität suggerierenden Herkunftsbezeichnung → Burgund gehandelt werden dürfen.
Grandseigneur, franz. WA für einen wahrhaft → großen, *edlen* Wein.
Grand vin, wörtlich *großer Wein*, franz. Bezeichnung für → Konsumwein beliebiger Güte. Die gesetzlich nicht geschützte Scheinmarke sagt nichts über die Qualität des so verkauften Weines aus.
Gran Spumante, → Spumante.
Grappa (Italien, ital. Schweiz), *Marc* (Frankreich, franz. Schweiz), klare, aus Traubentrester destillierte Branntweine von 43 bis 50 Volumenprozent Alkohol. Allgemein marktfähig sind (Obst-)Tresterbrände ab 38 Prozent Alkoholgehalt. Reizvoll aromatisch ist der *G. alla Ruta* (G. mit Raute), dem ein Stengel der Weinraute (*Ruta graveolens*) mit in die Flasche gegeben ist. → Trester.
gras, franz. WA im Sinn von *füllig*, → Fülle.
grasig, WA, 1. für *Grasgeschmack, Kammgeschmack, Rappenton* infolge zu langen Einmaischens und/oder zu starken Abpressens des Lesegutes mit Stielen (*Kamm, Rappen*), wodurch der Wein zu viele Gerbstoffe, Säurebildner u. a. aufgenommen hat; 2. im leicht gesteigerten Sinn von → grün, d. h. *unentwickelt, unreif* in der → Säure, aber noch ausbaufähig; s. a. → krautig, → pointu.

Graubünden

Weingarten von Schloß Salenegg, Maienfeld, **Graubünden**.

grasso, ital. WA, → Fülle.
grattant, franz. WA, → kratzig.
Graubünden, flächenmäßig größter Kanton im Südosten der → Schweiz mit insgesamt rund 315 Hektar Rebareal, das zu vier Fünfteln der Weinregion → Ostschweiz (*Nordbünden*) und zu einem Fünftel dem → Tessin (*Südbünden*) zugerechnet werden kann. Das Hauptgebiet des *Nordbündner* Reblandes im Churer Rheintal ist die *Bündner Herrschaft* mit den Gemeinden Fläsch, Maienfeld, Jenins und Malans, wo feurige, alkoholreiche (bis 96 Grad Öchsle) *Blauburgunder* Weine mit *erdigem* Bukett gedeihen. Es sind überwiegend auf der Maische vergorene → Beerliweine. Vier Prozent des Rebareals sind mit weißen Spezialitäten bepflanzt. Rheinaufwärts von Igis, Zizers über Trimmis und Domat-Ems bis Chur wird meist Roséwein (*Süßdruck*) hergestellt. Ein Teil der Churer Trauben wird zu *Schiller* verarbeitet. In *Südbünden* mit den Talschaften *Puschlav* und *Misox* wird hauptsächlich → Merlot in *mittelhohem Drahtbau* (→ Erziehungsarten der Rebe) gezogen. Die Weinberge im Puschlav bei Brusio dienen der Selbstversorgung. Der Ertrag der rund 52 Hektar Rebfläche im

Rebberge bei Chur im Schweizer Kanton **Graubünden**.

Misox zwischen Cama und Lumino – mit dem wichtigsten Gebiet bei Roveredo – wird z.T. an die Genossenschaftskellerei in Giubiasco (→ Tessin) verkauft. Erwähnenswert ist schließlich auch der umfangreiche Rebbesitz von Bündner Winzer- und Weinhandelskreisen im italienischen Veltlin, das von 1512 bis 1797 unter bündnerischer Herrschaft stand. Ihre Produktion, obwohl z.T. in G. verarbeitet, gilt jedoch in der Schweiz als Importwein.

Grauer Burgunder

Grauer Burgunder, → Ruländer.
Grauer Mönch, österr.-ungar. Synonym für → Ruländer.
Graufäule, *Grauschimmel,* → Edelfäule.
Grauklevner, Synonym für → Ruländer.
Grauschimmel, *Graufäule,* → Edelfäule.
Graves, wichtiger Weinbaubereich des → Bordeaux-Gebietes, südlich des → Médoc (*Haut-Médoc*) am linken Ufer der Garonne gelegen. Die Jahresproduktion von G. beträgt rund 100 000 Hektoliter; davon sind etwa 60 Prozent Weißweine. Für die (ausschließlich weißen) als *lieblich* anzusprechenden *Graves supérieurs* gelten nach franz. Weinrecht strengere Qualitätsanforderungen als für die übrigen, meist angenehm *trockenen* Weißweine der → Appellation contrôlée G. ohne Zusatzprädikat. Als einzigen nicht dem *Médoc* zuzurechnenden Rotwein verzeichnete bereits die *Bordeaux-Klassifikation* von 1855 den G. *Château Haut-Brion*, eine von insgesamt 21 Spitzenlagen (*crus classés*) der 1953 für G. erlassenen (→ Bordeaux-) Klassifikation. Die Gewächse dreier Weinorte (Cérons, Illats und Podensac) im Südosten des Anbaubereichs, an der Grenze zu *Sauternes*, dürfen als G. deklariert werden, tragen jedoch meist die Herkunftsbezeichnung *Cérons*.
Graves-de-Vayres, überwiegend *liebliche* Weißweine eines kleinen A.C.-Bereichs, östlich von → Bordeaux am linken Ufer der Dordogne gelegen; nicht zu verwechseln mit → Graves.
Grenache noir, *raisin d'Alicante,* span. *Garnacha,* ertragreiche Rotweinrebe (mit einer wenig angebauten weißen Variante)

Griechenland: Weinbauregionen.

Griechenland

wahrscheinlich span. Ursprungs. Sie hat große Bedeutung im span. → Rioja, gehört zu den Stammsorten von → Châteauneuf-du-Pape und liefert so grundverschiedene Weine wie den schweren, süßen → Banyuls und den Rosé des *Tavel*. Auch in → Kalifornien wird G. für Rosé *weißgekeltert*.

Grenzweingebiet, → Südsteiermark.

Griechenland, eines der ältesten Weinbauländer der Welt. Schon im 7. Jahrhundert v. Chr. brachten die Griechen die Weinrebe in ihre Kolonien. Sie selbst hatten sie wohl aus dem Mittleren Osten eingeführt. Im alten G. war der Wein nicht nur ein Gut des Alltags, sondern auch des religiösen Kults (→ Dionysos). Heute sind rund 200000 Hektar (etwa 10 Prozent der landwirtschaftlichen Nutzfläche) mit Reben bestockt. Rund 40 Prozent des Ertrags werden gekeltert; die Weinproduktion beträgt um 5 Millionen Hektoliter jährlich. Weitere 40 Prozent der Traubenernte werden zu → Rosinen getrocknet; der Rest gelangt als → Tafeltrauben auf den internationalen Markt. Die wichtigsten Weinbaugebiete G.s sind der Peloponnes, Zentralgriechenland und die Ionischen Inseln. Der Peloponnes liefert *Agiorgitiko*-Rotweine um Nemea, trockene, eher leichte Weißweine um Montinia, die → Dessertweine *Mavrodaphne*, *Muscat* und *Muscat Rion* sowie die trockenen Weiß- und Roséweine mit der Bezeichnung *Patras Cephalonia* um Patras. Aus Attika stammen frische, säurereiche Weißweine der *Savatino*-Trauben, aus den klimatisch rauheren, nördlichen Landesteilen Thes-

Trocknen von Trauben zu Sultaninen in **Griechenland**.

Grignolino

salien und Makedonien spritzige Weißweine der *Debina*-Rebe (um Zitsa) und die herben, kernigen Rotweine der Rebsorten *Xynomavron, Krassato* und *Stavroton* (um Amyntheon, Naoussa und an den Hängen des Olymp). Kreta produziert unter dem Namen *Sitia* einen roten Likörwein aus der kleinbeerigen Rebsorte *Liatiko* sowie alkoholreiche Rotweine aus den Sorten *Kotsifali* und *Mantilari*. Einige Dessertweine der Ägäischen Inseln wurden weltbekannt, so der Muskat-Dessertwein *Samos*, der aus der Sorte *Limnio* gewonnene Likörwein und der *Vino Santo* von Thira. Eine Besonderheit, die auf antike Behandlungsmethoden zurückgeht, bilden die harzigen → Retsinaweine. Mehr als die Hälfte aller griech. Weine wird heute noch *geharzt*. Seit Anfang der siebziger Jahre stehen etwa 15 000 Hektar der Gesamttrebfläche G.s unter *EG*-Normen entsprechender Qualitätskontrolle, vergleichbar auch der französischen → Appellation d'origine contrôlée.

Grignolino, hochwertige ital. Rotweinrebe und deren Wein, dessen Spitzenqualitäten im *Monferrato* (→ Piemont) wachsen. Sortenreiner G. ist alkoholreich, ohne *schwer* zu wirken, *kräftig* und dennoch unaufdringlich im → Bukett, von intensivem, manchmal leicht fluoreszierendem Ziegelrot, das fast (aber eben nur fast) → hochfarbig erscheint, und im Geschmack höchst eigenständig, ohne *eigenartig* zu erscheinen.

gringalet, franz. *schwächlich, Schwächling,* WA im Sinn von → mager.

Grinzing, weltbekannter, literarisch und musikalisch meistbesungener Weinort der österr. Weinbauregion → Wien, im 19. Stadtbezirk vereint mit ähnlich populären Wiener Vororten wie Nußdorf und Sievering. Haupt-Reizwort ist der → Heurige, d. h. der Wein des jeweils jüngsten Jahrgangs, der traditionsgemäß in meist recht lauschig-romantischen, aber bescheidenen Hof- und Gartenlokalen (*Buschenschenken,* → Straußwirtschaft) der Erzeuger (hier *Weinhauer* genannt) ausgeschenkt wurde, bis in den letzten Jahrzehnten immer mehr kommerziell-gastronomische Betriebe die Tradition selbst zu vermarkten begannen, mit künstlichen Lauben, Pferdestall-Romantik und festangestellter Schrammelmusik, womöglich mit geigendem Zigeuner. Unterdessen sank die Zahl

Heurigenlokal in **Grinzing**, dörfliche Idylle in der Großstadt Wien.

der echten, Eigenbauwein feilbietenden *Grinzinger Heurigen*-Wirte seit den späten fünfziger Jahren um rund 80 Prozent, während die professionellen Touristen-Betriebsstätten bereits erste *Bier-Beisl* (Bier-Kneipen) aus dem weinträchtigen Boden stampfen. Für Wiener *Weinbeißer* ist G. heute kaum mehr diskutabel.

gris, franz. *grau,* 1. WA für vorzeitig gealtertes Getränk; → Alter. 2. angetrunken, benebelt. 3. *vin gris,* franz. WA für sehr helle Roséweine aus → Elsaß-Lothringen und dem Midi (*vin des sables*).

Gros bleu, franz.-wallonische Bezeichnung für → Trollinger, Blauer, in Belgien.

groß, WA; *Größe* hat ein bestens *ausgebauter, reifer* Wein, der alle art-, gebiets-, jahrgangs- und sortentypischen Merkmale (→ Sinnenprüfung) zweifelsfrei erkennen läßt und in harmonischem Zusammenspiel in sich vereint. Nach der franz. WA hat ein solcher Wein *splendeur* (*Glanz, Pracht*) und gilt als *Seigneur* oder sogar als *Grandseigneur*.

Großbritannien. Schon in vorrömischer Zeit betrieben Kelten in klimatisch tauglichen Regionen der Britischen Inseln primitiven Weinbau, den Agricola (77–84 n. Chr. römischer Statthalter in Britannien) kultivieren ließ und der später von christlichen Klöstern fortgeführt wurde. König Heinrich II., Herzog von Aquitanien, trank lieber → Bordeaux und ließ den einheimischen Weinbau verkommen. Die Abschaffung der Klöster im 16. Jh. radierte die Rebflächen fast von der Inselkarte. Erst seit 1950 nahm die britische

grün

Der traditionsreiche Weinberg von Pilton Manor in **Großbritannien**.

Weinproduktion einen neuen Aufschwung. Heute liefern rund 300 Hektar Rebland um 11 000 Hektoliter Weinertrag im Jahr. Angebaut werden mittelfrüh reifende Rebsorten wie → Müller-Thurgau, französische *Sauvignon*-Spielarten oder amerikanische → Hybriden, die leichte, spritzige Weißweine ergeben. Da die Steuern jedoch die Hälfte des Endpreises ausmachen, ist es nicht verwunderlich, daß der Pro-Kopf-Weinkonsum mit 5 Litern in G. einer der niedrigsten in Europa ist. Die wichtigsten Anbaugebiete liegen alle im Süden der Insel: Kent, Sussex, Essex, Hampshire, Hertfordshire, Isle of Wight und Channel Islands. Seit 1. Januar 1979 gibt es – im Zeichen qualitativer Angleichung an den EG-Weinmarkt – das Gütezeichen der *English Vineyards Association* für → bewertungsschema-gerechte Kreszenzen. Ein liebenswertes Kuriosum ist der Eisenbahnerwein *Château Knebworth* mit jährlich um 15 Liter Ertrag, gezogen im Lichtschacht des Bahnhofs Knebworth.

Großer Burgunder, Synonym für → Trollinger, Blauer, in Österreich.

grossier, franz. WA im Sinn von *grob, plump, roh, unfein* im Geschmack.

Großlage, in der Bundesrepublik Deutschland geographische Einheit zwischen → Einzellage und → Bereich nach Maßgabe der Weinrechtsreform von 1971, bei der die fast 30 000 in Deutschland gebrauchten Lagenamen aus Gründen der Transparenz für den Verbraucher auf knapp ein Zehntel der ursprünglichen Zahl reduziert wurden. Eine G. umfaßt mehrere Einzellagen mit ähnlichen weinbaulichen Bedingungen. Sie erstreckt sich meist über mehrere Gemeinden. Sehr zum Leidwesen der berühmten Weinorte darf nun auch ein Erzeuger in einem weithin unbekannten Ort innerhalb der jeweiligen G. den Namen der bekannteren *Leitgemeinde* mit in der → Herkunftsbezeichnung angeben, sofern sein Produkt rechtlich *in die Landschaft paßt*.

Großraumgärung, auch *Tankgärung* genannt, bei der Schaumweinherstellung die zweite → Gärung in doppelwandigen, hochdruckfesten Großraumtanks aus Stahl, im Gegensatz zur → Flaschengärung. Zur → Filterenthefung werden auch flaschengegorene Schaumweine zunächst über → Gegendruckfüller in Großraumbehälter umgefüllt (*Transvasion*).

Großvernatsch, Südtiroler Synonym für → Trollinger, Blauer.

grün, WA, 1. → Farbe von Weißweinen, wertender Beurteilung in der → Sinnenprüfung unterworfen; 2. milderer Ausdruck für → grasig im Sinn von *jung, unentwickelt, unreif* in der → Säure, hier etwa gleichbedeutend mit franz. *vin primeur* (sinngemäß: *Wein in frühem Entwicklungsstadium*), ähnlich *vin vert* (*grüner Wein,* gern von jungem → Beaujolais gesagt); 3. markante Eigenart bzw. Markenbegriff ohne wertende Bedeutung, z. B. bei den portug. → vinhos verdes.

Moderne **Großraumgärung**.

Grünberg in Schlesien

Grünberg in Schlesien, poln. *Zielona Góra,* einst Kreisstadt in Niederschlesien, heute Hauptstadt einer *Woiwodschaft* sowie Zentrum einer seit dem 13. Jh. bestehenden Weinbauregion. Das einst östlichste Anbaugebiet Deutschlands ist nach wie vor das nördlichste der Welt. → Polen.

Grundwein, *Sektgrundwein,* → stiller Wein als Ausgangsprodukt der Schaumweinbereitung, des *Versektens.*

Grusiniak, russischer → Weinbrand, dessen → Brennweine aus Grusinien (Georgien, → Sowjetunion) stammen. G. *Dreistern* hat 40, G. *Fünfstern* 42 Volumenprozent Alkohol; jeder Stern steht zuverlässig für ein Jahr Lagerung im → Faß. Der G. durchläuft Fässer verschiedener Holzarten, die dem Brand einen besonderen geschmacklichen Akzent verleihen. – 12 bis 14 Jahre Faßlager (die tatsächliche Lagerzeit ist auf dem Etikett vermerkt) prägen den 43prozentigen *Eniseli,* das Spitzenprodukt russischer Weinbrand-Herstellung.

Der **Grusiniak**, ein aus Georgien stammender russischer Weinbrand.

G'spritzter, *Achtel gespritzt,* österr. → Schorle.

Gültwein, *Giltwein,* Anspruch mittelalterlicher Lehnsherren (Grundbesitzer) auf ernte-anteilige Naturalienabgabe (*Zehnte*), von Lehnwinzern in Wein zu entrichten.

Gumpoldskirchen, weltbekannte Weinstadt und nach ihr benannter Bereich der Weinbauregion → Niederösterreich (*Donauland*). Vor Inkrafttreten des neuen österr. Weingesetzes von 1976 trug der Bereich den Namen der Kurstadt → Baden und bildete zusammen mit → Vöslau das Weinbaugebiet *Thermenregion (Südbahn).* Die Weinlandschaft G. reicht von den klimatisch bevorzugten Ebenen des Wiener Beckens (→ Wien) im Norden über die Süd- und Südosthänge bis zum Südrand des Wienerwaldes; zu ihren bekanntesten Weinbauorten zählen neben Baden (Weinbau seit dem 11. Jahrhundert) und G. (Weinbauanteil am Gesamt-Agrarland der örtlichen Gemarkung: 56 Prozent) Guntramsdorf, Pfaffstätten, Traiskirchen und Sooß. Auf den im Bereich überwiegenden, wärmestauenden Kalkschotterböden erreichen die Trauben einen beachtlich hohen Reifegrad ergeben volle, runde Weine von feiner Würze. Hochwertige Spezialitäten sind vor allem → Rotgipfler und → Silvaner, hier *Zierfandler* genannt (s. a. → Gumpoldskirchner), da diese Rebsorten in Österreich ausschließlich im Bereich G. angebaut werden dürfen, aber auch der *Neuburger* aus Baden erreicht Spitzenqualitäten; daneben gedeihen → Gutedel (*Badener Kurtraube*), Blauer → Portugieser u. a. Sorten.

Gumpoldskirchner, weltweit geläufiger Handelsname ohne Qualitätsgarantie für österr. Weine a) aus Stadt bzw. örtlicher Gemarkung *Gumpoldskirchen,* b) seit 1976 auch aus dem Bereich → Gumpoldskirchen der Weinbauregion → Niederösterreich/Donauland (früher Bereich *Baden* in der *Thermenregion*). G. wurde zum Reizwort für Weinliebhaber vor allem durch den Umstand, daß der Anbau der Rebsorten → Rotgipfler und → Silvaner (*Zierfandler*) in Österreich ausschließlich in diesem Anbaugebiet gestattet ist, wo sie auf insgesamt kaum über 200 Hektar Rebfläche jährlich zusammen etwa 13 000 Hektoliter Wein erbringen: viel zu wenig, um die weltweite Nachfrage nach G. auch nur annähernd zu befriedigen. So gingen geschäftstüchtige Exportmanager dazu über, auch in anderen österr. Weinbaugebieten gewachsene Jungweine aus anderen Rebsorten im G.-Bereich auf *Gastlager* zu legen bzw. in dort angemieteten, aufgekauften oder neuerrichteten Kellereibetrieben weiter auszubauen und zu verschneiden, so daß in den Zollpapieren für die zum Export bestimmten Endprodukte stets *Gumpoldskirchen* als *Herkunftsort* (gezielt als *Ursprungsort* mißzuverstehen) ausgewiesen wurde/wird. Echter G. ist jedoch nach wie vor meist ein meisterhafter → Verschnitt aus *Rotgipfler* und *Zierfandler* oder ein sortenreines Gewächs der engeren Umgebung, die nach Boden und Klimalage höchst eigenständige Kreszenzen hervorbringt. Diese unmanipulierten G. Weine werden heute mit den eingetragenen Schutzmarken *Original Gumpoldskirchner Hauerwein* bzw. *Gumpoldskirchner Königswein* etikettiert; unbefugter Mißbrauch dieser gesetzlich sanktionierten Bezeichnungen ist strafwürdig.

Gußopfer, → Libation.

gusto di vecchio, ital. WA, → Firne.

Gutblau, altes Synonym für Blauen → Burgunder.

Gutedel, Rebsorte levantinischer Herkunft (Ägypten/Türkei) mit zahlreichen → Mutanten, in Westeuropa wahrscheinlich von dem kleinen Weinort Chasselas (südwestlich von → Mâcon in → Burgund) aus verbreitet. Als Tafeltraube von hohem Wohlgeschmack erfreut sich der G. weltweiter Beliebtheit. Als Keltertraube von Bedeutung ist er vor allem in der Schweiz (im → Wallis *Fendant*, in der übrigen → Westschweiz *Chasselas* genannt), in Frankreich (*Chasselas blanc* im Elsaß), in Deutschland (trad. *Moster* im südbadischen → Markgräflerland) und Österreich (*Moster, Wälscher; Badener Kurtraube* in → Gumpoldskirchen), wird aber auch in Italien (*Marzemina bianca*), Jugoslawien (*Biela pleminka praskava*), in Amerika (*Muscadine*) u.a. gekeltert. Die Weine aus den mittelfrüh reifenden Trauben sind *mild* im Geschmack und *neutral* im Bukett, infolge Alkohol- und Säurearmut gut bekömmlich und jung sehr angenehm zu trinken. Dem Weißen G. (auch *Chasselas doré, Royal Muscadine*) steht der – besser zu bewertende, aber sehr viel seltener angebaute – *Rote G.* (*Chasselas rosé, Chasselas rouge, Red Muscadine*) mit eigenen Mutanten gegenüber. Sehr früh (schon ab Erbsengröße) rotviolett prangende Beeren sowie rötlich gefärbte Blätter und Stiele zeichnen den *Königs-G.* (*Chasselas violet*) aus. Wie dieser eignet sich auch der *Geschlitztblättrige G.* (*Krachgutedel, Petersilientraube, Chasselas Ciotat*) bestens für Zierspaliere und -lauben. Von besonderem Geschmacksreiz (vornehmlich als Tafeltraube) ist der weiße *Muskat-G.* (*Chas-selas musqué*), mit großen, gelbweißen Beeren.

Güteklassen, Qualitätskategorien für den Wein. Das Weingesetz der *Bundesrepublik Deutschland* unterscheidet drei G.: 1. *Tafelwein,* 2. *Qualitätswein bestimmter Anbaugebiete,* 3. *Qualitätswein mit Prädikat.* Der Begriff → Tafelwein ist durch die → Europäische Gemeinschaft für alle Mitgliedstaaten geregelt, während die beiden anderen G. → Qualitätswein und → Qualitätswein mit Prädikat national definiert sind. Die beiden oberen G. unterliegen – im Gegensatz zum *Tafelwein* – der amtlichen Qualitätsprüfung. Neuerdings denkt man an die Schaffung einer vierten Kategorie: → Landwein, zwischen *Tafel-* und *Qualitätswein* angesiedelt, entsprechend franz. *Vin de pays.*

Guter Wein ..., Anfang vieler Sinnsprüche und tieferer Erkenntnisse. – Ein deutsches Winzerwort lautet: *Guter Wein hat diesen Lohn, daß man lange red't davon.* – William Shakespeare (1564–1616) zugeschrieben: *Guter Wein ist der beste Gesellschafter*; an anderer Stelle leicht abgewandelt: *Guter Wein ist eine gute, gesellige Sache, wenn man damit umzugehen weiß.* – Wandspruch in einem intimen Lokal (Frankfurt/Main 1964): *Guter Wein macht frohen Mut. Süßer Wein macht heißes Blut. Saurer Wein löscht alle Glut. Wein am Bein macht Übermut.* S. a. → Trinksprüche.

Guter Wein – schlechter Wein in Spruchweisheiten: *Wo der beste Wein wächst, trinkt man den schlechtesten.* So sagt ein deutsches Sprichwort. In der Ostschweiz heißt es: *In denen Ort, wo kei Räbe hend, suufeds am meischte* (oder *de beschte*) *Wy,* d.h.: *In Orten ohne Reben wird der meiste* (*der beste*) *Wein getrunken.* Aber: *Schlächte Wy git gueti Mönsche,* d.h.: *Schlechter Wein macht gute Menschen.* – Im Evangelium des Johannes (2.10; → Neues Testament) steht geschrieben: *Jedermann gibt zum ersten guten Wein, und wenn sie trunken geworden sind, alsdann den geringern.* – S. a. → Trinksprüche, → Wein im Volksmund.

Gütezeichen, Badisches, → Badisches Gütezeichen.

Gwäss, d. h. *Gewächs,* selten gewordenes weißes und rotes Traubengut robuster, bodenständiger Uraltreben des oberen → Wallis.

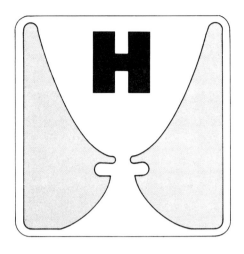

Haardtweine, Weine der → Rheinpfalz, die am Ostrand der *Haardt* (Hardt) wachsen.

halbtrocken, engl. *medium dry,* franz. *demi-sec,* in der trad. WA deutlich im Sinn von *nicht süß* zu verstehen, nach den geltenden EG-Bestimmungen jedoch eher mit dem franz. Begriff *demi-doux* (*halbsüß*) identisch und insofern mißverständlich. Als h. bezeichnet (und gegebenenfalls mit dem seit 1978 bestehenden → Deutschen Weinsiegel in Grün ausgezeichnet) werden Weine mit mindestens 9 und höchstens 18 Gramm unvergorenem Restzukker je Liter sowie Schaumweine mit 33 bis 50 Gramm Zucker je Liter (→ Abstimmung). Bei Stillwein darf der Restzuckeranteil um nicht mehr als 10 Gramm je Liter höher liegen als der Gesamtsäuregehalt. Das bedeutet, daß ein Wein mit 8 g/l Gesamtsäure und 18 g/l → Restsüße nach der EG-Sprachregelung noch als halbwegs → trocken eingestuft wird, tatsächlich aber – wie der trotz ziemlich starker → Dosage noch als h. bezeichnete Schaumwein – mehr *süß* als *trocken* schmeckt.

Haltbarkeit, Lagerfähigkeit des Weines, abhängig von Rebsorte, Jahrgang und Kellerbehandlung. Für die H. wichtige Bestandteile des Weines sind → Fruchtsäure, → Extrakt und Alkohol. Grundsätzlich gilt, daß Weine aus säurebetonten Rebsorten (z. B. → Riesling) länger lagerfähig sind als solche aus säurearmen (z. B. → Gutedel, → Müller-Thurgau), da diese durch den natürlichen → Säureabbau während der Lagerung den für die H. erforderlichen Mindestsäureanteil rascher unterschreiten als jene. Hierin liegt freilich auch der Grund dafür, daß Weine aus säurereichen Sorten in schlechten (säurereichen) Jahren erst nach einiger Lagerzeit *rund* werden, d. h. geschmackliche Harmonie erlangen. An Konservierungsmitteln zur besseren Haltbarmachung erlaubt das deutsche Weingesetz außer dem nahezu unverzichtbaren → Schwefel (schweflige Säure) nur noch die (heute kaum mehr gebräuchliche) → Sorbinsäure. Weitere wichtige Faktoren sind → Gerbstoffe und Harze (vgl. → Faß, → Gletscherwein, → Harzwein). Außerdem spielen die Sauberkeit bei Wein-Ausbau und -Abfüllung sowie die Größe der → Flaschen eine für die H. entscheidende Rolle.

Hammelhoden, vulgärsprachliches Synonym für die Trauben der Rebsorte → Trollinger, Blauer.

Handrefraktometer, optisches Instrument zur Bestimmung des Öchsle- bzw. Zuckergehalts der Trauben. Dabei macht man sich die Lichtbrechung zunutze. Je höher der Zuckergehalt einer Flüssigkeit, um so stärker wird das durchfallende Licht gebrochen. Beim H. wird der Saft einer ausgequetschten Traube zwischen zwei Glasplatten gebracht, die sich vorn an dem fernrohrähnlichen Instrument befinden. Richtet man dieses nun gegen das Licht, kann man auf einer eingravierten Meßskala die → Öchslegrade ablesen.

harmonisch, engl. *harmonious,* franz. *assis,*

Deutsches Weinsiegel: **halbtrocken**.

Bestimmung des Zuckergehalts mit dem **Handrefraktometer**.

équilibré, harmonieux, ital. *armonico,* WA im Sinn von *abgerundet, ausgeglichen, rund,* d. h. alle für → Körper (Extrakt), *Seele* (Süße, Säure) und *Geist* (Aroma, Blume/Bukett) verantwortlichen Inhaltsstoffe finden sich, zusammen mit Alkohol und Kohlendioxid (→ Frische), zu untadelig ausgewogenem Gesamtausdruck vereint in dem der → Sinnenprüfung unterzogenen Wein oder Schaumwein. *Harmonie* können – im Rahmen ihrer *Ausdrucks-*Möglichkeiten/*Charakter*-Eigenschaften – kleinere und mittlere Weine ebenso wie gute, sehr gute und Spitzenweine haben.

hart, engl. *hard,* franz. *brut, dur, ferme, raide,* ital. *agro,* WA für deutlichen, kaum mehr in einen harmonischen Gesamteindruck einbindbaren Säurereichtum des Weines; Steigerung → bissig.

Harzwein. Vor allem in → Griechenland gab man früher allen und gibt man heute noch verhältnismäßig vielen Weinen, um ihre → Haltbarkeit zu verbessern, etwas Harz (meist von der Aleppokiefer) mit ins Faß. Der wohl bekannteste H. ist der *Retsina.*

Hausmarke. Die in Gastronomie und Einzelhandel weitverbreitete Übung, Wein oder Sekt als H. zu deklarieren oder mit einem werbewirksamen Phantasienamen zu etikettieren, schafft eine Art *Sonderangebot* zu vergleichsweise niedrigem Preis, aber von oft recht passabler bis guter Qualität. Nach EG-Weinrecht muß das H.n-Etikett bei Stillwein den Erzeuger (→ Hersteller) bzw. → Abfüller ausweisen, bei → Qualitätswein und -schaumwein mit oder ohne Prädikat auch die amtliche → Prüfungsnummer. Normaler Schaumwein einer H. kommt ohne Erzeugernachweis auf dem Etikett aus; der H.n-Eigner (oft auch ein Hotel, ein Club u. a.) muß jedoch auf Anfrage die Herkunft jederzeit zweifelsfrei belegen können. Insgesamt existieren in der Bundesrepublik Deutschland heute zwischen 15 000 und 20 000 H.n.

Hauswein, der *Wein des Hauses,* in gastronomischen Betrieben der quasi haustypische, besonders empfohlene, meistbegehrte und/oder aus hauseigenen *Lagen* stammende, in hauseigener → Kellerei *ausgebaute* Wein; nicht identisch mit dem nicht handelsfähigen *Haustrunk.* Vgl. → Hausmarke.

Haut-Médoc, südlicher Teil des → Médoc im → Bordeaux-Gebiet mit eigener → Appellation contrôlée. Von den besten *Médoc*-Weinen stammen die weitaus meisten aus dem H. Die → Bordeaux-Klassifikation behandelt das Flachland des Nordens und den höhergelegenen Süden des *Médoc* jedoch als Einheit.

Hebammenwein, → Humagne.

Heckenwein, Sachschelte für geringwertigen, auf wenig tauglichem Boden gewachsenen Wein: Er schmeckt *wie von der Hecke gepflückt;* → Wein im Volksmund.

Hefe, hier: Weinhefe (*Saccharomyces ellipsoideus*), einzellige Mikroorganismen, botanisch einer Familie der niederen Schlauchpilze zugerechnet. Im Protoplasma der H. gebildete Fermente bewirken die alkoholische → Gärung. → Maische- und → Mostgärung werden durch auf und in den Trauben bereits vorhandene H.n ausgelöst und unterhalten; zum → Umgären sowie für die zweite Gärung bei der Schaumweinbereitung bedarf es jedoch

Harzwein: Harzgewinnung für Retsina.

Hefeansatz

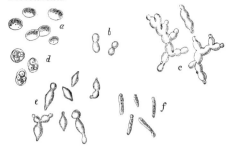

Für die Gärung verantwortliche **Hefe**pilze.

werdenden Schaumweins *auf der Hefe*. Sie spielt deshalb eine große Rolle, weil optimales → Durchgären des → Rohschaumweins entweder sehr feine Verteilung der Hefe (mittels Rührwerk im Großraumtank) oder längerfristigen Hefe-Wein-Kontakt erfordert. Für Qualitätsschaumweine sind heute in der EG neun Monate Mindestlagerzeit vorgeschrieben, hiervon mindestens 21 Tage H. bei Großraumgärung mit Rührwerk, wenigstens 60 Tage der Zugabe von → Reinzuchthefe bzw. → Gäransatz. Westschweizer → Sternliwein, franz. → Crémant u.a. werden ohne → Abstich direkt von der H. (*sur lie*) abgefüllt; dadurch bleiben ihnen ein dezenter Hefeton im Geschmack (*goût de lie*) sowie ein ganz leichtes Perlen (→ perlend; *vin perlant*) erhalten. Auch im bereits durchgegorenen Schaumwein wirkt die H. während des → Hefelagers noch weiter, fördert mittels Nebenprodukten ihres Stoffwechsels die Ausprägung des → Buketts, hemmt die Oxidation und trägt mit Vitaminen zur belebenden Wirkung des Schaumweins bei. Bei weitem nicht alle H.n sind jedoch zugleich von qualitativ befriedigender Wirkung und unter gesundheitlichen Aspekten unbedenklich. Außerdem gibt es H.sorten, die bei sachgerechtem Einsatz unter fachkundiger Kontrolle erwünschte, bei unkontrolliertem Auftreten dagegen durchaus unliebsame und schädliche Ergebnisse zeitigen (z. B. → Kahm). S. a. → Enthefung.

Hefeansatz, → Gäransatz.
Hefeböckser, → Böckser mit hervortretendem → Hefegeschmack.
Hefedepot, *Geläger*, → Depot (Ablagerung) der Weinhefe in Faß, Tank oder Flasche nach Abschluß der → Gärung.
Hefegeschmack, *Hefeton, Gelägergeschmack,* franz. *goût de ferment, goût de lie,* vom → Hefedepot herrührende Geschmackstönung, vor allem bei zu lange auf der sich zersetzenden Hefe belassenen, d. h. verspätet abgestochenen (→ Abstich) Weinen. H. wird im allgemeinen negativ, bei nur sanfter Andeutung in Sonderfällen (z. B. beim *Dorin* aus dem Schweizer Kanton → Waadt) durchaus positiv bewertet.
Hefelager, in der Schaumweinherstellung die Zeit vom Gärungsbeginn bis zur → Enthefung, also eigentlich *Lagerzeit* des

Hefelager zur Durchgärung des Schaumweins.

bei ruhender Hefe und nicht weniger als 180 Tage H. in der Flasche, sofern das Endprodukt unter dem Signum der → Flaschengärung in den Handel kommen soll.
Hefenwein, *Hefepreßwein,* aus dem → Hefedepot bzw. dem ausgefilterten → Hefetrub abgepreßtes, weinrechtlich nicht verkehrsfähiges, *weinähnliches Getränk.*
Hefereinkultur, → Reinzuchthefe.
Hefetrub, Hefetrübung von Rohsekt während und unmittelbar nach der zweiten Gärung. Anders als der → Trub im Wein vor dessen Klärung, besteht der H. ausschließlich aus Hefepartikeln, deren vorzeitiger Niederschlagung als feststoffliches → Hefedepot gegebenenfalls mit → Aufrühren und → Aufschlagen entgegengewirkt wird. S. a. → Enthefung.
Heida, *Heidenwein,* → Païen.
Heidelberger Faß, größtes einst tatsächlich

mit Wein gefülltes → Faß der Welt. Den *Faßbau* des Heidelberger Schlosses ließ Kurfürst Johann Casimir von der Pfalz (1583–1592) ursprünglich als Lagerkeller für zahlreiche Fässer verschiedener Größe errichten, beauftragte dann aber die fähigsten → Küfer der *Kurpfalz* (Heidelberg gehört heute zu → Baden-Württemberg) mit einem Meisterstück von bisher unerreichten Ausmaßen. Das 1591 fertiggestellte *Große Faß* erlangte internationalen Ruf, zerfiel jedoch in der Zeit des Dreißigjährigen Krieges. Kurfürst Karl Ludwig (1632–1680) ordnete den Neubau eines mit 195 000 Liter Fassungsvermögen noch größeren und auch reicher verzierten Fasses an. Dieses litt Schaden im Orléanskrieg. Kurfürst Karl Philipp (1716–1746) ließ es 1727 restaurieren und bestellte seinen zwergwüchsigen Hofnarren *Clementel* (→ Perkeo) zu dessen Hüter. Der kleine Mann mit dem großen Durst hält heute noch – in Holz geschnitzt – Wache beim H. F., das jedoch nicht mehr dasselbe ist. Kurfürst Carl Theodor (1742–1799) ließ das wiederum schadhaft gewordene ältere Modell durch das 1751 fertiggestellte und heute noch erhaltene Riesenfaß ersetzen. Seine Daten: 7 Meter Durchmesser, 9 Meter Länge, 221 726 Liter Fassungsvermögen. Es trägt auf seinem Rücken einen Tanzboden und war im späten 18. Jh. mehrmals spundvoll mit Pfälzer Wein gefüllt. Vgl. → Dürkheimer Faß, → Tausendeimerfaß.

Heidenwein, → Païen.

Helfensteiner, deutsche → Neuzüchtung aus frühreifem Blauem → Burgunder und → Trollinger, erzielt von August Herold (→ Heroldrebe) an der *Staatl. Lehr- und Versuchsanstalt für Wein- und Obstbau* in Weinsberg (Württemberg). Der H. ergibt

Heidelberger Faß nach einer Bildpostkarte um die Jahrhundertwende.

Weine von mittlerer Qualität und neutralem Geschmack; er wird maßgeblich nur in → Württemberg angebaut.

hell, WA, → Klarheit.

Hérault, südfranz. Département (Hauptstadt Montpellier) mit rund 170 000 Hektar Rebland an der Mittelmeerküste zwischen der Camargue im Osten und Narbonne im Westen. Erzeugt werden überwiegend einfache rote Konsum- sowie → Landweine (*Coteaux du Libron, Côtes de Thau, Sables du Golfe du Lion*) in großen Mengen. Hinzu kommen die zwischen Narbonne und Béziers wachsenden, vollmundigen *V.D.Q.S.*-Rotweine des *Minervois* und die würzig-süßen, weißen → Muskateller von Frontignan und Lunel.

herb, engl. *harsh,* franz. *âcre, brut, revêche,* ital. *acre,* WA, 1. für → gerbstoffreichen Wein, dessen Tanningehalt bei der → Sin-

Herbstbann

nenprüfung eben noch als säureähnliche Geschmackskomponente wahrgenommen, noch nicht als → adstringierend empfunden (als *zusammenziehend* gefühlt) wird; 2. umgangssprachlich, auch im Gastronomen-Jargon, steht h. vielfach für → hart, eine fachsprachlich nicht eigentlich gerbstoff-, sondern säurebedingte Eigenschaft des Weines; 3. bei Schaumwein/Sekt bezeichnet h. die den süßen Spielarten entgegengerichtete Geschmacksdominanz (franz. Fachausdruck: *goût anglais*, Englischer Geschmack), noch steigerbar zu *strengherb* (vgl. → extra dry). Nach EG-Definition (1970) ist ein Schaumwein h., wenn er nicht über 15 Gramm unvergorenen Zuckers je Liter enthält; → Abstimmung.

Herbstbann: Schild in Escherndorf, Franken.

Herbstbann, die *Schließung der Weinberge* bei Traubenreife, in der Bundesrepublik Deutschland durch die *Herbstordnung* geregelt. Der Zeitpunkt wird alljährlich durch den *Leseausschuß* bestimmt und liegt meist vier bis sechs Wochen vor dem voraussichtlichen Lesetermin. Der H. soll verhindern, daß der Winzer das Ernteergebnis noch in irgendeiner Weise beeinflußt (manipuliert). Außerdem will man ein *Abernten* der Trauben durch Spaziergänger, scherzhaft als *touristischer Kahlfraß* bezeichnet, vermeiden.

Herbsten, vielenorts volkstümliches Synonym für die Tätigkeit der → Weinlese im Herbst.

Herkunftszeichen, in der Bundesrepublik Deutschland siegelähnliche Zeichen, die im Gegensatz zum *Gütezeichen* lediglich etwas über die geographische Herkunft eines Weins, nichts aber über die Qualität aussagen. Man kennt heute als H. das *Badische Sonnenmännchen* und die Zeichen der *Südlichen Weinstraße* und der *Mittelhaardt*.

Hermitage, *Ermitage,* eine kaum zwei Quadratkilometer umfassende, terrassierte Südhanglage bei der Stadt Tain-l'Hermitage der nördlichen → Côtes du Rhône. Nur wenig mehr als fünf Prozent der jährlich um 4000 Hektoliter H.-Weine sind süße und sehr alkoholreiche → Strohweine, über 30 Prozent *runde, trockene,* aroma- und bukettreiche Weißweine. Ihren besonderen Ruf verdankt die H. jedoch dem aus der *Syrah*-Traube gekelterten, *kräftigen* bis *mächtigen* (WA), tiefdunklen Rotwein, der in guten Jahren zu den besten Weinen Frankreichs zählt. Ein namentlich gewollter Abglanz vom Eremitenhügel fällt auch auf die Rebflächen des unmittelbaren Umlandes, in die sich elf Weinbaugemeinden unter der → Appellation contrôlée *Crozes-Hermitage* teilen. Sie erzeugen aus denselben Rebsorten größere Mengen kleinerer Weine.

Heroldrebe, deutsche Neuzüchtung aus den Blautraubensorten → Portugieser und → Limberger, erzielt von August Herold an der Staatl. Lehr- und Versuchsanstalt für Wein- und Obstbau in Weinsberg (Württemberg). Die außerhalb → Württembergs bisher kaum verbreitete H. ergibt *leichte* Weine, nicht selten von *rassiger Art* (WA) und deutlich besser als sortenreiner Portugieser. Nachteilig sind späte Reife und geringe Frostfestigkeit der H.

Herrenwein, im Gegensatz zum → Damenwein wenig süßer, vielmehr als *trocken/herb* empfundener, im Alkoholgehalt *kräftiger,* auch als *kernig* (*fruchtig-rassig*) bezeichneter, eher *pikant* als *elegant* wirkender Wein von angenehmer Säure; → Wein im Volksmund.

Hersteller, weinrechtlich der Winzer oder Weinbaubetrieb, der aus Trauben eigener Ernte und/oder zugekauften Maischen oder Mosten den Wein hergestellt (durch Kellerbehandlung ausgebaut) hat. Bei Schaumwein müssen H. (von der → Cuvée-Mischung an) und → Abfüller identisch sein. Vgl. → Aus dem Lesegut, → Erzeugerabfüllung.

Herzegowina, → Jugoslawien.

herzhaft, franz. *puissant, savoureux,* WA für *kräftige* Weine mit nicht unangenehmer Betonung von Alkohol und → Säure, im Gesamteindruck *reifer* als → *kernig*.

Hessische Bergstraße: Musteretikett.

Hessische Bergstraße, kleinstes deutsches Weinanbaugebiet (279 Hektar) mit den zwei Bereichen → Umstadt und → Starkenburg. An den gegen Westen exponierten Hängen des Odenwalds gelegen, ist die H. vor rauhen Witterungseinflüssen geschützt und mit ihren eher leichten, lößhaltigen Böden ein bevorzugtes Wein- und Obstbaugebiet. Hauptrebsorte ist der → Riesling, der mehr als die Hälfte der Anbaufläche einnimmt, gefolgt von → Müller-Thurgau (20 Prozent) und → Silvaner (12 Prozent). Die Weine, die lediglich ein drittel Prozent der deutschen Erträge ausmachen, gelten als *fein-fruchtig* und *elegant*.

Heunisch, *Hunnisch,* → Païen.
Heuriger, österr., 1. Wein des jeweils jüngsten Jahrgangs ab *Martini* (11. November) in allen Entwicklungsstadien seines ersten Jahres, bis er (wiederum am 11. 11.) durch einen neuen *Heurigen* zum *Altwein* deklariert wird; 2. im übertragenen Sinn zeitliche und örtliche Gelegenheit zum Umtrunk, sei es im touristisch verfälschten *Nobelheurigen* (großen Schankgärten mit Schummerlicht und Schrammelmusik) oder intim und beschaulich im trad. *Buschenschank,* in → Grinzing oder einem anderen der Wiener Weinvororte. Für diese → Straußwirtschaften gilt noch heute, was Ferdinand von Saar (1833–1906) in *Die letzten Phäaken* schrieb: *Fröhlich kredenzt, hemdärmelig, der Hauer den labenden Tropfen, der als Heuriger licht blinkt im gehenkelten Glas.*
Hippe, Rebmesser, → Sesel.
hochedel, → edel.
hochfarbig, franz. *madérisé, mordoré,* WA für dunkelnde, in bräunliche Tönung übergehende → Farbe von Weißweinen im Altersstadium der → Firne. Zu wenig Schwefel und zuviel Luftzutritt bzw. hierdurch vermehrte Oxidation (z. B. bei zu geringer Füllhöhe im Faß) können vorzeitige Hochfarbigkeit (auch *Oxidationsfarbe, Madeira-* oder *Sherryton* genannt) bewirken.

Heuriger: *Bei den Schrammeln in Nußdorf,* von J. M. Kupfer, 1886.

hochfein, WA für Kreszenzen eines guten bis sehr guten → Jahrgangs mit erkennbar individuell *ausgebautem* → Spiel; bei Schaumweinen besonders → Bukett und reizvoll-edlen Geschmack kennzeichnend.
Hochgewächs, im EG-Bereich rechtlich nicht mehr zulässige Bezeichnung von hochwertigen → Speziallesen; s. a. → Gewächs.
Hochheim, Weinort im → Rheingau. In angelsächsischen Ländern wurde davon die Bezeichnung *Hock* für Rheinwein abgeleitet, und noch heute werden auf den Getränkekarten der Britischen Inseln die deutschen Weine in *Hocks* und *Moselles* aufgeteilt. Als die englische Königin 1850 H. einen Besuch abstattete, wurden ihr zu Ehren ein Weinberg *Königin-Viktoria-Berg* getauft und der *Queen* dort ein Denkmal errichtet. Dem H.er Wein sagen die Briten sogar medizinische Wirkung nach: *Good Hock keeps off the doc* (*Guter Hock hält den Doktor fern*) heißt eine Redensart. Heute gehört H. unter der Großlagenbezeichnung *Daubhaus* zum Bereich → Johannisberg.
Hochheimer, Synonym für → Riesling.
Hochkultur, die *Lenz-Moser-Weitraum- und Hocherziehung* der Reben, eine Form der *Drahtrahmenerziehung*, bei der hochgezogene Rebstöcke mit weiten Zeilenabständen ein maschinelles Arbeiten erleichtern. Nachdem auch geeignete Geräte für eine rationale Bearbeitung ertragreicherer → Erziehungsarten der Rebe entwickelt wurden, verliert die H. heute an Bedeutung.
Hochzeitsbecher, *Brautbecher,* historisches Kuriosum unter den Trinkgefäßen, aus dem – seiner legendären Bestimmung gemäß – Braut und Bräutigam gleichzeitig trinken können. Die Legende: Zu mittelalterlichen Minnezeiten verliebten sich ein Edelfräulein namens Kunigunde und ein namenloser Goldschmiede-Gesell, der darob vom Vater Kunigundes zunächst eingekerkert, dann – um den Preis des Jaworts – vor die unlösbar erscheinende Aufgabe gestellt wurde, ein Trinkgefäß für zwei zu fertigen, aus dem Mann und Frau gleichzeitig trinken könnten, ohne einen Tropfen des kostbaren Weines zu verschütten. Der Junker Goldschmied löste das Problem patentwürdig, indem er zwei in der Horizontalachse gegeneinander kippbare Becher in einer Statuette seiner

Trinkgefäß für Verliebte: der **Hochzeitsbecher.**

Geliebten vereinte: Während der Mann aus deren weitem Rock trinkt, kann gleichzeitig die (in alten Zeiten stets kleinere) Frau das von der Figur hoch über den Kopf gehaltene Gefäß leeren. Der legendäre Goldschmied bekam seine Kunigunde. Die tatsächliche Erfindung des H. ist eher ins Barock-Zeitalter zu datieren. Eine nostalgische Nachformung aus Feinzinn erfreut moderne Romantiker.
Hock, engl. Verballhornung für → Hochheim.
holzig, → Faßgeschmack, entsprechend franz. *goût de bois* = Holzgeschmack.
Hors d'âge, sehr alter → Cognac.
Hospice de Beaune, *Hôtel-Dieu,* seit 1443 bestehendes christliches Hospiz in → Beaune, das über rund 40 Hektar vorzüglicher Weinlagen der → Côte de Beaune verfügt. Deren Kreszenzen werden alljährlich am dritten Sonntag im November auf einer weltberühmten Weinauktion (*Vente des Hospices*) versteigert, und ihre Erlöse beeinflussen stark die allgemeine Preisgestaltung vergleichbarer Weine aus dem übrigen → Burgund. Die im Fachjargon als *H.s d. B.* bezeichneten Gewächse werden im geschlossenen Faß als → Cuvées (2.) an → Abfüller übergeben. Auf der Flasche werden sie nicht als *H.s d. B.* deklariert, sondern weisen als Herkunftsbezeichnungen neben dem abfüllenden Betrieb und der → Appellation contrôlée *Côte de Beaune* die Einzellage aus. Diese trägt meist den Namen des Gönners, der den jeweiligen Rebberg dem H. d. B. als testamentarisches Vermächtnis hinterließ (z. B. *Charlotte Dumay, Nicolas Rolin*

Guigone de Salins, Jehan de Massol, Général Muteau u. a.).
Hôtel-Dieu, erstes bzw. wichtigstes Krankenhaus einiger französischer Städte, zweiter Name des → Hospice de Beaune, heute Museum und Altersheim.
Hotte, *Hutte, Traubentrage,* Rückentragkorb bzw. Hochbütte, nach Rucksackart zu schulterndes Flechtwerk-, Holz-, Leichtmetall- oder Kunststoffgefäß für das Abtragen des Lesegutes aus den Rebzeilen der Weinberge zu den Bottichen auf dem Transportgefährt. Die trad. H. reicht dem *Hottenträger* von den Hüften bis über den Kopf und hat einen etwa nierenförmigen, sich von unten nach oben konisch weitenden Querschnitt. → Weinlese.

hübsch, → artig.
Hülse, → Balg.
Humagne, *Hebammenwein,* eine schon im *Registrum de Annivesio* von 1313 erwähnte, heute sehr selten gewordene Weißwein-Spezialität des Schweizer Kantons → Wallis. Die Rebsorte geht möglicherweise auf die vorrömischen Gallier (Kelten) zurück; ihr Wein ist von gelber Farbe, lebendig, kräftig und nach altem Volksglauben auch sehr kräftigend: Ein paar Flaschen H. gehörten zur Ausstattung der Hebamme, wenn sie zu einer Wöchnerin gerufen wurde. Er vertreibe die Angst vor der Niederkunft, so hieß es, und ein rechter Walliser müsse schon mit einem Schuß H. im Blut zur Welt kommen.

Hôtel-Dieu in Beaune.

Humagne rouge

Humagne rouge, herzhafter *Landroter* des Schweizer Kantons → Wallis, mit 10,5 bis 12 Grad Alkohol, im Geschmack an den *Arvine* erinnernd, jedoch etwas *rauher* und *herber*. Seine *Oriou* genannte Rebe ist mutmaßlich ebenso alt wie die weiße → Humagne, mit dieser aber nicht unmittelbar verwandt, überdies sehr viel robuster. Deshalb nimmt ihr Anbau in jüngerer Zeit wieder zu und bringt derzeit jährlich annähernd 530 Hektoliter Wein.

Hunnenwein, *Hunnisch,* → Païen.

Hürdenwein, *Trockenbeerwein* einer heute kaum mehr gebräuchlichen Machart, nicht mit → Trockenbeerenauslese identisch. In normalem Reifezustand geerntete Weintrauben wurden auf Gestellen aus Latten-, Span- oder Korbgeflecht (*Hürden,* alemannisch *Hurden,* mittel-/niederdeutsch *Horden*) an der Sonne getrocknet und erst später gekeltert; ähnlich → Strohwein; s. a. → Sherry, → Spanien.

Hut-ab-Wein, Bezeichnung für eine *1904er Rauenthaler Trockenbeerenauslese-Cabinet* aus dem damaligen *Königl. Preußischen Domänen-Keller* (heute Staatsweingut) im → Rheingau. Als dieser Wein auf der Versteigerung in → Eberbach am 28. 5. 1906 aufgerufen wurde, riefen die Anwesenden «Hut ab vor diesem Wein!» und warfen ihre Hüte in die Luft. Danach wurde die Bezeichnung *Hut ab* auf dem Etikett dieser Kreszenz geführt.

Huxelrebe, deutsche Rebneuzüchtung, eine Kreuzung aus den Sorten → Gutedel und *Courtillier musqué,* erzielt 1927 durch Georg Scheu an der rheinland-pfälzischen Landesanstalt für Rebenzüchtung, Alzey; → Sortenschutz seit 1968. Anders als die → Scheurebe, wurde die H. nicht nach ihrem Züchter benannt, sondern nach dem Winzer Fritz Huxel, der sie – auf eigenem Rebland in der Gemarkung Westhofen bei Worms – erstmals in größerem Umfang anbaute und mit seinem Erfolg ihre zunehmende Verbreitung begründete. Die H. liefert relativ leichte, aber *fruchtige* Weißweine, nicht nur zum → Verschnitt, sondern auch eigenständige Auslesen mit feinem *Muskat-Bukett*.

Hybriden, *Hybridreben,* durch Kreuzung europäischer Sorten mit → Amerikanerreben erzielte Neuzüchtungen, die meist quantitativ durchaus gute, qualitativ jedoch nicht zufriedenstellende Ernten (→ Direktträgerwein) bringen. In der Bundesrepublik Deutschland wird H.-Anbau nur zu Versuchszwecken – mit behördlicher Ausnahmegenehmigung – gestattet.

Hybridengeschmack, → Foxton.

Hybridenwein, → Direktträgerwein.

Hypothekentilger, österr. Scherzwort für die Rebsorte Grüner → Veltliner.

Auswaschen und Abdichten traditioneller hölzerner **Hotten** im Wallis.

Weinbauer mit **Hotte**. Sie besteht heute meistens aus Kunststoff oder Leichtmetall.

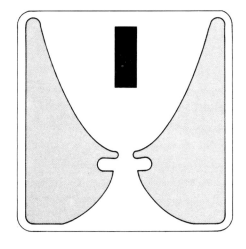

imbottigliato dal produttore, ital. → Erzeugerabfüllung, heute rechtsverbindliche Form des älteren, weniger klar umrissenen Begriffs *Originalabfüllung* (*imbottigliato all'origine*).

Imperial, *Impériale,* Riesenflasche mit dem achtfachen Inhalt (6 Liter) einer Normalflasche. In → Flaschen dieser Größe werden bisweilen → Bordeauxweine besonders guter Jahrgänge zwischengelagert, um die Reifungs- und Alterungsprozesse zu verzögern. Die I. ist keine Handelsgröße; als Schaumwein-Schauflasche heißt sie → Methusalem.

Imprägnierung, künstliche, unter Druck erfolgende Anreicherung von Wein mit → Kohlendioxid (*Kohlensäure*). Das so erzeugte, großperlige → Moussieren verliert sich im Glas sehr rasch. Für *imprägnierte* → Schaumweine, gleich welcher Herkunft, besteht in vielen Ländern schon Deklarationspflicht, d. h. ihr Etikett muß einen entsprechenden Vermerk tragen: in den USA *carbonated,* in Frankreich *gazéfié,* in der Bundesrepublik Deutschland *mit zugesetzter Kohlensäure,* usw. Imprägnierte → Perlweine dagegen dürfen vielenorts (auch in der Bundesrepublik Deutschland) noch ohne entsprechende Kennzeichnung gehandelt werden.

Im Wein ist Wahrheit, → In vino veritas.

indifferent, → neutral.

insignifiant, franz. *bedeutungslos,* WA im Sinn von → klein.

invecchiato, ital. *gealtert,* WA für durch → Ausbau im Faß zu optimaler *Trinkreife* gediehene oder *flaschengereifte* Weine; s. a. → Jugend, → Alter.

Invertzucker, Gemisch verschiedener Zuckerarten. Rübenzucker z. B., der Maische oder Most vor deren → Gärung zugesetzt wurde, um die Alkoholausbeute zu erhöhen, *invertiert* gleichfalls mit dem aus den Trauben stammenden Frucht- und Traubenzucker zu I. Das erschwert den Nachweis unerlaubter Zuckerung, bzw. macht komplizierte Analyseverfahren notwendig. Die Berechnung der in Wein und Schaumwein vorhandenen Zucker als I. hat besondere Bedeutung bei der Analyse von → Diabetikerwein und -schaumwein.

In vino veritas, lat. *Im Wein ist Wahrheit;* ein Epigramm des römischen Schriftstellers Gajus Plinius Secundus (Plinius der Ältere, 23–79 n. Chr.), der als Flottenkommandant vor der neapolitanischen Küste dem Vesuv-Ausbruch zum Opfer fiel, welcher Pompeji und Herculaneum einäscherte. Eingedeutscht findet sich die Zeile als Kehrreim einer Arie in der romantischen Zauberoper *Undine* (Uraufführung Magdeburg 1845) von Albert Lortzing (1801–1851): *Im Wein liegt Wahrheit nur allein. – Wenn der Wein eingeht, geht der Mund auf.* Dieses deutsche Sprichwort gründet wohl in einer Zeile des Talmuds: *Geht Wein hinein, kommt das Geheimnis heraus. – Das ist dem Weine ja zu eigen: Was tief in unseres Herzens Grund verborgen liegt, das macht er kund.* Franz Kugler (1808–1858), deutscher Kunsthistoriker, Kulturpolitiker, Maler und Dichter. – *Wer trinkt, soll reinen Herzens sein, mit Wein ist nicht zu scherzen.* Friedrich Rückert (1788–1866), deutscher Dichter und Orientalist. – *Im Wasser kannst du dein Antlitz sehn, im Wein des andern Herz erspähn;* Rolf Jeromin, *Weinbrevier.* 1976. Beim Wein . . ., → Wein und Wasser; → Trinksprüche.

Ionenaustauscher, Kunstharzstoffe, welche dem Wein oder Schaumwein im *Durchlaufverfahren* z. B. unerwünschte Säure-Ionen entziehen, indem sie sie gegen geschmacksneutrale Ionen austauschen. So dienen bestimmte *Anionenaustauscher* der Säureminderung (und damit der bei Schaumwein erwünschten Vermeidung der → Weinsteinbildung), *Kationenaustauscher* z. B. der Entfernung von Metallionen aus dem Wein. I. wurden in der

Bundesrepublik Deutschland durch das Weingesetz von 1971 befristet und unter eng umrissenen Bedingungen genehmigt; die Weinwirtschaft bemüht sich um unbefristete Zulassung.

Ischia, ital. Insel im Golf von Neapel, deren Weine bis 1963 unter dem Namen der offenbar für werbewirksamer erachteten Insel *Capri* gehandelt wurden. Heute liefert I. drei *D.O.C.*-Gewächse: einen trokkenen, vollmundigen Weißwein, einen angenehmen, rubinfarbenen Rotwein und den goldgelben *Ischia Bianco Superiore.*

Islam, *Wein aus islamischer Sicht.* Das arab. Wort *hamr* (von *hamar,* bedecken, verdecken, verstecken) steht für Wein und berauschende Getränke im allgemeinen; das pers.-türk. *scharab* (von *scharib,* trinken) meint neben allem Trinkbaren Wein im besonderen. In der vorislamischen *Zeit der Unwissenheit* (*djahiliyya*) war der Alkoholgenuß bei den Arabern weit verbreitet; man trank außer rotem Traubenwein (*hamr*) auch Dattelwein (*nabid*), Honigwein (*bita'*) und Hirsebier (*mizar*). Der Wein kam hauptsächlich aus Syrien und dem Irak; den Weinhandel besorgten Juden und Christen. Auch in Mekka, der Geburtsstadt des Propheten Mohammed, und in Medina verlor der Weingenuß in den Anfangsjahren des I. nichts an Beliebtheit. Im Koran (arab. *kur'ân*) heißt es: *Und aus den Früchten der Palmen und Weintrauben, daraus gewinnt ihr Berauschendes und schöne Nahrung. Hierin ist ganz gewiß eine Lehre für Leute, die begreifen.* Die Offenbarung dieses Verses geschah noch vor dem Weinverbot, war aber sicher weniger als Aufforderung zum Weingenuß denn als Hinweis auf die unterschiedlichen Nutzungsmöglichkeiten der genannten Früchte zu verstehen. Zu dieser Zeit sollen die Gefährten des Propheten noch Zechgelage gefeiert und sich an Glücksspielen ergötzt haben; es kam des öfteren zu Zank und Streit unter den Gläubigen, die in trunkenem Zustand auch nicht mehr fähig waren, die Gebete (*salat*) vorschriftsgemäß zu verrichten. Da gab der Vers 4:43 eine erste einschränkende Ermahnung: *O ihr, die ihr glaubt, nahet euch nicht dem Gebet, wenn ihr trunken seid, bis ihr wisset, was ihr redet . . .* Die Sitten besserten sich kaum; so gab die Sure 2:219 zu bedenken: *Sie werden dich über den Wein und die Glücksspiele befragen. Sage: in beiden liegen große Gefahr und Vorteile für die Menschen, die Gefahr ist jedoch größer als die Vorteile.* Auch dies fruchtete wenig, bis in Sure 5:90−91 kategorisch ausgesprochen wurde: *O ihr Gläubigen! Der Wein, die Glücksspiele, die Götzenbilder und die Lospfeile sind Greuel Satans. Meidet sie, auf daß ihr Erfolg habt. Durch den Wein und die Glücksspiele sucht Satan nur, Feindschaft und Haß zwischen euch zu säen, damit ihr vergesset, Gott anzurufen und die Gottesdienste zu verrichten. Wollt ihr dann aufhören, so zu handeln?* Diese Koranverse dienten, zusammen mit Mohammeds Aussprüchen (*ahadis*) zum Thema → Alkohol, zur Grundlage der islamischen Rechtsfindung (*fikih*); Überlieferung wie folgt: *Der Gesandte Allahs sprach: Der Wein ist die Mutter allen Übels. (El-hamru umm-ul haba'is.) Alles Berauschende ist Wein (hamr), und jede Art des Weines ist verboten (haram). Wer von dieser Offenbarung erfährt und noch Wein besitzt, der soll ihn nicht mehr trinken und nicht mehr verkaufen.* − Der Überlieferer dieser Tradition berichtet, daß die Moslems daraufhin noch vorhandenen Wein in die Gosse schütteten. Der Kalif Omar el-Faruqî sagte in einer Predigt: *Wein und Glaube können nicht*

Islam: Trinkbecher schiitischer Nomaden aus Afghanistan.

Islam

zusammen in eines Menschen Herz Platz finden; bestimmt wird eines das andere zu verdrängen suchen. Wein durfte nicht mehr angebaut, nicht mehr gehandelt, ja nicht einmal mehr an Andersgläubige verschenkt werden. Eine Überlieferung sagt: *Wer an Allah und an den Jüngsten Tag glaubt, der soll sich nicht an einen Tisch setzen, auf dem sich Wein befindet.* Mohammed verbot auch den Wein als Medizin: *Allah gab Krankheiten und auch deren Heilmittel. Für jede Krankheit gibt es eine Medizin. Laßt euch auskurieren, doch kuriert euch nicht mit verbotenen Dingen.* Erlaubt wurde allerdings die Verarbeitung von Wein zu → Essig. Eine spätere Rechtsverordnung besagt: Da der Wein für den Moslem keinen Wert darstellt, ist derjenige, der ihn verschüttet oder stiehlt, nicht zur Ersatzleistung verpflichtet.

In den ersten Jahrhunderten, als sich die islamische Theologie entwickelte und die Rechtsschulen begründet wurden, waren sich die Rechtsgelehrten noch nicht einig, was im einzelnen unter dem Begriff *hamr* – außer rotem Traubenwein – zusammenzufassen sei. Auf der Grundlage des Koran und der Aussprüche des Propheten einigte man sich schließlich darauf, daß alles Berauschende unter das Weinverbot zu stellen sei. Von den vier sunnitischen Rechtsschulen vertrat einzig die Hanefiitische Schule eine liberalere Einstellung. Einig war man sich jedoch darin, daß Leugnen des Verbots als *kufr* (Unglaube) zu betrachten sei und der Reue bedürfe. Weingenuß wurde zum Strafdelikt erklärt, unter folgenden Bedingungen: Der Ertappte muß Muslim und volljährig, darf aber nicht taubstumm sein. Für den Gesetzesverstoß müssen zwei männliche(!) Zeugen vorhanden sein, es sei denn, der Beschuldigte gesteht seine Verfehlung ein. Er darf nicht zum Trinken gezwungen worden sein, sondern muß es aus freien Stücken getan haben. Unter diesen Voraussetzungen verhängte der Richter über den Schuldigen eine *Hadd*-Strafe von 80 Stockschlägen; Sklaven kamen mit 40 Hieben davon. Die Schafiitische Rechtsschule dagegen bezog sich auf das ursprüngliche, vom Propheten und dem späteren Kalifen Abu Bakr festgesetzte Strafmaß von 40 bzw. 20 Hieben. Die Strafe durfte erst nach Ausnüchterung und bei vollem Bewußtsein des Schuldigen vollzogen werden. Diese Bestimmungen gelten in ihren Grundzügen heute noch in Saudi-Arabien und erneut in Libyen.

Nun gibt es freilich in der islamisch-orientalischen Poesie, namentlich in der persischen, auch eine reiche Weindichtung, deren große Namen wie Omar Khayyam, Hafis Schirazî und Mevlana M. Djellaleddin Rumî auch im abendländischen Kulturraum durch zahlreiche Übersetzungen und Nachdichtungen bekannt sind. Nicht hinreichend untersucht wurde in diesem Zusammenhang bisher, inwieweit es sich hierbei wirklich um → Trinklieder oder -gedichte handelt und nicht eher um allegorische Darstellungen der islamischen Mystiker (*Sufis*). So liest man bei Hafis Schirazî: *Reich her den Pokal, mit Wein gefüllt, / der den Geist erhebt und das Herz enthüllt; / ich meine den Wein der Unsterblichkeit, / den Erlöser von sündiger Erblichkeit, / der im Herzen nur schöne Gefühle nährt / und im Geiste ein Feuer, das ewig währt.* Im *Divan-i Kebir* des Djellaleddin Rumî heißt es: *Ich bin der Rausch, die Rebe, / die Kelter und der Most, / der Zecher und der Schankwirt, / der Becher von Kristall.* Und: *Sieh, es nahet uns der Schenke / mit des ew'gen Weins Pokale: / Trinket aus den ew'gen Becher und verschmäht die ird'sche Schale.* – Der Perser Hafis (um 1326–1390), der ein *Sufi* war, schrieb: *Wein ist Arznei für den Schlaf: Bringe denn, lieblicher Arzt, noch einen Becher voll Traum!* Der Araber Al Hariri (1054–1121) in der Übersetzung von Friedrich Rückert (*Die Verwandlungen des Ebu Seid von Serug*): *Der Wein ist der Meister der Menschen und Geister.* Im dichterischen Hauptwerk (*Rubayyat*) des persischen Mathematikers, Physikers, Astronomen und Philosophen Omar Khayyam (1045–1122) steht geschrieben: *Erkunden wollt' ich, wo der Garten Eden / und wo die Hölle sei, der Marterort; / da hört' ich meinen Meister reden: / In dir sind beide, such' sie dort!* Und dann das Bekenntnis: *Weit lieber mit einer Schönen mag ich im Weinhaus plaudern, als ohne sie in den Moscheen beten.* Hier offenbart sich der Zwiespalt zwischen der orthodoxen Lehre der Sunniten und dem sinnenfreudigeren Credo der Schiiten. – *Sterb' ich, neben einem Weinstock / grabt mir meine Ruhestätte, / daß mein Staub, sofern ihn dürstet, / immer noch zu trinken hätte.*

123

Israel

So ein Zitat aus dem 1887 mit lat. Übersetzung erschienenen *Divan* des arabischen Dichters Abu Mihdjan, dem seine Liebe zum Wein zum Verhängnis wurde. Ursprünglich Heide, ließ sich Abu Mihdjan zum I. bekehren, dessen → Abstinenz-Gebot er jedoch nicht befolgen mochte. Er sprach vielmehr weiterhin dem Wein zu und feierte ihn in seinen Versen. Solcherart öffentliches Ärgernis erregend, ja als gemeingefährlich angesehen, wurde er an die abessinische Küste verbannt, wo sich im Jahr 637 in Massaua (Äthiopien/Eritrea) seine Spur verliert. – Der Sufi-Meister Sheikh Mahmûd Schebesterî gibt in seinem mystischen Lehrgedicht *Gülschen-i Ras* (*Rosengarten der Geheimnisse*) den Rat: *Du zech' vom Wein der Entselbstung eine Zeit, / vielleicht vom eig'nen Ich wirst du alsdann befreit.*

Israel, neben → Ägypten das älteste Weinbauland der Welt – bereits im 3. Jahrtausend v. Chr. zerstörten ägyptische Eroberer Pflanzungen der ansässigen Bevölkerung, und das → Alte Testament liefert zahlreiche Hinweise auf Weinbau und Weingenuß. Bis zum Einfall der Araber im 7. Jh. wurde der Weinbau gepflegt (→ Neues Testament), dann blieb er unter islamischer Herrschaft (→ Islam) rund tausend Jahre lang bedeutungslos. 1886 führte Baron Edmond de Rothschild französische Rebsorten und Anbaumethoden in von Juden besiedelte Gebiete Palästinas ein, und seit der Gründung des Staates

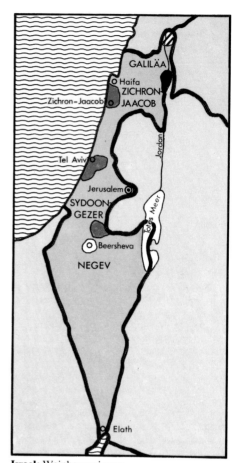

Israel: Weinbauregionen.

Israel: Etikett.

Israel 1948 wird moderner Rebbau, vorwiegend in Genossenschaften, betrieben. 1974 wurden auf 9000 Hektar 430000 Hektoliter Wein erzeugt. Davon gingen rund 10 Prozent in den Export, vor allem in die → USA und nach → Großbritannien. Die israelischen Weine, zu rund 60 Prozent rot und 40 Prozent weiß, gelten als gut, reell und preiswert. Angebaut werden unter anderem die Sorten → Alicante-Bouschet, *Carignan* und → Grenache für Rotweine und *Alexandria-Muskat, Frontignan-Muskat* und *Clairette* für Weißweine. Die wichtigsten Anbaugebiete (siehe Karte) sind Galiläa, das Zichron-Jaacob-Gebiet südöstlich von Haifa als größtes und ältestes und das Sidoon-Gezer-Gebiet im Zentrum des Landes, das besonders gute Rotweine liefert. → Jüdische Religion.

Italien

Italien, das *Oinotria* (griech., *Weinland*) des klassischen Altertums. Die Griechen setzten dem Weinbau auf der Apenninenhalbinsel literarische Denkmäler, die Römer bezogen den Wein mit höchstem Raffinement in ihre Tafelfreuden ein, und römische Legionäre brachten die Rebe in das nördliche Europa. In späteren Jahrhunderten war es vor allem die Kirche, welche den Qualitätsweinbau pflegte. In sämtlichen Regionen jedoch wurde seit jeher einfacher Tischwein produziert. Heute stehen rund 1,4 Millionen Hektar Rebfläche unter Kultur, die im Jahresdurchschnitt 70 Millionen Hektoliter Wein liefern. Die frühere Unbekümmertheit in bezug auf die Kennzeichnung der Weine besteht nur noch zum Teil. Seit 1963 unterscheidet das italienische Weingesetz drei kontrollierte Güteklassen: *Denominazione controllata e garantita* für die Spitzenweine, *Denominazione di origine controllata* für Qualitätsweine und *Denominazione semplice* – lediglich ein Herkunftsnachweis – für Tafelweine. Den unterschiedlichen klimatischen Bedingungen entspricht die Vielfalt der italienischen Weine. → Piemont liefert die Rotweine → Barbaresco und → Barolo aus der schon im 14. Jahrhundert dort nachgewiesenen → Nebbiolo-Traube, → Barbera- und *Freisa*-Weine sowie die → Asti-Schaum-

Italien: Weinbauregionen.

Jagstweine

Weinberge bei Urbino, **Italien**.

Italien: Rebflächen im Bergland Kalabriens.

weine. Die bekanntesten Weine der → Lombardei sind die (vor allem aus *Nebbiolo*-Trauben erzeugten) Veltliner; aus → Venetien kommen die kräftigen Rotweine → Bardolino und → Valpolicella sowie der weiße *Soave;* in → Südtirol wachsen → Magdalener, → Lagrein-Kretzer, → Terlaner und → Kalterer; die → Emilia-Romagna wartet etwa mit *Albana di Romagna* oder → Lambrusco auf. Die → Toskana präsentiert den weltberühmtem → Chianti, den *Brunello* u.a.; aus Umbrien und Latien (→ Latium) stammen die Weißweine *Est! Est!! Est!!!* und der → Frascati, aus dem ital. Süden schließlich die goldgelben → Malvasier, der → Lacrimae Christi oder der Dessertwein → Marsala aus → Sizilien. S. a. → Elba, → Ischia, → Sardinien.

Jagstweine, → Kocher-Jagst-Tauber.

Jahrgang, ist vor allem in den Randgebieten des Weltweinbaus, wo die Witterung starken (nicht nur) jahreszeitlichen Schwankungen unterworfen ist, von Bedeutung. Dabei spielt – entgegen der Weinwerbung mancher Anbaugebiete – nicht nur die Sonnenscheindauer eine Rolle; der Charakter der mitteleuropäischen und nordfranzösischen Weine wird vielmehr vom Wechselspiel von Sonne und Regen geprägt. Bei der Beurteilung des J. wird oft zu rasch nach Superlativen gegriffen. Etwa alle paar Jahre oder Jahrzehnte wieder von *Jahrhundertwein* zu sprechen, ist unsinnig. Anzumerken ist überdies, was André Simon (*Die großen Weine Frankreichs*) zu bedenken gab: *Verallgemeinerungen sind immer gefährlich, und da Jahrgangstabellen ihrem Wesen nach Verallgemeinerungen sein müssen, soll man, wenn man sie benützt, sich darüber klar sein, daß es selbst in schlechten Jahren immer irgendwo einige glückliche Winzer, ja vielleicht auch nur einen einzigen geben kann, dessen Wein gut ausgefallen ist. Umgekehrt kann es leider ebenso vorkommen, daß in einem sonst hochgepriesenen Jahrgang irgendein Winzer einen schlechten Wein produziert.* Vgl. → Achtundachtziger, → Kometenwein.

Die jüngsten zehn Jahrgänge der Bundesrepublik Deutschland

1968 *minder*
1969 *mittel:* gute Entwicklung, besonders beim Rotwein.
1970 *mittel:* nach Maßgabe des Ertragsvolumens größte Ernte seit statistischer Erfassung.
1971 *sehr gut:* hohe Reife, viel → Botrytis, später jedoch Probleme bei der Lagerung infolge zu niedriger Säuregrade. Rieslinge hoher Qualitätsstufen für jahre- bis jahrzehntelange Lagerung.
1972 *minder* bis *schlecht:* jedoch starkes sortentypisches Bukett.
1973 *mittel bis gut:* sehr hohe Erntemenge mit großem Anteil an *Kabinett*-Weinen.
1974 *mittel:* fast nur *Qualitätsweine*, die sich auf der Flasche überraschend gut entwickelten (Sortenbukett!).
1975 *sehr gut:* durch hohe Harmonie von Säure und Mostgewicht (Zucker) besonders bei Rieslingen von → Mosel-Saar-Ruwer absolute Spitzenweine.
1976 *sehr gut:* jedoch oft zu *dick* (ähnlich wie 1959) und besonders bei den frühreifen Sorten Probleme mit mangelnder Säure.
1977 *mittel:* hauptsächlich mittlere Güteklasse *Qualitätswein*.
1978 *mittel bis minder:* typischer mittlerer Jahrgang, der vorab im Sommer zu Unrecht publizistisch abqualifiziert wurde, dann aber doch noch überraschende Ergebnisse brachte.

Jahrgangssekt, seltene Besonderheit, da → Cuvées im allgemeinen – unter dem Gesichtspunkt gleichbleibender Markenqualität – Grundweine verschiedenster Jahrgänge vereinen. Nach deutschem Weinrecht ist die Bezeichnung J. nur für *Qualitätsschaumwein*, *Sekt* und *Prädikatssekt* zulässig, wenn diese zu mindestens 75 Prozent aus Weinen des angegebenen Jahrgangs hergestellt sind. Dies verleiht ihnen in guten Weinjahren einen individuellen Charakter jenseits des Markenstandards.

Jahrhundertwein, unsachliche Bezeichnung für große → Jahrgänge. Der beste Wein(-Jahrgang) unseres Jh.s wird sich, wenn überhaupt, erst im Jahr 2000 bestimmen lassen. Im 19. Jh. war es ohne Zweifel der → Kometenwein des Jahres 1811.

Jakobitraube, Synonym für Blauen → Burgunder.

jarret, franz. *Kniekehle, Strumpfband, Winkel,* WA im Sinn von → eckig bei

Traubenwiegen auf Fliesengemälde in **Jerez.**

jungen Weinen: *Il a du jarret,* der Wein *hat vorschmeckende Säure,* die aber durch schöne → Frische wettgemacht wird.

Jerez de la Frontera, Weinbauzentrum in Andalusien, namengebend für den → Sherry (span. *Jerez*).

Jérobéam, Champagnerflasche von drei Liter Inhalt; → Flaschen.

Jeroboam, im deutschsprachigen Raum gelegentlich gebrauchte Bezeichnung für die 6-Liter-Schaumwein-Schauflasche → Rehobéam; → Flaschen.

Johannesweinfaß

Schloß **Johannisberg,** eine der berühmtesten Lagen Deutschlands.

Johannesweinfaß, größtes Faß im Keller traditionsbewußter Winzer des österr. → Weinviertels. Der Johanneswein wird am 27. Dezember namens des Evangelisten Johannes vom Pfarrer im Keller oder (eine Flasche vom J.) in der Kirche gesegnet. Seinen Ursprung hat der Brauch in der Legende, Johannes habe einmal sogar vergifteten Wein in genießbaren Wein verwandelt und schadlos getrunken. Vgl. → Johanniswein, → Weinpatrone.

Johannisberg (I), nach Schloß → Johannisberg benannter, seit 1977 (Eingliederung der früher gesondert geführten Weinbauregion *Hochheim*) einziger → Bereich des deutschen Anbaugebiets → Rheingau. Seine 10 Großlagen sind: *Burgweg, Daubhaus, Deutelsberg, Erntebringer, Gottesthal, Heiligenstock, Honigberg, Mehrhölzchen, Steil, Steinmächer.*

Johannisberg (II), *Johannisberger,* in Deutschland regionales Synonym für → Riesling, in Österreich und im Schweizer Kanton → Wallis für → Silvaner.

Johannisberg, Schloß, weltberühmte Weindomäne auf dem *Prunkhügel* des → Rheingaus (Bundesrepublik Deutschland) nahe Geisenheim. Im Jahr 1100 wurde als erstes Kloster im Rheingau an der Stelle einer seit 850 bestehenden St.-Nikolaus-Kapelle eine Benediktinerabtei errichtet. Die 1130 vollzogene Weihe an St. Johannes gab Berg, Kloster und Gemeinde den Namen *Johannisberg.* Schon → Karl der Große hatte am steilen Südhang des J. Reben anpflanzen lassen. Der erste Rebertrag wurde anno 817 mit sechs → Fuder beurkundet. Aber erst die Benediktiner legten, zusammen mit den Mönchen von Kloster → Eberbach, den Grundstein für den Rheingauer Riesling-Qualitätsweinbau. Von 1716 bis 1802 gehörte der J. den Fürstäbten von Fulda. In diese Zeit fällt auch die Entdeckung der (in Frankreich wahrscheinlich früher bereits bekannten) → Beerenauslese, an die heute ein Denkmal des *Spätlesereiters* auf dem J. erinnert. 1816 schenkte der österr. Kaiser Franz I. seinem Staatskanzler Clemens Wenzeslaus, Fürst von Metternich-Winneburg den J., in Anerkennung diplomatischer Erfolge auf dem Wiener Kongreß (1814/15), freilich mit der Auflage, alljährlich den *Zehnten* ($^1/_{10}$) der dortigen Weinernte an das Haus Habsburg zu entrichten. Das müssen heute noch die Nachkommen des Fürsten Metternich. Der Wein von J. wird unter dem Lagenamen *Schloß Johannisberger* gehandelt. In weniger guten Jahren dient er lediglich als Grundwein für *Fürst-Metternich-Sekt.*

Johanniswein, *Weihwein,* am Namenstag des Apostels Johannes (24. Juni) kirchlich geweihter Wein beliebiger Herkunft, mit dem der Winzer selbst – analog vorchristlicher Beschwörungsriten – die Fässer seines *flaschenreifen* Weinbestands besprengt. Vgl. → Johannesweinfaß.

Jole, → Wein, mutmaßlich aus dem Jiddischen abgefälschter Begriff, in der schwäbischen Händlersprache belegt seit 1835, in der Teenagersprache (*Steiler Zahn und Zickendraht*, Schmieden 1960) wiederaufgelebt (Küpper, *Wörterbuch der deutschen Umgangssprache V*, Hamburg 1967). → Wein im Volksmund.

Jubiläumsrebe, österr. → Neuzüchtung aus Blauem → Portugieser und → Limberger. Die rosafarbenen Beeren ergeben einen Weißwein, der auch in schlechten Jahren die Auslesestufe erreicht. Die frühreife J. erzielt in ihrer kurzen Vegetationsperiode erstaunlich hohe → Mostgewichte.

Jüdische Dichtung. Wein und Geselligkeit sind ein wichtiges Motiv der hebräischen Dichtung im Mittelalter. Sie entstand in Spanien, Südfrankreich, Italien, dem westlichen → Nordafrika (Maghreb) und Ägypten im 10. bis 15. Jh. Es handelte sich vielfach um Jugendwerke führender Theologen und Denker. Nach jahrhundertelanger Verdrängung durch deren theologische Schriften wurden die Wein- und die Liebesdichtung erst im 19. Jh. wiederentdeckt. Ihre Sprache lehnt sich an die der Bibel an und arbeitet oft mit gewagten Wortspielen, sehr zum Entsetzen frommer Gemüter. Meist handelt es sich um → Trinklieder mit Kehrreim; oft ist der Name des Dichters darin als *Akrostichon* (Aneinanderreihung von Anfangsbuchstaben) verschlüsselt. Als Vorlage dienten z.T. christliche oder muslimische Lieder (→ Islam) in Arabisch, Türkisch, Persisch und Spanisch. Im Wetteifer mit der arabischen Liedkunst benutzte die hebräische gleiche Formen, Melodien und Bilder. Auch Rätsel waren beliebt, die den Wein z. B. als weißhaarigen Jüngling oder stürmischen Greis darstellen. Kunstvolle Wortbilder schildern die Schönheit des Weins, der geschliffenen Becher, gravierten Krüge, die Landschaft ringsum im Sommer und Winter, die Freude an Geselligkeit und die Erinnerung an frühere Feste. In einer anmutigen Verbindung von Bibelsprache und griech. Schönheitshuldigung werden die → Mundschenke bzw. Mundschenkinnen besungen: Sie sind jung, schüchtern, erregen Liebe und entziehen sich ihr. Später wurden solche Themen auf die geistliche Minne umgedeutet.

Infolge des islamischen Weinverbots geriet dort der gesamte Bereich der mittelalterlichen Weindichtung noch mehr in Vergessenheit als bei den Juden.

Jüdische Religion, *Wein in jüdischer Sicht.* Das → Alte Testament ist reich an Zeugnissen für die Bedeutung, die der Wein (hebr. *jajin*) im weltlichen und geistlichen Leben des antiken Judentums hatte. Er erfreute buchstäblich Gott und die Welt der Menschen (*Buch der Richter* 9,13). Im Tempel zu Jerusalem gehörte er als Gußopfer (→ Libation) zum täglichen Tieropfer und wurde später wohl auch als Symbol des ewigen Lebens verstanden. Im rabbinischen Judentum beginnen *Sabbat*, Festtage und Feiern (z. B. Beschneidung, Trauung) mit dem Segen über Wein und Brot und enden mit dem Verlöschen einer Kerze in Wein. Beim Familien-Abendmahl des *Pessach* (*Passahfest*, Ostern) sind vier Becher Wein Vorschrift, wobei man Gott dankt, *der die Frucht des Weinstocks erschafft.* – Man schenkte nicht immer reinen Wein ein, sondern mischte in alter Zeit das schwere *Rebblut* Palästinas zu einem Drittel mit Wasser; zwecks Halt-

Judentum und Wein: Baum der Geschichte.

barmachung setzte man auch Pfeffer zu. Weinbereitung und -verwendung sind ausführlich im *Talmud* beschrieben; besonders strenge Herstellungsbestimmungen gelten für den *Passah*-Wein. Diese Ritualisierung gab Anlaß zu dem seit römischen Zeiten geschürten Aberglauben, die Juden begingen zu Ostern Ritualmorde (→ Blutsymbolik). Strenggläubige Juden kosten ausschließlich Wein, der von Juden hergestellt, abgefüllt und versiegelt wurde und somit → koscher (hebr., *zulässig*) ist. Offener Wein wird verschmäht; von Nichtjuden hergestellter gilt als unzulässig, da er in alter Zeit zu heidnischen Gußopfern diente. Diese religionsgesetzlichen Vorschriften zwangen die Juden auch in der *Diaspora*, stets ihren eigenen Wein anzubauen: im Altertum im Irak, wo man sonst Bier trank, im Mittelalter in Deutschland und Frankreich. Der berühmte Gelehrte *Raschi* (Rabbi Salomo ben Isaak, 1040 bis 1105) unterhielt ein regelrechtes Weingut in der → Champagne, mit dessen Erträgen er die aus ganz Europa stammenden Studenten seiner Hochschule versorgte. Der Verkauf an Christen wurde gelegentlich gestattet, so anno 1090 in Speyer und Worms mit kaiserlicher Lizenz. 1208 empörte sich Papst Innozenz III. über den Gebrauch jüdischen Weines bei christlichen Messen (→ Meßwein). Die Juden hatten das zwar nicht zu verantworten, aber zu büßen. Nach ihrer Vertreibung aus Spanien erregte ihr Ritualweinhandel, obwohl nunmehr ohne Offerte an Nichtjuden, Anstoß in weinfeindlichen islamischen Ländern. Seit dem 16. Jh. bildeten jüdische Händler und Schankpächter einen bedeutenden Wirtschaftsfaktor in Ungarn, Böhmen, Schlesien, Polen und Rußland, nicht zuletzt dank wiederum freierer Handelsbräuche. Prompt lastete man den Juden einerseits die Zechfreude der Bauern an; andererseits regte sich Konkurrenzneid, und im 19. Jh. wurde ihre Berufsfreiheit stark eingeschränkt. Im 20. Jh. gewann Palästina zunehmend an Bedeutung als Weinbauland; heute gehen *koschere* Weine aus → Israel in die ganze westliche Welt. Haupterzeuger in Osteuropa ist Ungarn.

Das Thema Trunkenheit verdient im gegebenen Zusammenhang besondere Beachtung. Einige Meister werden im *Talmud* als außerordentlich trinkfest geschildert. Am *Fest der Lose* (*Purim*) im Frühjahr war Trunkenheit nachgerade Vorschrift, *bis man Freund und Feind nicht mehr unterscheidet*. Ansonsten wurde vor Kultorgien gewarnt, Gebetsekstase erschien verdächtig (1. *Samuel* 2). Trunkenheit galt als Ursache von Streit, Kummer, Armut, Wunden, Deliriumsträumen und Unrecht. Als Gegenmittel wurden empfohlen: Schlaf, ein längerer Spaziergang sowie das Verreiben von Salz und Öl auf den Händen mit dem Spruch: *Das Öl wird klar, der Kopf wird hell!* (*Talmud*). – Amerikanische Statistiken unserer Zeit belegen, daß Juden, obwohl ganz und gar keine Abstinenzler, extrem wenig rauschanfällig zu sein scheinen. Einige Forscher vermuteten schon einen besonderen Genfaktor. Vergleichsuntersuchungen ergaben jedoch, daß die frühe Gewöhnung an maßvolles Trinken bei religiösen Familienfeiern sich geradezu prägend auf die Lebenshaltung auswirkt. So nimmt es nicht wunder, daß im Staat Israel kaum Trunkenheit am Steuer oder Todesfälle infolge von Alkoholismus zu registrieren sind. Nur bei zwei Prozent der aktenkundig werdenden Fälle von psychischen Defekten und Geisteskrankheiten spielt Alkohol eine Rolle – gegenüber bis zu 25 Prozent in anderen Ländern. In der Statistik des Alkoholkonsums (Pro-Kopf-Verbrauch) in 20 intensiv Weinbau betreibenden Ländern steht Israel an letzter Stelle. – Der Volksglauben verheißt süßen Lohn den mäßig, aber regelmäßig Trinkenden: Dereinst wird den Seligen der Wein zukommen, der seit Anbeginn der Schöpfung in den Trauben des Ursprungs bewahrt ist. S. a. → Bibel, → Blutsymbolik, → Jüdische Dichtung, → Trinksprüche.

Jugend, Frühzeit der Weinentwicklung, fachsprachlich in drei Stadien unterteilt: 1. → *Jungwein* steht noch im Faß, über der sich mit ausklingender Gärung zum Depot absetzenden Hefe. 2. *Junger Wein* ist, soweit zum handelsfähigen Flaschenwein bestimmt, bereits auf Flaschen abgezogen, nimmt sich (infolge relativ hohen → Kohlendioxidgehalts und noch nicht ausgebauter Harmonie von → Körper, → Seele und → Geist) *frisch, spritzig, süß und säuerlich* zugleich aus, ist so sehr gut für → Bowle und → Schorle geeignet, als Wein an sich aber noch zu *unreif* für subtilen Genuß. Kenner sprechen bei *jungem Wein* noch

vom Endstadium der *Kindheit.* 3. *Jugend* als Reifegrad optimaler, jedoch noch nicht maximaler → Aroma- und → Bukettentwicklung erreicht der *flaschengelagerte* Wein frühestens etwa zwei Monate nach Abfüllung. J. verleiht ihm Prägnanz und Harmonie in Duft, Geschmack und *Körper*; er ist nunmehr erst so richtig → weinig und bekömmlich, der rechte *Tisch*- und ideale *Kneipwein.* Zu höchstmöglicher Vollendung gelangt jeder Wein jedoch erst in höherem → Alter.
Jugend ist Trunkenheit ohne Wein, → Vinum lac senum.
Jugoslawien, Vielvölkerstaat mit langer Weinbautradition. Die ersten Reben brachten wohl die Phönizier zu ihren Handelsniederlassungen an der dalmatinischen Küste. Vom Weinbau der Griechen zeugen Münzen mit aufgeprägten Weinmotiven. Durch Zerstörungen während der Völkerwanderungszeit und durch den Einfluß der Türken verlor der Weinbau dann, zumindest im Süden, für Jahrhunderte an Bedeutung. Heute sind rund 250 000 Hektar Land mit Reben bepflanzt. 1974 wurden 5,9 Millionen Hektoliter Wein produziert und ein Achtel davon exportiert. Den Klimaverhältnissen entsprechend, liefern die nördlichen Landesteile eher spritzige Weißweine, gegen Süden und vor allem an der dalmatinischen Küste wachsen schwere, körperreiche Rotweine und einige Dessertweine. Die wichtigsten Anbaugebiete sind → Slowenien und *Kroatien,* → Dalmatien, → Serbien, Bosnien-Herzegowina, → Amselfeld und → Makedonien. Aus dem slowenischen Weinbaugebiet um Ljutomer und Maribor stammen aroma- und bukettreiche *Sauvignon*-Weine, der süßliche *Luttenberger Renski* (ein *Riesling*) und der süffige *Ljutomerski Šipon* aus *Furmint*-Trauben. Die bekanntesten dalmatinischen Rotweine sind der → Dingač von der Halbinsel Pelješac und der milde, säurearme und jung zu konsumierende *Plavac.* Serbien ist das größte Anbaugebiet Jugoslawiens und liefert vor al-

Jugoslawien: Weinbauregionen.

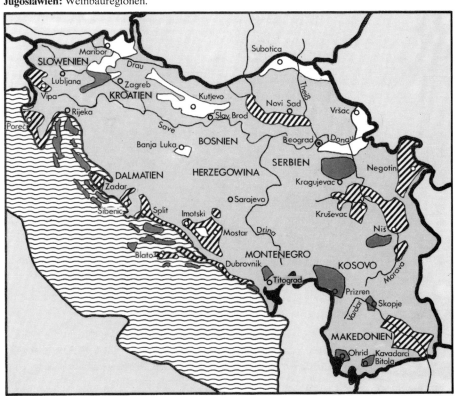

Junger Most sprengt alte Schläuche

Neue Weinberge in Dalmatien, **Jugoslawien.**

lem *Traminer-*, *Silvaner-* und *Riesling*-Weine und den leichten, burgunderartigen, pflaumenfarbigen *Prokupac*. Einer der bekanntesten Weißweine Jugoslawiens, der leichte fruchtige *Žilavka*, stammt aus der Gegend um Mostar in der Herzegowina. Die Provinzen Kosovo (*Amselfeld*) und Makedonien schließlich pflegen vorwiegend Rotweine wie den *Burgundac*, der als *Amselfelder Spätburgunder* in der Bundesrepublik Deutschland beliebt wurde, den schweren, dunklen → Türkenblut und den blaßroten, aber gehaltvollen *Kadarka*.

Junger Most sprengt alte Schläuche. Deutsches Sprichwort, im übertragenen Sinn gebraucht für: Junge Menschen fügen sich nicht in althergebrachte Formen. Junger, gärender, überschäumender → Most läßt sich nicht in starren, verschlossenen Gefäßen halten; er treibt den Korken aus der Flasche und würde einen alten, brüchig gewordenen Weinschlauch zum Platzen bringen (während ein junger, noch elastischer Schlauch sich bei zunehmendem Innendruck zu dehnen vermag). Der Sinnspruch beruht zweifelsfrei auf einem biblischen Gleichnis (Lukas 5, 37/38): *Und niemand faßt Most in alte Schläuche; sonst zerreißt der Most die Schläuche und wird verschüttet, und die Schläuche kommen um. Sondern den Most soll man in neue Schläuche fassen, so werden sie beide erhalten.* – S. a. → Vinum lac senum; → Trinksprüche.

Jungfernrebe, 1. erstmals (meist drei, manchmal erst vier Jahre nach der Pflanzung) fruchttragende Jungrebe; → Jungfernwein, 2. *Parthenocissus tricuspidata*, beliebte Zierrebe, mit zahlreichen Formen in Japan, China und Korea beheimatet; bekannteste Form ist die Scheinrebe (*Ampelopsis veitchii*).

Jungfernwein, alterungsunabhängig: Wein der ersten Ernte von einem neuangelegten bzw. mit Jungreben neubesetzten Weinberg; → Jungfernrebe.

Jungwein, Wein im ersten Stadium der → Jugend, nach der Turbulenz des → Federweißen, jedoch noch vor dem ersten → Abstich vom Faß. Jungwein klärt sich im Verlauf der ausklingenden → Gärung, indem die Hefe sich zum → Depot absetzt.

Jura, → Arbois, → Château-Chalon.

Jurançon, französischer Spätlesewein aus den nur am Pyrenäennordhang angepflanzten Rebsorten *Courbu*, *Gros Manseng* und *Petit Manseng*. Der J. ist süß, von goldgelber Farbe und außerordentlich würzig. S. a. → Béarn.

Kaiserstuhl-Tuniberg

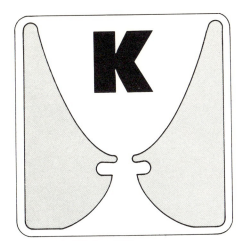

Kabinett, in der Bundesrepublik Deutschland unterstes Prädikat der → Qualitätsweine mit Prädikat. Ein K.-Wein muß aus den zugelassenen Trauben bereitet sein und ein bestimmtes Mindestmostgewicht aufweisen (je nach Gebiet und Rebsorte verschieden). Im Unterschied zum → Qualitätswein darf der K.-Wein wie alle übrigen Prädikatsweine nicht angereichert sein. Da aber ein sinnvoll angereicherter Qualitätswein im Geschmack oft mehr hergibt als ein K.-Wein, sollten Moste für gute K.-Weine schon nahezu → Spätlese-Charakter haben. Zur Herkunft der Bezeichnung K., → Cabinet.

Kahm, *Kuhnen, Pant,* span. *flor (Blume),* Weinbefall durch den K.-Hefepilz (*Mycoderma vini*), eine Sproßpilz-Spezies. Sie bildet bei übermäßigem Luftkontakt nicht allzu alkoholreicher Weine auf deren Oberfläche eine dünne Schimmeldecke (*K.haut*). Dies kann z. B. geschehen, wenn das Faß nicht mittels → Füllwein permanent spundvoll gehalten wird, aber auch bei langer Lagerung in stehenden Flaschen, wobei der Korken austrocknet und schrumpft und so vermehrten Luftzutritt ermöglicht. Der K.pilz mindert Alkohol- und Säuregehalt; dadurch nimmt der Wein nach und nach einen *muffig-faden* Geschmack an, d. h. er wird *kahmig, pantig*. Bei der Herstellung der beiden hellen → Sherry-Sorten → Fino und → Amontillado, verwandter spanischer Weine sowie des gelben → Château-Chalon aus dem französischen Jura bedient man sich der K.hefe gezielt zur Ausbildung des sortentypischen → Charakters. S. a. → Essig.

Kaiserstuhl-Tuniberg, nach dem deutschen Weingesetz von 1971 einer von 7 Bereichen des Anbaugebiets → Baden. Seine beiden → Großlagen sind *Attilafelsen* und *Vulkanfelsen.* Anschlußbereiche: → Badische Bergstraße/Kraichgau, → Badisches Frankenland, → Bodensee, → Breisgau, → Markgräflerland, → Ortenau.

Der Blankenhornsberg am **Kaiserstuhl.**

Kalendersprüche

Kalendersprüche, → Weinbauernregeln.

Kalifornien (Karte → USA), bevölkerungsreichster Staat der → USA und wichtigste Weinbauregion Nordamerikas. Das Klima – verhältnismäßig trockene, warme Sommer, milde Winter und ausreichende Niederschläge – ist für den Weinbau ideal. Zwei der fünf Hauptanbaugebiete liegen an der Pazifikküste: die *Northern Coastal Region* nördlich und die *Central Coastal Region* südlich von San Francisco. Im Landesinneren liegen das *Great Central Valley* und die Gebiete um *San Bernardino* und *Cucamonga.* Traditionsreichste Reblandschaft ist die *Northern Coastal Region* mit dem extensiv bewirtschafteten Napatal, in dem mit modernsten Techniken Spitzenweine produziert werden. Die besten Lagen bieten die Mayacamas-Berge. Größtes Anbaugebiet ist heute die *Central Coastal Region,* wo an den küstenparallelen Gebirgshängen frühere Viehweiden in Rebareale verwandelt wurden. Produziert werden ausgezeichnete Rotweine aus → Cabernet-Sauvignon-Trauben, → Barbera und → Zinfandel, Rosés aus → Grenache und → Gamay, dazu erstklassige Weißweine wie *Chablis* oder *White Riesling.* Das heißere *Great Central Valley* sowie die südlichen Anbaugebiete liefern unter anderem verschiedene nach europäischen Originalverfahren herge-

Im Kopfschnitt erzogene Reben in **Kalifornien.**

Reben am **Kalterer See,** Südtirol.

stellte Dessertweine wie → Madeira, → Portwein und → Sherry. Aus → Chardonnay- und *Pinot-blanc*-Trauben (Weißer → Burgunder) werden Schaumweine erzeugt (*California Champaign* u. a.).

Kaltauszug, →Mazerat.

Kalte Ente, weinhaltiges Erfrischungsgetränk, eigentlich eine → Bowle aus Weißwein/Perlwein, Schaumwein/Sekt, Zitronenauszügen und Zucker. Der Name ist scherzhaft abgefälscht vom *abkühlenden Ende* einer warmen Mahlzeit oder eines schwülen Sommertages.

Kalterer See *(Lago di Caldaro),* kleiner See bei Bozen in → Südtirol sowie die an seinen Uferhängen wachsenden, säure- und gerbstoffarmen, rubinroten Weine. Sie sind meist ausgesprochen *süffig;* ihre Palette reicht von *milden, harmonischen* Tischweinen bis zu *rassigen* Kreszenzen; *Auslesen* haben mindestens 11 Grad Alkohol. Nicht ganz auf der gleichen Stufe stehen die Gewächse der benachbarten Gemeinde Kaltern (*Caldaro*).

Kalte Sophie, → Eisheilige.

Kaltgärung, → Gärung mittels *Hochleistungshefen* (→ Reinzuchthefe), die auch bei geringen Gärtemperaturen (bis zu minimal 4 Grad Celsius) Most in Wein bzw. → Cuvée in Schaumwein zu verwandeln vermögen.

Kamm, Fruchtstand der Weinrebe; er vereinigt mit seinen *Rappen* (Stielen) die Weinbeeren zur Traube.

Kammer, Luftkammer, Freiraum zwischen Flüssigkeitsspiegel und Flaschenverschluß. Beim Schaumwein sind etwa 15 Kubikzentimeter K.raum angezeigt, damit die Ausdehnung des Kohlensäuregases (→ Kohlendioxid, → Druck) bei Erwärmen nicht die Flasche sprengt.

Kammerprämierung, regionale Weinprämierungen in der Bundesrepublik Deutschland, die von der zuständigen Landwirtschaftskammer durchgeführt werden. Als Preise werden bronzene, silberne und goldene Kammerpreismünzen verliehen. Die K. ist, ebenso wie die → Gebietsweinprämierung, Vorstufe zur → Bundesweinprämierung.

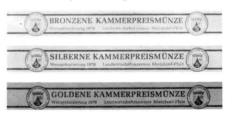

Siegel der **Kammerprämierung.**

Kammgeschmack, → grasig.

Kanada, nur im äußersten Süden des Riesenlandes, zwischen Erie- und Ontariosee sowie an der Pazifikküste, wird Weinbau betrieben. Angepflanzt werden → Hybriden; erst in jüngerer Zeit experimentiert man auch mit europäischen Rebsorten und → Neuzüchtungen.

Kantflasche, Flasche, aus der – z. B. infolge eines Korkschadens – Flüssigkeit austritt. Der Wein in einer K. verdirbt durch → Oxidation.

kantig, → eckig

Kanzlerrebe, für → Auslesen geeignete Rebneuzüchtung, eine Kreuzung aus →

Müller-Thurgau und → Silvaner, erzielt 1927 durch Georg Scheu an der rheinlandpfälzischen Landesanstalt für Rebenzüchtung, der 1967 → Sortenschutz für die K. zuerkannt wurde. Hans Ambrosi (*Deutscher Wein-Atlas*, Bielefeld 1973) bescheinigt den weißen *Kanzler*-Weinen *Stoff und Fülle und ein ausgeprägtes Sortenbukett mit feinem Spiel.*

Kapwein, Wein vom *Kap der Guten Hoffnung,* → Südafrika.

Karaffe, Tischflasche aus farblosem Glas, oft mit Schmuckschliff; als Verschluß dient ein gläserner Stöpsel. In der K. serviert man vor allem junge Weine, offene Tischweine (franz. *vin de carafe*) sowie *dekantierte* Rotweine (→ Dekantieren). Das Wort K. ist arabischen Ursprungs: *garrāfa* heißt ein weitbauchiges Schöpfgefäß. S. a. → botija.

Karl der Große, franz. *Charlemagne* (742–814), König der Franken und ab 800 römischer Kaiser, war ein großer Förderer des Weinbaus. In seine Zeit fällt eine beträchtliche Ausweitung der Rebflächen, die unter anderem auf großzügigen Landschenkungen an Kirchen und Klöster beruhte. Verbrieft sind etwa Gebietsabtretungen von K. an die Reichsabtei Lorsch bei Heppenheim und an das Kloster Hersfeld. K. ließ aber auch Musterbetriebe führen und gilt als Vater der → Straußwirtschaften. Von ihm wird auch berichtet, daß er auf dem → Johannisberg Weinreben anpflanzen ließ, weil er von seiner Ingelheimer Kaiserpfalz aus beobachtet hatte, daß dort der Schnee am frühesten schmolz. Bei Aloxe-Corton (→ Corton) in der Gironde soll er einen Weinberg besessen haben, dessen Weine noch heute unter dem Namen *Corton-Charlemagne* vermarktet werden.

Katalonien, → Spanien.

Kationenaustauscher, → Ionenaustauscher.

Kecskemeti Léanyka, ungar. → Mädchentraube, Schwarze.

kék Kisburgundi, ungar. für → Burgunder, Blauer.

Kéknyelyü, *Blaustengler, Weißer Pikolit,* nach ihren bläulichen Blattstielen benannte, älteste Weißweinrebe → Ungarns, heimisch im Gebiet um den Plattensee. Ihre Weine sind feurig, alkoholreich (12,5 bis 13 Volumenprozent), stark, aber nicht aufdringlich aromatisch in Bukett und Geschmack. Die Ungarn nennen sie *Bratenweine,* da K. ausgezeichnet zu fettem und scharf gewürztem Fleisch paßt. Die besten Kreszenzen wachsen im Bezirk Badacsony im mittleren Westungarn (*Badacsonyi Kéknyelyü*).

Kelch, nach lat. *calix,* Trinkbecher, im Altertum ohne, in der Neuzeit meist mit Standfuß. Die ältesten Trinkgefäße waren wohl frische oder getrocknete Fruchtschalen sowie tütenartig aus Blättern gedrehte und unten mit einem Knick verschlossene K.e. Ausgrabungen im Vorderen Orient förderten Becher und Schalen aus Stein und Keramik zutage. Unter den Tempelgeräten, die Nebukadnezar von Babylonien bei der Zerstörung Jerusalems 586 v. Chr. raubte, waren 30 goldene und 410 silberne Becher bzw. K.e, die Cyrus, der Begründer der persischen Kaiserdynastie,

Faß**keller.**

Tank**keller.**

zum Bau des zweiten Tempels zurückgab. Die biblische Dichtersprache nennt den *Taumelkelch* als Sinnbild des göttlichen Zornes, sowie den *K. des Heils und der Tröstung.* Abendmahls- bzw. → Meßwein werden im K. dargeboten. Bei der schlank trichterförmigen, gläsernen → Flöte spricht man vom Sektkelch, im Unterschied zur Sektschale (→ Sektgläser).

Keller, franz. *cave,* Raum für Zubereitung und → Lagerung der Weine. Früher war die Kühle der unterirdischen K.räume nötig für eine normale → Gärführung und schonende Lagerung. Heute versteht man unter K. auch die modernen Fabrikationshallen, in denen die optimale Temperatur durch Klimaanlagen sowie unmittelbare Tank-Heiz- und -Kühlaggregate erreicht wird. S. a. → bodega.

Kellerabzug, heute in der Bundesrepublik Deutschland nicht mehr erlaubte Bezeichnung für → Erzeugerabfüllung. In Frankreich ist der Begriff noch erhalten in der Form *Mis en bouteille dans nos caves.*

Kellerei, 1. Betrieb, der im Gegensatz zum → Weingut nicht aus eigenen Rebarealen stammenden Wein verarbeitet; 2. das Gebäude, in dem die Weinbereitung stattfindet; 3. Schaumwein produzierender Betrieb (*Sektkellerei*).

Kellermeister, der wichtigste Mann bei der Weinbereitung. Er ist verantwortlich für → Gärführung, → Behandlungsverfahren und → Lagerung und prägt damit den Charakter des Weines ganz wesentlich.

Kellerprobe, auch Jungweinprobe, fachmännische Verkostung des jungen Weines nach → Gärung und erstem → Abstich. Dabei wird festgestellt, wie der Wein weiterbehandelt werden muß, um sich optimal zu entwickeln.

Kellersonne, Spottwort für künstliche, im Keller zugesetzte Süße, wo die Trauben mangels ausreichender Sonnenwärme nicht genügend Zucker in den Most einbrachten. S. a. → Wein im Volksmund.

Kellerzöger, früher in Österreich gebräuchliche, aus Stroh geflochtene Tragtasche für Weinflaschen.

Kelter, Traubenpresse, auch → Torkel, Einrichtung zum → Abpressen des Traubensaftes. Im alten Orient und später auch andernorts, z.T. bis in die Neuzeit, trat man die Trauben mit Füßen (→ Maischetreten, *Keltertreter*). Dazu dienten zunächst, wie in *Bibel* und *Talmud* beschrie-

Bei der **Kellerprobe.**

ben, in Fels gehauene K.anlagen, deren einige bei archäologischen Ausgrabungen in → Ägypten, → Israel u. a. in voll funktionsfähigem Zustand zutage kamen. Auf die *Steinkelter* folgten verschiedene Formen hölzerner Kelterkästen und -wannen (*Kelterkorb*), alsbald abhebbar vom → Biet (*Kelterboden*). Gleichzeitig entwickelte man Techniken zur Erhöhung von Preßdruck und Saftausbeute. Die Römer erfanden – als Vorläufer der seit dem Mittelalter entwickelten *Vertikalpressen* – die → Baumkelter, die in Abwandlungen da und dort noch bis ins 19. Jh. in Gebrauch war. Bis in unsere Tage erhielt sich die → Spindelkelter, die nunmehr auch in mittleren und kleineren Betrieben zunehmend von modernen *Horizontalpressen* abgelöst wird. Dabei drückt ebenfalls eine Gewindespindel den *Preßteller* in einem zylindrischen, waagerecht liegenden *K.korb* gegen das Traubengut. Mehrmaliger Wechsel zwischen Pressen, Auflockern und Drehen des Preßkorbes bewirkt eine hohe Saftausbeute. Am schonendsten arbeitet jedoch die *Horizontal-Druckluftpresse.* Sie besteht im wesentlichen aus dem *Kelterkorb* mit einem Druckluftschlauch im Innern, der nach dem Einfüllen der Trauben in den Korb mittels Druckluft prall aufgepumpt wird und die Trauben von innen her gegen die Korbwand drückt, ohne dabei die bitterstoffreichen Traubenkerne zu

Keltern

Kelter: Traditionelle Vertikalpresse mit Holzspindel.

Kelteranlage mit horizontal liegenden Kelterkörben.

Kelteranlage mit modernen Hochleistungspressen.

zerquetschen. Neuerdings kennt man Hochleistungspressen, bei denen das Entfernen des → Tresters nach jedem Preßvorgang entfällt.

Keltern, Auspressen (fachsprachl. *Abpressen*) des Traubensaftes in → Kelter oder moderner Traubenpresse. Älteste Form des K.s ist das → Maischetreten.

Keltertrauben, zum → Keltern bestimmte, zur Weinbereitung geeignete Trauben, im Unterschied zu → Tafeltrauben.

Keltertreter, → Maischetreten, → Wein in der bildenden Kunst.

Kerner, deutsche Rebneuzüchtung, eine Kreuzung aus → Trollinger und → Riesling, erzielt an der Staatlichen Lehr- und Versuchsanstalt für Wein- und Obstbau, Weinsberg/Württemberg; → Sortenschutz seit 1969. Der Name erinnert an den schwäbischen Arzt und Dichter Justinus Kerner (1786–1862), der seit 1819 in Weinsberg lebte. K.-Weine verraten, bei *mildem Muskatbukett*, in ihrer *fruchtigen Frische* (WA) deutlich die Riesling-Abkunft. Die K.rebe zeichnet sich durch so hochgradige Frostbeständigkeit aus, daß ihr Anbau da und dort auch in bisher nicht weinbautauglichen Lagen aussichtsreich erscheint.

kernig, WA im Sinn von *kräftig, rassig, alkohol-* und *körperreich* sowie mit *sortentypischer* Säure (gern von → Riesling gesagt) und nachhaltigem → Abgang; k. sind solide → Herrenweine; *reifer* und *harmonischer* im Ausdruck: → *herzhaft*.

Keule, rotwelsch für → Sektflasche, Flasche Sekt (Küpper, *Wörterbuch der deutschen Umgangssprache V,* Hamburg 1967).

Kilian, Heiliger, irischer Wanderprediger, der um 689 in Würzburg hingerichtet wurde. Er gilt in → Franken als Schutzpatron der Weinbauern, obwohl es dort zu seiner Zeit noch keinen Weinbau gab. Vgl. → Weinpatrone.

Kir, Mischgetränk aus acht Teilen → Chablis (oder eines anderen trockenen

Klassifizierung

Der heilige **Kilian**, Schutzpatron der Weinbauern, Statue auf der alten Mainbrücke in Würzburg. Im Hintergrund die Marienfeste.

Weißweins) und einem Teil *Cassis* (aus schwarzen Johannisbeeren bereiteter Likör), gut gekühlt zu trinken. Den Namen gab ein Bürgermeister von Dijon in → Burgund, der den K. erstmals dem sowjetischen Staats- und Parteichef Nikita Chruschtschow serviert haben soll. Aus denselben Bestandteilen, jedoch im Mischungsverhältnis 50:50, soll 1759 die Marquise de Pompadour dem Maler François Boucher einen betörenden Trank bereitet haben, den sie *Mouf-Mouf* nannte.

Kirchenfenster, nicht zu beanstandende Schlierenbildung im Weinglas, verursacht durch hohen → Glyzeringehalt besonders → körperreicher, *edler* Weine, auch *satter* Schaumweine.

Kitzler, → Federweißer.

Klapotetz, Wahrzeichen der österr. Weinbauregion → Steiermark, besonders häufig anzutreffen im Bereich → Südsteiermark, eine Art Vogelscheuche mit Knalleffekt.

Klarheit, Kriterium der → Sinnenprüfung von Weinen; die Beurteilungsskala in Ausdrücken der WA, von der höchsten zur geringsten Bewertung: *kristallklar/blitzblank/spiegelblank – fackelhell/flackerhell* (franz. WA *scintillant*) – *glanzhell* – *blank/klar* (franz. *limpide*) – *hell* (franz. *clair*) – *staubig/trüb/blind*. In der franz. WA spricht man bei untadeliger K. weißer (*gelber, grüner*), roséfarbener und roter Weine von *brillante robe* (wörtlich *strahlendes Kleid*), bei Dumpfwerden mit Stich ins Fahlrote, Fahlfarbene von → *fauve robe*.

Klärung, Entfernen der Trubstoffe (→ Trub) nach der → Gärung. Wartete man früher geduldig ab, bis sich die Festteilchen innert Monaten als → Depot abgesetzt hatten (wobei die Weine durch → Oxidation in ihrem Geschmack beeinträchtigt wurden), wird heute durch → Filtrieren weit schonender *geklärt*. S. a. → Enthefung.

Klassifizierung, → Bordeaux-Klassifikation, → Güteklassen.

Klapotetz, Schutz vor Vogelfraß.

Klebrot

Klebrot, → Burgunder, Blauer.

klein, WA im Sinne von *anspruchslos, unbedeutend,* → körperarm und ohne besondere Geruchs- und Geschmacksreize. Analog gebrauchte Begriffe der franz. WA: *anémique (blutarm), commun (gewöhnlich), embêtant (langweilig), insignifiant (ausdruckslos), mince (gering), plébéien (niedrig); petit (klein)* jedoch hat die spezifische Bedeutung → kurz.

Kleinberger, → Elbling.

Kleinriesling, → Riesling.

Klevner, → Clävner.

Klima, der mittlere langfristige Zustand der Atmosphäre. Motor für alle Vorgänge in der Atmosphäre ist die Sonnenstrahlung. Die wichtigsten K.faktoren sind *Temperatur, Niederschläge* und *Wind*. Das K. ist neben → Boden und → Lage entscheidend für den Rebbau. Es bestimmt allgemein die Sortenwahl und insbesondere Extrakt- und Säuregehalt der Trauben. Wichtigste K.daten für die Eignungsbeurteilung eines Gebietes sind die *Jahresdurchschnittstemperaturen,* die *Wintertiefsttemperatur,* die *Sommermitteltemperatur,* die *Durchschnittstemperatur während der Vegetationsperiode,* die *Sonnenscheindauer* und die *Niederschlagsmenge*. Die *Jahresdurchschnittstemperatur* sollte wenigstens 9 Grad Celsius erreichen; das Optimum liegt zwischen 12 und 16 Grad. Die *Wintertiefsttemperaturen* dürfen nicht wesentlich unter −15 Grad Celsius sinken, da sonst schwere Frostschäden entstehen. Für eine gute Reifung wird ein *Sommermittel* von etwa 18 Grad Celsius erwartet, und als minimale *Durchschnittstemperatur während der gesamten Vegetationsperiode* gilt der Wert von 13 Grad

Klima: Weinbergfeuer gegen Frost in Hallau, Schweiz.

Klima: Netze gegen Hagel in Etoy am Genfer See.

Celsius. Als minimale jährliche *Sonnenscheindauer* werden dabei 1300 Stunden angesehen. An *Niederschlägen* braucht die Rebe im Jahr rund 600 Millimeter, wobei Durchschnittstemperaturen und Speicherfähigkeit des Bodens eine große Rolle spielen. Alle diese Werte können jedoch nur als Faustregel gelten, denn durch Sortenwahl, Ausnutzung von Lagegunst oder spezielle Arbeitsmethoden sind auch unter abweichenden Bedingungen gute Resultate möglich. Hauptanbaugebiete sind aufgrund des K.s die *warm-gemäßigten Zonen* der Erde. In subtropischen und tropischen K.zonen gedeiht die Rebe auch, entwickelt jedoch wenig Säure und ist damit für die Weinbereitung weniger geeignet. Gerade die langsame Reifung in den klimatischen Randgebieten wie → Burgund oder Mitteleuropa führt zu reicher Bukettentfaltung. Die einzelnen Klimafaktoren wirken folgendermaßen auf die Rebe:
Die *Temperatur* ist für die Lebensvorgänge der Rebe entscheidend. Unter- oder Überschreitungen der für die einzelnen Prozesse spezifischen Temperaturen verzögern oder beschleunigen die vegetativen Abläufe. Die Blätter- wie auch die Wurzelregion weisen eigene, von der Außentemperatur oft abweichende Wärmehaushalte auf. Schäden durch zu hohe Temperaturen sind in Mitteleuropa kaum zu befürchten; sie bedingen neben starker Sonneneinstrahlung Windstille und Wassermangel. Nicht gar so selten sind in den nördlichen Weinbaugebieten Frostschäden an Blättern (im Herbst), an jungen Trieben (im Frühjahr) oder am Holz (im Winter). Die *Sonnenscheindauer* ist einerseits wichtig für den Temperaturhaushalt des Rebstocks und des Bodens, andererseits für die lichtabhängige Photosynthese der Blätter und den Zuckeraufbau in den Trauben. Die *Niederschläge* liefern der Rebe das für den Nährstofftransport und zahlreiche biologische Prozesse notwendige Wasser, das durch die Wurzeln aufgenommen wird. Andererseits beeinflussen

Klima: Papierhüte als Frostschutz in Österreich.

Klingelberger

Ausgewählte Klimawerte einiger weinbaulich interessanter Wetterstationen

Station	Mittlere Jahrestemperatur °C	Mittlere Januartemperatur °C	Mittlere Julitemperatur °C	Sonnenscheindauer Std.
Montreux	10,0	1,0	19,2	1672
Frankfurt/M.	10,4	0,9	19,6	1563
Bordeaux	12,5	5,4	19,5	2008
Florenz	14,6	5,4	23,9	2488
Alicante	18,0	10,8	25,4	3009
Wien	9,8	−1,4	19,9	1891
Bukarest	10,9	−3,0	22,8	2159

sie den Dampfgehalt der Luft, der die Pflanze zu stärkerer oder geringerer Verdunstung veranlaßt (je trockener die Luft, desto stärker die Verdunstung). Wasserüberschuß erhöht die Anfälligkeit der Rebe für Pilzkrankheiten.

Der *Wind* beeinflußt Temperaturen und Wasserhaushalt. Er senkt in der Regel die Temperaturen in Blätter- und Bodenbereich, erhöht die Verdunstung, vermindert dadurch jedoch auch die Gefahr eines Pilzbefalls. Starker Wind kann mechanische Schäden verursachen. Regelrechte Kaltluftmassen können Fröste bringen, während warme Fallwinde – wie der Föhn auf der Alpennordseite – in klimatischen Grenzlagen (z. B. der → Ostschweiz) überhaupt erst den Weinbau ermöglichen.

Klingelberger, Synonym für → Riesling.

Klöch-Oststeiermark, geographisch größter, mit kaum 800 Hektar Rebfläche jedoch nicht bedeutendster der drei Bereiche der österr. Weinbauregion → Steiermark. Charakteristisch für das Gebiet um *Klöch* in der Südostecke des Steirerlandes, dicht an der jugoslaw. Grenze, ist die rote Vulkanerde, auf welcher der → Traminer (mit *Gewürztraminer*) wuchtige Kreszenzen liefert. Neben dieser Leitsorte gedeihen im Rund von Halbenrain, Klöch, Tieschen, Straden, St. Peter und Murek aber auch → Welschriesling, → Riesling, → Sauvignon blanc (hier *Muskat-Sylvaner* genannt), Weißer → Burgunder und ein fein rosenduftiger → Müller-Thurgau. Im übrigen oststeirischen Weinbaugebiet überwiegt sanfteres Hügelland mit Lößboden. Die Hauptanbauareale folgen wie ein breiter Gürtel der steirischen Landesgrenze zum burgenländischen Weinbaubereich → Eisenberg; hier sind (von Süden nach Norden) zu nennen St. Anna am Aigen, Kapfenstein, Fehring, der weitere Umkreis von Fürstenfeld, Ilz, Wolfgruben und Waltersdorf, St. Johann bei Herberstein, Stubenberg am See sowie Hartberg mit dem *Ringkogel,* an dessen Südhängen noch auf 700 Meter Meereshöhe Weinbau betrieben wird. Hauptsorte ist hier der *Welschriesling,* in jüngerer Zeit gefolgt von → Ruländer, *Müller-Thurgau* und *Weißem Burgunder.* – Anschlußbereiche sind → Südsteiermark und → Weststeiermark.

Klon, *Klonrebe,* durch vegetative Vermehrung des Mutterstocks entstandene Jungrebe (Rebsetzling). Die rebzüchterische Maßnahme der *Selektion* (Auslese) bedient sich der K.e robustester und ertragsbester Stämme der verschiedensten Rebsorten, um diese in genetischer Höchstform zu erhalten (*Erhaltungszucht*) oder durch Kreuzung weiterzuentwickeln (→ Neuzüchtungen). Für Neuanpflanzungen von Weinbergen stehen den Winzern heute in der Regel K.e statt einzeln veredelter → Pfropfreben zur Verfügung.

Kloster Eberbach, → Eberbach, Kloster.

Klosterneuburg, nach Stadt und Stift K. benannter Bereich der Weinbauregion → Niederösterreich (*Donauland*), Teil der ursprünglichen, 1976 erweiterten Region *Donauland*; die bis dahin gültige Bezeichnung *Traismauer-Carnuntum* für K. markiert die nach wie vor geltende Teilung der Bereiche durch die Weinbauregion von → Wien in einen westlichen (Traismauer/K.) und einen östlichen Bezirk (Petronell-Carnuntum). Dieser Strecke des Donaulaufs folgten einst die Nibelungen auf ihrem trinkfreudigen Treck zum Hof des Hunnenkönigs Etzel (Attila). Am Weg liegen von altersher bedeutende Weinzentren wie Kirchberg im Norden, Wagram, Traismauer und K. in der Flußniederung sowie Prellenkirchen im Osten. Der römische Kaiser Marcus Aurelius Probus (276–282) führte hier die südländische Weinrebe (*Vitis vinifera*) ein, da ihm der zuvor am Ort bereits aus der einheimischen Wildrebe (*Vitis silvestris*) gewonnene Wein nicht sonderlich mundete. Seit dem 12. Jahrhundert betrieb das Augustiner-Chorherrenstift (volkstümlich: *Stift zum rinnenden Zapfen*) Weinbau und -ausbau im Umland von K.; seine Keller reichen bis zu 40 Meter Bodentiefe (drei Stockwerke) und bergen heute noch – bei rund 100 Hektar stiftseigener Rebfläche – allzeit gut eineinhalb Millionen Flaschen Wein. Vorzüglich gediehen im Bereich K. Grüner → Veltliner, → Riesling, speziell im äußersten Osten aber auch Weißer → Burgunder und feine, volle Rotweine. 1860 begründete das Augustiner-Chorherrenstift die international zu hohem Ansehen gelangte, heutige *Höhere Bundes-Lehr- und -Forschungsanstalt für Wein- und Obstbau Klosterneuburg*, deren erster Direktor, Freiherr von Babo, die → Klosterneuburger Mostwaage erfand. Anschlußbereiche im ursprünglichen *Donauland* sind → Krems, → Langenlois und → Wachau.

Klosterneuburger Mostwaage, in → Österreich gebräuchliches, im späten 19. Jh. von August Wilhelm von Babo entwickeltes Gerät zur Bestimmung des → Mostgewichts. Fünf → Öchslegrade entsprechen annähernd genau einem Grad *KMW*.

klotzig, WA im Sinne von → breit und → eckig; → Körper.

Knallkümmel, *Knallsaft, Knallschnaps,* → Sekt im Soldatenjargon, Wortbildungen im frühen 20. Jh., sowohl auf den Knall beim «zünftigen» Flaschenöffnen als auch auf Blähungsgeräusche anspielend. (Küpper, *Wörterbuch der deutschen Umgangssprache V*, Hamburg 1967) → Sekt im Volksmund.

Kneipwein, eigentlich → Schankwein nicht sonderlich anspruchsvoller gastronomischer Betriebe (*Kneipen*), heute umgangssprachlich auch von für den alltäglichen Hausgebrauch abgefüllten → Konsumweinen gesagt.

Knipperlé, *Ortlieber, Räuschling,* in größeren Beständen nur im → Elsaß angebaute, in Deutschland und der (Ost-)Schweiz *Knipperle* bzw. *Kleiner Räuschling* genannte, sehr ertragssichere Rebsorte. Der aus K.-Trauben gewonnene Weißwein ist *reinsortigen* → Gutedel-Weinen meist überlegen, bringt aber keine Spitzenqualität ins Glas.

knochig, WA für mehr als → hart oder →

Klosterneuburg, eines der Zentren der Weinbauregion Niederösterreich.

bissig Säure hervorkehrenden Wein (*einen harten Knochen*); → Wein im Volksmund.

Kocher-Jagst-Tauber, nach dem deutschen Weingesetz von 1971 einer von drei Bereichen des Anbaugebiets → Württemberg. Die beiden → Großlagen des Bereichs sind *Kocherberg* und *Tauberberg*. Anschlußbereiche: → Remstal-Stuttgart, → Württembergisch Unterland.

Kochwein, zum Kochen verwendeter Wein, der entgegen landläufiger Auffassung nicht von minderer Qualität sein sollte. Gebräuchlich sind neben trockenen Weiß- und kräftigen Rotweinen vor allem die → Dessertweine → Madeira, → Marsala und → Sherry.

Kohlendioxid, CO_2, umgangssprachlich *Kohlensäure,* chemische Verbindung von Kohlenstoff (C) und Sauerstoff (O), neben → Alkohol ein Produkt der → Gärung. Aus einem Hektoliter Most entstehen etwa 40 Hektoliter K. Während man bei der Weinbereitung das K. entweichen läßt (ein Rest bleibt stets im Wein enthalten), wird es bei der → Schaumwein-Herstellung (s. a. → Crémants, → Perlwein, → Sternliwein u. a.) im Endprodukt gebunden. Wo K. künstlich zugesetzt wird (→ Imprägnierung), muß dies nach EG-Weinrecht und auch bereits in vielen Ländern außerhalb der → Europäischen Gemeinschaft auf dem Etikett deklariert werden.

Kometenwein, Rheinwein des Jahres 1811, als den ganzen Sommer über der *Komet 1811 I* am Firmament zu sehen war. Nichts in dieser Vegetationsperiode der Reben verlief wie sonst immer: Linde Frühlingslüfte wehten schon im Februar; im Mai (normalerweise Mitte Juni) standen die Reben in voller Blüte; frühreife Sorten konnten bereits ab Mitte Juli (normalerweise Ende August) geerntet werden; die Hauptlese konnte am 8. September (normalerweise Mitte Oktober) beginnen. Der 1811er wurde zum (erstmals als *Cabinet* etikettierten) → Jahrhundertwein, zu dem → Goethe in seinem *Schenkenbuch* vermerkte: *Wer mir den Wein bringt, sehe mich freundlichst an, sonst trübt sich der Eilfer im Glase.*

Konditon, lat. *vinum conditum,* ein schwerer → Medizinalwein aus Rotwein, Honig und verschiedenen Gewürzen; er gilt als besonders kräftigend. K. wird heute noch nach altem Geheimrezept in Moza bei Jerusalem (→ Israel) erzeugt.

Könige als Weintrinker; Zitate. – Aus der Operette *Die Fledermaus* von Johann Strauß, Sohn; Libretto von C. Haffner und Richard Genée (Uraufführung Wien 1874): *Die Könige, die Kaiser, sie lieben Lorbeerreiser, doch lieben sie daneben den süßen Saft der Reben.* – Aus der Tondichtung *Das Lied von der Erde* von Gustav Mahler; Text von Hans Bethge nach chin. Schriften (Uraufführung Wien 1911): *Ein voller Becher Wein zur rechten Zeit ist mehr wert als alle Reiche dieser Erde.* – Aus den Sprüchen Salomonis (31, 4–5; → Altes Testament): *O, nicht den Königen, Lamuel, nicht den Königen ziemt es, Wein zu trinken, noch den Fürsten starkes Getränk! Sie möchten trinken und der Rechte vergessen und verändern* (verdrehen, veruntreuen) *die Sache aller elenden* (armen) *Leute.* – Vgl. → Altes Testament, → Sorgenbrecher, → Trinken, → Wein erfreut des Menschen Herz, → Wein und Weisheit; → Trinksprüche.

Konsumwein, nicht allzu hochwertiger Wein für den täglichen Bedarf in der Gastronomie (→ Schankwein) wie auch im Haushalt (Tisch-, → Tafelwein). Vgl. → Kneipwein, → Schoppenwein.

Kopf, verdicktes Stammende der → Weinrebe.

Koran, → Islam.

Korbflasche, bauchige Wein-Transportflasche von großem Fassungsvermögen, ummantelt mit einem Korbgeflecht aus Weidenruten, Peddigrohr, Draht oder Metallbändern. Bei der trad., heute kaum mehr gebräuchlichen K. diente das elastische Flechtwerk allein zum Schutz vor Glasbruch durch Schlag oder Stoß bei Lagerstauung und Transport. Bei kleinformatigen K. vor allem diverser Südweine überwiegt heute der folkloristische Schmuckzweck der Bast-/Stroh- (→ fiasco) oder Drahtumflechtung (→ alambrado).

Korinthen, kleine, schwarz erscheinende → Rosinen.

Korkbrand, Brandzeichen (Wappen, Firmenname usw.) des Erzeugers/Abfüllers von Wein oder Schaumwein auf dem Korken, heute vielfach durch Farbdruck oder Stempelprägung ersetzt.

Korken, *Pfropfen, Stopfen, Zapfen,* zur Zeit noch weltweit meistgebrauchter Flaschenverschluß bei Wein und Schaumwein. Der K. ist kulturgeschichtlich uralt, findet jedoch erst seit dem 16. Jahrhun-

Korken

Korkenherstellung in Portugal.

dert allgemeine Verbreitung. Früheste Berichte über verkorkte → Schaumweine stammen aus der Zeit um 1670. Das Wort K. (von lat. *cortex*) bezeichnet die Rinde der Korkeiche (*Quercus suber, Quercus occidentalis*). Die besten K. kommen aus Spanien, billigere und qualitativ geringerwertige aus Nordafrika, Italien und Südfrankreich. Nur die besten aber sind optimal elastisch und krümeln nicht beim Herausziehen. So konnten sich mittlerweile denn auch billigere Flaschenverschlüsse am Markt durchsetzen, gegen die bei jung zu konsumierenden Weinen nichts einzuwenden ist, sofern sie luftdicht schließen und geschmacksneutral sind. Der → Ausbau von Spitzenweinen hingegen erfordert oft noch eine leichte → Oxidation, welche nur der Natur-K. gewährleistet. Die → Schaumwein- und → Sekt-Herstellung wurde überhaupt erst durch den K. ermöglicht. In den letzten Jahren jedoch ersetzt zunehmend der *Polyäthylen-Stopfen* den aus mehreren Schichten verleimten, im Flaschenhals auf den halben Durchmesser zusammengepreßten Sekt-K.

Korken: Verkorkungsgerät.

Korkenzieher, Gerät zur Entfernung des → Korkens. Eine genügend weite, *Seele* genannte Innenwindung (durch die Spirale sollte man ein Streichholz stecken können) sowie eine scharfe, in der Fortsetzung der Spirale liegende Spitze sind die wichtigsten Kriterien eines Spiral- oder Schrauben-K.s. Moderne Doppelschrauben und Hebel-K. erlauben ein erschütterungsarmes Herausziehen des Korkens. Preßluft- und Kohlensäurepumpen funktionieren leider nicht immer, ebenso wie der kaum mehr gebräuchliche Stahlfeder-Klemm-K. S. a. → Binger Bleistift.
Korkgeschmack, franz. *goût de bouchon*, österr. *Stopfengeschmack*, schweizer. *Zapfengeschmack*; irreparabler Geruchs- und Geschmacksfehler bei Wein/Schaumwein. Statistisch tritt K. in etwa einer von hundert mit Naturkorken verschlossenen Flaschen auf und ist ohne Kostprobe aus der Flasche nicht erkennbar, gelegentlich auch mit natürlichem Altersgeschmack (→ Firne) zu verwechseln. Urheber der Korkerkrankung, die sich dem Flascheninhalt mitteilt, ist der *Korkwurm*, soweit er erst in der bereits zu → Korken verarbeiteten Korkeichenrinde stoffwechselaktiv wird.
Körper, franz. *corps, corsage*, WA für den Geschmackseindruck vom Gesamtgehalt an → Extrakt (welcher nichtflüchtige Säuren einschließt) und *flüchtiger* → Säure in Wein bzw. Schaumwein. Der K. ist eine wichtige Bewertungskomponente bei der → Sinnenprüfung. Dr. Wolfgang Hynitzsch skizziert als Beurteilungsskala in der WA: *leer – dünn* (negativ, im Sinn von *körperlos/-arm*); *zart – kräftig – füllig – schwer* (positiv); *mastig – dick – plump* (*breit*) – *klotzig* (negativ, im Sinn von *unharmonisch, aufdringlich,* → eckig im K.); s. a. → körperreich, → mager.
körperarm, WA, → mager.
körperreich, engl. *robust,* franz. *bien meublé, charnu, étoffé,* ital. *corposo,* WA im Sinn von *kräftig,* → vollmundig, reich an → Extrakt und Alkohol, wobei gute → Farbe für selbstverständlich erachtet wird. Von einem mit *Körperreichtum* gesegneten Wein sagt die franz. WA auch: *Il a (Er hat) de l'ampleur (Breite, Umfang, Weite)* oder *de la chair (Fleisch, Sinnlichkeit).*
Korsika, zu → Frankreich gehörende, gebirgige Mittelmeerinsel, die vorwiegend kräftige, buketttreiche Landweine unter der stolzen Bezeichnung *Vin de pays de l'Ile-de-Beauté (Landweine der Insel der Schönheit)* produziert. Die hauptsächlich aus *Barossa-, Niellucio-, Sciacarello-* und *Vermentino*-Trauben gewonnenen → A.C.-Weine werden als *Vin de Corse* ausgewiesen, oft mit der Angabe des Anbaubereichs oder der Gemeinde.
koscher, jidd./hebr., *zulässig* (nach den Vorschriften der → Jüdischen Religion über Nahrungsmittel). Bei allen zum Verzehr bestimmten Waren – so auch bei Wein – wird die Einhaltung der Reinheitsgebote in der Erzeugung und Zubereitung oft durch entsprechende Markierung (K.-Stempel) beglaubigt. Orthodoxe Juden trinken nur K.-Wein.
Krachgutedel, → Gutedel.
kräftig, *robust,* franz. *corsé,* → Weinansprache für *alkohol-, körper-* und angenehm *säurereich,* von Weinen mit *markantem* → Charakter gesagt.
Krampeln, österr. Weinansprache, sinngemäß etwa *Anbeißen* als negativer Eindruck; ein → kratziger Wein *krampelt.*
Krampling, spiralig wachsende Greifranke, mittels welcher sich die → Weinrebe am *Erziehungsgerüst* (z. B. Pfahl, T-Eisen oder Spanndraht) festschlingt.
Kränzchen, Schaumkrone; → Moussierpunkt.
Kranzwirtschaft, → Straußwirtschaft.
Krätzer, → Federweißer.
kratzig, franz. *grattant,* WA für *unharmonisches,* → *eckiges* Getränk mit zu hohem Anteil an *flüchtigen Säuren,* vor allem an → Essigsäure, die im Hals ein unangenehm *kratzendes* Gefühl erzeugt. In der franz. WA sagt man auch, ein solcher Wein habe *des aspérités,* d. h. *Rauheiten, Zacken.*
Kräuterwein, → Medizinalwein, als Mazerat oder Aufkochung von Heilkräutern in Wein bereitet. K.e eignen sich vielfach gut als → Aperitif oder → Digestif, z. B. → Wermut.
krautig, franz. *sauvage,* auch → pointu, schweizer. WA im Sinne von *wild, stark, robust, herb,* nach trad. Auffassung einen rechten Mannestrunk (→ Herrenwein) kennzeichnend.
Krems, nach der Stadt K. an der Donau benannter Bereich der österr. Weinbauregion *Donauland,* die 1976 zur Region → Niederösterreich erweitert wurde. Im Gebiet von K. und Mautern ist Weinbau seit 450 n.Chr. historisch belegt und gelangte

Kukuruztraube

Krems, niederösterreichisches Weinbauzentrum.

durch die Klöster zu mittelalterlicher Hochblüte. Auf den sonnendurchglühten Lößböden von K. gedeihen vor allem Spitzenqualitäten des Grünen → Veltliners, aber auch → Riesling (*Rheinriesling*), → Müller-Thurgau und → Silvaner; Rot- und Roséweine liefern Blauer → Portugieser, die *Saint-Laurent*- und die *Zweigeltrebe*. Jedes Jahr im Mai findet in K. die *Österr. Weinmesse* statt; Stadt und Bereich schützen ihre eigenen Erzeugnisse seit 1976 durch Siegelmarken (Aufkleber) mit dem Text *Edler Wein aus der Stadt Krems-Stein* bzw. *Original Kremser Wein*. Anschlußbereiche im ursprünglichen *Donauland* sind → Klosterneuburg, → Langenlois und → Wachau.

Kreszenz, Lehnwort aus dem Lat. für *Wachstum, Wuchs, Gewächs,* franz. → *cru;* Bezeichnung für einen *edlen* Wein bestimmter Herkunft (WA); veraltet für *ortstypischen* landwirtschaftlichen Bodenertrag schlechthin.

Kreuznach, nach dem deutschen Weingesetz von 1971 einer von zwei → Bereichen des Anbaugebiets → Nahe. Die vier → Großlagen des Bereichs sind *Kronenberg, Pfarrgarten, Schloßkapelle* und *Sonnenborn*. Anschlußbereich → Schloß Bökkelheim.

Kreuzung, eine Methode der → Neuzüchtungen, bei welcher die Erbmerkmale unterschiedlicher Rebsorten durch geschlechtliche Vermehrung neu kombiniert werden, mit dem Ziel, neue Sorten mit bestimmten, erwünschten Eigenschaften zu gewinnen.

Krim, traditionsreichstes Anbaugebiet der → Sowjetunion an den steilen Hängen des Jailagebirges am Schwarzen Meer. Aus den Rebsorten *Pinot noir* (Blauer → Burgunder), → Chardonnay, → Sauvignon, Semillon, → Aligoté und *Bákador* werden – in dreijährigem Produktionsprozeß nach der → méthode champenoise – die berühmten *Krimskoje*-Schaumweine (*Krimsekt*) in Weiß und Rot erzeugt. Die *Rubin*-Rotweine sind dunkel, wuchtig und brauchen eine lange → Lagerung zu optimaler Reife.

kristallklar, → Klarheit.

Kronkorken, maschinell anzubringender Flaschenverschluß aus Metallblech (*Klemmkranz*) mit Kork- oder Plastikdichtung.

Küfer, *Böttcher,* der Handwerker, der Holzgefäße herstellt (→ Bottich, → Faß).

Kühlung, Methode der → Gärführung, bei der durch Temperatursenkung des Mostes die → Gärung verlangsamt wird.

Kuhnen, → Kahm.

Kukuruztraube, *Lämmerschwanz,* ungar. Rebsorte mit nennenswerten Beständen vor allem am Plattensee. Aus der K. wer-

Kullerpfirsich

Küferwerkstätte im Schweizerischen Landesmuseum, Zürich; Fässer in verschiedenen Bearbeitungsstadien.

den die vollmundigen, süßen Somlauer Weine gewonnen.
Kullerpfirsich, ein mit zahlreichen Gabeleinstichen versehener reifer Pfirsich, der in einem bauchigen Glas mit stark gekühltem → Schaumwein übergossen wird und in der aufsteigenden *Kohlensäure* zu *kullern* beginnt.
Kunstwein, *künstlicher Wein,* in Aussehen, Geruch und Geschmack weinähnliches Getränk aus teilweise, überwiegend oder gänzlich weinfremden Ingredienzien. Derartige Weinsurrogate verschiedenster Machart waren im 19. Jh. noch weitverbreitet, legalisiert durch entsprechende Etikettierung. Heute sind Herstellung und Handel von *Surrogatweinen* in allen Weinbau betreibenden Ländern verboten.
Kurtraube, Meraner, Südtiroler Synonym für → Trollinger, Blauer.

kurz, franz *bref, court, petit* (wörtlich *klein*), WA im Sinn von *flüchtig* (ohne → Abgang) bei rasch verfliegendem Geruchseindruck, jedoch wertfrei hinsichtlich der Duftnote (→ Bukett). Ein Wein kann z. B. im Glas eine sehr einnehmende → Blume entfalten, die aber beim Schlucken sofort erstirbt, ohne noch über den Gaumen die Geruchsnerven zu reizen. Die franz. WA hat für solcherart zu k. wirkenden Wohlgeruch auch die bildhafte Bezeichnung *Pfauenschwanz* (→ queue de paon).
Kutscher, *Kutscherwein,* seit dem 19. Jh. nördlich der Rhein-Main-Linie belegte Bezeichnung für *sauren, rauhen* Wein, wie man ihn Kutschern anstelle von Trinkgeld gab: K. galten als robust genug, solches Getränk zu verkraften (Küpper V, Hamburg 1967), → Wein im Volksmund.

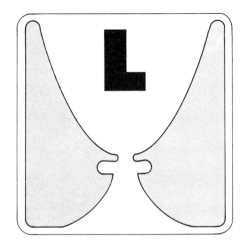

La Côte, Rebgebiet im → Westschweizer Kanton → Waadt, zwischen Nyon und Morges.

Lacrimae Christi, von den Lavahängen des Vesuvs stammende Weine. Der goldgelbe, volle, trockene Weißwein wird aus *Greco-de-la-Torre*-Trauben erzeugt, der würzige Rotwein aus → Aglianico- und *Palombina*-Trauben.

Lacrimae Petri, *Petrustränen,* Sachschelte für sauren oder bitter schmeckenden Wein, abgeleitet von dem Bibeltext: Petrus «ging hinaus und *weinte bitterlich*».

Lage, österr. *Riede,* die Gesamtheit der natürlichen Gegebenheiten, welche eine Rebfläche auszeichnen. Dazu gehören → Boden, → Klima, Höhenlage, Exposition, Relief und Umgebung. Die L. ist besonders in klimatischen Randgebieten des Weinbaues, wie in Mitteleuropa, entscheidender Produktionsfaktor. Guter Wein läßt sich hier nur noch unter Ausnutzung von L.vorteilen erzeugen. Dabei wird in erster Linie ein gegenüber der Umgebung günstigeres Lokalklima angestrebt.

Die *Höhenlage* beeinflußt die Temperatur: hohe L. sind tagsüber weniger warm als tiefere, kühlen aber nachts weniger aus; sie sind freilich stärker dem Wind ausgesetzt. Diese ungünstigen Verhältnisse können höchstens durch ausgesprochene Nebelarmut ausgeglichen werden.

Die *Exposition* eines Areals ist oft entscheidend für die Weinbau-Eignung. Schon eine leichte Südneigung des Geländes bietet einen höheren Strahlungswert. Optimal ist die senkrechte Einstrahlung. Da in unseren Breiten die Tageshöchsttemperaturen am frühen Nachmittag erreicht werden, werden in Wirklichkeit West- und Südwesthänge stärker erwärmt als Ost- und Südosthänge. Auch die Windexposition spielt eine Rolle. Südlagen sind hier wieder begünstigt, weil oft durch bewaldete Kuppen vor kalten Nordwinden geschützt. Durch Bepflanzung quer zur

Lage: Zypressenreihen als Windschutz in der Provence.

Lägel

Günstige **Lage** in Baden: nach Südwesten orientierte Lößterrassen.

vorherrschenden Windrichtung oder durch Anlage von Hecken oder Mauern kann die Einwirkung des Windes gemildert werden. Das *Relief* des Geländes äußert sich einerseits in den verschiedenen Hanglagen, verfälscht andererseits den Einfluß der Exposition durch Schattenwurf. Muldenlagen sind zwar vor Wind geschützt, werden aber von Nebel und Kaltluftseen ausgefüllt.

Die *Umgebung* wirkt vor allem durch ihre spezifische Wärmeleitfähigkeit, durch Windschutz, Schattenwurf oder Reflexion auf das Rebareal. Sehr günstig wirken sich größere Seen aus; zum einen geben sie tagsüber empfangene Wärme nachts auch in die Uferlandschaft ab, daneben reflektieren sie die Sonnenstrahlung und erhöhen so in angrenzenden Rebflächen die Wärmezufuhr. Als Wärmespeicher wirken auch größere Siedlungen; Wälder gleichen die Temperaturen aus, können die Reben jedoch auch beschatten. Ungünstig sind benachbarte Hochflächen, da sich darauf oft Kaltluftseen bilden.

Lägel, → Legel.

Lagensekt, Qualitätsschaumwein, der hauptsächlich (in der Bundesrepublik Deutschland zu 75 Prozent) aus Weinen einer angegebenen Weinbergslage erzeugt wird; s. a. → Jahrgangssekt.

Lageraroma, *Lagerbukett,* der beim → Ausbau von Wein und Schaumwein entstehende, spezifische Geschmack. Für seine Entwicklung gilt bei den → Qualitätsschaumweinen eine *Lagerzeit* von mindestens 9 Monaten (einschließlich → Hefelager).

Lagerung, die Haltung eines Weinvorrats in einem geeigneten, möglichst kühlen Raum (→ Keller) ohne große Temperaturschwankungen. Diese sind dem Wein abträglicher als gleichmäßige, höhere Temperaturen. Da Wein ein Naturprodukt ist, können für die L. (→ Haltbarkeit) keine bestimmten Fristen angegeben werden. Für die L. besonders geeignet sind Weine aus säurereicheren Rebsorten (z. B. → Riesling) der höheren Qualitätsstufen. Am besten fragt man beim Weineinkauf den Händler oder Winzer nach der Lagereignung der gewünschten Weine. Überall im Handel gibt es heute praktische Weinregale aus Kunststoff, Styropor, Stahl oder Bimsbeton. Man sollte Einzelelemente bevorzugen, damit man sein Weinregal der

Lagerung von Weinbrand.

Lagerkapazität anpassen kann. Gewitzte führen ein Kellerbuch, aus dem jederzeit → Jahrgang, Einkaufsdatum und Lagerbestand ersichtlich sind. Vgl. → Alter.

Lago di Caldaro, → Kalterer See.

Lagrein, ital. *Lagariono,* Rebsorte und fruchtig-frischer Rosé aus → Südtirol.

Lágrima, span., *Träne,* Name eines sehr süßen und schweren, likörig-aromatischen Südweines von dunkler Bernsteinfarbe. Er wird in → Málaga (→ Spanien) an- und ausgebaut.

Lál, Roséwein aus der → Türkei.

Lambrusco, roter, in der italienischen Region → Emilia-Romagna aus *Lambrusco*-Trauben erzeugter Wein, dem ein Teil des bei der → Gärung entstandenen → Kohlendioxids belassen wird, was ihm seinen typischen prickelnden Charakter gibt.

Lämmerschwanz, → Kukuruztraube.

Landesweinprämierung, → Gebietswein- und → Kammerprämierung in der Bundesrepublik Deutschland.

Landwein, in → Frankreich als *Vin de pays* eine gehobene Kategorie der → Tafelweine (*V.C.C.*-Wein), eine Regelung, die in den → EG-Verordnungen übernommen wurde. In Deutschland (Bundesrepublik Deutschland) wird eine gleichnamige Qualitätsstufe unter den Tischweinen angestrebt. In → Österreich und der → Schweiz versteht man unter L. einen einfachen Konsumwein.

Langenlois, nach der Stadt L. benannter Bereich der österr. Weinbauregion *Donauland,* die 1976 zur Region → Niederösterreich erweitert wurde. Den Kern des Bereichs bilden Kamp- und Strassertal; von Schönberg im Norden über den durch → Stifterl weltberühmt gewordenen *Heiligenstein* bei Zöbing und die Stadt L. bis nach Hadersdorf am Kamp reiht sich Weinort an Weinort. Die Stadt L. selbst ist mit rund 2100 Hektar Rebfläche die größte Weinbaugemeinde Österreichs. Im Bereich belegt der Grüne → Veltliner 47 Prozent aller Rebflächen; an roten Sorten gedeihen neben Blauem → Portugieser und *Zweigeltrebe* speziell am *Heiligenstein* auch hervorragende Blaue → Burgunder. Anschlußbereiche im ursprünglichen *Donauland* sind → Klosterneuburg, → Krems und → Wachau.

Languedoc-Roussillon, größte französische Anbauregion, an der Mittelmeerküste zwischen Rhônedelta und spanischer Grenze. In der Küstenebene sowie an den Cevennen- und Pyrenäenabhängen wird rund die Hälfte der gesamten Mostmenge des Landes (um 35 Millionen Hektoliter jährlich) erzeugt. → V.D.Q.S.-Weine sind etwa der *Costière-du-Gard,* der *Minervois* (und der *Vin noble du Minervois*) und der *Corbières;* → A.C.-Weine sind der rote *Fitou,* die *Côtes-du-Roussillon* (rot, rosé und weiß), der Schaumwein *Blanquette de*

Rebflächen des Minervois im **Languedoc**.

Laßt brausen im Becher...

Laubarbeiten erfordern viel Zeit.

Limoux und die Dessertweine → Banyuls, *Frontignan*- und *Lunel*-Muskat und *Rivesaltes*.
Laßt brausen im Becher..., → Trinklieder; → Trinksprüche.
La Tâche, ein Spitzenwein unter den Besten aus → Burgund, mit eigener → Appellation contrôlée der Gemeinde Vosne-Romanée. Im Jahresdurchschnitt werden nur etwa 180 Hektoliter dieser Rarität erzeugt.
Latium, ital. *Lazio,* Region und wichtiges Weinbaugebiet um Rom. Produziert werden vor allem Weißweine wie der berühmte → Frascati aus der Gegend der *Castelli Romani* oder der *Est! Est!! Est!!!* sowie der leicht bittere, delikate *Orvieto* und die Rotweine *Merlot di Aprilia* oder *Cesane di Affile*. Der Gesamtertrag schwankt um durchschnittlich 4,5 Millionen Hektoliter im Jahr.
Laubarbeiten, die an den Trieben der Rebe vorgenommenen Pflegearbeiten. Dazu gehören das *Ausbrechen* unerwünschter Triebe, das *Einstecken* oder *Heften* junger Triebe zwischen die Heftdrähte, um sie vor Windbruch zu schützen, das → Geizen, das *Entfernen von Blättern* in schlecht durchlüftetem Laub und das → Gipfeln. Bei der modernen → Drahtrahmenerziehung sind die L. wesentlich weniger aufwendig als bei der alten → Pfahlerziehung.
Lauer, alte Bezeichnung für → Tresterwein (Johann Christoph Adelung, *Versuch eines vollständigen grammatisch-kritischen Wörterbuchs der Hochdeutschen Mundart,* Leipzig 1774—1786), laues, gehaltloses Getränk.
laut, WA im Sinn von aufdringlich in Geruch und/oder Geschmack.
Lautertrank, mittelalterlicher Würzwein, → Aperitif, → Medizinalwein.
Lavaux, Rebgebiet im → Westschweizer Kanton → Waadt, zwischen Lausanne und Montreux.
Lävulose, → Fruchtzucker.
Lazio, ital. → Latium.
lebendig, engl. *lively,* franz./ital. *vivace,* WA, meist für jugendlich → frische Weine/Schaumweine mit unaufdringlich *fruchtiger* Säure gebraucht; → Jugend.
Lederwein, traditionelle Bezeichnung für jungen Wein nach dem ersten → Abstich, der früher über Lederschläuche erfolgte.
leer, WA im Sinn von *dünn, gehaltlos,* geringer als → mager.
legale, ital. WA, → ehrlich.
Legel, *Lägel, Logel,* etwa eimergroßes, jedoch nicht unbedingt eimerförmiges Holz-, Metall- oder Kunststoffgefäß zur unmittelbaren Aufnahme der Trauben bei der traditionellen Weinlese. Das L. wird in die → Hotte entleert, in welcher die Trauben aus den Rebzeilen zum Transportbottich abgetragen werden. S. a. → Bottich.
léger, franz. WA, → leicht.
légère robe, franz. *schlichtes Kleid,* WA für helle, auch allzu blasse → Farbe.
leggero, ital. WA, → leicht.

Lehensbecher, voluminöses Weingefäß, mit welchem mittelalterliche Lehensherren die als Mannestugend geltende Trinkfestigkeit ihrer Vasallen auf die Probe stellten; → Trinkprobe.

leicht, engl. *light,* franz. *léger,* ital. *leggero,* WA, 1. im Sinn von → artig; 2. insbesondere von *kleinen* Weinen gesagt, die wenig → Farbe sowie geringe Alkohol- und Extraktanteile (→ Körper), diese aber in harmonischer Ausgewogenheit aufweisen.

Leitha-Gebiet, Teil des österreichischen Weinbaugebiets → Rust-Neusiedler See am Südosthang des Leithagebirges im → Burgenland.

Lemberger, → Limberger.

Lese, Traubenernte, → Weinlese.

Lesegut, → Aus dem L. von . . ., → Aus eigenem L. (→ Erzeugerabfüllung).

Leseprüfung, amtliche Kontrolle des Rebgutes auf Reife und Gesundheit, ein Teil der → Qualitätsweinprüfung.

Libation, hebr. *nessech,* im biblischen Israel die täglichen Tieropfer im Tempel zu Jerusalem begleitendes *Gußopfer.* Es bestand aus Öl und Feinmehl, die verbrannt wurden, sowie aus Wein. Dieser wurde mittels einer gelochten Silberschale dargebracht und zerrann im Fels, der als Ort der *Bindung Isaaks* und *Grundfeste der Erde* galt. Die kondensierten Weinreste wurden alle 70 Jahre abgeschabt und verbrannt. Beim herbstlichen *Schöpffest* brachte man in einer zweiten Schale, zugleich mit Wein, auch Quellwasser vom *Siloah* (heute arab. *Siluan*) dar. Die Priester tranken nicht vom zur L. bestimmten Wein. Das zu spendende Maß war $1/4$ *hin* je Lamm, $1/3$ je

Rivaz, Weinort des **Lavaux.**

Widder, ½ für jeden Stier (4. Mose 28; 1 *hin* = 3,6 Liter). Gaben der Armen – wie Trauben und Brot – waren vom zusätzlichen Gußopfer befreit. In nachbiblischer Zeit trat an die Stelle der L. die Gabe von Wein an fromme Gelehrte und an die Gemeinden, zur Bewirtung von Gästen bestimmt. L.s-Wein durfte nie von Heiden stammen, und bis heute scheuen manche orthodoxen Juden noch jeglichen von Nichtjuden hergestellten oder abgefüllten Wein (vgl. → koscher).

licht, WA für wäßrig-helle → Farbe.

Liebe und Wein in Zitaten, → Sine Cerere et Baccho . . ., → Wein, Weib und Gesang, → Islam.

Liebfrauenmilch, *Liebfraumilch,* ist nach dem Gesetz ein Qualitätswein aus Weißweintrauben, die ausschließlich aus den deutschen Anbaugebieten → Nahe, → Rheingau, → Rheinhessen und → Rheinpfalz stammen, ein Ausgangsmostgewicht von mindestens 60 Grad Öchsle aufweisen, vorwiegend aus den Rebsorten → Riesling, → Silvaner oder → Müller-Thurgau gekeltert und von lieblicher Art sind. Eine Rebsortenangabe auf dem Etikett ist nicht zulässig. Die Bezeichnung leitet sich ab vom Wormser Liebfrauenstift. Im Inland genießt der Begriff keine besondere Hochachtung, im Ausland dagegen gilt er als Synonym für deutschen Weißwein überhaupt.

lieblich, engl. *agreeable, flavourous,* franz, *aimable, amoureux, câlin, caressant, moëlleux, savoureux, suave,* ital. *amabile,* WA für Schaumwein mit leicht betonter → Dosage sowie milden, wohlmundenden Wein mit verhaltenem Alkohol- und Säureausdruck bei artbestimmend dominierender, jedoch nicht aufdringlicher → Restsüße, fehlerfreies → Bukett vorausgesetzt.

Liechtenstein. Das kleine Fürstentum im Rheintal produziert auf 15 Hektar Rebland durchschnittlich 600 Hektoliter Wein, vornehmlich Blauen → Burgunder (14,5 Hektar) sowie in geringen Mengen *Riesling × Silvaner* bzw. → Müller-Thurgau. Der Weinbau im Rheintal, einer ausgesprochenen Föhnlage, geht auf die Unterwerfung der Räter durch Drusus und Tiberius (15 v.Chr.) zurück. Die bekanntesten Lagen befinden sich auf den Südhängen um den Hauptort Vaduz; ihre Kreszenzen kommen als *Vaduzer Beerli* (Rotwein), oder als *Vaduzer Süßdruck* (Rosé, auch *Kretzer* genannt) auf den Markt. L. importiert ungefähr das Achtfa-

Weinberge bei Vaduz, **Liechtenstein.**

che der Eigenproduktion zur Deckung des inländischen Konsums. Die weingesetzlichen Bestimmungen sind weitgehend jenen der → Schweiz angepaßt. Auch der Charakter der Weine entspricht jenem der Produkte → Graubündens und → St. Gallens.

Likör, von lat. *liquor* (*Flüssigkeit*) über franz. *liqueur* eingedeutscht. – 1. im 16. Jh. wurde *liquor* in Alchimie und Pharmazie zum Fachwort für flüssige Substanzen im allgemeinen und für – vornehmlich von Mönchsorden (Benediktiner, Kartäuser, Trappisten, Zisterzienser u. a.) in Klöstern als Heil- und Stärkungstränke bereitete – Kräutermazerate und -destillate im besonderen. Speziell mit dieser Bedeutung wurde das Wort als *liqueur* frankophon adaptiert und im frühen 18. Jh. phonetisch eingedeutscht. L. steht heute für eine sehr breite Palette nur noch zu geringem Teil als Arzneien ansprechbarer, mehr oder minder dünn- oder dickflüssiger (sämiger) Genußmittel auf Alkoholbasis. In Deutschland (Bundesrepublik Deutschland) unterscheidet man nach seit 1971 amtlichen Begriffsbestimmungen: a) Eis- und Kristall-L.e, b) Emulsions-L.e, Cremes, c) Frucht-L.e, d) Kakao-, Kaffee- und Tee-L.e, e) Kräuter-, Gewürz- und Bitter-L.e, f) sonstige L.arten (z. B. Aguamiel, Allasch, Bärenfang, Danziger Goldwasser, Schwedenpunsch, Vanille-L. u. a. m.), unter welchen der → Cordial-Médoc eine Sonderstellung einnimmt. – 2. In der Umgangssprache veraltet, fachsprachlich aber nach wie vor gebraucht und wohlverstanden, bezeichnet L. (auch in der franz. Form *liqueur*) die → Fülldosage (*Tirage-L.*), die den Sektgrundwein-Verschnitt (→ Cuvée) zur zweiten Gärung anregt, sowie – 3. die → Versanddosage (*Expeditions-L., liqueur d'expédition*), die dem Schaumwein nach zuckerrestloser Durchgärung die gewünschte Geschmacksqualität verleiht. Hierfür wurden früher vielfach – und werden gelegentlich heute noch (in Deutschland verboten) – trinkreifer L. und/oder → Weinbrand mit verwendet.

Limberger, *Lemberger, Blaufränkisch,* in Österreich sowie im deutschen Anbaugebiet → Württemberg besonders verbreitete, spät reifende Rotweinrebe. Ihre hellbis satt rubinroten Weine haben feine Rasse (WA) und fruchtiges *Sortenbukett;* ihre Hochform liegt etwa zwischen dem zweiten und vierten Lagerjahr.

limpide, franz. *durchsichtig,* WA im Sinn von *blank, klar;* → Klarheit.

Linksweinsäure, → Weinsäure.

liqueur, → Likör.

liqueur d'expédition, franz., *Expeditionslikör* bei der Schaumweinbereitung, → Versanddosage.

liquoreux, franz. *likörig,* WA bei viel Alkohol und → Restsüße in einem deshalb an Likör gemahnenden Wein.

Lirac, Roséweinbereich der südwestlichen → Côtes du Rhône.

Logel, → Legel.

Weindorf an der **Loire.**

Loire, Anbauregion in → Frankreich im Bereich des gleichnamigen Flusses mit insgesamt 200 000 Hektar Rebfläche, ein Viertel davon als → A. C.-Anbaugebiete. Von der Mündung der Loire ausgehend, sind die wichtigsten Anbaugebiete das *Nantais,* aus dem der → *Muscadet* stammt, → *Anjou,* das Umland von *Saumur,* das auf reinen Kalkböden spritzige Weißweine aus → Chenin-blanc-Trauben erzeugt, die *Touraine, Vouvray* und *Pouilly.* Den Hauptanteil an der Jahresproduktion von durchschnittlich 4 Millionen Hektoliter haben spritzige bis kräftige Weißweine und Rosés. Zu den bekanntesten Rotweinen gehören der *Bourgueil* und der *Chinon.*

Lombardei, italienische Region um Mailand, die aufgrund ihrer Lage zwischen Alpenkamm und Po sehr unterschiedliche Klimabedingungen und dementsprechend verschiedenartige Weine aufweist. Berühmt sind die kräftigen Rotweine aus dem *Veltlin,* die von den Hängen des Gardasees stammenden Rot- und Roséweine

(*Riviera del Garda Bresciano*) oder die Rot- und Weißweine aus dem bereits südlich des Po gelegenen Anbaugebiet *Oltrepò Pavese*. Der jährliche Ertrag liegt um zwei Millionen Hektoliter.

long, franz., *lang,* WA für Getränk mit nachhaltigem → Abgang.

Long drinks, alkoholische → Mischgetränke (z. B. → Bowle, → Cobbler, → Cup), die meist in hohen, zylindrischen Gläsern (*tumbler*) oder in Sektschalen u. ä. serviert werden, mit Löffel und Trinkhalm. Vgl. → Short drinks.

Lorke, süße, → Schaumwein, leichter Sekt, umgangssprachlich seit dem 18. Jh. in Mittel- und Norddeutschland sowie im Rheinland. L. meint urspr. einen dünnen (Malz-)Kaffeeaufguß (franz. *l'orge,* die Gerste), später ein laues, gehaltloses Getränk schlechthin (→ Lauer) (Küpper, *Wörterbuch der deutschen Umgangssprache V,* Hamburg 1967).

louche, franz. WA im Sinn von zweifelhaft nach Herkunft und Behandlung, nicht → ehrlich, nicht → sauber.

lourd, franz. → schwer, in der WA auch im Sinn von → dick gebraucht.

Löwenpisse, seit 1920 belegte Sachschelte für einen mißratenen oder gefälschten → Moselwein (Küpper V, Hamburg 1967); → Wein im Volksmund.

loyal, franz. WA, → ehrlich.

Luftgeschmack, *Oxidationsgeschmack* von Weinen nach längerem Luftkontakt auf großer Oberfläche, vor allem in nicht spundvoll gehaltenen Fässern. Starker L. wird, ebenso wie die *Oxidationsfarbe* (→ hochfarbig), als *Sherryton* bezeichnet.

Luftkammer, → Kammer.

Lugana, nach einem kleinen Winzerort am Südufer des Gardasees (Oberitalien) benannter, trockener Weißwein der Rebsorte → Ugni blanc.

Luxemburg. Das Großherzogtum Luxemburg erzeugt auf rund 1 000 Hektar durchschnittlich 190 000 Hektoliter Wein, und zwar ca. 45 Prozent *Rivaner* (→ Müller-Thurgau), 28 Prozent → Elbling, 10 Prozent → Riesling, 8 Prozent → Auxerrois, sowie in geringen Mengen *Pinot blanc* (Weißer → Burgunder), *Pinot gris* (→ Ruländer) u. a. Das Weinbaugebiet der *Luxemburger Mosel* kann in zwei Regionen unterteilt werden: die südliche des Kantons von Remich (Keuper-Mergel-Böden), mit zarten, weichen Weinen, und die

Luxemburg: Etikett.

nördliche des Kantons von Grevenmacher (Dolomitkalk), mit rassigeren, kräftigeren Weinen. Im Gegensatz zu den deutschen Moselweinen sind die Luxemburger Moselweine trocken und fast völlig durchgegoren. Erzeugnisse mit über 10 Gramm/Liter → Restsüße erhalten die Auszeichnung *Qualitätswein* (→ Marque nationale) der Prüfungskommission kaum. Die höheren Stufen (*Vin classé, Premier cru* und *Grand premier cru*) entsprechen deutschen *Qualitätsweinen mit Prädikat.* Renommierlagen sind z. B. *Wormeldinger Koeppchen* und *Wintriger Felsberg.* Weinexport und -import (vor allem Rotwein) halten sich ungefähr die Waage.

Luxuswein, ital. *vino di lusso,* 1. in der Schweiz *mächtige* → Trockenbeer-Weine mit mehr als 13 Grad Gärungsalkohol und beträchtlicher natürlicher → Restsüße, jedoch ohne → Botrytiston; 2. in Italien gleichbedeutend, jedoch auch Bezeichnung für *gespritete* Weine (mit zugesetztem Alkohol) sowie für Schaumweine.

Luzern, Kanton der Zentralschweiz mit heute rund 8 Hektar nach Südwesten orientierten Rebhänge im Seetal und am Ufer des Vierwaldstättersees. 51 Prozent der Rebfläche sind mit *Riesling × Silvaner* (→ Müller-Thurgau), 47 Prozent mit Blauem → Burgunder, zwei Prozent mit *Pinot gris* (→ Ruländer) bepflanzt. Am bekanntesten ist der Wein aus dem Staatskeller von Schloß Heidegg.

Madeira

Mâcon, *Mâconnais,* nach der Stadt M. an der Saône benannte Weinbauregion im südlichen → Burgund, nördlich des → Beaujolais. Qualitätsweine (Weiß, Rosé und Rot) von M. kommen – soweit nicht als *Bourgogne* deklariert – als *M. supérieur* oder *M.-Villages* in den Handel. Für große trockene Kreszenzen stehen die → Appellations contrôlées *Pouilly-Loché, Pouilly-Fuissé* (!), *Pouilly-Vincelles* sowie – in jüngerer Zeit erst aufkommend – *Saint-Véran.*

Mädchentraube, rumän. *Fetească,* ungar. *Leányka,* vom Balkan bis zum → Burgenland seit spätrömischer Zeit verbreitete, oft im → Gemischten Satz angebaute Weißweinrebe. Sortenrein liefert sie hell grüngelbe Weine von *feiner Art, zarter Blume* und an Honig gemahnendem Geschmack. Die *Schwarze M.* (*Feteasca neagra, Kecskemeti Leányka*) ergibt tiefdunkle Weine mit viel → Körper und fruchtigem → Bukett, die heute nur mehr in → Rumänien besonders gepflegt werden.

mâche, franz. WA bei *körper-* und *säurereichem* Wein: *Il a de la mâche,* sinngemäß: *Er ist zum Kauen;* erst der → Weinbeißer entdeckt seine wahren Qualitäten.
mâché, franz. WA, → gerbstoffreich, s. a. → Umschlagen.
mächtig, engl. *massive,* franz. *puissant,* ital. *possente,* WA für besonders *alkohol-* und *körperreiche, schwere, wuchtige* Weine, die auch zum → Anreichern *kleinerer* Kreszenzen gebraucht werden können. Die *Mächtigkeit* nennt die franz. WA *splendeur (Glanz, Pracht).*

Madeira, nach der gleichnamigen portugiesischen Atlantikinsel benannte → Aperitiv- und Dessertweine, die durch → Verschnitt und → Aufspriten sowie Alterung ihren typischen karamelartigen Charakter gewinnen. Hatte man früher die Weine zur Reifung langen Schiffsreisen in den äquatorialen Meeren ausgesetzt, beschleunigt

Roche-de-Solutré, malerischer Weinort bei **Mâcon.**

Madeiraton

Weite Rebflächen auf der Insel **Madeira**.

man seit dem letzten Jahrhundert die Alterung in speziellen Öfen (*estufas*), vgl. → Sherry). Hauptsorten des M. sind der süße, vollmundige, dunkelbraune *Malmsey*, der etwas leichtere *Bual*, der trockenere, weiche *Verdelho*, mit leichtem Honiggeschmack, sowie der trockene, leichte, etwas scharfe *Sercial*. S. a. → Bastard.
Madeiraton, weniger gebräuchliches Synonym für → Sherryton.
madérisé (sinngemäß *madeiraähnlich*), auch *aldéhydique*, franz. WA für überalterten Wein (→ Firne) mit → Sherryton.
Magdalener, *St. Magdalener*, ital. *Santa Maddalena*, köstlicher, fruchtig-frischer, dabei als (→) rund und samtig anzusprechender *Schiava*-Rotwein → Südtirols.
mager, engl. *thin*, franz. *amaigri, anémique, décharné, gringalet, maigre*, ital. *debole*, WA im Sinn von *körperarm* (→ Körper) und *leicht*, d. h. arm an Alkohol, *dünnflüssig*, schwach oder *leer* im Ge-

Weinlagen des **St. Magdalener**.

Weinberg nach der Flurbereinigung in Thüngersheim, Bereich **Mainviereck**.

schmack, mit wenig *Fülle, Stoff, Substanz;* s. a. → matt.

Maghreb, → Algerien, → Marokko, → Tunesien (Karte → Nordafrika).

Magnum, *Doppelflasche* (1,5 Liter); *Doppelmagnum,* die in der Champagne *Jérobéam* genannte *Vierfachflasche* (3 Liter), ist die größte handelsfähige Einheit bei → Flaschen für Wein und Schaumwein.

maigre, auch *amaigri,* franz. *ausgemergelt,* WA im Sinn von → mager bzw. → matt.

Maindreieck, nach dem deutschen Weingesetz von 1971 einer von vier Bereichen des Anbaugebiets → Franken. Die → Großlagen des Bereichs M.: *Burg, Ewig Leben, Hofrat, Honigberg, Kirchberg, Ölspiel, Ravensburg, Roßtal* und *Teufelstor.* Anschlußbereiche: → Bayerischer Bodensee, → Mainviereck, → Steigerwald. S. a. → Steinweine.

Mainfranken, → Franken.

Mainriesling, → Rieslaner.

Mainviereck, nach dem deutschen Weingesetz von 1971 einer von vier Bereichen des Anbaugebiets → Franken. Die beiden → Großlagen des Bereichs sind *Heiligenthal* und *Reuschberg.* Anschlußbereiche: → Bayerischer Bodensee, → Maindreieck, → Steigerwald.

Mainzer Halbe, → Binger Schoppen.

Maische, Fruchtbrei, 1. zur Weinbereitung: Die *Einmaischung* beginnt unmittelbar während der → Weinlese, denn im Gegensatz zu → Tafeltrauben werden *Keltertrauben* zwischen *Legel* und *Zuber* unsanft von Gefäß zu Gefäß umgeschüttet, wobei die ersten Beeren platzen. In den Transportbehältern preßt das Gewicht des von oben nachgefüllten Erntegutes das darunterliegende zu M.; außerdem ist es vielenorts bis heute erhaltene Tradition, die Trauben in den *Zubern* mit Füßen zu treten (→ Maischetreten). Moderne Ma-

Entstehung von **Maische**.

Maischeerhitzung

schinen zum → Entrappen und Mahlen der Trauben zerreißen und zerquetschen das Lesegut vollends zu gestaltloser Kelter-M., die, soweit Rotwein aus ihr gewonnen werden soll, vorgegoren (→ Maischegärung) oder erhitzt werden muß. – 2. Die M., aus der → Reiswein gegoren wird, besteht aus vollkörnigem oder grob geschrotetem, mit reinem Quellwasser vollgesogenem (aufgequollenem) Naturreis.

Maischeerhitzung, modernes Verfahren zur Rotweingewinnung. Es dient demselben Zweck wie die herkömmliche → Maischegärung, erlaubt jedoch eine präzisere Steuerung nicht nur der gewünschten Farbintensität, sondern auch des → Gerbstoff-Gehalts. Farb- (*Anthocyane*) und Gerbstoffe (*Polyphenole*) des Weines stammen vorwiegend aus der Haut (*Balg*) der Trauben, die im → Trester der Kelter zurückbleibt, wenn aus → Maische → Most geworden ist. Da die M. auch der → Haltbarkeit des Weines abträgliche Enzyme vernichtet, brauchen die so behandelten Weine weniger schweflige Säure zur Haltbarmachung und sind deshalb bekömmlicher.

Maischegärung, → Gärung der → Maische vor dem → Keltern. Nur so (oder durch → Maischeerhitzung) können Rotweine gewonnen werden, da nur der aus dem Zukker der Trauben ergorene Alkohol (oder höhere Temperatur) die roten, blauen und violetten Farbstoffe (→ Anthocyane) aus der Beerenhaut (*Balg*) zu lösen vermag. Vorgäriges Keltern der Maische scheidet mit den Feststoffen zugleich die dunklen Pigmente im → Trester aus, so daß in der anschließenden → Mostgärung nur noch die gelblich-grünlich oder rosé färbenden Substanzen des Fruchtfleisches bzw. -saftes gelöst werden können.

Maischetreten, trad. Verfahren, Weintrauben in Sammelbehältern (*Bottich, Zuber* u. a.) mit den Füßen zu → Maische zu stampfen. Diesen Vorgang illustrieren schon ägyptische Grabmalereien (z. B. Grab des Edlen Nakht in Theben). In Dionysos/→ Bacchus geweihten Kulten der griechisch-römischen Antike war das Weintreten vielfach Jungfrauen vorbehalten und sicher nicht zuletzt erotisch motiviert. Legte man im Altertum sogar die Sandalen ab, ehe man in die Wanne stieg, nahm man im Mittelalter Fußlappen und -leder mit in die Maische, und im 20. Jh. schließlich stieg (steigt) man auch mit schmutzverklumpten Gummistiefeln in die Bütte. Dies verursacht – je nach Terrain und Ernttewetter – gelegentlich durchaus unliebsam hervortretenden → Bodengeschmack, der sich auch im Wein erhält.

Maischetreter am Douro, Portugal.

Darum kommt das trad. M. allmählich aus der Mode; es ist jedoch – bei Beachtung gewisser hygienischer Grunderfordernisse – völlig unbedenklich. Das Wort → Kelter selbst gründet im lat. *calcatura*, abgeleitet von *calcare* (*mit den Füßen treten*); Wortstamm: *calx* (die *Ferse*). Im Altertum gewann man → Most allein durch M.

Maiwein, analog zur mit Waldmeister-Kraut bereiteten Maibowle (→ Bowle) Weißwein mit Zusatz von Waldmeister-Essenz. Bei gewerblicher Herstellung darf der – vor allem bei US-Soldaten im äußersten West-Deutschland sehr beliebte – M. höchstens 0,5 Gramm des entscheidenden Inhaltsstoffes Cumarin je 100 Liter enthalten.

majestätisch, WA für → Qualitätsschaumweine von ganz hervorragenden Eigenschaften, z. B. → Jahrgangssekt, → Lagensekt.

Makedonien, südlichste Republik → Jugoslawiens mit schon leicht kontinentalem → Klima. M. liefert vorwiegend Rotweine, etwa den auf Kleingütern gezogenen, kräftig-harmonischen *Prokupac* oder den für den Export bestimmten, aus französischen Rebsorten gewonnenen und an Beaujolais erinnernden *Burgundac*. Daneben gibt es → Merlot- und → Gamay-Weine, → Muskat-Hamburg und einige Rosés (*Ružica*). Die wichtigste Weißweinsorte ist der → Welschriesling.

malade, franz. WA für kranke Weine, Weine mit → Stich.

Mala dinka, ital. Synonym für → Traminer.

Málaga, nach dem Herkunftsort an der spanischen Mittelmeerküste benannter, gespriteter Dessertwein aus den Rebsorten → Pedro Ximénez und → Muskateller. Die Ausgangsweine werden in den *Soleras* (→ Sherry) verschnitten und gealtert. S. a. → Lágrima.

Malbec, Synonym der Rebsorte → Auxerrois.

Malvasier, Roter, Synonym für *Frühroten* → Veltliner.

Malvasier, Roter, Synonym für *Frühroten* lich in → Griechenland beheimatete Rebsorte. M. wird in der → Toskana gern mit Blautrauben zusammen gekeltert, ist ein Grundwein des → Asti Spumante und wird vor allem auf → Madeira, auf den Liparischen Inseln nördlich → Siziliens (*Malvasia delle Lipari*) sowie in → Kalifornien zu schweren, süßen und bukettreichen → Dessertweinen ausgebaut, was freilich selten ohne → Aufspriten geschieht.

Malvenwein, → Medizinalwein, vornehmlich empfohlen bei Blutarmut (Anämie); ein → Mazerat von Malvenblättern und -blüten in Weißwein. Als Ausgangsdrogen geeignet sind Blätter mit Stielen (Juni bis September zu sammeln) und Blüten ohne Stiele (Juli–September) sowohl der bis etwa meterhohen Wilden Malve (*Malva silvestris;* Blüten hellrot mit dunkelroten Streifen) als auch der kleinwüchsigen Gänse- oder Wegmalve (*Malva neglecta;* Blüten blaßrosa); beide wachsen auf Ödland, an Mauern und Wegrainen. Man setzt 50 Gramm gemischtes Sammelgut in 1 Liter Weißwein an, läßt 14 Tage ziehen, seiht ab und trinkt täglich ein bis zwei Probiergläschen M. als Kur.

Malvoisie, *Malvoisien,* Synonyme für → Ruländer, in Frankreich und in der → Westschweiz gebräuchlich.

Manhardsrebe, altes Synonym für den *Grünen* → Veltliner im Burgenland.

Mannit, *Mannazucker,* ein kristallin-fester, süßschwertiger Alkohol mit süßem Geschmack, wird als *Zuckeraustauschstoff* in der → Dosage von → Diabetikersekt eingesetzt.

Manzanilla, extrem trockene → Sherry-Variante der südwestspanischen Region von → Jerez de la Frontera und Sanlúcar de Barrameda. Der M. ist ein eher als schwerer → Aperitif anzusprechender → Dessertwein für Liebhaber. Er *wächst* bei langer Lagerung: jung ist er hellgolden, mit 15 bis 18 Grad Alkohol, alt fast schmutzig-braun, mit 20 und mehr Grad Alkohol.

Marc, Tresterbranntwein, → Grappa.

markant, WA für in ihren Eigenschaften deutlich ihre Herkunft offenbarende, besonders *sorten-* oder *landschaftstypische* Gewächse, charakteristisch, jedoch nicht repräsentativ für den Mengen-Durchschnitt, sondern grundsätzlich höher zu bewerten; s. a. → echt, → ehrlich.

Markenwein, Cuvée (*Mischwein*) von jahrgangsunabhängig gleichbleibendem Gütestandard hinsichtlich Alkoholgehalt, Geschmackstönung, → Bukett und Farbe; ein stets unter derselben → Etikett-Marke und in unveränderter Aufmachung/Verpackung handelsfähiger *Standardwein,* der

Markgräflerland

nicht etwa *gepanscht* (→ Panschen), sondern durch legale, sachgerechte Kellereitechniken (→ Anreichern, → Schönen, → Verschnitt) gewissermaßen genormt und hinsichtlich *jahrgangstypischer* Normabweichungen ausgeglichen, d. h. harmonisiert und nivelliert wird. Bei fachkundiger Weinmischung addieren sich die guten Eigenschaften der Einzelgewächse zum bewährt-erwünschten Markencharakter.

Markgräflerland, nach dem deutschen Weingesetz von 1971 einer von 7 Bereichen des Anbaugebiets → Baden. Die → Großlagen des Bereichs sind *Burg Neuenfels, Lorettoberg* und *Vogtei Rötteln.* Anschlußbereiche: → Badische Bergstraße/Kraichgau, → Badisches Frankenland, → Bodensee, → Breisgau, → Kaiserstuhl-Tuniberg, → Ortenau.

markig, WA für im → Körper als *kräftig/füllig* empfundene, alkohol- und säurestarke, aber in keiner Weise unangenehm → eckige Weine mit nachhaltigem → Abgang; typische → Herrenweine.

Marokko (Karte → Nordafrika). In spätrömischer Zeit wurden vorhandene Rebflächen großenteils aus Konkurrenzgründen zerstört, und die Islamisierung ließ den Weinbau vollends in Vergessenheit geraten. Erst 1912 begannen Franzosen mit der Anlage moderner Weinkulturen. 1956 wurden auf rund 75 000 Hektar um Fez und Meknès, im Küstenhinterland von Rabat bis Casablanca, an der Atlantikküste des Südens und um Marrakesch 1,65 Millionen Hektoliter Wein erzeugt. Seit der Unabhängigkeit (1962) ging der Ertrag, bedingt durch Exportschwierigkeiten, auf 1,3 Millionen Hektoliter zurück. Wie → Algerien und → Tunesien exportiert M. den größten Teil der Produktion. Hauptsächliche Rebsorten sind → Alicante, → Bouchet, → Cabernet, *Carignan* und *Cinsault.* Wenn die sehr alkoholreichen Weine auch überwiegend zum Verschneiden ungenügender europäischer Erträge verwendet werden, gibt es doch auch marokkanische Direktabfüllungen, die guten französischen Midi-Weinen ebenbürtig sind oder an Beaujolais- oder Bordeauxsorten erinnern, sowie Muskateller-Dessertweine von 15 Prozent Alkohol. Trocken und frisch sind die lachsfarbenen Rosés (*vin gris*).

Marque, franz. *Marke; Vin de marque,* → Markenwein.

Marque nationale du vin luxembourgeois, Auszeichnung von → Qualitätsweinen in → Luxemburg mit Halsschleife (*collerette*) und amtlicher → Prüfungsnummer. *M.N. Vin classé, M.N. Premier cru* und *M.N. Grand premier cru* entsprechen im Rang deutschen → Qualitätsweinen mit Prädikat.

Marsala, aus der Umgebung der gleichnamigen sizilianischen Hafenstadt stammender, gespriteter, sherryartiger Dessertwein. Verschnitten werden dazu Weine

Rebbau in **Marokko.**

Medizinalwein

aus den vorgeschriebenen Rebsorten *Grillo*, *Catarratto* und *Inzolia*. Je nach Alkoholgehalt und Süße unterscheidet man die drei Varianten *M. fino*, *M. speciale* und *M. superiore*. Weit trockener ist der *M. vergine*. Als → Medizinalweine gelten der *M. all'uovo* (M. mit Ei) und der *M. chinato* (M. mit Chinin).

Martiniloben, Winzerfest (11. November) zu Ehren des heiligen Martin, Landespatron des → Burgenlands. Dabei wird in den → Buschenschänken und Weinwirtschaften der frische → Heurige verkostet. S. a. → Weinpatrone.

Marzemina bianca, ital. Name der Rebsorte → Gutedel.

mastig, WA im negativen Sinn von unangenehmer → Körper-Fülle.

mat, franz. → matt.

Mataró, franz. *Mouvèdre*, wahrscheinlich nach der katalanischen Stadt M. benannte, recht ertragreiche, blaurote Rebsorte Südwesteuropas. Sie liefert zwar attraktive → Tafeltrauben, aber einen in der WA nur als *plump* zu bezeichnenden Wein. Dieser ist allerdings zur → Cuvée für → Châteauneuf-du-Pape gut geeignet und gesetzlich zugelassen.

Mateus, Roséwein aus → Portugal, ein lieblicher → Markenwein.

matt, *ausgemergelt*, engl. *flat* (*flach*, *platt*), franz. *mou, mat, maigre, terne*, ital. *amorfo* (*gestaltlos*), WA im Sinn von *müde, abge-*

Weinlese in **Marokko**.

lebt, passé für *schal* schmeckenden, → abgestandenen oder überalterten Wein (→ Abbau, → Firne) ohne → Frische und → Körper; *matter* Schaumwein schäumt nicht mehr. Die franz. WA gebraucht in gleichem oder ähnlichem Sinn auch die Vokabeln *amaigri, aplati, décharné, dégingandé, éventé, lymphatique* und *taré*.

matured, engl. WA, → reif.

Mauerweine, Spezialität des deutschen Anbaugebiets → Baden, Bereich → Ortenau (Gde. Neuweier); → Bocksbeutel.

Mäuselgeschmack, *Mäuseln*, widerwärtiger Geschmacks- und Geruchseindruck, typisch für einen durch unsachgemäße → Kellerei verursachten, irreparablen *Weinfehler*, bei Wein aus Trauben äußerst selten, bei → Apfelwein gelegentlich auftretend.

mauvais goût, franz. *schlechter Geschmack*, WA für geschmacklich verdorbenen, *degoutanten* Wein; → goût.

Mavrodaphne, *Mavrud*, zuckerreiche Tafel- und Keltertraube der Balkanländer und des Vorderen Orients.

Mazedonien, → Makedonien.

Mazerat, *Kaltauszug* pflanzlicher Drogen in Flüssigkeiten, in abgedeckten Email-, Glas- oder Porzellangefäßen zu bereiten; Verfahren zur Herstellung von → Medizinalwein. Durch Verzicht auf künstliche Erwärmung schont *Mazeration* (das *Mazerieren*) Aroma- und Heilstoffe der Drogen in besonderem Maß.

Médium, Wein- und Schaumweinflaschen von 0,6 Liter Inhalt; → Flaschen.

medium dry, engl. → halbtrocken.

Medizinalwein, im engeren Sinn meist ein Tonikum auf Südweinbasis, mit bestimmten, die körpereigenen Abwehrkräfte stärkenden und das allgemeine Wohlbefinden hebenden Inhaltsstoffen angereichert. Im landläufigen Sprachgebrauch gelten als M.e vor allem Kräuter- und Würzweine z.T. sehr alter Rezepturen, die zur allgemeinen Kräftigung oder Rekonvaleszenz wie auch bei bestimmten Erkrankungen nach volksmedizinischer Tradition oder auf ärztlichen Rat gereicht werden. Dazu zählen im weiteren Sinn → Aperitif, → Balsamwein, → Digestif, → Granatapfelwein, → Konditon, → Lautertrank, → Malvenwein, → Marsala, → Pepsinwein, → Rosinenwein, → Wermut. S. a. → Mostkur, → Traubenkur, → Weinkur sowie → Diabetikerwein und -sekt.

Medizin Wein

Medizin Wein in Zitaten: *Wein ist die beste Medizin. Fehlt er, braucht man allerlei Drogen.* So sagt der *Talmud.* – *Der Wein kann mit Recht als das gesündeste und hygienischste Getränk bezeichnet werden.* Das bezeugte der französische Chemiker und Bakteriologe Louis Pasteur (1822–1895). – *Der Wein ist unter den Getränken das nützlichste, unter den Arzneien die schmackhafteste und unter den Nahrungsmitteln das angenehmste.* Plutarch (um 46–nach 120 n.Chr.), griechischer Schriftsteller, Philosoph und Priester in Delphi. – Abraham a Santa Clara (von Geburt Johann Ulrich Megerle, 1644–1709), wortgewaltiger Kanzelredner und satirischer Schriftsteller im barocken Wien: *Der Wein ist eine Medizin; wann er aber ohne Manier genommen wird, ist er oft Gift. Der Wein ist eine Erquickung des Herzens; wann er aber un-Seele.* – Der deutsche Chemiker Justus von Liebig (1803–1873): *Als Mittel der Erquickung, der Befeuerung und Steigerung, der Korrektion und Ausgleichung und als Schutz gegen vorübergehende Störungen durch die organische Natur wird der Wein von keinem Erzeugnis der Natur oder Kunst übertroffen.* – Der deutsche Dichter E. T. A. Hoffmann (1776–1822): *O Wein! O Wein! Mir ist so wohl wie nie! Schenkt ein! Schenkt ein! Das nenn' ich Therapie!* – S. a. → Sorgenbrecher..., → Trinken, → Wein erfreut des Menschen Herz; → Trinksprüche.

Médoc, Rotweingebiet von Weltruf, westlich der Girondemündung in der → Bordeaux-Region gelegen. Die Kreszenzen des südlichen M. (*Haut-M.*) überragen die des nördlichen Teils (*Bas-M.*), sind in ihrer Jugend reich an Gerbsäure, werden nach mehrjähriger Lagerzeit jedoch einhellig gerühmt als an *Eleganz* und *Harmonie* sowie *Finesse* in Geschmack und *Bukett* kaum zu übertreffen. Die → Appellation contrôlée *M.* bezeichnet qualitativ deutlich höher zu bewertende Weine als *Bordeaux rouge* oder *Bordeaux supérieur;* die Spitzenweine des M. jedoch (die *Bordeaux-Klassifikation* nennt deren 61) werden lediglich mit dem Namen der Gemeinde (z. B. Listrac, Margaux, Pauillac, Saint-Estèphe, Saint-Julien) oder des → *Château* etikettiert.

Meraner Kurtraube, Südtiroler Synonym für → Trollinger, Blauer; s. a. → Weinkur.

Merlot, wichtige Rotweintraube der Bordeaux-Region, seit dem frühen 20. Jh. mit großem Erfolg auch in der Südschweiz (→ Tessin) und in Norditalien (→ Südtirol) angebaut. Sortenreine M.-Weine sind von dunkel glühendem Rot, *rund* und *samtig* (WA), *fruchtig* im Geschmack und *blumig* im Duft, wobei → Boden-Unterschiede reizvolle Nuancen bewirken.

Mesoweinsäure, → Weinsäure.

Meßwein, *Altarwein, Abendmahlswein,* zur Feier der *Heiligen Messe* (*Eucharistiefeier*) bzw. der *Kelchkommunion* (*Abendmahl*) der christlichen Kirchen dargereichter, geweihter Wein. Im Anschluß an das jüdische *Passahmahl* (→ Jüdische Reli-

Château Palmer, Weingut im **Médoc.**

Meßwein: Thassilo-Kelch, um 770, wahrscheinlich aus Northumbria.

gion) setzte Christus Brot und Wein – in Leib und Blut übergehend – als Zeichen des höheren Bundes mit Gott ein und gebot seinen Jüngern beim letzten Abendmahl, fortan, in seinem Angedenken, desgleichen zu tun. Abgesehen von einigen frühchristlichen Sekten (*Ebioniten, Enkratiten*), die Wasser statt Wein gebrauchten, stellten die Kirchen an den M. stets gewisse Reinheits-Anforderungen. Heute dürfen → Qualitätsweine mit und ohne Prädikat, nicht aber z. B. einfache Tisch- und Tafelweine als M.e verwendet werden.

méthode champenoise, Schaumweinbereitung nach Dom → Pérignon, mit → Flaschengärung, → Rütteln und → Degorgieren; s. a. → Enthefung.

Methusalem, *Methuselah,* Schaumwein-Schauflasche von sechs Liter Inhalt, entsprechend der Bordeauxwein-Lagerflasche → Impérial; → Flaschen.

meublé, franz. *möbliert, ausgestattet,* WA im Sinn von ziemlich → körperreich und dabei → abgerundet im Gesamteindruck; *bien m.,* → vollmundig.

Midi, franz. *Mittag, Süden,* trad. Bezeichnung des französischen Mittelmeergebiets; → Languedoc-Roussillon, → Provence.

Milchsäure, Stoffwechselprodukt von M.-Bakterien, erzeugt in säurearmen und/oder zu warm gelagerten Weinen unliebsamen *M.stich (Sauerkrautgeschmack),* in leichten Fällen durch → Umgärung oder → Schwefeln zu beheben. → Nachgärung mit M.bildung (und Kohlensäureentwicklung) kann jedoch auch erwünscht sein; → Säureabbau.

Milchzucker, → Zucker.

mild, WA, 1. im Sinn von *sanft, dezent,* engl. *dainty,* franz. *chat, clément, tendre,* ital. *delicato,* ähnlich → artig, von nicht eben *körperreichen, säurearmen,* aber *harmonischen* Weinen gesagt; 2. bei Schaumwein durch EG-Verordnung (→ Europäische Gemeinschaft) definierte Bewertung von Erzeugnissen mit einem Mindestgehalt unvergorenen Zuckers von 45 Gramm je Liter; m. besagt hier soviel wie die herkömmliche Bezeichnung *süß* (engl. *mild, sweet,* franz. *doux*) und greift in den Bereich von franz. *demi-doux/demi-sec (halbsüß/halbtrocken)* hinein.

mince, franz. *gering,* WA im Sinn von → klein.

Mineralstoffe im Wein, naturgegebene Inhaltsstoffe von gesundheitlichem Wert, unter welchen das Kalium überwiegt. Dieses spielt physiologisch eine wichtige Rolle, da es den Körper zu entwässern vermag (→ Mostkur). Darüber hinaus finden sich in Traubenmost und Wein Eisen, Kieselsäure, Magnesium, Natrium, Phosphorsäure u. a.

Mischgetränke, aus Wein und/oder Schaumwein sowie anderen flüssigen (!) Bestandteilen gemischte Getränke, z. B. → Bowle, → Cobbler, → Cocktail, → Cup, → Kir, → Long drinks, → Punsch, → Sangria, → Short drinks.

Mischung, → Cuvée, → Verschnitt.

Mischwein, → Markenwein, → Verschnitt.

Miseräbelchen, scherzhafte Bezeichnung der Moselaner für das kleine Becherglas des Kellermeisters: Es faßt nur 0,1 Liter, also *miserabel* wenig; → Trevirisglas.

Mistellen, weinähnliche Getränke aus süßem oder nur wenig angegorenem → Most, dessen Gärung durch Alkoholzusatz unterbunden wurde. Den hieraus resultierenden, aufdringlich süßen Geschmack, nennt man in der deutschen WA *gestoppt;*

Mittelhaardt – Deutsche Weinstraße

Neustadt/Haardt im Bereich **Mittelhaardt-Deutsche Weinstraße**.

franz. *muté* und span. *apagado* besagen in der Sache dasselbe, jedoch nicht zwingend mit negativer Wertung. – Mit Bitterdrogen (Auszügen aus Artischocken, Chinarinde, Wermutkraut u. a.) oder Zitrusschalen-Destillaten aromatisierte M. zählen zu den → Aperitifs.

Mittelhaardt-Deutsche Weinstraße, nach dem Weingesetz von 1971 einer der beiden Bereiche des deutschen Anbaugebiets → Rheinpfalz. Die 17 → Großlagen des Bereichs: *Feuerberg, Grafenstück, Hochmeß, Höllenpfad, Hofstück, Honigsäckel, Kobnert, Mariengarten, Meerspinne, Pfaffengrund, Rebstöckel, Rosenbühl, Saumagen, Schenkenböhl, Schnepfenflug an der Weinstraße, Schnepfenflug vom Zellertal* und *Schwarzerde*. Anschlußbereich → Südliche Weinstraße.

Mittelmosel, geographisch der Bereich → Bernkastel im durch das deutsche Weingesetz von 1971 bestimmten Anbaugebiet → Mosel-Saar-Ruwer.

Mittelrhein, deutsches Weinbaugebiet mit den Bereichen → Siebengebirge, → Rheinburgengau und → Bacharach. Es umfaßt etwa den Abschnitt des Rheins zwischen → Rüdesheim und Bonn, eine geschichtsträchtige, legendenumwobene, an Kulturdenkmälern überaus reiche Landschaft. Die Weinberge sind durch die alten Rumpfgebirge Eifel, Westerwald und Hunsrück vor Nordwind geschützt, werden in Hanglagen stärker bestrahlt und empfangen zusätzliche Wärme durch die vom Rhein reflektierte Sonnenstrahlung. Vorherrschend sind Verwitterungsböden, vereinzelt kommen Lößböden vor. Den weitaus größten Anteil unter den Rebsorten am M. hat mit nahezu 80 Prozent der → Riesling, gefolgt von → Müller-Thurgau mit rund 12 Prozent. Die Erträge machen etwa ein Prozent der deutschen Gesamtproduktion aus. Die Weine gelten als eher herb, frisch und kräftig. Einige der berühmtesten Weinorte des M.s sind Bacharach, Boppard, Kaub, Koblenz, Leutesdorf und St. Goar.

Modra Klevanyka, *Burgundac Crni,* jugoslaw. Synonyme für → Burgunder, Blauer.

Modri tirolan, jugoslaw. Synonym für → Trollinger, Blauer.

moëlleux, franz. WA, → lieblich, → vollmundig.

moisi, *moisi-sec,* franz. *mostig, schimmeltrocken,* WA bei → Schimmelgeschmack.

molle, ital. WA, → fad.

mollig, in der WA kennzeichnend vor allem für *vollmundige, runde* Rotweine von *warmem* Charakter, ähnlich → samtig.

Mönch, Grauer, österr.-ungar. Synonym für → Ruländer.

Monroe-Bad, *Divabad,* → Sekt; um 1960 in Frankfurt/Main aufgekommene, eroti-

Mosel-Saar-Ruwer

Kaub, eine Lage des Weinbaugebiets **Mittelrhein**.

sierende Synonyme, inspiriert durch die in der Boulevard-Presse vielfach kolportierte Vorstellung, daß – wie weiland Kleopatra in Eselsmilch – weibliche (Hollywood-) Filmstars (*Divas*) in Sekt badeten: eine gewiß da und dort gelegentlich geübte, aber just für Marilyn *Monroe* (1926–1962) nicht sicher verbürgte Extravaganz. Sprachgebrauch: *ein M. (D.) nehmen*, eine Flasche Sekt bestellen, öffnen, trinken; → Sekt im Volksmund.
montant, franz. WA, → Abgang.
morbide, franz. WA, → fad, auch im Sinn von überaltert, → Firne.
mordant, franz. WA, → bissig.
mordoré, franz. *goldkäferfarbig*, WA im Sinn von *bernsteinfarben* (→ Farbe) oder → hochfarbig.
Morer Tausendgut, *Móri Ezerjó*, kräftiger, hell bis dunkel sonnengelber Wein der *Ezerjó*-Traube, benannt nach Stadt und Anbaubereich Mór westlich von Budapest; → Ungarn.
Morillon, in der österr. → Steiermark gebräuchliches Synonym der Rebsorte → Chardonnay.
Morio-Muskat, nach ihrem Züchter Peter Morio benannte Neuzüchtung aus → Silvaner und Weißem → Burgunder. Der Name weist auch auf das starke muskatartige Bukett der M.-Weine hin. Nach → Müller-Thurgau und → Scheurebe hat der *Morio* – wie ihn die Fachleute kurz nennen – die schnellste Verbreitung erfahren. Der Most stellt hohe Anforderungen an die Kunst des Kellermeisters, da der Wein leicht allzu parfümiert erscheint; sehr gut eignet er sich für den → Verschnitt mit bukettarmen Sorten.
mort, franz. WA, → tot.
Moscati d'Asti, Muskatellerwein aus → Asti.
Moselle, international wohlverstandene, auch in Weinexport-Begleitpapieren der Bundesrepublik Deutschland gebrauchte Bezeichnung für Weine von → Mosel-Saar-Ruwer, im Unterschied zu → *Hock* für Wein vom Rhein.
Moselriesling, → Riesling.
Mosel-Saar-Ruwer, deutsches Qualitätsweinbaugebiet in den Tälern der Mosel, der Saar und der Ruwer mit den Bereichen → Zell (Untermosel), → Bernkastel (Mittelmosel), → Saar-Ruwer und → Obermosel. Die zahlreichen Schleifen, in denen sich die Mosel durch die alten Schollen des Rheinischen Schiefergebirges zwängt, die bewaldeten Höhen der Eifel und des Hunsrücks und die an Zeugen einer wechselhaften Vergangenheit reichen Städte und Dörfer geben dieser Landschaft ihren besonderen Reiz. Vor kalten Winden geschützt, bieten die sonnigen Steilhänge mit ausreichenden Niederschlägen optimale

Mosel-Saar-Ruwer: Moselschleife bei Kröv.

klimatische Bedingungen für den Weinbau. Die Schieferböden gründen an der Obermosel vorwiegend auf Buntsandstein und Muschelkalk, die kräftige, säurereiche Weine ergeben, über weite Bereiche auf älterem Devongestein, das den Weinen Spritzigkeit und Blume verleiht, und unterhalb von Zell auf Tonschiefern und Grauwacken. Zwei Drittel der Moste werden aus → Riesling gepreßt, ein Fünftel aus → Müller-Thurgau; rund 10 Prozent entfallen auf den → Elbling (Sektgrundwein). Die Erträge von M., um 1,5 Millionen Hektoliter, entsprechen etwa 17,5 Prozent der gesamten deutschen Produktion. Spitzenweine des Anbaugebiets M. liefern der Saar-Ruwer-Bereich (nur in wirklich guten Jahren), einige Lagen um Piesport, Bernkastel (*Doctorberg*) und Trittenheim. Besonders sehenswert: Bernkastel, Enkirch, Hatzenport, Kobern-Gondorf, Kröv, Neumagen, Saarburg, Traben-Trarbach, Treis-Karden und Trier.

Mosler, Gelber, → Furmint.

Most, aus frischen Früchten bzw. deren → Maische gepreßter (gekelterter) Saft in noch unvergorenem Zustand (*Süßm.*) sowie während der alkoholischen → Gärung, mit deren Abschluß aus M. → Wein geworden ist; s. a. → Süßreserve. → Federweißer ist, solange er noch *arbeitet* (gärt), ein M., sobald er *sich beruhigt*, ein noch ungeklärter Wein; → Klärung. S. a. → Mostkur.

Moster, in Österreich und im → Markgräfler Land Synonym für → Gutedel.

Mostgärung, alkoholische → Gärung von → Most, im Gegensatz zur → Maischegärung bei der Herstellung von → Rotwein. Dem gekelterten Most fehlen die im → Trester zurückgebliebenen Traubenhülsen (→ Balg) als Farb- und Gerbstoffträger.

Roter **Most** ab Presse.

Mostgeruch, → goût de moût.
Mostgeschmack, → versotten.
Mostgewicht, Indiz für die Alkohol-Höffigkeit von Traubenmost, meßbar noch am Stock mit Hilfe des → Handrefraktometers, in der Bütte mittels → Klosterneuburger Mostwaage, *Öchslewaage* o. a. Da der → Alkohol im Wein aus dem Zucker im Most entsteht (→ Gärung), gibt der Zuckergehalt des Traubensaftes verläßlichen Aufschluß über die zu erwartende → Grädigkeit des Endprodukts. So bestimmen alle Meßmethoden letztlich den Zuckergehalt. In Deutschland und der Schweiz mißt man in → Öchslegraden das spezifische Gewicht des Mediums: ein Liter Wasser wiegt (bei Meß-Normtemperatur) 1000 Gramm; ein Liter Most, der etwa 1085 Gramm wiegt, zählt 85 Grad Öchsle. Eine Faustregel besagt, daß rund 5 Öchslegrade einem *Babograd* (= Gewichtsprozent Zuckeranteil) nach der in Österreich, Italien und Jugoslawien gebräuchlichen *Klosterneuburger Mostwaage* entsprechen. 85 Grad Öchsle sind also rund 17 Grad KMW. In englischsprachigen Ländern wird der Mostzucker in *Balling-* oder *Brix*-Graden gemessen, in Frankreich und den Niederlanden z.T. nach der komplizierteren *Baumé*-Skala.

Einige Vergleichs-Beispiele:

Öchsle	Babo (KMW)	Balling (Brix)	Baumé
55	11,3	13,5	7,5
60	12,4	14,7	8,2
65	13,5	15,8	8,8
70	14,4	17,0	9,4
75	15,4	18,1	10,1
80	16,3	19,3	10,7
85	17,3	20,4	11,3

Im Endergebnis entspricht 1 Grad → Alkohol etwa 8 Gramm je Liter Wein.

Mostkonzentrat, aus Lagerungs- und Transportgründen eingedickter Most. Aus M., welches rückverdünnt und angegoren wird, besteht der *neue Wein*, der da und dort vor Beginn der Weinlese angeboten wird.

Mostkur, medizinische Anwendung von frisch abgepreßtem oder soeben erst angegorenem Traubensaft, z. B. im Rahmen der *Kneippkur*. Der frische, noch völlig alkoholfreie Most ist dank seines hohen Gehalts an Frucht- und Traubenzucker wertvolle Nervennahrung und speziell zur Entlastung des Kreislaufs bei Herzleiden (Herzmuskelschwäche), Stauung oder Entzündung von Galle und Leber geeignet. Soeben angegorener Most (*Traubenrauscher*, Frühstadium des → Federweißen) wirkt dank der günstigen Verbindung von Kohlensäure und Fruchtzucker spontan physisch kräftigend und psychisch anregend und ist – mit Maßen genossen – ein mildes Abführmittel. Viele Ärzte verordnen bei chronischer Verstopfung das Saftfasten als unproblematischste Form der Diät. S. a. → Mineralstoffe im Wein.

Mostwaage, Gerät zur Feststellung des → Mostgewichtes. Die einfachste Konstruktion ist die der *Öchsle-Waage* (→ Öchslegrade), einer thermometerähnlichen Glashülle mit Bleigewicht und Meßskala. Je mehr Zucker ein Most enthält, desto höher ist sein spezifisches Gewicht, und desto geringer ist die Einsinktiefe der M. (*Araeometer, Mostspindel, Senkwaage*).

Mostwein, → Federweißer.

mou, franz. WA, → fad, → matt.

Mouf-Mouf, → Kir.

Mouhardsrebe, die Rebsorte *Grüner* → Veltliner.

mouillé, franz. WA, → gestreckt.

Mousseux, *vin mousseux,* franz. *schäumender Wein,* seit dem 18. Jh. auch im deutschen Sprachraum übernommenes Synonym (M. = Kurzform) für → Schaumwein, so erstmals übersetzt 1779 durch den deutschen Dichter und Philosophen Johann Gottfried von Herder (1744–1803); → Moussieren.

Moussieren, Fachwort nach franz. *mousser, schäumen,* aufbrausen; *moussierender Wein* perlt infolge starken Kohlendioxidgehalts (→ Perlwein) oder schäumt ungestüm auf (→ Schaumwein).

Moussierpunkt, Rauhschliff-Ring oder -Zone in manchen Sektgläsern zur Egalisierung des Perlenspiels, das sich auf ungebrochen glatter Innenglas-Oberfläche sehr unregelmäßig entfalten kann.

Mouvèdre, franz. Name der katalanischen Rebsorte → Mataró.

müd, müde, franz. *amaigri, anémique, battu, fatigué, usé,* WA für überlagerten, durch zu hohes → Alter (→ Firne) im Gesamteindruck *schlaff* gewordenen Wein; → Abbau.

muet, franz. WA, → stumm.

muffig, WA für dumpfen Schimmelgeschmack, → Faßgeschmack, → Kahm.
Müllerrebe, *Schwarzriesling, Samtrot, Pinot Meunier,* eine Mutante des *Blauen Spätburgunders* (→ Burgunder, Blauer), die bereits vor 400 Jahren in → Burgund existiert haben soll. In → Württemberg liefert die M. auf einer Anbaufläche von fast 1000 Hektar Weine mittlerer Qualität. S. a. → Burgundergruppe.
Müller-Thurgau, *Riesling × Silvaner, Rivaner,* frühreifende, ertragreiche Rebsorte mit gelben Beeren. Sie liefert milde Weine mit muskatartigem Bukett, das bei Spät- und Auslesen oft völlig verschwindet. Der Wein schmeckt in kleinen und mittleren Jahren meist fruchtiger als in großen und sollte jung getrunken werden. Die M. (nach Hermann Müller aus dem Schweizer Kanton Thurgau) galt lange als → Neuzüchtung aus den Sorten → Riesling und → Silvaner. Heute neigt man jedoch zu der Ansicht, sie sei eine Riesling-Mutante. In → Deutschland hat die M. mit rund 25 000 Hektar den größten Anteil an der gesamten Anbaufläche. Auch in → Österreich und der Schweiz ist sie weit verbreitet.
Mundschenk, 1. an Europas Fürstenhöfen der für die Getränke verantwortliche Hofbeamte; 2. im *Heiligen Römischen Reich Deutscher Nation* Titel des Königs von Böhmen (*M. Seiner Majestät des Kaisers*); 3. wichtiges politisches Amt altorientalischer Kulturen. Die Bibel berichtet von der Traumdeutung, die Josef dem M. des Pharao gab (1. Mose 40), von einem assyrischen Feldherrn in der Würde des *Erzschenken von Lachis* (2. Könige 18, 17), und König Salomo beeindruckte die Königin von Saba u. a. mit seinen M.en (1. Könige 10, 5ff.). Der jüd. Würdenträger Nehemia war M. am persischen Hof. Bildwerke aus Assyrien und Kanaan zeigen den M. als hohen Beamten. Anders geartet sind M. und M.in in der hebräischen Weindichtung des Mittelalters: eine anmutige, Lust und Liebe weckende, aber scheue Person (→ Jüdische Dichtung).
mûr, franz. WA für → reif.
Muscadet, leichter französischer → A.C.-Weißwein aus der *Melon*-Traube mit leichtem → Muskat-Geschmack. Erzeugt wird der M. um Nantes mit den Appellations *Muscadet de Sèvre-et-Maine* und *Muscadet des Coteaux de la Loire.*

Muscadine, anglo-amerikanisches Synonym für die Rebsorte → Gutedel.
Muscat, → Muskateller-Spezialsorte aus dem Schweizer Kanton → Wallis, die allein einen trockenen Weißwein ergibt, oft jedoch zusammen mit *Fendant* (→ Gutedel) oder *Johannisberg* (→ Silvaner) vergoren wird.
Musen, → Wein und Weisheit.
Muskat, Rebsorte in zahlreichen Varietäten mit gelben bis dunkelblauen Beeren, aber typischem Geschmack und → Bukett. Da der M. recht viel Wärme und steinigen oder sandigen → Boden braucht, ist er vor allem im Mittelmeerraum verbreitet. Der M. liefert viele Dessertweine, aber auch Schaumweine wie etwa die italienischen → Moscati d'Asti.
Muskateller, Gelber, eine der ältesten Rebsorten, deren Urheimat in Kleinasien vermutet wird. Der M. wird hauptsächlich im Mittelmeergebiet angebaut und liefert körperreiche Weine mit dem typischen Muskat-Bukett. Sein mitunter geringer Säuregehalt macht ihn nur begrenzt lagerfähig. Hermann Löns' Lied ist begründet: *Brüder, laßt die Gläser klingen, denn der Muskatellerwein wird vom langen Stehen sauer, ausgetrunken muß er sein.*
Muskateller, Grüner, → Veltliner, Grüner.
Muskatgutedel, → Gutedel.
Muskat-Ottonel, → Muskateller-Variante, die vor allem in den österreichischen Anbaugebieten → Burgenland, → Niederösterreich und → Steiermark sowie vereinzelt in → Baden (Bundesrepublik Deutschland), → Rheinpfalz und → Württemberg angepflanzt wird.
Muskat-Silvaner, österr. Synonym für die Rebsorte → Sauvignon blanc.
Mutante, durch Erbgutänderung (*Mutation*) entstandene Abart einer Rebsorte mit meist nur geringfügigen Abweichungen in Aussehen oder Eigenschaften.
muté, franz. WA im Sinne von → gestoppt; s. a. → Mistellen.
Mützchen, → Geschein.

natur

Nachgärung, kann in Weinen mit viel → Restsüße erfolgen und einen unerwünschten *Nachgärton* in Geruch und Geschmack erzeugen. Verursacht wird die N. durch Unreinheiten, die bei modernen Steril-Abfüllanlagen nicht mehr in die Flasche gelangen können. Eine durchaus erwünschte N. hingegen ist die *Milchsäuregärung* (→ Säureabbau), ein Prozeß, der vor allem in → Frankreich, der → Schweiz, aber auch in → Baden und → Württemberg zur Milderung des Weins eingeleitet wird.

Nachwein, → Tresterwein.

Nahe, deutsches Weinanbaugebiet entlang der bei Bingen in den Rhein mündenden Nahe und ihren Nebenflüssen mit den beiden Bereichen → Kreuznach und →

Nahe: Musteretikett.

Schloß Böckelheim. Das Gebiet verdankt seine klimatische Gunst vor allem dem die Nordwinde abschirmenden Soonwald. Die besten Areale sind auch hier die südexponierten Hanglagen. Die Böden sind, den hier etwas komplizierten geologischen Verhältnissen entsprechend, sehr vielfältig: es sind Verwitterungsböden aus verschiedenen Gesteinen, und auch Ton-, Lehm- und Lößböden kommen vor. Haupttrebsorten sind – einigermaßen gleichgewichtig – → Müller-Thurgau mit 31 Prozent, → Silvaner mit 28 Prozent und → Riesling mit 24 Prozent. Aus diesen unterschiedlichen Bedingungen ergibt sich eine ungewöhnliche Vielfalt an Weinen und Geschmacksnuancen, von der spritzigen, leichten *Mosel-Art* bis zum rassigen *Rheingau-Charakter*. Die rund 4400 Hektar Rebfläche ergeben jährlich rund 400 000 Hektoliter Most, etwa 4,3 Prozent der deutschen Gesamtproduktion. Spitzenweine stammen vor allem aus den Weinbauorten → Kreuznach, Münster-Sarmsheim, Niederhausen, Norheim, Schloßböckelheim, Traisen und Winzenheim.

Nährstoffe im Wein, nach internationalen Erfahrungswerten: Ein Liter Weißwein hat durchschnittlich 760 Kalorien (3180 Joule), Rotwein 830 (3470), Qualitätsschaumwein wenig über 900 Kalorien (rund 3750 Joule). Dessertweine können das Mittel von 1700 Kalorien (rund 7100 Joule) beträchtlich überschreiten.

Nase, franz. *nez,* fachsprachliche Umschreibung für den Geruchseindruck (→ Blume, → Bukett) eines Weines bei der → Sinnenprüfung. Im günstigsten Fall spricht man von einer *schönen* N.

Naßzuckern, → Gallisieren.

natur, *naturrein,* engl. *natural,* franz. *naturel,* ital. *naturale, Naturwein* u. ä. Kennzeichnungen von Weinen aus ungezuckerten → Mosten (ohne → Anreichern, *Verbessern* u. a.) sind in der → Europäischen Gemeinschaft (in der Bundesrepublik Deutschland seit dem Weingesetz von 1971) als Gütemarke nicht mehr zulässig, weil irreführend: da ein wirklich naturbelassener Wein modernen Konsumansprüchen kaum je genügen könnte. Jeder noch so erwünschte und legale, zum Zweck der Veredelung erfolgende, steuernde Eingriff des Kellermeisters in die naturgemäße Vergärung süßen Trauben-

nature

saftes zu saurem Wein ist jedoch letztlich Manipulation des Naturgegebenen, so daß die Behauptung der Naturreinheit gerade bei sehr wohlmundenden Weinen in der Regel sachlich nicht korrekt ist. Wein ist heute ein Kulturprodukt aus naturgegebenem Rohstoff, kein naturbelassenes Rohprodukt mehr. In der Bundesrepublik Deutschland muß lediglich → Qualitätswein (*Q.b.A.*) mit Prädikat ohne → Anreichern gewonnen sein.

nature, franz. für *Natur*, nicht identisch mit → natur/natürlich (franz. *naturel*), sondern in der internationalen WA heute noch vielfach gleichbedeutend mit nicht → moussierend; n. bezeichnet mithin *stillen* Wein im Unterschied zu Perl- oder Schaumwein.

Nebbiolotraube, *Nebelrebe,* hervorragende ital. Rotweinsorte. Sie gedeiht am besten, wo im September häufig Frühnebel herrschen. Berühmte N.-Weine sind → Barbaresco und → Barolo.

Nebukadnezar, *Nebuchadnezzar, Nebuchodonosor,* Schaumwein-Schauflasche von 15 Liter Inhalt; → Flaschen.

Neckerwein – Schleckerwein, deutscher Merkvers, → Frankenwein – Krankenwein.

Neidischer Herbst, Winzerwort für die letzte herbstliche Reifezeit der Reben in kritischen Jahren. Nach gestörtem Blüteverlauf und zuwenig Sommersonne kann günstiges Herbstwetter von Weinberg zu Weinberg sehr unterschiedliche Mosterträge und -qualitäten bewirken, so daß mancher Winzer neidische Blicke in Nachbars Weingarten wirft.

Nerv, → Rückgrat.

nervig, engl. *sinuous,* franz. *nerveux,* ital. *nervoso,* WA im Sinn von *kräftig, rassig, körper-* und *säurereich*: als junger Wein lange Lagerfähigkeit versprechend, als abgelagerter Wein noch immer *pikant* und zugleich *harmonisch* ausgewogen in → Aroma und → Bukett.

net, franz. WA für → sauber.

nett, WA, → artig.

netto, ital. WA für → sauber.

Neumagener Weinschiff, römisches Grabmal aus dem 3. Jh., bei Neumagen an der Mosel (→ Mosel-Saar-Ruwer) gefunden. Es stellt ein römisches Transportschiff für Wein dar, mit rudernden Sklaven und einem vielbeachteten *fröhlichen Steuermann.* Das Original steht heute im Rheinischen Landesmuseum in Trier.

Neuenburg, franz. *Neuchâtel,* Kanton der → Westschweiz zwischen Neuenburgersee und französischer Grenze im Jura, mit rund 560 Hektar Rebareal, das zu 75 Prozent mit *Chasselas* (→ Gutedel) und einigen weißen Spezialitäten und zu 25 Prozent mit *Pinot noir* (Blauer → Burgunder) bebaut ist. Kantonale Besonderheit: nur der Anbau dieser einen roten Sorte ist gestattet. Die Rebhänge ziehen sich am nordwestlichen Ufer des Neuenburgersees

Auvernier, ein Weindorf in **Neuenburg.**

Neues Testament

Neues Testament: *Abendmahl* von Tintoretto (1518–1594).

von Vaumarcus im unteren Drittel bis Le Landeron am Südende des Bielersees hin – mit Zentren um Gorgier, Bevaix, Cortaillod, Boudry, Auvernier, St-Blaise, Cressier und Faubourg-du-Landeron. Die N.er Weißen *perlen* dank einem Übermaß an Kohlensäure (→ Sternliwein). Neben dem dunklen Roten ist vor allem der N.er *Œil-de-Perdrix* bekannt, ein nicht voll ausgegorener Rosé, der – im Unterschied zu den anderen N.er Weinen – nicht sehr lange haltbar ist.

Neuerl, österr. für ein erstmals mit Wein belegtes → Faß und, bei zu jungem Holz, daraus resultierenden → Faßgeschmack.

Neues Testament. – Das Christentum entstand aus dem Judentum (→ Jüdische Religion) und verbreitete sich in der heidnischen Welt. Wie der Wein von alters her in diesen beiden Kulturkreisen heimisch war, so blieb er es auch im Christentum, mit allen im → Alten Testament schon angesprochenen Zwiespältigkeiten. Sagt Jesus (Lukas 1, 33): *Johannes der Täufer ist gekommen; er ißt kein Brot und trinkt keinen Wein, und ihr sagt: Er ist besessen.* Und Matthäus (11, 19) berichtet über Jesus: *Der Menschensohn ist gekommen, er ißt und trinkt; darauf sagen sie: Dieser Fresser und Weintrinker, dieser Kumpan der Zöllner und Sünder.* Volkes Schelte für Ablehnung und Annahme der → Gottesgabe Wein, deren übermäßiger Genuß teuflische Wirkungen zeitigen kann? Jesus nutzte die große Bedeutung des Weines im Alltag der Menschen, um ihnen nahe zu sein und in ihnen altvertrauten Bildern (Gleichnissen) das Neue zu vermitteln. So zitiert der Evangelist Lukas (5, 39): *Niemand, der alten Wein getrunken hat, will neuen; denn er sagt: Der alte Wein ist besser.* Diese Erfahrungsregel des Weinkenners besagt hier auch, wohlwollend verständnisvoll: Die Anhänger der altgewohnten Sitten werden die neue Botschaft nicht eben mit spontaner Begeisterung begrüßen. Gleichnis (und mehr) ist denn auch die Einsetzung von Brot und Wein als Leib und Blut Christi beim letzten Abendmahl (→ Meßwein), und gleichnishaft wurden der Trinkbecher zum *Taumelkelch* (→ Kelch) und *Becher des Zorns*, die Kelter (→ Maischetreten) zum Sinnbild des göttlichen Strafgerichts. Beim *Passahmahl* verkündet Jesus (Markus 14, 25): *Wahrlich, ich sage euch: Ich werde von der Frucht des Weinstocks nicht mehr trinken bis zu jenem Tage, da ich es neu trinken werde im Reiche Gottes.* Wein der Welt – Wein Gottes; Kelch des Leidens – Kelch des Segens. Wein, Weinberg und Weinstock finden sich im N.T. vielfach als Verständnisbrücken in belehrendem Zusammenhang, so in der Beispielerzählung *vom barmherzigen Samariter* (Lukas 10, 25 ff.), in der Bildrede *vom Weinstock und den Reben* (Johannes 15, 1 – 8), in den Gleichnissen *von den beiden Söhnen* (Matthäus 21, 28 – 31), *von den bösen Winzern* (Markus 12, 1 – 12; Lukas 20, 9 – 19), *von den Arbeitern im Weinberg*, u.a.m. S. a. → Bibel.

Neuseeland. Die ersten Reben – europäische Sorten – wurden zu Beginn des 19. Jahrhunderts aus Australien eingeführt. Charles Darwin berichtete 1835 von Weinstöcken in Waimate North. Erfahrungen im Weinbau und neues Rebgut brachten auch Einwanderer aus Europa mit. Große Bedeutung konnte der Weinbau jedoch in dem puritanischen Gesellschaftsklima nicht erlangen. Anfangs des 20. Jahrhunderts wurde ein großer Teil der Kulturen durch die → Reblaus geschädigt, woraufhin amerikanische → Hybridsorten angepflanzt wurden, die zwar hohe Erträge, aber auch nur Weine bescheidener Qualität lieferten. Eine einflußreiche → Prohibitionsbewegung ließ den Weinbau bis in die dreißiger Jahre stagnieren. Seither nahmen jedoch Weinkonsum und Weinerzeugung enormen Aufschwung. Die klimatischen Bedingungen sind vor allem auf der Nordinsel N.s günstig für den

Weingut in **Neuseeland.**

Weinbau. Die wichtigsten Anbaugebiete, insgesamt etwa 2 400 Hektar, liegen um Auckland, Northland, Waikato, Poverty Bay, Hawkes Bay und Marlborough. Die Gesamtproduktion beträgt zur Zeit um 350 000 Hektoliter.

Neusiedler See, österr. Weinbauregion → Rust-Neusiedler See; s. a. → Burgenland.

neutral, *indifferent*, ohne ausgeprägte Eigenart, in der WA Gegensatz zu → typisch. Als n. bezeichnete Weine eignen sich gut zu → Verschnitt-Zwecken.

Neuzüchtungen, *Neuzuchten*; Gewinnung neuer Rebsorten durch → Kreuzung oder *Selektion* (Auslese und ungeschlechtliche Vermehrung von Individuen mit bestimmten positiven Eigenschaften). Sinn der N. ist es, Sorten zu schaffen, die auch in schlechteren Lagen und Jahren gute Erträge und Qualitäten bringen, die etwa schädlingsresistent oder besonders winterhart (→ Sowjetunion) sind. N. werden in den Lehr- und Forschungsanstalten aller wichtigen Weinbauländer betrieben, in der Bundesrepublik Deutschland unter anderem an der Bundesforschungsanstalt für Rebzucht in Geilweilerhof. Zu den bekanntesten N. zählen → Kerner, → Scheurebe, → Huxelrebe und → Morio-Muskat. S. a. → Sortenschutz.

nez, franz. WA, → Nase.

Niederösterreich, österr. Bundesland und (als Teil desselben) Weinbaugebiet mit rund 60 Prozent (30 000 Hektar) der gesamten Rebfläche → Österreichs. Kraft Weingesetz von 1976 wurden die früheren Teilregionen *Donauland* (Bereiche *Krems, Langenlois, Wachau* und *Traismauer-Carnuntum*/heute → Klosterneuburg), *Thermenregion* (Bereiche *Vöslau* und *Baden*/ heute → Gumpoldskirchen) und *Weinviertel* (Bereiche *Falkenstein* und *Retz*) zur übergeordneten Weinbauregion N. vereint, die nunmehr auch insgesamt unter der trad. Teilbezeichnung *Donauland* firmiert. Ihre Weinpalette ist so breit gefächert wie die Mannigfaltigkeit ihrer Geographie, Topographie und Bodentypen: Da gibt es zwischen Donautalsenke, flachwelligem Hügelland und steil aufstrebenden Berghängen mit Terrassenweinbau leichten Sand- und schweren Kalk-Lehm-Grund, Löß-, Schotter- und massive Urgesteinsböden; hinzu kommen beträchtliche Klimaunterschiede im Rahmen der Region, zu deren Gesamt-Weinbaufläche

nussig

Retz, Weinort in **Niederösterreich**.

das alte *Weinviertel* 63, das ursprüngliche *Donauland* 23, die klimatisch besonders begünstigte *Thermenregion* 14 Prozent beigetragen haben. In N. wachsen zu fast 90 Prozent Weißweine, vor allem Grüner → Veltliner (auf weit über 30 Prozent der Regional-Rebfläche), *Neuburger* sowie → Rotgipfler und → Silvaner (*Zierfandler*), die zum weltweit gerühmten → Gumpoldskirchner verschnitten werden. Für rote Spitzenweine bekannt sind vor allem → Vöslau, *Baden* (Bereich → Gumpoldskirchen), *Matzen* (Bereich → Falkenstein), *Haugsdorf* und *Retz* (Bereich → Retz); dabei überwiegt der Blaue → Portugieser (*Blauer Vöslauer*). Die übrigen Haupt-Weinbaugebiete Österreichs sind → Burgenland, → Steiermark und → Wien.

Niederschlag, 1. meteorologisch, → Klima; 2. kellereitechnisch, → Depot, → Drusen, bei Schaumwein → Hefedepot.

Nierstein, traditionsreiche Weinbaugemeinde und nach dem deutschen Weingesetz von 1971 Bezeichnung eines von insgesamt drei Bereichen des Anbaugebiets → Rheinhessen. Die 11 → Großlagen des Bereichs: *Auflangen, Domherr, Güldenmorgen, Gutes Domtal, Krötenbrunnen, Petersberg, Rehbach, Rheinblick, Sankt Alban, Spiegelberg* und *Vogelsgärten*. Anschlußbereiche: → Bingen, → Wonnegau.

Nikolauswein, in Deutschland Bezeichnung für einen Wein, der am Nikolaustag gelesen wurde und oft ein → Eiswein (*Nikolaus-Eiswein*) war; nach dem neuen Weingesetz von 1971 nicht mehr gestattet.

Nippvisite, kurze → Weinprobe, Gaststättenbesuch nur *auf ein Glas* oder Einnahme eines → *Stehschoppens* an einem Ausschank im Vorübergehen; N. ist eine Analogbildung zu *Stippvisite* (Küpper, *Wörterbuch der deutschen Umgangssprache I*, Hamburg 1963).

nobel, in der WA gelegentlich für → adelig, → edel gebraucht.

Nordafrika, Weinbau in → Ägypten sowie → Algerien, → Marokko und → Tunesien.

Nostranos, ital. *die Unsrigen*, im → Tessin von alters her gepflegte Rebsorten und deren Weine – im Unterschied zu den → Americanos. Unter den N. entging vor allem die *Bondola*-Rebe der Vernichtung durch *Mehltau* und → Reblaus im 19. Jh. Den N. fehlt im Wein vor allem der leidige → Foxton der *Americanos*. Aber das Tessin hat heute Besseres zu bieten.

nussig, WA für → fruchtige Geruchs- und Geschmackstönung nach (Hasel-)Nüssen (franz. *goût de noisette*); delikates → Bukett vor allem bei Rotweinen.

Nordafrika: Weinbauregionen.

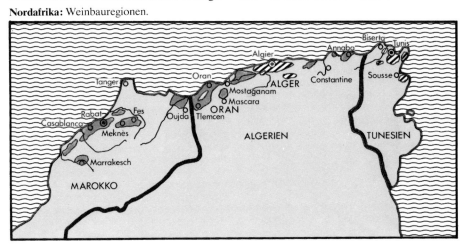

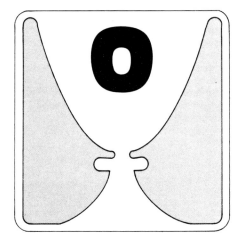

Obermosel, nach dem deutschen Weingesetz von 1971 einer von vier Bereichen des Anbaugebiets → Mosel-Saar-Ruwer, mit den beiden → Großlagen *Gipfel* und *Königsberg.* Anschlußbereiche: → Bernkastel, → Saar-Ruwer, → Zell/Mosel.
Öchslegrade, *Öchslewaage,* Maßeinheit bzw. Meßinstrument für das → Mostgewicht, benannt nach dem Erfinder, dem Pforzheimer Apotheker, Goldschmied und Physiker Ferdinand Öchsle (1774 bis 1852).
Œil-de-Perdrix, franz. *Rebhuhnauge,* franz.-schweizer. Bezeichnung für → Roséweine und blaßrote → Champagner.
off, engl. WA im Sinn von → *passé,* → *tot.*
Offizinalbranntwein, *Medizinalalkohol,* → Alkohol.
Öffnen von Sektflaschen, sollte ohne Pfropfenknall und -schuß erfolgen: Metallfolie entfernen, Drahtschlaufe durch rasches Hin- und Herbewegen abbrechen oder mit der Barzange aufschneiden, Haltekappe (s. a. → Agraffe) abnehmen, dabei aber den → Korken festhalten. Ist der Schaumwein gut gekühlt, muß der Korken erst durch vorsichtiges Hin- und Herdrükken gelockert werden, ehe er durch den Innendruck von selbst in die Hand gleitet. Sitzt er zu fest, löst man ihn durch Drehen mit der Sektzange (ersatzweise: Nußknacker!). Flasche und Glas beim Einschenken schräg zu halten vermeidet turbulentes Überschäumen. Viertel- und halbe → Flaschen sind mit problemlos zu handhabenden Abreißverschlüssen versehen.

offuscato, ital. WA, → Umschlagen.
Ohé! Ohé!, franz.-schweizer. WA im Sinn von *lecker, munter,* → frisch.
Ohm, *Saum,* altes Faßmaß von 150 Liter; → Faß.
Ohne Wein und Brot . . ., → Sine Cerere et Baccho . . .
Öle, ätherische, flüchtige, stark duftende Öle von sehr unterschiedlicher chemischer Zusammensetzung; sie sind – sorten- und lagentypisch – hauptverantwortlich für → Aroma und → Bukett von Weinen und Schaumweinen. Der Zusatz ä.Ö. ist verboten.
ölig, franz. *onctueux,* WA im Sinn von *dickflüssig,* reich an → Glyzerin, im Glas schlierenbildend (→ Kirchenfenster). Ö. wirken nur sehr *volle,* → körperreiche Weine; negative Steigerung: *fett, schmalzig,* s. a. → *zäh.*
Oloroso, trockene bis leicht süße Spielart des → Sherry, bei 18 bis 20 Volumenprozent Alkohol voll und kräftig im Geschmack, mit zartem Nußaroma und von dunkelgoldener Farbe. In Spanien sagt man, der O. sei ein Lebenswecker und Gedankenbringer, ein Stimmungs-Stimulant, der den Frohen fröhlich, den Nachdenklichen nachsichtig und vorausschauend mache. Beste Trinktemperatur ist die Zimmertemperatur.
Ölsüß, → Glyzerin.
Önanthäther, *Drusenöl, Treberöl, Weinberöl, Weinöl,* aus dem Feststoff-Niederschlag (→ Depot, → Drusen) gärenden Mostes destilliertes Öl von extrem scharfem, betäubendem Geruch.
onctueux, franz. WA, → ölig.
Önin, → Önocyanin.
Önocyanin, *Önin,* zu den → Anthocyanen zählender, Weintrauben rot- und blaufärbender Naturfarbstoff. Das Ö. ist in der Beerenhaut gebunden und ist nicht wasserlöslich; erst der sich in der → Maischegärung entwickelnde Alkohol löst die Pigmente aus dem Balg, so daß der → Most die mehr oder minder intensive Rotweinfärbung gewinnt. Beim → Weißkeltern frischer, noch nicht (oder nur wenig) angegorener Maische aus Rot- oder Blautrauben dagegen kann das Ö. im Most nicht (oder nur in geringem Maß, wie für → Roséweine erwünscht) wirksam werden. So kommt es, daß weiße Schaumweine nicht selten aus Grundweinen von Rebsorten mit roten oder blauen Trauben hergestellt werden.

Önologie, *Weinkunde,* die Wissenschaft vom Wein; die Bezeichnung ist als Kunstwort gebildet aus griech. *oinos* (*Wein*) und lat. *logica* (*Klugheit*).
Önometer, wörtlich (griech.-neulat.) *Weinmesser,* Meßinstrument zur Bestimmung des Alkoholgehalts in Wein u. a. Flüssigkeiten.
Önothek, Kunstwort aus griech. *oinos* (*Wein*) und *théke* (*Gestell*), eine Sammlung alter, edler Weine bezeichnend; gleichbedeutend *Vinothek,* nach lat. *vino* (*Wein*).
on the rocks, engl. *auf den Felsen,* das Servieren von Weinbränden oder → Mischgetränken mit Eiswürfeln im Glas.
Oportò, *Oportorebe,* ungar. bzw. österr. Bezeichnung für → Portugieser, Blauer.
organoleptische Prüfung, → Sinnenprüfung.
Originalabfüllung, herkömmliche Bezeichnung für → Erzeugerabfüllung. Diese neue Deklarationsformel (in der Bundesrepublik Deutschland seit 1971 verbindlich) wurde mittlerweile auch über den EG-Raum hinaus kraft Gesetzes exakt definiert, nachdem der Begriff O. teils mißverstanden, teils mißbraucht wurde.
Oriou, Rebsorte des → Humagne rouge.
Ortenau, nach dem deutschen Weingesetz von 1971 einer von 7 Bereichen des Anbaugebiets → Baden, mit den beiden Großlagen *Fürsteneck* und *Schloß Rodeck.* Anschlußbereiche: → Badische Bergstraße/Kraichgau, → Badisches Frankenland, → Bodensee, → Breisgau, → Kaiserstuhl-Tuniberg, → Markgräflerland.
Ortlieber, Rebsorte → Knipperlé.
Osmose, von griech. *osmós* (*Stoß, Durchdringen*), weinfachsprachlich das Eindringen des Grauschimmelpilzes → Botrytis cinerea durch die Haut (*Balg*) der Weinbeere in deren Fleisch und die hierdurch in der Traube wie auch in deren → Most bewirkten Veränderungen der normalen Stoffwechsel- bzw. → Gärungs-Abläufe; → Edelfäule.
Österreich. Im Osten und Südosten des heutigen Staatsgebietes wurde schon in vorrömischer Zeit Wein aus Wildtrauben (*Vitis silvestris*) gewonnen. Marcus Aurelius Probus, Roms Kaiser von 276 bis 282, begründete die weiträumige Kultur der eigentlichen Weinrebe (*Vitis vinifera*) in der Provinz *Pannonia* (vgl. → Klosterneuburg) zwischen Ostalpen, Donau und Save. Heute erzeugen in Ö. rund 56 000 landwirtschaftliche Voll- und Nebenerwerbsbetriebe auf insgesamt über 50 000 Hektar Rebland durchschnittlich 2,5 Millionen Hektoliter Wein im Jahr (Extremwerte: 1 387 371 hl 1965; 3 096 130 hl 1970); 1977 waren es genau 2 594 021 Hektoliter, d. h. 58,2 Hektoliter Ertrag je Hektar Rebfläche. Rund 90 Prozent der österr. Weine bleiben im Land, nur etwa 10 Prozent werden exportiert, davon 80 Prozent in die Bundesrepublik Deutschland; nach ihr rangiert mit weitem Abstand Kanada an zweiter Stelle. Der Pro-Kopf-Verbrauch in Ö. liegt etwas über 36 Liter. Auf rund 85 Prozent der Gesamtrebfläche werden Weißweine gezogen, vor allem *Grüner* → *Veltliner* (26%), → *Müller-Thurgau* (8,9%), → *Welschriesling* (8,1%), *Neuburger* (3,6%) u. a. In die übrigen 15 Prozent für Rotwein teilen sich vor allem → *Limberger* (*Blaufränkisch*, 4,7%), *Blauer* → *Portugieser* (4,5%), *Zweigeltrebe* (2,8%), *Saint-Laurent* (1,4%) u. a.; auf nur 0,2 Prozent der österreichischen Rebländereien wächst die *Blaue Wildbacher Rebe,* aus deren Trauben der → *Schilcher,* die Spezialität der → Weststeiermark, gekeltert wird. Rund 20 Prozent der österr. Weingärten stehen noch heute im → Gemischten Satz, d. h. mehrere Rebsorten werden in eine Bütte geerntet, woraus ein international kaum mehr geschätzter, naturgegebener → Verschnitt gekeltert wird. Auf dem Gebiet der → Erziehungsarten hat in Ö. der technische Fortschritt bereits optimal Platz gegriffen: Die einst ausschließlich betriebene, handarbeitsintensive *Pfahlkultur* blieb nur auf 3,7 Prozent der Gesamtrebfläche (überwiegend an schwer zugänglichen, steilen Hängen) erhalten, die rationeller zu bestellende *Mittelhochkultur* nimmt 21,2 Prozent, die hochmechanisierte *Hochkultur* (→ Weitraumanlage) bereits 75,1 Prozent ein. Ö.s Weine profitieren von der klimatischen Lage zwischen der nördlichen und der südlichen Weinbauzone Europas. So verbinden sich in ihnen Frische und Fruchtigkeit des Nordens mit Körperfülle, Feuer und natürlicher Süße des Südens; dabei zeichnen sie sich vielfach durch ein ausgeprägtes *Sortenbukett* aus. Große Varianz beziehen sie aus der Vielgestaltigkeit der Reblandschaften sowie aus sehr unterschiedlichen Böden. Das

177

Österreicher

neue Weingesetz von 1976 gliedert die österr. Weinareale, analog den Umgrenzungen der Bundesländer, in vier Weinbauregionen: → Niederösterreich (die früheren Regionen *Donauland, Weinviertel* und *Thermenregion* umfassend) mit 59,5 Prozent der gesamten österr. Rebflächen, → Burgenland mit 34,7, → Steiermark mit 4,3 und → Wien mit 1,5 Prozent; diese Großräume sind in 14 enger umgrenzte Weinbaugebiete oder Bereiche unterteilt. In den übrigen österr. Bundesländern (Oberösterreich, Salzburg, Vorarlberg, Tirol, Osttirol und Kärnten) werden insgesamt nur etwa fünf Hektar Rebfläche bestellt.

Österreicher, → Silvaner.

Österr. Gütemarken. Das *Weingütesiegel Österreich* verbürgt nach Paragraph 19 des österr. Weingesetzes einen amtlich geprüften → Qualitätswein bestimmter Anbaugebiete, die Tafelweinmarke *Wein aus Österreich* solide → Tafelwein-Qualität (auch in Zwei-Liter-Flaschen). Das Bildsymbol beider Zeichen (ein → Römerkelch mit rot-weiß-rotem Grund) findet

Österreichische Gütemarke.

Österreich: Weinbauregionen.

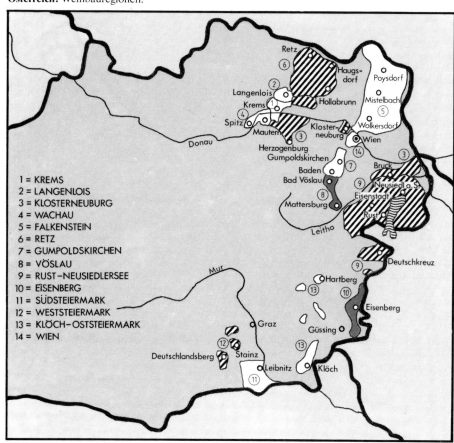

1 = KREMS
2 = LANGENLOIS
3 = KLOSTERNEUBURG
4 = WACHAU
5 = FALKENSTEIN
6 = RETZ
7 = GUMPOLDSKIRCHEN
8 = VÖSLAU
9 = RUST-NEUSIEDLERSEE
10 = EISENBERG
11 = SÜDSTEIERMARK
12 = WESTSTEIERMARK
13 = KLÖCH-OSTSTEIERMARK
14 = WIEN

Oxidationsgeschmack

Ostschweiz: Reben bei der Klosterinsel Rheinau im Kanton Zürich.

sich auch auf (→) Buschenschanktafeln der → Heurigen solcher Güte ausschenkenden Erzeuger.

Ostschweiz, zweitgrößtes Weinbaugebiet der → Schweiz mit fast 1850 Hektar Anbaufläche und einem durchschnittlichen Ertrag von 100 000 Hektolitern. Auf 20,5 Prozent der Rebfläche werden europäische Weißweinsorten angebaut, überwiegend *Riesling × Silvaner* (→ Müller-Thurgau) und zu einem kleinen Teil *Räuschling* (→ Knipperlé), → Elbling, *Pinot gris* (→ Ruländer), → Freisamer, *Gewürztraminer* und andere Spezialitäten. 76,5 Prozent sind mit Blauem → Burgunder (*Pinot noir, Clevner*) bestellt, und auf drei Prozent wachsen → Hybriden und → Direktträger, deren Ertrag zu Traubensaft verarbeitet wird. Unverschnittene Erzeugerabfüllungen mit → Ausgangsmostgewichten von 75 (Rotwein) bzw. 70 (Weißwein) → Öchslegraden tragen das Qualitätszeichen *Attestierter Winzer-Wy*. Zur O. als Weinbauregion gehören die Kantone → Zürich, → Schaffhausen, → Graubünden, → Aargau, → Thurgau, → St. Gallen sowie – wenn auch mengenmäßig unbedeutend – → Schwyz, → Glarus und → Appenzell (Reihenfolge nach Größe der Rebflächen). Vom Sortencharakter her sind auch → Basel und → Luzern dazuzurechnen.

Oststeiermark, österr. Weinbauregion → Klöch-Oststeiermark.

Oxhoft, Hamburger Faßmaß von 226 Liter; → Faß.

Oxidation, chemische Verbindung von Sauerstoff, z. B. mit Inhaltsstoffen von Most und/oder Wein. Bei südländischen → Dessertweinen werden *O.sbukett, -farbe* und *-geschmack* vielfach durch *oxidative Ausbauweise* willentlich (gesteuert) hervorgerufen. Allgemein benötigt jeder Qualitätswein zu harmonischer Ausreifung ein gewisses Maß an O.seffekten (in Holzfässern und mit Naturkork verschlossenen Flaschen sichergestellt), ein Übermaß an Luftkontakt jedoch bewirkt vorzeitige Alterserscheinungen (→ Firne, → hochfarbig, → Luftgeschmack). Um die O. in engen Grenzen zu halten, beschleunigt man die Verarbeitungsprozesse der Trauben von der Lese an, schwefelt bereits die Maische und hernach nochmals das Ausbaugut (Most/Wein; → Schwefeln), hält jedes → Faß stets spundvoll (→ Füllwein) bzw. wählt moderne Lager- und Gärbehälter aus nicht *atmenden* Materialien (→ Tank).

Oxidationsbukett, → Firne.
Oxidationsfarbe, → hochfarbig, → Sherryton.
Oxidationsgeschmack, → Luftgeschmack.

Paarl-Riesling, → Riesling aus dem südafrikanischen Weinbaugebiet Paarl, Sitz der zentralen Winzergenossenschaft der Republik → Südafrika.

Païen, *Heidenwein, Hunnenwein, Hunnisch, Heunisch,* sehr alte, möglicherweise noch aus vorrömischer Zeit stammende, dem → Traminer verwandte Rebsorte. Im mittelalterlichen → Baden (Bundesrepublik Deutschland) nannte man aus P. (*Heida*), → Elbling u. a. Sorten gewonnenen Weißwein von minderer Qualität *vinum hunicum,* im Unterschied zum besseren *vinum faucum* (*Franzwein, Frentschen*) aus französischen Reben. Heute wächst echter

Die steilen **Païen**-Rebhänge im Wallis.

P. nur noch auf dem höchstgelegenen Rebberg (z. T. mehr als 1 000 Meter über Meeresniveau) Europas unweit Brig (*Visperterminen*) im Schweizer Kanton → Wallis. Der Wein ist säurereich, jedoch von *feiner, rassiger Art* (WA).

pailleux, franz. WA, → strohig.

Palästina, → Israel.

Palm Sack, *Canary Sack,* Süßwein von Las Palmas (Kanarische Inseln), → Sack.

Palmwein, *Tari, Toddy,* weinähnliches Getränk aus vergorenem Pflanzen- bzw. Fruchtsaft verschiedener Palmengewächse. Als ausgesprochene Weinpalmen bezeichnet werden die Arten *Raphia vinifera* und *Raphia taedigera* aus Westafrika und Südamerika; im tropischen Asien und Ozeanien liefern vor allem die Palmyrapalme (*Borassus flabellifera*) und die Sagwire- oder Zuckerpalme (*Arenga saccharifera, A. pinnata*) den in alten Palitexten (→ Buddhismus) *jalogi* genannten P. Bei der beerenfrüchtigen Zuckerpalme z. B. kappen *Toddy-pluckers* (sinngemäß etwa: *Palmweinzapfer*) die kolbenförmigen männlichen Blütenstände und bringen an den so entstandenen Schnittwunden Pflanzenfaserschnüre an, über die aus einer Palme täglich bis zu vier Liter Saft in am Boden aufgestellte Auffanggefäße abfließen. Dieser Saft wird zu Melasse eingekocht oder zu P. vergoren. Ebenso oder ähnlich verfährt man in manchen Regionen auch bei Kokos- und Dattelpalmen (*Cocos nucifera* und *Phoenix dactylifera*); zu P. vergoren werden überdies Kokosmilch und der Preßsaft reifer Datteln (Dattelhonig). P. ist das Ausgangsprodukt zur Herstellung von Palmschnaps und Palmessig.

Pamid, älteste Rebsorte → Bulgariens. Sie liefert süffige Konsumweine, die mit hellroter Farbe und fruchtiger Frische an → Roséweine erinnern.

Pankratius, → Eisheilige.

Panschen, jede Art des *Streckens* (mit Wasser) oder Verfälschens (durch unerlaubte Zusatzstoffe) von Wein, um mehr Menge zu erhalten bzw. bessere Qualität vorzutäuschen. Dies geschieht bisweilen auf sehr geschickte, selbst Fachleute täuschende Weise. Ein Beispiel aus jüngerer Zeit ist die *Kunstweinaffäre* jenes Herrn Korn, dessen synthetische Kreszenzen Deutschlands *Fernseh-Frühschöppler* Werner Höfer (nach eigenem Zeugnis) zwei Jahre in aller Öffentlichkeit kredenzt hatte, ohne daß ihm und seinen Gästen etwas aufgefallen wäre, bis jener Herr Korn als allzu guter Kunde der Düsseldorfer Wasserwerke Verdacht erregte. Verfeinerte Methoden der Weinanalyse – in der Bundesrepublik Deutschland heute Bestandteil der amtlichen → Qualitätsweinprüfung – erschweren erfolgreiches P. ungemein, aber völlig auszuschließen ist es wohl nicht, solange Wein getrunken wird. S. a. → Wein und Wasser.

Panschheimer Vorlese, durch → Panschen u. a. verfälschter Wein; die um 1930 in deutschen Weinbaugebieten aufgekommene Sachschelte ironisiert Qualitätswein-Bezeichnungen mit Prädikat (→ Auslese, → Spätlese). → Wein im Volksmund.

Pant, *pantig,* → Kahm, *kahmig.*

paon, franz. WA, → queue de paon.

pappig, von *plumper* → Süße, WA für zu stark *entsäuertes* oder auch *gepanschtes* Getränk; *Bonbongeschmack,* nicht identisch mit *Dropsgeschmack* (→ sauer-süß).

parfumé, franz. WA, → duftig.

parfümiert, WA, von aufdringlichem oder störend atypischem, sortenfremdem → Geruch.

passante, ital. WA, → süffig.

passé, WA im Sinn von *abgebaut, abgelebt, schal* (→ Firne); nach dem Verlust jeglichen Genußreizes ist der Wein *tot.*

passito, ital. WA für aus → Trockenbeeren gekelterten Wein; nicht identisch mit → passé.

Pasteurisieren, in der Weinkellerei kurzzeitiges Erhitzen des vorgeklärten Mostes auf 60 bis (in Einzelfällen) 85 Grad Celsius unter Luftabschluß. Das → Behandlungsverfahren dient der Sterilisierung (z. B. Abtötung von Kahmhefepilzen, Milchsäurebakterien u. a.) und Eiweißstabilisierung, ist jedoch bei Qualitätsweinen nicht praktikabel, da es Reifungsprozesse unterbindet.

pastoso, ital. WA, → wuchtig.

Patentschutz, → Sortenschutz.

pâteux, franz. WA im Sinn von → wuchtig, z. B. gern von guten alten → Bordeaux-Weinen gesagt.

pauvre, franz. → arm.

Paysan, in der trad. *Bordeaux-Klassifikation* niedrigste Stufe nach → Bourgeois und → Artisan.

Pedro Ximénez, dunkel braungelbe Weißweintraube → Andalusiens, nach wissen-

Pedro-Ximénez-Traube.

schaftlich unbestätigter Überlieferung eine → Mutante von → Rieslingreben, die ein deutscher Söldner namens Peter Siemens im 16. Jh. vom Rhein zum Guadalquivir gebracht haben soll. P.X. liefert, sortenrein gekeltert und vergoren, fruchtige, extrakt- und alkoholreiche Weißweine. Für den hochgradig likörigen *PX* (bedeutende Ingredienz des → Sherry) werden P.X.-Trauben zunächst während 14 Tagen bis drei Wochen auf Grasmatten in der Sonne zu → Rosinen eingetrocknet (vgl. → Strohwein), dann gekeltert und in Spezialverfahren ausgebaut. Das Ergebnis ist von beträchtlicher und dabei harmonischer Süße.

pelure d'oignon, franz. *Zwiebelschale,* WA für sattgelb/rotgold bis ziegelrot getönte Färbung vor allem *trockener* → Roséweine.

Pepsinwein, appetitanregender und verdauungsfördernder → Medizinalwein, bereitet aus *Xérès*-Wein (→ Sherry) mit Zusatz von Wasser, dem Ferment *Pepsin-Glyzerin,* Salzsäure, Zuckersirup und Pomeranzentinktur (laut *Oetker-Warenkunde-Lexikon*).

Pergelerziehung, → Erziehungsarten der Rebe.

Pérignon, Dom, franz. Benediktinermönch, 1639 (?) in St. Menehoulde geboren und 1668 bis 1715 Kellermeister der Abtei Hautvillers in der → Champagne. Ihm wird die *Erfindung* des → Champagners zugeschrieben. Tatsächlich neigten

Statue des Dom **Pérignon** (1639–1668).

die hellen Weine (*clairets, fauvelets*) seiner Zeit mangels gründlicher Klärung mit Sicherheit zur → Nachgärung, die Pater (*Dom*) P. experimentell durch Zuckerzusatz (→ Fülldosage) zu intensivieren und zu steuern gelernt haben mag. Man schreibt ihm überdies die Kreation der → Cuvée, der → Flaschengärung u. a. zu, feiert ihn als Schöpfer der → méthode champenoise der Schaumweinbereitung. Franz. Schaumwein (z. B. *Blanquette de Limoux*) gab es freilich schon vor *Dom* P., nicht jedoch mit dem – zuvor nur in England in gleicher Weise eingesetzten – elastischen Flaschenverschluß aus spanischer Korkeiche (→ Korken), den *Dom* P. mit Hanfschnur (statt → Agraffe) befestigte und mit Wachs versiegelte.

Perkeo, Clemens, *Clementel* gerufener, zwergwüchsiger Hofnarr Kurfürst Karl Philipps von der Pfalz (1716–1746) und von diesem zum Hüter des → Heidelberger Fasses bestimmt. *Das war der Zwerg Perkeo im Heidelberger Schloß: an Wuchse klein und winzig, an Durste riesengroß.* So heißt es in einem → Trinklied Viktor von Scheffels, in dem P. nachgesagt und -gesungen wird: *Ja, das größte aller Fässer schlürft' er aus bis auf den Grund.* Eine solche → Trinkprobe ginge freilich – bei 195 000 Liter Rauminhalt des Heidelberger Fasses zu P.s Zeit – über jedes menschliche Fassungsvermögen. Der Kurfürst ehrte den kleinen Tiroler, den er sich am Innsbrucker Hof eingehandelt hatte, 1727 mit einer Gedenkmünze. Diese zeigt P. mit Sicherheit naturgetreuer als das sehr viel später geschaffene Schnitzwerk, das heute noch als P. hölzerne Wache mit größten je mit Wein gefüllten Faß der Welt hält.

Perlan, im Schweizer Kanton → Genf gebräuchliche Bezeichnung für sortenreine Weine aus der → Gutedel-Traube.

perlant, franz., → perlend.

perlend, *Perlen treibend*; umgangssprachlich verallgemeinernd gesagt von Flüssigkeiten, die bei Druckabfall (z. B. durch Öffnen der Flasche) und/oder Erwärmung Gas freisetzen, welches in Form von Bläschen (*Perlen*) mehr oder minder lebhaft bis turbulent zur Flüssigkeitsoberfläche drängt. Bei Wein besteht *das Perlen* in der Abgabe von → Kohlendioxid (*Kohlensäure*), die jedoch nach Art und Stärke zu differenzieren ist: 1. *Spritzige* → Frische, auf der Zunge *prickelnd* fühl-, im Glas nicht unbedingt auch deutlich sichtbar, kann spezifisches Kennzeichen der → Jugend (auffällig z. B. bei jungen Moselweinen), sortentypisches Charaktermerkmal (z. B. bei *Fendant*, d. h. → Gutedel aus dem Schweizer Kanton → Wallis) oder lebendiger Ausdruck alterungsbedingten Säureabbaus (nicht selten z. B. bei → Muscat aus Frontignan) sein; als sanft, aber sichtbar p. erweisen sich bei normaler Trinktemperatur die → Sternliweine, die in der franz. Schweiz als *crémant* angesprochen werden. Dabei handelt es sich stets um Kohlendioxidentwicklung aus natürlicher Milchsäuregärung, deren Produkt ein *sanft p. Wein* (franz. *vin perlant*) ist. – 2. Die in der franz. WA gebräuchliche Steigerung *pétillant* (ital. *frizzante*) läßt sich wörtlich mit *sprudelnd* (zwischen p. und *schäumend*) übersetzen, hat jedoch in der deutschen WA (da *Sprudel* nur im ironisierend-abwertenden Sinn gebraucht wird; s. → Sekt im Volksmund) keine verläßliche Entsprechung; der Ausdruck wird oft mit *moussierend* (→ Moussieren) gleichgesetzt, meint aber eigentlich → Perlwein. – 3. Aussagen wie *perlender Sekt, schäumender Champagner* u.ä. sind letztlich Pleonasmen, da die *moussierende* Eigenart von → Schaumwein (franz. *vin mousseux*) eben im Hervorbringen von

sog. *Sektperlen* besteht. Deren Feinheit (*Perlen*, Bläschen, nicht Blasen!), Formbeständigkeit (nicht *Sprudeln* an ständig freiblubbernder Oberfläche) und gleichmäßige Massierung über dem → Moussierpunkt des Glases erlauben bei der → Sinnenprüfung Rückschlüsse vom *Perlprofil* auf *Frische* und Gesamtqualität des Schaumweins.
Perlprofil, optischer Eindruck von → Schaumwein im Glas; → perlend, → Moussierpunkt.
Perlwein, leicht moussierender, franz. als *pétillant* (→ perlend), ital. als *frizzante* angesprochener, weißer oder roter Wein von → Tafelwein-Qualität. Der vom deutschen → Tafelwein-Qualität. Der vom deutschen Weingesetz verlangte Kohlensäure- deutliches *Perlen* im Glas. P. muß auf dem → Etikett als solcher ausgewiesen werden (zusätzlich zur Angabe der Weinart sowie *Tafelwein*-Kennzeichnung), darf in Flaschenform und Aufmachung nicht mit → Schaumwein verwechselbar sein und unterliegt auch (noch) nicht der → Schaumweinsteuer. Im Verhandlungsstadium befinden sich → EG-Verordnungen, welche für P. sowohl Schaumweinsteuer- als auch Kennzeichnungspflicht hinsichtlich der Kohlensäure-Herkunft vorsehen, über die das Etikett bisher nichts aussagt. Der Kohlendioxid-Überdruck wird durch ein- oder mehrfache alkoholische → Gärung (wie bei Schaumwein/Sekt), in der Bundesrepublik Deutschland durch → Mostgärung im → Drucktank, meist jedoch durch → Imprägnierung erzeugt, s. a. → Sternliwein.
pesante, ital. WA, → schwer.
Petersilientraube, → Gutedel.
pétillant, franz. WA, Steigerung von *perlant*, → perlend, entsprechend ital. *frizzante*; → Perlwein.
petit, franz. *klein*, WA im Sinn von → kurz.
Petit Rhin, *Kleiner Rhein*, franz. Synonym für → Riesling in der franz. Schweiz.
Petit Riesling, franz. *Kleiner Riesling*, → Riesling.
Petrustränen, → Lacrimae Petri.
Pfahlerziehung, schweizer. *Stickelbau*, → Erziehungsarten der Rebe, → Laubarbeiten.
Pfalz, deutsches Anbaugebiet → Rheinpfalz.
pfeffrig, österr. WA für den sortentypisch

Pfahlerziehung in Deutschland.

würzigen Geschmack von *Grünem* → Veltliner.
Pfropfrebe, auf einer Unterlagsrebe wachsende, aufgepfropfte Rebe. Der Grund für die zeitraubende → Veredelung der Rebe liegt darin, daß dabei reblausresistente (→ Reblaus) amerikanische Wildreben (*Berlandieri, Riparia* u. a.) als Wurzelreben gepflanzt werden können, welche dann die europäischen Edelreiser tragen. Heute sind die meisten Ertragsreben in Europa P.n. Vgl. → Klon.
pH-Wert, *Wasserstoffexponent*, Maßzahl für die Wasserstoffionen-Konzentration in Lösungen, ausgedrückt in Gramm je Liter. Eine vereinfachte Skala reicht von pH 0 (*sauer*, Salzsäure) über pH 7 (*neutral*, destilliertes Wasser) bis pH 14 (*basisch*, Natronlauge). Die Wasserstoffionen-Konzentration in Trauben, Most und Wein (pH 3 bis 3,5) ist von entscheidender Bedeutung für die mikrobiologischen Umsetzungsprozesse, so z. B. für die Vermehrung der Milchsäurebakterien und damit für den biologischen → Säureabbau.
pièce, franz. für *Stück*, Faßmaß von 200 bis 228 Liter, nicht identisch mit dem deutschen → Stückfaß; s. a. → Faß.
Piemont, wörtlich *Bergfuß*, nordwestlichste Provinz → Italiens mit der Hauptstadt Turin. Vor Kälteeinbrüchen durch den Westalpenbogen weitgehend geschützt

pieno

und mit einem milden und doch nicht zu heißen Klima, bietet P. ideale Voraussetzungen für die Erzeugung von Qualitätsweinen. Schon im Aostatal, noch auf tausend Meter über Meereshöhe, wachsen ausgezeichnete Weißweine oder der aus → *Nebbiolo*-Trauben gewonnene, leuchtend rote *Donnaz*. Als «König» der Piemonteser Weine gilt jedoch der ebenfalls aus Nebbiolo-Trauben erzeugte → Barolo, der schon bei den Herzögen von Savoyen in höchstem Ansehen stand. Von vergleichbarer Qualität sind → Barbaresco und → Barbera. Daneben gibt es zahlreiche interessante Weine aus lokalen Rebsorten wie etwa den *Erbaluce di Caluso* aus *Erbaluce*-Trauben, den trockenen, samtigen und körperreichen *Ghemme* aus *Nebbiolo*- und *Bonarda*-Trauben, die eher zarten, harmonischen *Dolcetto*-Weine und die weichselroten bis orangefarbenen *Freisa*-Weine mit leichtem Himbeeraroma. Weltbekannt sind der *Moscato d'Asti* sowie die daraus produzierten Schaumweine (→ Asti Spumante).

pieno, ital. WA, → voll.

pierre à fusil, franz. *Flintstein,* → Feuersteingeschmack.

Piffchen, *Piffche, Piff,* in → Rheinhessen ein kleines oder – kurz vor der polizeilichen Sperrstunde – vom Wirt nur mehr halb vollgeschenktes Glas Wein.

Pignol, Pignola, ital. für → Burgunder, Blauer.

pikant, WA im Sinn von → elegant mit besonders fruchtig-appetitlicher Säure.

Pikolit, Weißer, ungar. Rebsorte → Kéknyelyü.

pimpant, franz. WA im Sinn von *prickelnd,* → spritzig.

Pinot blanc, franz. Synonym für → Burgunder, Weißer.

Pinot Chardonnay, irreführende Bezeichnung der nicht zu den *Pinots* gehörenden Rebsorte → Chardonnay.

Pinot gris, franz. für → Ruländer.

Pinot Meunier, franz. Synonym für die → Müllerrebe (*Schwarzriesling*).

Pinot noir, franz. Synonym für → Burgunder, Blauer.

pinte de Paris, älteste Sektflaschennorm (0,93 Liter) von 1735; → Flaschen.

pipa, span. Faßmaß von 418 bis 572 Liter; → Faß (Tabelle).

piqué, franz. WA im Sinn von krank, mit → Essigstich.

Pisco, aus Trauben destillierter Trinkbranntwein aus → Chile.

plat, franz. WA, → flach.

platt, *flach,* WA im Sinn von → matt, ohne Frische.

plébéien, franz. WA für → klein.

plein, franz. → voll.

plongeant, franz. *untertauchend,* WA im Sinn von → unharmonisch, mit teils über-, teils unterbetonten Eigenschaften.

plump, WA, 1. im Sinn von → breit, von unharmonisch auftragender *Körperfülle,* meist verbunden mit Mangel an → Frische und Säure; 2. bei ungutem bzw. aufdringlichem → Geruch, s. a. → parfümiert.

pointe, franz. WA für → eckig hervortretende → Säure.

pointu, franz. WA bei Geschmackstönung nach grünem Holz, im Sinn von → krautig (positiv) oder → grasig (negativ) gebraucht.

Pokal, aus Glas oder Metall gearbeitetes, mehr oder minder reich verziertes Trinkgefäß mit Schaft und breitgezogenem Fuß, als Prunkgefäß nicht selten mit Deckel. Die heute populärste Gebrauchsform ist die des deckellosen → Römers. Vgl. → Kelch, → Gläser.

Polen, im Mittelalter wurde in P. Weinbau fast ausschließlich von Klöstern betrieben. Den größten Anteil daran hatte Schlesien. Später nahm die Rebfläche rapide ab: von 1400 Hektar noch im 19. Jh. auf 200

Pokale aus dem 16. Jahrhundert.

Portugal: Weinbauregionen.

Hektar 1974. Dieses verbleibende Rebareal bei *Zielona Góra* (→ Grünberg) liefert heute durchschnittlich rund 1 000 Hektoliter Wein im Jahr.

Pomerol, *Lalande-de-Pomerol,* zu den vier *Appellations nobles* der → Bordeaux-Region zählender Rotweinbereich zwischen Isle und Dordogne. Die Weine – körper- und bukettreich, (→) *rund und samtig* – stehen im Charakter zwischen dem *feinen* → Médoc und dem *feurigen* → Saint-Emilion; insbesondere den berühmten *Château Pétrus* von P. zeichnet ein unvergleichlicher Trüffelduft aus.

Porto, → Portwein.

Portoferraio, → Elba.

Portugal, altes Weinbauland, das seine Kreszenzen schon im späten Mittelalter – vor allem nach England – exportierte. P. war auch das erste Land, das ein Herkunftsgebiet gesetzlich festlegte (1756 für → Portwein). Heute werden rund 370 000 Hektar für den Weinbau genutzt, mit einem Jahresertrag von rund 14 Millionen Hektoliter, zu zwei Dritteln Rotwein. Die Pflanz- und Bearbeitungsmethoden sind in manchen Landesteilen noch sehr traditionsgebunden. Zum Teil ist die Rebe auch Zweitkultur, wächst also auf einem Areal zusammen mit anderen Pflanzungen. Trotz günstigem, mildem und verhältnismäßig feuchtem Klima liegen die Hektarerträge daher deutlich unter dem mitteleuropäischen Durchschnitt. Hauptanbaugebiete sind das *Douro-Gebiet* (→ Alto Douro), → Vinho Verde, → Dão, *Colares, Carcavelos, Bucelas, Setúbal* und → Madeira. Aus dem Dourotal und seinen Nebentälern stammt der traditionsreiche → Portwein. *Vinho Verde* verdankt seinen Namen (*Grüner Wein*) der → Frische seiner (weißen) Gewächse. Schwerer als der rote *Dão* sind die Rotweine aus *Colares,* einem kleinen Gebiet am Atlantik. *Carcavelos,* wo der vornehme Badeort Estoril liegt, produziert einen stark alkoholhaltigen, bernsteinfarbenen Weißwein. Eher trocken sind die Weißen von *Bucelas,* während *Moscato de Setúbal* einen süßen, aber delikaten → Muskateller-Dessertwein bezeichnet. Der berühmte → Madeira kommt von der gleichnamigen, von den Portugiesen 1419 entdeckten Insel im Südatlantik.

Portugieser, Blauer, *Autrichien, Bad'ner, Blauer Vöslauer, Oportorebe,* ertragreiche, Tafel- und Keltertrauben liefernde Rotrebsorte. Sie soll 1772 aus Porto in → Portugal nach Österreich (→ Vöslau) und von dort um 1860 nach Deutschland (→ Rheinpfalz) gekommen sein. P.-Weine sind von hellem, in guten Jahren von dunklerem Rot, *mild, süffig,* mit dezent *blumigem Bukett,* jedoch ohne *Größe* (WA). Jung und frisch getrunken, ähneln sie dem Beaujolais nouveau (→ vin primeur). Längeres Lagern sortenreiner P. ist nicht empfehlenswert.

Portwein, berühmter, traditionsreicher Dessertwein aus dem oberen Dourotal in → Portugal. Der zum Teil verschnittene, zum Teil ausschließlich aus den süßen Trauben *Cão, Carvalha, Francisca, Mourisco* oder *Touriga Bastardo* gewonnene P. wird mit Traubenbranntwein *gespritet* und erreicht so einen Alkoholgehalt von 19 bis 21 Grad. Wichtig für die Qualität des P.s ist die → Lagerung: für ihren vollkommenen → Ausbau benötigen Spitzenweine 50 und mehr Jahre. Da P. während Jahrhunderten vorwiegend in Großbritannien konsumiert wurde, wird er zum Teil dort gela-

possente

Ältere hydraulische **Presse**.

gert, zum Teil in den *lodges* um die Hafenstadt Oporto. Englisch sind auch heute noch die Etiketten. *Vintage* meint den P. eines bestimmten, guten Jahrgangs, der früh zur → Flaschengärung abgefüllt wurde; *Late-bottled vintage* ist ähnlich, jedoch später abgefüllt. *Crusted* und *Vintage character* sind gute Verschnitt-P.e; ein leichter P. ist der bräunliche, in Holz gelagerte *Tawny*.

possente, ital. WA für → mächtig.
Pouilly, → Mâcon, Mâconnais.
Prädikate, die obere Güteklasse deutscher Weine (→ Qualitätswein bestimmter Anbaugebiete) differenzierende Zusatzbezeichnungen nach Maßgabe amtlich geprüfter Qualitätsunterschiede, die sich hauptsächlich aus der besonderen Leseart (→ Spezialiesen) ergeben. Die P. in aufsteigender Reihenfolge: → Kabinett, → Spätlese, → Auslese, → Beerenauslese und → Trockenbeerenauslese. *Eiswein* ist kein eigenständiges *Prädikat*, sondern kann dem jeweiligen P. hinzugesetzt werden, wenn die für → Eiswein geltenden, ungewöhnlichen Ernte- und Kelterbedingungen erfüllt sind. S. a. → Ausbruch.
Prädikatssekt, ausschließlich für deutschen → Qualitätsschaumwein zulässige Bezeichnung, sofern dieser zu mindestens 60 Prozent aus einheimischen Mosten/Weinen bereitet und bei der → Sinnenprüfung mit wenigstens 15 von 20 möglichen Punkten bewertet wurde.
Prädikatswein, → Qualitätswein mit Prädikat.
précoce, franz. *frühreif*, WA für ungewöhnlich rasch Reifemerkmale entwickelnden, meist säurearmen Wein, der dann auch schnell altert; → Alter.
prenant, franz. *einnehmend*, WA für zugleich *ansprechendes* und anspruchsvolles Getränk von ausgeprägtem → Charakter, das nicht zu jeder Gelegenheit paßt.
Pressac, Synonym der → Auxerrois-Rebe.
Preßboden, → Biet.
Presse, Traubenpresse, → Kelter.
Preßkorb, der die Trauben aufnehmende Füllkasten der → Kelter.
Prezeln, österr. Fachwort für leichte → Gärung, sprachverwandt mit *Bitzeln*, einer Eigenschaft des → Federweißen.
prickelnd, franz. *déluré, dévergondé, pimpant*, WA für Getränk von belebender → Frische; ähnlich → spritzig.
Prickelschlabber, seit dem frühen 20. Jh. in Ostpreußen, Hamburg u. a. nachgewiesene Sachschelte, etwa im Sinn von *prikkelndes und doch labbriges Gesöff*, d. h. *fader* → Schaumwein, *müder* → Sekt (s. a. Küpper, *Wörterbuch der deutschen Umgangssprache V*, Hamburg 1967).
Prié, auch *Bernarda*, die Rebsorte → *Rèze*.
Probus, Marcus Aurelius, röm. Kaiser 276 bis 282 n.Chr., hob das von Kaiser Domitian 91 n.Chr. erlassene Anbauverbot für Weinreben auf und gilt als Begründer des Weinbaues in den Nordprovinzen des Röm. Reiches, vom Donau- bis zum Rheinland. S. a. → Klosterneuburg.
produit en cuve close, franz., *hergestellt im geschlossenen Faß* (Tank), Bezeichnung für durch → Großraumgärung erzeugte Schaumweine, für die in Frankreich (im

Kaiser Aurelius **Probus** auf einer Medaille.

Gegensatz zur Bundesrepublik Deutschland) keine besonderen Qualitätsvorschriften (z. B. → Hefelager) bestehen.
profumato, ital. → duftig.
profumo di fiori, ital. → blumig.
Prohibition, gesetzliches Verbot von Herstellung und Handel alkoholischer Getränke, in den → USA vor 1917 von einigen wenigen *arid States* (*trockenen Staaten*) praktiziert. Durch Bundesgesetz wurde die P. dann zunächst für die Dauer des Ersten Weltkriegs unionsweit eingeführt, 1919 stillschweigend verlängert, 1920 durch Verfassungszusatz festgeschrieben und erst 1933 unter dem Druck der durch die P. entstandenen gesellschaftlichen Verhältnisse wieder aufgehoben. Inzwischen hatten Dis- und Inkriminierung jedweden nicht-medizinischen Umgangs mit Alkohol und Alkoholika dem organisierten Gangstertum mit einem bundesweiten Schwarzen Markt den idealen Nährboden für überörtliche und überregionale Syndikatsbildungen beschert. So ist als einzige nachhaltige Folge der P. zu vermerken, daß die Unterwelt Oberwasser bekam, daß die Mafia der USA in den zwanziger und frühen dreißiger Jahren – dank staatlicher Betätigungsfeld-Markierung – zu bis heute ungebrochener Machtvollkommenheit gedieh.
Prominentenlimonade, → Diplomatensprudel.
Propellersekt, → Sekt mit Orangensaft; nach 1955 aufgekommener Ausdruck (Küpper, *Wörterbuch der deutschen Umgangssprache V*, Hamburg 1967).

Prüfungsnummer, amtliche

Prošek, dickflüssiger, schwerer, jedoch ohne → Aufspriten erzeugter → Dessertwein Dalmatiens; → Jugoslawien.
Prosit! *Prost!* – Die seit dem 16. Jh. belegte, im Deutschen seit dem frühen 18. Jh. volkstümlich gewordene Widmung (Zueignungsformel) galt ursprünglich nicht (nur) dem wertfreien Zutrunk aus Spaß an der Freud' bei jeder Gelegenheit, sondern dem Ausdruck bestmöglicher Wünsche zu besonderen Anlässen (Kindstaufe, Hochzeit, Hausbau-Richtfest), nicht zuletzt am Krankenbett. P. besagt sinngemäß soviel wie *Wohl bekomm's!* (abgeleitet von lat. *prodesse*, d. h. *nützen, zuträglich sein*). Auch andere – heute meist gleichermaßen sinnentleerte – Zutrunk-Floskeln artikulieren fast ausnahmslos beste Wünsche für Gesundheit und langes Leben dessen, dem *zugeprostet* wird: franz. *A (ta, ton, votre) santé* (oder schlicht: *A la votre!*); span. *A (su) salud (Saludos!)*; entsprechend ital. *Salute!* Serbokroat. sagt man: *Na (u) zdravlje!* Etwas nach *Na zdarowje* Klingendes wird im slawischen Sprachraum freilich immer verstanden, ebenso wie *Saha!* in Nordafrika oder *Skaal!* in Skandinavien. *Lechájim* (*Zum Leben!*) sagen, auf Hebr., die Juden, wenn sie den Becher erheben. Nur Frohsinn, Fröhlichkeit haben englischsprechende Zecher im Sinn, wenn sie *Cheerio!* oder *Cheers!* (wörtlich: *Hochrufe! Freuden!*) ausbringen. → Trinksprüche.
Provence, während die historische P. auch die *A.C.*-Gebiete im Rhônetal (→ Côtes du Rhône, → Châteauneuf-du-Pape) umfaßt, bezeichnet P. als Weinbauregion nur das Gebiet zwischen Marseille und Nizza. Hier werden vorwiegend einfache Tischweine erzeugt, unter denen frische, trockene Rosés herausragen. Der einzige *A.C.*-Bereich, zwischen Toulon, Draguignan und Saint-Tropez, liefert die *Côtes-de-Provence*-Weine, unter welchen die in amphorenähnlichen Flaschen gehandelten Rosés den weißen (→ Blanc de Blancs) und (alkoholreichen, aber vergleichsweise gerbstoffarmen) roten Gewächsen vorzuziehen sind.
Prüfungsnummer, amtliche, *A.P.-Nr.*, auf dem → Etikett anzugebender Ausweis für erfolgreiches Bestehen der amtlichen → Qualitätsweinprüfung, unerläßlich für die *Verkehrsfähigkeit* (Handelserlaubnis) von → Qualitätsweinen (mit oder ohne → Prä-

Etikett mit der amtlichen **Prüfungsnummer**.

dikat), → Qualitätsschaumwein, → Sekt und → Prädikatssekt. Die *A.P.-Nr.* ist eine Chiffre, mit der die Herkunft des jeweiligen Erzeugnisses bis zum Hersteller zurückverfolgt werden kann. Die Nummernsysteme sind international und auch in der Bundesrepublik Deutschland noch von Land zu Land unterschiedlich; gemeinsam ist ihnen die Aufteilung nach Kennziffern bzw. Ziffernkolonnen, deren erste drei im folgenden Beispiel eines Weines aus der → Rheinpfalz die sog. Betriebsnummer darstellen:

A.P.-Nr. 6 051 123 009 78
Schlüssel: 6 = Nummer der amtlichen Prüfstelle; 051 = Anbaugemeinde, 123 = Abfüllbetrieb; 009 = laufende Abfüllpartie; 78 = Jahr der Antragstellung bzw. Prüfung.

puissant, franz. WA für → herzhaft bis → mächtig.
Pumpel, → Weinheber.
Pumpenheimer Schattenseite, gehaltloser, extrem leichter Wein; der seit dem frühen 20. Jh. in Weinbaugebieten belegte Spottname wurde Ortslagen-Bezeichnungen edler Weine nachgebildet (Küpper, *Wörterbuch der deutschen Umgangssprache V*, Hamburg 1967), → Wein im Volksmund.
Pumpenheinrich, seit 1920 belegte Sachschelte für verwässerten Wein; → Panschen, → Wein im Volksmund.
Punsch, engl. nach sanskr. *pantscha (fünf)*, → Mischgetränk, nach altem Originalrezept aus fünf Teilen Wein (oder Wasser oder Tee) und einem Teil Arrak (oder Rum oder Weinbrand) mit Zucker und Gewürzen zu bereiten. Heute sind der Phantasie bei Rezepturen für kalten (z. B. *Schwedenpunsch*) oder heißen P. (z. B. *Feuerzangenbowle*) keine Grenzen mehr gesetzt.
Punt, Holzpfropfen, Zapfen zum Verschließen des Spundloches am Faß, wenn der junge Wein sich beruhigt hat und kein → Gärspund mehr vonnöten ist.
Pursch, sinngemäß: munterer, lebenslustiger, kraftstrotzender Bursche; österr. Mundartbezeichnung für jungen Wein; → Heuriger.
PX, sattsüßer Likörwein Andalusiens, → Pedro Ximénez.
Pyknometer, Instrument zur Messung des spezifischen Gewichts von Flüssigkeiten, ein *Araeometer* ähnlich der *Öchslewaage* (→ Öchslegrade).

Reben auf kargen, eisenhaltigen Böden in der **Provence**.

Qualitätsweinprüfung

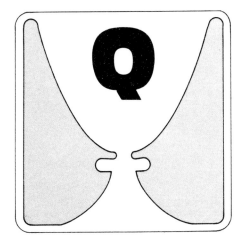

Q. b. A., → Qualitätswein bestimmter Anbaugebiete.
Qualitätskontrolle, → Qualitätsweinprüfung.
Qualitätsschaumwein, gesetzlich geregelten und amtlich kontrollierten Qualitätsnormen entsprechender → Schaumwein aus zweiter Gärung (→ Flaschengärung, → Großraumgärung). Nach Weingesetz und Schaumwein-Branntwein-Verordnung der Bundesrepublik Deutschland von 1971 dürfen Q.e auch als → Sekt, ausländische Erzeugnisse jedoch nur dann als Q.e deklariert werden, wenn vergleichbares Qualitätsniveau durch entsprechende gesetzliche Auflagen im Herkunftsland gesichert ist (z. B. → Champagner). Deutscher Q. erhält die zur *Verkehrsfähigkeit* erforderliche amtliche → Prüfungsnummer unter folgenden Bedingungen: Der Anteil ergorenen Alkohols darf nicht unter 10 Grad, der an freier schwefliger Säure nicht über 35 Milligramm je Liter liegen (total 250). Q. muß mindestens neun Monate ununterbrochener Lagerzeit (einschließlich → Hefelager) im Herstellungsbetrieb bei wenigstens 3,5 atü → Druck (bezogen auf 20 Grad Celsius) hinter sich haben, ehe er in Viertel- (bis 250 Milliliter) bzw. Normal- oder Großflaschen (bis 3 Liter) unter mindestens 3,0 bzw. 3,5 atü Kohlensäureüberdruck (bei 20 Grad Celsius) in den Handel kommt. Aufwertend-präzisierende Zusatzangaben sind nur erlaubt, wenn mindestens 75 Prozent des Q.s einer solchen Etikettierung tatsächlich gerecht werden; d. h. ein *Rieslingsekt* z. B. muß wirklich zu 75 Prozent aus *Riesling*-Grundweinen gewonnen sein und den *Sortencharakter* in der → Sinnenprüfung offenbaren. Vgl. → Jahrgangssekt, → Lagensekt, → Prädikatssekt.
Qualitätswein bestimmter Anbaugebiete, *Q. b. A.*, in Deutschland (BRD) mittlere Güteklasse der dreistufigen Qualitätsstaffel, zwischen → Tafelwein und → Qualitätswein mit Prädikat. *Q. b. A.* tragen grundsätzlich eine amtliche → Prüfungsnummer, dürfen nur aus zugelassenen Rebsorten dieses oder jenes der 11 bestimmten Anbaugebiete der Bundesrepublik Deutschland gewonnen sein; weitere Grundbedingungen sind gesetzlich festgelegte (nach Rebsorte und Gebiet verschiedene) → Ausgangsmostgewichte sowie ein bestimmter Mindestalkoholgehalt. Dabei darf ein *Q. b. A.* – im Gegensatz zum → Qualitätswein mit Prädikat – *verbessert*, d. h. zwecks Erhöhung des Alkoholgehalts im Most mit Zucker *angereichert* sein. Sinngemäß, wenn auch mit gewissen Abweichungen, entsprechen dem deutschen Q. b. A. z. B. in Frankreich → Vins de qualité provenant de régions délimitées (*V. D. Q. S., A. O. C.*, bedingt *Vin de pays*), in Italien → Denominazione di origine controllata, in Spanien → Denominación de Origen, in Luxemburg → Marque nationale du vin luxembourgeois, u. a. m.
Qualitätswein mit Prädikat, *Q. b. A. mit Prädikat, Prädikatswein*, obere Qualitätsstufe beim deutschen Wein, unterteilt durch → Prädikate nach Maßgabe der Lesearten (→ Spezialllesen). Hierbei handelt es sich um ohne → Anreichern alkoholreiche, zumal in den Oberstufen (→ Auslese, → Beerenauslese, → Trockenbeerenauslese) oft likörartig süße und/oder mit dem Reiz des → Botrytistons veredelte Gewächse. Jeder *Q. b. A. m. P.* kann außerdem als → Eiswein ausgezeichnet werden, wenn die hierfür erforderlichen Konditionen bei Lese und Kelterung beweisbar eingehalten wurden.
Qualitätsweinprüfung, Qualitätsweinkontrolle, wesentliche Voraussetzung für die Klassifizierung von Weinen und Schaumweinen nach Maßgabe rechtsverbindlich etikettierbarer (und vom Verbraucher gegebenenfalls reklamierbarer) Qualitätsnormen. In der Bundesrepublik Deutschland beginnt die amtliche Q. bereits mit

quarter cask

der → Leseprüfung der Trauben am Weinstock, sobald der Winzer eine → Speziallese angemeldet hat, für die er letztlich eine amtliche → Prüfungsnummer begehrt. Zweite Stufe ist die chemische → Analysenprüfung des fertig ausgebauten und abgefüllten Produkts, das schließlich auch noch die fachkundige → Sinnenprüfung amtlich bestellter Experten (→ Weinschmecker) zu bestehen hat. Ähnliche Prüfungsverfahren bestehen heute schon in vielen Weinbau (und -export) betreibenden Ländern; in der EG wird zunehmend Vereinheitlichung angestrebt.

quarter cask, engl. Faßmaß von 125 bis 160 Liter; → Faß (Tabelle).

queue, franz. *Schwanz, Schweif*, WA für → Abgang.

queue de paon, franz. *Pfauenschwanz*, WA für vordergründig attraktiven, jedoch rasch *abfallenden* Geschmackseindruck. Ein solcher, nur *kurz* seine Pracht entfaltender Wein ohne nachhaltigen → Abgang wird als *paon (Pfau)* bezeichnet.

Experten bei der **Qualitätsweinprüfung.**

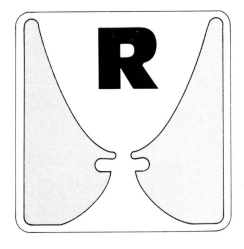

race, racé, franz. WA, → Rasse → rassig.
raclant, franz. WA im Sinn von → adstringierend; der Wein zieht den Mund zusammen: *il racle.*
rahn, WA für über die *Hochfarbigkeit* hinaus fortgeschrittene Altersbräunung von Weißwein; durch Enzyme bewirkte Oxidationserscheinung.
raide, franz. WA, → hart.
raisin, franz. *Traube.*
Raisin d'Alicante, → Grenache noir.
Raisin bleu de Frankental, franz. Synonym für → Trollinger, Blauer.
Rajnai Rizling, *Rajnski Rizling,* ungar. bzw. serbokroat. für *Rhein-Riesling,* → Riesling.
Rambaß, *Rampasch, Rampes,* Synonyme für sauren, minderwertigen Wein. Das seit Beginn des 19. Jh. – in dieser oder jener Schreibweise – in den westdeutschen Weinbaugebieten geläufige Wort geht wahrscheinlich auf franz. *rames/rampes basses* (*niedrige Stangen/Stufen*) zurück: Bei terrassenartig angelegten Weinbergen wie auch am einzelnen Rebstock bringen die Tal- bzw. Bodentrauben mehr Säure (weil weniger Zucker) in den → Most als die hochhängenden, besser besonnten Trauben. → Reben und Trauben...; → Wein im Volksmund.
rance, franz. *ranzig,* WA für überaltertes, oxidiertes Getränk, → Firne (span. *rancio*).
Rappen, Stiele der Weintrauben, → Kamm.
Rappenton, → grasig.

Rasse, Gesamteindruck → rassiger Weine/Schaumweine, in der franz. WA mit sehr unterschiedlichen Bezeichnungen belegt: *chien* (Hund), *gilet* (Wams, Weste), *race* (Rasse), *tenue* (Haltung), *vaillance* (Tapferkeit).
rassig, engl. *racy,* franz. *charpenté, racé,* ital. *fresco,* WA, ähnlich → elegant, jedoch kräftiger im *Ausdruck,* mit erfrischend *herzhafter,* deutlich ausgeprägter, aber keinesfalls unangenehm hervortretender → Säure; subst. → Rasse.
Rauchwein, in der Antike von Juden hergestellt, indem man süße Trauben zunächst einem Räucherungsprozeß unterzog und dann erst kelterte. Der an mittelalterlichen Höfen sehr geschätzte R. bekam seinen *Rauchton* gelegentlich auch durch nachträgliches Einblasen von Rauchgasen aromatischer Hölzer und Kräuter in den fertigen Wein. Dies geschah in alchimistisch anmutenden Vorrichtungen. Die im Wein aufsteigenden Gasblasen gaben an das sie umgebende Medium typische Aromastoffe ab.
rauh, franz. *âpre, austère,* WA für sehr herbes, säurereiches Getränk (Steigerung: → kratzig); auch für allzu → gerbstoffreiche und überschwefelte Weine.
Rausch, von mittelhochdeutsch *rūsch* (vgl. engl. *rush*), *Rauschen, Stürmen, Turbulenz,* Zustand der Trunkenheit durch Rauschmittelgenuß (z. B. → Alkohol). Das Berauschtsein kann sich vom zunächst angenehm empfundenen, belebenden, enthemmenden *Schwips* über Erregungs- und Depressionszustände (bei welchen sich seelische Grundstimmungen der Freude, Trauer oder Aggressivität verstärkt bemerkbar machen) bis zur akuten Alkoholvergiftung mit mehr oder minder schweren Lähmungserscheinungen (im Extremfall mit Todesfolge) steigern. Chronische Alkoholvergiftung bei Gewohnheitstrinkern kann zum *Säuferwahnsinn* (*Delirium tremens*) führen. Gemeinhin folgt dem R. der Katzenjammer mit Kopfschmerz, Übelkeit, allgemeiner Abgeschlagenheit.
Rauscher, → Federweißer.
Räuschling, Kleiner, schweizer. Synonym für die elsässische Rebsorte → Knipperlé.
Rebbelgitter, herkömmliche, heute kaum mehr gebräuchliche Vorrichtung zum → Abbeeren der Trauben.
Rebblüte, → Gescheine.
Rebeln, österr. für → Abbeeren.

Reben und Trauben

Reben und Trauben in Zitaten. – In der franz. Schweiz gibt es das Sprichwort: *Les filles et les vignes sont difficiles à garder.* (*Mädchen und Reben sind schwer zu behüten.*) In der Ostschweiz heißt es: *E Frau chamer's ganz Lebe lang verliederle* (d. h. schlecht behandeln), *sie schafft gliich, aber bi Rebe rächt sich's scho im erschte Summer.* – Goethe lobte: (→) *Sorgenbrecher sind die Reben.* Schiller: *In der Rebe goldnem Blut trinken Sanftmut Kannibalen, die Verzweiflung Heldenmut.* (→ Wein erfreut des Menschen Herz.) – *Die Könige, die Kaiser, sie lieben Lorbeerreiser, doch lieben sie daneben den süßen Saft der Reben.* So ein Operettenlied (→ Könige als Weintrinker), und Ernst Moritz Arndt sprach von *der Traube süßem Sonnenblut, das Wunder glaubt und Wunder tut* (→ Gottesgabe Wein). – Nikolaus Lenau (geb. Nikolaus Franz Niembsch, Edler von Strehlenau, 1802 – 1850), österr. Dichter, in *Der einsame Trinker: Süßes Traubenblut fließt auf meiner Schanze; Rebe, teures Gut! Seelenvolle Pflanze!* – Ein deutsches Sprichwort besagt: *Die süßesten Trauben* (oder: *Früchte*) *hängen am höchsten*; sinngemäß: Das Beste ist am schwersten zu erreichen. Tatsächlich entwickeln die hochhängenden, nicht von Laub beschatteten Trauben infolge intensiverer Sonneneinstrahlung den höchsten Zuckergehalt. – S. a. → Trinksprüche.

Reblaus (*Viteus vitifolii* oder *Phylloxera vastatrix*), zur Familie der Zwergläuse (*Phylloxeridae*) gehörender Rebenschädling, der – 1854 an nordamerikanischen Wildreben entdeckt – 1863 in England und 1874 in Frankreich eingeschleppt wurde (zwei Formen, eine kurzrüsselige: *V. v. vulpinae*, und eine langrüsselige: *V. v. vitifolii*). Die Entwicklung des Insekts verläuft im Generationenkreis mit befruchtet und unbefruchtet erzeugten Generationen. Aus dem am Stamm des Weinstocks abgelegten, befruchteten Winterei schlüpft die *Fundatrix* (Stammutter), die an den Blättern saugt und diese mit ihrem Speichelgift zur Bildung von Gallen anregt, in die sie bis zu 1200 unbefruchtete Eier legt. Ihre Nachkommen leben oberirdisch als Blattgallenläuse, die sich wiederum in bis zu vier Generationen *parthenogenetisch* (unbefruchtet) vermehren. Aus den zuletzt abgelegten Eiern der *Fundatrix* und Eiern der Gallenlausgenerationen schlüpfen Wurzelläuse, die an die Wurzeln wandern und als Junglarven überwintern, während die oberirdische Form abstirbt. Wurzelläuse pflanzen sich zum einen ebenfalls als ungeschlechtliche Form in mehreren Generationen fort, erzeugen jedoch bei günstigen klimatischen Bedingungen im Sommer auch geflügelte Formen (*Sexuparen* oder *Migrantes*), die die Erde verlassen und auf neuen Weinstökken aus unbefruchteten Eiern winzige ungeflügelte Männchen und Weibchen hervorbringen. Diese Generation (*Sexuales*) legt die befruchteten Wintereier. – Wurzelreblause sind bis 1,5 Millimeter lang und gelbgrün bis bräunlich, die geflügelten *Sexuparen* ockerfarbig und die Blattgallenläuse gelbgrün bis orange. – Das Wurzelwerk der → Amerikanerrebe als ursprünglicher Wirtspflanze ist gegenüber den von den Wurzelläusen erzeugten Knötchen an Saugwurzeln (*Nodositäten*) und den Wucherungen an den verholzten Teilen (*Tuberositäten*) weitgehend resistent, während diese bei wurzelechten Europäerreben mit der Zeit zu faulen beginnen, so daß der Stock abstirbt. Der Reblauszug vernichtete denn auch bis in die ersten Jahrzehnte des 20. Jh. weiteste Teile des europäischen Rebbestandes. Erst durch das Pfropfen blattgallenresistenter europäischer Reben auf amerikanische Unterlagen (→ Pfropfreben) konnte der Seuche wirksam begegnet und die Qualität der europäischen Sorten gerettet werden. Die Trauben der amerikanischen Reben besitzen nämlich den eigentümlichen Foxtongeschmack, der sich auch dem Wein mitteilt. Durch die *Reb-*

Nachbildung der **Reblaus** aus Schrott.

lauskonvention von 1881 (für die Bundesrepublik Deutschland noch im Verkehr mit Rumänien und der Tschechoslowakei in Kraft) wurden Bekämpfung und R.-Gesetzgebung international geregelt (1951 ersetzt durch die internationale Pflanzenschutzkonvention).

Rebmesser, → Sesel.

Rebschenkel, Wurzel der → Weinrebe.

Rebschere, Schere mit sichelförmig geschweiften Schneiden für Traubenernte und Rebschnitt. Das 1849 von dem österr. Zeugschmied Josef Keusch in → Krems erfundene Gerät löste inzwischen vielenorts das schwieriger zu handhabende Rebmesser, die → Sesel, ab.

Rebschnitt, gemeinhin im Februar vollzo-

Rebschnitt: Entfernen von Seitentrieben.

gen, dient der Formgebung des Weinstocks (→ Erziehungsarten der Rebe) sowie der Erhaltung einer günstigen Menge-Güte-Relation beim Ertrag. Wichtigste Schnittarten sind der *Gobelet*- oder *Kronen*-Schnitt bei den niedrig gehaltenen Formen des Südens und der *Guyot*- oder *Streckbogen*-Schnitt bei → Drahtrahmenerziehung. Die Zahl der am *Tragholz* belassenen Triebknospen (*Augen*) entscheidet über die Ernte im folgenden Herbst. S. a. → Laubarbeiten.

Rebveredelung, → Veredelung der Rebe.

rêche, franz. WA, → resch.

Rechtsweinsäure, → Weinsäure.

Refraktometer, → Handrefraktometer.

Rehobéam, *Rehoboam*, im deutschen Sprachraum manchmal auch *Jeroboam* genannte Schaumwein-Schauflasche von 4,5 Liter Inhalt; → Flaschen.

reich, franz. *riche*, WA für Kreszenzen, in welchen alle gütebestimmenden Merkmale reichlich vertreten und zugleich harmonisch aufeinander abgestimmt sind. Bei feiner lagen- oder sortentypischer Nuancierung hat der Wein → Spiel.

reif, Reife, WA, 1. Wein auf dem absoluten Höhepunkt (*Hoch-Zeit*, s. → Alter) seiner individuellen Entwicklung kennzeichnend; r. entspricht hier engl. *matured*, franz. *mûr*, ital. *fatto*, auch → superiore. – 2. R. kann auch als Optimum auf das jeweilige Entwicklungsstadium bezogen werden; d. h., es gibt r. Jungweine (die in ihrer → Jugend nicht mehr besser werden können) ebenso wie Altweine, die sich durchaus *unreif* (nicht optimal entwickelt) ausnehmen. – 3. Zusammengesetzte Wortbildungen betreffen noch enger eingegrenzte Ausbaustufen, z. B. *abstichr.* (zum → Abstich fällig), *faßr.* (→ füllreif), *flaschengereift* (→ Alter) u. a. m.

Reinhefe, → Reinzuchthefen.

reinsortig, österr. WA für → sortenrein.

reintönig, franz. *franc de goût*, ital. *franco*, WA im Sinn von rein, absolut sauber in Geruch und Geschmack, bei der → Sinnenprüfung klar erkennbar → sortenrein, art- und gebietstypisch, ohne jeden Aufsatzduft oder Nebengeschmack. Dies ist bei *Grundweinen* zur Schaumweinherstellung besonders wichtig, da die aufsteigende *Kohlensäure* (→ Kohlendioxid) alle Geschmackseindrücke intensiviert, so daß z. B. ein ausgeprägter → Bodengeschmack in der → Cuvée auch dann stört, wenn er im Wein sonst *typisch* und lobenswert ist.

Reinzuchthefen, *Hochleistungshefen,* aus jeweils einer isolierten Hefezelle gezüchtete, von andersartigen Organismen freie Hefestämme zur besonderen Verwendung gemäß ihren Eigenarten. Typische Einsatzbereiche für R. sind z. B. → Flaschengärung (*depotbildende Hefen*), → Kaltgärung (*Kaltgärhefen*) und geschmackstypisierende → Gärführung (z. B. *Kahmhefen*). Vgl. → Hefe.

Reiswein, weinähnliches Getränk, erzeugt durch → Gärung einer → Maische aus Reis und Quellwasser. Für den japan. *Sake* gelten 27 Grad Celsius als ideale Trinktemperatur. Man genießt den R. da und dort auch aus kästchenartig geformten

Holzschalen mit breitem Rand, auf den man etwas Salz gestreut hat.

Remstal-Stuttgart, nach dem deutschen Weingesetz von 1971 einer von drei Bereichen des Anbaugebiets → Württemberg. Die fünf → Großlagen des Bereichs: *Hohenneuffen, Kopf, Sonnenbühl, Wartbühl* und *Weinsteige.* Anschlußbereiche: → Kocher-Jagst-Tauber und → Württembergisch Unterland.

Rentnerwein, in der Nachkriegszeit aufgekommener Begriff für billigen → Wermut- oder Obstwein (Küpper, *Wörterbuch der deutschen Umgangssprache V,* Hamburg 1967), → Wein im Volksmund.

resch, franz. *rêche,* WA im Sinn von sehr → herb bis fast → kratzig.

Reserve, → Süßreserve.

Resi, deutscher Name der Rebsorte → Rèze.

Restsüße, unvergorener Zuckerrest im ausgebauten Wein, stets auch nach (heute fast ausnahmslos praktiziertem) → Durchgären ohne → Stoppen noch nachweisbar. Das → Anreichern (*Verbessern*) vor der → Gärung hat keinen unmittelbaren Einfluß auf die R. Um jedoch breitem Kundengeschmack gerecht zu werden, erzeugt man vielfach – besonders in Deutschland – im (weiten) Rahmen des gesetzlich Erlaubten das gewünschte Maß an R. durch *Dosage* mit unvergorenem Traubenmost (→ Süßreserve), ähnlich der → Versanddosage bei Schaumwein.

Retsina, griech. → Harzwein.

Retz, nach der Stadt R. benannter, westlicher Teil des trad. österr. *Weinviertels,* gemäß Weingesetz von 1976 einer von insgesamt 8 Bereichen der Weinbauregion → Niederösterreich (*Donauland*). Die Bereichsgrenzen lassen sich mit dem Manhartsberg im Westen, dem *Wagram*-Bezirk (Bereich → Klosterneuburg, bis 1976 Westteil von *Traismauer-Carnuntum*) im Süden, den Leiserbergen im Osten und der tschechoslowakischen Grenze im Norden abstecken: ein sanftes Hügelland mit einer Windmühle als Wahrzeichen. Die namengebende Stadt R. – deren Windmühle die einzige heute noch funktionsfähige in ganz Österreich ist – gelangte schon im Mittelalter durch den Wein zu großem Wohlstand. Davon zeugen nicht nur eindrucksvolle oberirdische Baudenkmäler rund um den romantisch-pittoresken Stadtplatz, sondern mehr noch das unterirdische Kellerlabyrinth, das heute an allen Ecken und Verzweigungen mit Wegmarkierungen bestückt ist, damit sich niemand mehr hoffnungslos darin verirre. Aneinandergereiht, ergäben die Kellergänge und -gewölbe unter der Altstadt von R. eine längere Strecke als die oberirdischen Verkehrswege. Ein Brief Papst Gregors XI. aus dem Jahr 1373 erwähnt lobend den *vinum in antiquo monte apud Retzam,* d. h. den *Wein vom Altenberg bei R.*; zu dieser Zeit aber war die örtliche Großkellerei (zunächst *Hochstiftlich Passauische Zehentkellerei*) bereits seit fast 200 Jahren in Betrieb – wenn auch bei weitem noch nicht in dem Umfang, der die für 1780/81 dokumentierte Einlagerung von über fünf Millionen Liter (50000 Hektoliter) Wein erlaubte. Diese Super-Weinkellerei hat bis heute an Funktionsfähigkeit nichts eingebüßt, sondern an Fassungsvermögen noch gewonnen. – Bekannte Weinbauzentren des Bereichs sind neben R. vor allem Pulkau und Röschitz, wo der Grüne → Veltliner besonders fruchtige Spezialitäten hervorbringt, die im unmittelbaren Süden von R. freilich ein bißchen *laut* in Geruch und Geschmack ausfallen können. Im östlichen Pulkautal, bei Haugsdorf, reifen seit langem neben hervorragenden Weiß- auch kräftige Rotweine von Blauem → Portugieser, *Saint-Laurent-* und *Zweigeltrebe.* Rot und Rosé gewinnen in jüngerer Zeit merkbar an Bedeutung, da den dunkelfrüchtigen Reben eine lokale Klimaveränderung im *Retzer Kessel* besser zu bekommen scheint als den angestammten Weißweinsorten: neben dem *Grünen Veltliner* (rund 32 Prozent der Rebfläche) Weißer → Burgunder, → Müller-Thurgau, → Riesling und → Welschriesling (*Riesling italico*). See- und Sumpfdrainage bewirkten nämlich eine meßbare Minderung der im Bereich der Retzer Klimainsel altgewohnten und -bewährten Luft- und Bodenfeuchtigkeit. Eine Folge: Die → Edelfäule (→ Botrytis cinerea) wird kaum mehr wirksam, während Blautrauben schön dunkeln. – Anschlußbereich im *Weinviertel* ist → Falkenstein.

revêche, franz. WA, → herb.

Rèze, *Radzi, Redzi,* deutsch *Resi,* im Schweizer Kanton → Wallis auch *Prié* oder *Bernarda* genannte, sehr alte Rebsorte, wahrscheinlich identisch mit, bzw. unmittelbar hervorgegangen aus der antiken

Uva raetica (*Traube der Räter*). Deren Weißwein wurde von Vergil besungen und nach Plinius bereits dem römischen Kaiser Tiberius (14–37 n. Chr.) serviert. Nach einer Lesart brachten die Römer die R.-Rebe aus der Gegend von Verona über den Großen St. Bernhard (daher *Bernarda*) vom Aostatal ins *Wallis*. Es gibt aber auch Hinweise darauf, daß dies schon die Kelten besorgt hatten. Heute wird R. nur noch in wenigen Alpentälern an- und zum traditionsgerechten → Gletscherwein ausgebaut.

rezent, WA, vor allem bei mittleren Weinen mit normalem Alkoholgehalt, jedoch angenehm betonter Säure, gutem → Bukett und nachhaltigem → Abgang; in Österreich eher im Sinn von → fein, *zart* gebraucht.

Rezinieren, Harzen, → Harzwein.

Rèzlink, tschechoslowak. für → Riesling.

Rheinburgengau, einer von drei Bereichen des deutschen Anbaugebiets → Mittelrhein, mit acht → Großlagen: *Burg Hammerstein, Burg Rheinfels, Gedeonseck, Herrenberg, Lahntal, Loreleyfelsen, Marksburg* und *Schloß Schönburg*. Anschlußbereiche: → Bacharach und → Siebengebirge.

Rheingau, deutsches Qualitätsweinbaugebiet am Rhein, an 36 Kilometer Uferstrecke zwischen Bingen und Mainz, mit dem einzigen Bereich → Johannisberg. Dieses kleine Gebiet mit den großen Weinnamen liegt außerordentlich günstig. Durch den Taunus vor Nordwinden geschützt, in Südhanglage, mit dem hier besonders breiten Rhein als Sonnenspiegel und Wärmespeicher sowie gerade ausreichenden Niederschlägen, genießt es ideale und für Deutschland einmalige klimatische Bedingungen für den Weinbau. Auf den Quarzit- und Schieferverwitterungsböden der höheren Lagen wachsen kräftig-elegante, auf den Lehm- und Tonböden in den flußnahen Lagen und auf vereinzelten Lößböden ausgesprochen vollmundige Weine. Hauptrebsorten sind der → Riesling mit 76 Prozent des Mostertrages, → Müller-Thurgau mit 11 Prozent und → Silvaner mit 5 Prozent. Der R. liefert drei Prozent der deutschen Gesamtproduktion. Dabei ist der Anteil von Spitzenweinen außergewöhnlich hoch, und rund 10 Prozent des Ertrags werden exportiert. Die Weine des R. sind selten trocken; im Zusammenspiel von Süße und Säure erreicht hier die Rieslingtraube wohl ihre höchste Vollkommenheit. Die wichtigsten Weinbauorte des R.s sind Eltville, Erbach, Hallgarten, Hattenheim, Johannisberg, Rauenthal und Rüdesheim. Geisenheim besitzt außerdem eine berühmte Weinbauschule.

Rheingauer, Synonym für → Riesling.

Rheinhessen, zweitgrößtes deutsches Weinanbaugebiet südlich des Rheinknies bei Mainz mit den Bereichen → Bingen, → Nierstein und → Wonnegau. Die Rebareale liegen an den Ufern des Rheins, aber auch im sanft-hügeligen Hinterland. Weite Gebiete sind von Lößböden bedeckt, daneben sind es die Lehm- und Mergel- sowie (im Westen) die Porphyrverwitterungsböden, welche den R.-Weinen ihre typische Milde verleihen. Die beiden wichtigsten Rebsorten sind → Müller-Thurgau mit einem Anteil von 36 Prozent an der Rebfläche und → Silvaner mit 28 Prozent. → Scheurebe, → Riesling und der rote → Portugieser haben einen Anteil von je etwa 5 Prozent, in jüngerer Zeit gewinnen vor allem → Neuzüchtungen an Bedeu-

Rheingau: Musteretikett.

Rheinhessen: Musteretikett.

Rheinpfalz

Rebberg in Bingen, **Rheinhessen**.

tung. Die Weine R.s sind überwiegend angenehme Tischweine, um 23 Prozent der gesamten deutschen Produktion. Eine beachtliche Menge wird exportiert; vor allem die → Liebfrauenmilch-Weine sind in angelsächsischen Ländern sehr beliebt. Spitzenweine werden fast ausschließlich aus *Riesling* gewonnen. Die renommiertesten Weinorte sind Bingen, Nackenheim, Nierstein und Oppenheim.

Rheinpfalz, größtes deutsches Weinbaugebiet, südlich des → Rheingaus entlang der Haardt (Pfälzer Wald), mit den Bereichen → Mittelhaardt/Deutsche Weinstraße und → Südliche Weinstraße. Im Wind- und Regenschatten der Haardt ist die R. das trockenste und eines der sonnigsten der deutschen Weinbaugebiete. Ihre Bedeutung ist schon aus der Zeit → Karls des Großen belegt, an dessen Hof vorwiegend Pfälzer Weine ausgeschenkt wurden. Auf den Verwitterungs- und Lößböden wachsen gehaltvolle, kräftige Weine, zu je einem Viertel des Ertrags aus → Müller-Thurgau-Reben und → Silvaner, zu 14 Prozent aus → Riesling und zu 12 Prozent aus → Portugieser. Auf den 20 700 Hektar werden rund 30 Prozent der deutschen Weinproduktion erzeugt, vorwiegend einfache Tischweine, oft mit etwas erdigem Geschmack. Spitzenweine, in der Regel aus der *Riesling*-Traube, stammen aus den Weinorten → Deidesheim, Forst und Ruppertsberg und können sich durchaus mit sehr guten Rheingau-Weinen messen.

Rheinwein – Feinwein, deutscher Merkvers, → Frankenwein – Krankenwein.

ricco, ital. WA, → alkoholreich.

riche, franz. WA, → reich.

Riede, österr. für → Lage.

Rieslaner, *Mainriesling*, deutsche Rebneuzüchtung, eine Kreuzung aus → Riesling und → Silvaner (daher der Name), erzielt durch Dr. Ziegler an der Bayerischen Landesanstalt für Wein-, Obst- und Gar-

Rheinpfalz: Musteretikett.

Rioja

Reben über dem Ebrotal in **Rioja**.

tenbau, Veitshöchheim; → Sortenschutz seit 1957. R.-Weine sind gehaltvoll, *neutral*; bei hohem → Mostgewicht freilich erreicht ihre *Rasse* Rieslingqualität.

Riesling × Silvaner, → Müller-Thurgau.

Riesling, Weißer, die Spitzenrebsorte, die den Weltruf der deutschen Rhein- und Moselweine begründete, ist heute selbst weltweit verbreitet. Über ihren Ursprung gibt es viele Theorien; die wahrscheinlichste wertet sie als Abkömmling (*Mutante*) der in manchen Altrheinarmen heute noch zu findenden Wildrebe *Vitis vinifera var. silvestris.* Der spät reifende R. bevorzugt steinige und schieferhaltige Böden, ist bei ungünstiger Witterung stark vom → Durchrieseln bedroht, bei viel Sommersonne jedoch so säurereich, daß ihm auch eine etwas höhere → Restsüße als *dienende Süße* konzidiert wird. Besonders in den oberen Qualitätsstufen (→ Prädikate) bringt er Weine von unvergleichlicher *Harmonie, Eleganz* und *Finesse,* von *fruchtigem,* bisweilen *stahligem Charakter* (WA) und einem *hochedlen,* nicht selten an Pfirsich erinnernden *Bukett.* Spätreife zeichnet ihn auch im Faß und auf der Flasche aus: R.-Weine erreichen ihre Hoch-Zeit erst nach zwei bis fünf Jahren; die besten können hernach noch zwei bis drei Jahrzehnte und auch länger lagern. Synonyme des R.s sind: *Hochheim(er), Johannisberg(er), Klingelberger, Rheingauer, Rösling, Gentile Aromatique, Petit Rhin, Rêzlink, Rizling* u. a. m.

Riesling italico, *Italienischer Riesling,* → Welschriesling, nicht identisch mit → Riesling.

Rieslingsekt, zu mindestens 75 Prozent aus → Riesling-Most bzw. -Grundweinen bereiteter → Qualitätsschaumwein.

Rioja, qualitativ bedeutendstes Weinbaugebiet Spaniens, im Ebrotal im Nordosten des Landes, südwestlich von *Katalonien,* benannt nach dem Rio Oja, einem Nebenfluß des Ebro, und gängiger Marktname der Weine dieses Gebiets. Der Weinbau wurde hier ganz entscheidend beeinflußt durch einige hundert französische Winzerfamilien, die um die Jahrhundertwende – nach der Vernichtung ihrer Rebberge in der → Bordeaux-Region durch die Reblaus – an den Ebro kamen und ihre Anbau- und Ausbaumethoden mitbrachten. Zentren der Verarbeitung und des Weinhandels sind Haro und Logroño sowie Elciego, Fuenmayor, Cenicero und Ollauri. Die R.s verdanken ihre Spitzenstellung nicht zuletzt der für Spanien relativ gemäßigten Lage in einem gegen Norden durch das Kantabrische Gebirge abgeschirmten Hochtal mit ausreichenden Niederschlagsmengen, einem langen Frühling und Herbst. Die besten Rebgebiete liegen auf 500 bis 600 Meter über dem Meer und bringen in guten Jahren nuancierte, feine Weine hervor, die leichter und interessanter sind als die Erzeugnisse der anderen spanischen Anbaugebiete. R. gliedert sich in drei Bereiche, die sich vor allem in ihrer Höhenlage unterscheiden: *R. Alta* mit den Spitzenlagen und *R. Alavesa* am Oberlauf des Ebro sind feuchter als *R. Baja,* das bereits ein mediterranes Klima hat und dessen kräftigere Weine meist für R.-Verschnitt verwendet werden oder als *vino corriente* auf den Markt kommen. Ähnlich wie die → Sherry-Firmen verarbeiten die Weinhandelshäuser oder → Bodegas des R. die Trauben verschiedener Güter zu Verschnittweinen nach Art des Hauses, die von erstaunlich gleichbleibender Qualität sind. Namen wie *Viña Pomal* sind also Marken-, nicht Lagebezeichnungen. Die besten R.s sind die roten, die aus *Garnacho-* (→ Grenache-), *Graciano-, Mazuela-* und *Tempranillo-*Trauben erzeugt werden. Trockene rote Riojas sowie *Claretes,* sehr helle, junge Rotweine, werden in Bordeaux-, vollere Gewächse in Burgunderflaschen abgefüllt. Weiße Riojas – aus den einheimischen Rebsorten *Viura, Maturana, Calgraño* und *Turrantés* gekeltert und wie die roten mindestens drei bis fünf Jahre in Eichenfässern gelagert – sind zwar rund und goldfarben, doch meist ziemlich flach und obendrein zu stark geschwefelt.

riserva, ital. Auszeichnung bestimmter Weine nach Ablauf einer gesetzlich festgelegten Mindestlagerzeit, die grundsätzlich länger ist als die zur Einstufung → vecchio genügende. In *Sangiovese di Romagna* z. B. darf bereits nach zwei, → Barbaresco oder → Chianti dürfen erst nach drei Jahren Reifezeit als *r.* verkauft werden. Ein *Barbaresco* gilt mit vier, ein → Barolo erst mit fünf Jahren als *r. speciale.* → Altersprädikate, italienische.

Risling rejnski, russ. → Riesling (*Rheinriesling*).

Rivaner, Riesling × Silvaner, → Müller-Thurgau.

robe, franz. *Kleid, Gewand,* WA für → Farbe; s. a. → brillante robe, → franche de robe, → légère robe, → trop de robe.

robust, ital. *robusto,* → kräftig.
Rohfäule, *Sauerfäule,* → Botrytis cinerea.
Rohschaumwein, Rohsekt, Schaumwein/Sekt vor Zusatz der → Versanddosage.
Römer, von niederl. *roemen (rühmen, preisen),* seit dem 16. Jh. vom Rheinland aus verbreitetes Weinglas in → Pokalform, mit bauchig-kugeligem → Kelch, Schaft (meist aus grünem Glas) und breitgezogenem Fuß. S. a. → Gläser.
rond, franz. → rund.
Rosé, international gebräuchliche Bezeichnung für *halbrote* Weine. Das deutsche Weinrecht unterscheidet; 1. R.wein aus in der Maische nur angegorenen, mithin fast *weißgekelterten* Rot- bzw. Blautrauben; → Weißherbst ist ein sortenreiner R. 2. → Rotling wird aus schon im Erntegut bzw. in der Maische gemischten (verschnittenen), gemeinsam gekelterten Weiß- und Rotweintrauben bereitet; s. a. die schwäbische Spezialität → Schillerwein sowie → Badisch Rotgold. – In Österreich und der Schweiz steht vielfach der Name *Süßdruck* für R., in Frankreich *Œil-de-Perdrix (Rebhuhnauge)*. S. a. → Gleichgepreßter.
Rosinen, von franz. *raisin,* Weintraube *(raisin sec,* trockene Weinbeere, *Rosine),* seit dem frühen Mittelalter eingedeutschte Bezeichnung für luftgetrocknete Weinbeeren aus wärmeren Klimazonen; weinrechtlich nicht identisch mit überreifen, durch Schimmelpilzbefall (→ Botrytis cinerea) *edelfaulen* → Trockenbeeren. Kernlose, schwarze R. von besonders kleinfrüchtigen südländischen Gewächsen werden allgemein als *Korinthen* (nach *Korinth* in Griechenland) gehandelt; R. von großbeerigen Rebsorten werden fachsprachlich als → Zibeben, umgangssprachlich meist als → Sultaninen angesprochen.
Rosinenwein, traditionelles jüdisches Getränk aus mit Wasser vergorenen oder mazerierten (→ Mazerat) → Rosinen, vornehmlich für Kinder und Kranke bereitet; s. a. → Medizinalwein.
rosso, ital. *rot;* entsprechend steht *vino r.* (span. *vino tinto!)* für Rot-, *vino bianco* für Weißwein.
rostig, im Sinn von mißfarbig bei Weißwein; → Farbe.
Rotclevner, im Elsaß gebräuchliches Synonym für → Traminer.
Rotgipfler, österr. Weißweinrebe, deren Most im allgemeinen nicht zu sortenreinen

Weinen ausgebaut, sondern – vor allem in → Gumpoldskirchen – mit *Grünem* → Veltliner verschnitten wird.

Rotkeltern, → Abpressen des Mostes von roten bzw. blauen Trauben erst nach → Maischegärung. Die in der Beerenhaut gebundenen Naturfarbstoffe (*Anthocyane,* → Önocyanin) sind nicht wasser-, wohl aber alkohollöslich. So muß sich in der → Maische bereits → Alkohol entwickeln, damit der → Most Farbe bekommt. Vgl. → Maische-Erhitzung, → Weißkeltern.

Rotling, roséfarbener Mischwein, aus schon im Erntegut bzw. in der Maische verschnittenen Weiß- und Rotweintrauben gekeltert. Eine schwäbische Spezialität ist der *Schillerwein* genannte Q.b.A.-R. aus → Württemberg. S. a. → Badisch Rotgold, → Gwäss; → Rosé.

rotondo, ital. WA, → rund.

Rotspon, mutmaßlich mittelalterlicher Vagantensprache (Rotwelsch) entstammendes Synonym für → Rotwein, umgangssprachlich neubelebt durch den niederdeutschen Schriftsteller Fritz Reuter (1810–1874).

Rotten, schweizer.-deutsche Bezeichnung für den Fluß Rhône. Schweizer R.weine stammen aus dem Kanton → Wallis, franz. von den → Côtes du Rhône.

Rotwein, aus roten oder blauen Trauben *rotgekelterter* Wein. → Rotkeltern besagt, daß die alkoholische Gärung (→ Maischegärung) vor dem → Abpressen einsetzen muß, da sonst die gewünschte Tieffärbung des Mostes ohne → Maische-Erhitzung nicht eintreten kann. Vgl. → Weißkeltern, → Weißwein, → Rosé.

Rotwein ist für alte Knaben..., → Vinum lac senum.

Rotweinkur, → Weinkur.

Rouci, *Roucimodre,* Synonyme für → Burgunder, Blauer, in der Tschechoslowakei.

Roussillon, → Languedoc-Roussillon.

Rückgrat, *Nerv,* fachsprachl. kennzeichnend für besonders hohe Lebenserwartung (zeitliche Erhaltung voller Genußfähigkeit) bei → Schaumwein. Ein Sekt hat R., wenn er in der WA als → nervig bis → stahlig beurteilt werden kann: er *hat* den *Nerv* für hohes Alter, ohne → matt zu werden.

rude, franz. WA, *brandig,* → alkoholreich.

rüde, WA, aufdringlich → alkoholreich, auch → schwefelsäurefirn.

Rüdesheim, Wein-Tourismus-Zentrum

Drosselgasse in **Rüdesheim.**

des → Rheingaues, im Rheinknick bei → Bingen gelegen. Seine weltberühmte *Drosselgasse* ist nur eine von vielen mittelalterlichen Gassen, die gewiß anheimelnd romantisch waren, als sich noch nicht ein Weinlokal ans andere reihte. Während sich heute an schönen wie an trüben Tagen massenhaft Touristen per Seilbahn zum voluminösen Denkmal der völkischen Germania hieven lassen, finden findige Individualisten freilich immer noch – vor allem in Stadtrandgebieten wie Eibingen – wirklich beschauliche Weinkneipen und → Straußwirtschaften ohne Trara und Trödel. R. verfügt außerdem über eines der stattlichsten Weinmuseen Deutschlands (*Brömserburg*) und eine Weinbrennerei von Weltruf.

rugueux, franz. WA, → adstringierend.

Ruhrsprudel, → Diplomatensprudel.

Rührwerk, Umwälzanlage in modernen Großraumbehältern; vgl. → Cuvéefaß, → Großraumgärung.

Ruländer, wahrscheinlich durch Mutation aus dem Blauen → Burgunder entstandene Weißweinrebe, die ihre besten Erträge auf Vulkanboden bringt. R.-Weine sind *gehaltvoll,* nicht selten *von wuchtigem Körper,* und mit *feinem Sortenbukett* versehen; in trockenen Jahren können sie freilich etwas *breit* und *plump* (WA) geraten. In der → Rheinpfalz, wo der Speyerer Kaufmann S. J. Ruland die Sorte im frühen 18. Jh. eingeführt hat, nennt man R.-Weine scherzhaft *Herrenweine*. (*Die Herren haben Grund zur Freude, wenn die Damen einen solchen Wein getrunken haben.*) Andernorts heißt der R. *Grauer Burgunder, Grauer Mönch, Grauklevner, Malvoisie(n), Pinot gris, Rulendac sivi, Szürkebarát, Tokay d'Alsace* u. a.

Rulendac sivi, jugoslaw. Synonym für → Ruländer.

Rülpswein, → Schaumwein/→ Sekt, in süddeutschen Studentenkreisen nach 1948 aufgekommenes Scherzwort, analog zu *Rülpswasser*, kohlensäurehaltiges Mineralwasser (Küpper, *Wörterbuch der deutschen Umgangssprache V*, Hamburg 1967).

Rumänien, mit etwa 340 000 Hektar Rebland und einem Ertrag von über acht Millionen Hektoliter Wein sowie etwa zwei Millionen Zentnern Tafeltrauben nach der → Sowjetunion zweitgrößter Produzent des Ostblocks und zugleich eines der ältesten Weinbauländer Europas. Schon Homer (8. Jh. v. Chr.) erwähnt in der *Ilias* die Weine Thrakiens, die auch zuzeiten der röm. Provinz *Dacia felix* zu den wichtigsten Gütern des Landes gehörten. Die romanisierte Bevölkerung bewahrte über die Jahrhunderte eine Weinbautradition, der im 12. und dann wieder im 18. Jahrhundert ins Land gerufene deutsche Siedler wichtige Impulse gaben. Heute exportiert R. jährlich rund eine Million Hektoliter Wein. Seit einigen Jahren ist eine Klassifizierung in Kraft, die in fünf Stufen von *Tischwein* bis zu *hochwertigem Qualitätswein mit Herkunftsbezeichnung und Qualitätsstufe* reicht. Bis 1980 soll die Anbaufläche auf 450 000 Hektar erweitert werden. Von rund 40 zugelassenen Rebsorten gehören zu den wichtigsten weißen: → Welschriesling, *Fetească alba* (Weiße → Mädchentraube), *Grasă, Fetească regală, Băbească alba,* → Furmint, → Ruländer und *Pinot* → Chardonnay. Rote Sorten sind *Negru moale, Fetească neagră* (Schwarze → Mädchentraube), → Cabernet Sauvignon, Blauer → Burgunder und → Merlot (*Băbească neagră*). Dank des ausgeprägten Kontinentalklimas und einer geographischen Breite, die der Frankreichs entspricht, liefert Rumänien ausgezeichnete rote und weiße Qualitätsweine, wobei Spitzenweine ausnahmslos weiße, aus *Welschriesling, Fetească* oder *Furmint* gekelterte, bukett- und körperreiche Kreszenzen mit 20 bis 40 Gramm Restsüße sind. Rotweine sind kräftig, vollmundig und trocken bis halbtrocken. Um die Jahrhundertwende in ganz Europa bekannt war der → Dessertwein *Cotnari*, in Paris als *Perle de Moldavie* gehandelt. Größte Weinbauregion mit rund 120 000 Hektar ist das östliche Karpatenvorland mit Moldau bis zur sowjetischen Grenze und den Hauptweinbaugebieten Focşani, Galati, Odobesti, Panciu, Nicoresti, Huşi, Iasi und Cotnari; es folgen das südliche Karpatenvorland (Walachei) mit etwa 100 000 Hektar, Transsilvanien (Siebenbürgen) mit rund 30 000 Hektar, das Banat westlich der Karpaten und die Dobrudscha zum Schwarzen Meer hin, mit dem international bekannten Weinbaugebiet von Murfatlar (rund 25 000 Hektar).

Rumänien: Etiketten.

rund, engl. *round,* franz. *rond,* ital. *rotondo,* WA im Sinn von → harmonisch *ausgeglichen, ausgewogen,* mit einer gewissen → Fülle; das bei Sekt gebräuchliche Wort → abgerundet heißt soviel wie *r. und reif.* In der WA ist r. steigerbar zu → vollendet, *vollkommen.* Bei Rotwein von schöner Harmonie und ohne Gerbsäuregeschmack spricht man von *rund und samtig,* engl. *smooth and soft,* entsprechend franz. *glou,* ital. *vellutato.*
Rußland, → Sowjetunion.
Rust-Neusiedler See, Bereich mit 98 Prozent der gesamten Rebfläche der österr. Weinbauregion → Burgenland. Im Norden reihen sich an den Hängen und Ausläufern des Leithagebirges die Weinorte Müllendorf, Groß- und Kleinhöflein, Eisenstadt, St. Georgen, Schützen, Donnerskirchen, Purbach, Breitenbrunn, Winden, Jois und Neusiedl am See. In diesem weiten Rund gedeihen Weine von buchstäblich legendärem Ruf, an den auf manchen Flaschenetiketten die Büste eines grimmig dreinblickenden Mannes mit Turban über einem alten Rauchfang gemahnt: Zu Zeiten der Türkeneinfälle im 16./17. Jh. soll einmal ein bedeutender Krieger mit Krummsäbel (den Alkoholbann des → Islam mißachtend) dem Neusiedler Wein verfallen sein und den Rückzug seiner Truppen im Rausch verschlafen haben. Er versteckte sich alsdann im Rauchfang seines Wirts-Hauses – und wurde darin ausgeräuchert. – Berühmtester Weinort des Bereichs R.-N. ist die Storchenstadt Rust selbst, deren → Ausbruchwein (*Ruster Ausbruch*) 1630 erstmals urkundlich belobigt wurde: zu einer Zeit, als Trockenbeerenauslesen nur an wenigen Orten und nur für höchste Hofhaltungen (weltlicher und geistlicher Provenienz) erzeugt wurden. Das Ruster Hügelland vor dem Westufer des Neusiedler Sees reicht von Mörbisch im Süden über St. Margarethen und R. bis zum Rotweinareal von Oggau. Am östlichen Seeufer liegt Gols (mit 1500 Hektar Rebland einer der größten Weinbauorte Österreichs) in einer Weinlandkette, an die sich im Süden zwischen See und ungar. Grenze der steppenwinddurchwehte *Seewinkel* anschließt, der die *Sandweine* des Burgenlands hervorbringt. Auf etwa gleicher geographischer Breite wachsen im Westen des Bereichs auch heute noch der *Pöttelsdorfer Rote* und der *Rote Mattersburger,* weiland Lieblingsweine des Fürsten Bismarck bzw. Kaiser Franz Josephs. Im südlichen Teil des Bereichs firmieren Deutschkreutz als Weißweinzentrum, Horitschon, Neckenmarkt und Lutzmannsburg jedoch eher als Rotweinbezirke, die einen harmonischen Übergang zum Anschlußbereich → Eisenberg markieren. – Weiß sind hier vor allem der Grüne → Veltliner und der → Welschriesling, rot in erster Linie der → Limberger (*Blaufränkisch*). Als Wein-Touristik-Routen bietet der Bereich die *Neusiedler-See-* und die *Seewinkel-Weinstraße* sowie im Süden eine spezielle *Rotweinstraße* an.

rustre, franz. WA, → unharmonisch.
Rütteln, *Rüttelenthefung* bei der Schaumweinherstellung mit → Flaschengärung. Während des → Hefelagers setzt sich das → Hefedepot an einer Seite der Flaschenwand ab. Anschließend werden die Flaschen mit dem Rohschaumwein in satteldachähnlichen Rüttelpulten zunächst waagerecht aufgesteckt, periodisch gedreht und ruckartig bewegt und dabei nach und nach immer steiler auf den Kopf gestellt, so daß das Hefedepot sich auf den → Korken niederschlägt (→ Stoß, spitzstehender). Es wird schließlich zum → Eispfropfen komprimiert und beim → Degorgieren aus der Flasche geschossen. Vgl. → Filterenthefung.
ruvido, → ital. WA, → adstringierend.

Rütteln des Schaumweins.

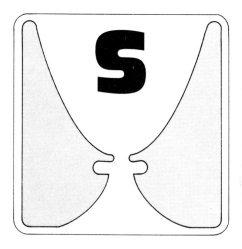

Saar-Ruwer, nach dem deutschen Weingesetz von 1971 einer von vier Bereichen des Anbaugebiets → Mosel-Saar-Ruwer. Die beiden → Großlagen des Bereichs sind *Römerlay* und *Scharzberg*. Anschlußbereiche: → Bernkastel, → Obermosel, → Zell/Mosel.
Sachsen, → Deutsche Demokratische Republik, → Achtundachtziger.
S 88, *Sämling 88,* unter Winzern weitverbreitete Bezeichnung (Zuchtnummer) der → Scheurebe.
Sack, nach span. *seco* (*trocken, herb*), 1532 erstmals dokumentierte engl. Bezeichnung für zunächst wohl tatsächlich eher herbe Kreszenzen unveredelter Rebsorten Andalusiens und der Kanarischen Inseln (→ Palm Sack). Für den auf den Britischen Inseln vorherrschenden Geschmack wurden die Weine alsbald mit Honig oder Zucker gesüßt, waren also gar nicht mehr als *seco* anzusprechen.
saftig, engl. *rich,* franz. *séveux,* ital. *vigore,* WA für gehaltvolles Getränk von angenehm fruchtiger Säure und reifer → Fülle mit nachhaltigem → Abgang; sortentypisches → Bukett ist selbstverständlich.
Saint-Emilion, eine der vier *Appellations nobles* des → Bordeaux-Gebiets. Die Rebflächen (rund 6500 Hektar) befinden sich auf einem kalkreichen Steilhang und am Rand eines Hochplateaus über der Dordogne. Die Weine von S. – fast ausschließlich Rotweine – gelten als körperreich und weich, die großen *crus classés* können zehn Jahre und länger gelagert werden (z. B.

Château → Ausone). Die als *S. grand crus* oder lediglich als *S.* etikettierten Weine stammen nicht aus den Spitzenlagen, sondern aus angrenzenden Gemeinden.
Sake, japan. → Reiswein.
Salmanassar, *Salmanazar,* Schaumwein-Schauflasche (Zwölffachflasche) von neun Liter Inhalt; → Flaschen.
Salvagnin, Bezeichnung für Rotweine der Waadt.
samtig, engl. *velvety,* franz. *velouté,* ital. *vellutato,* WA, vornehmlich für *feine, milde* Rotweine, die dank harmonischem Zusammenspiel von Alkohol und → Extrakt auf der Zunge *weich wie Samt* wirken; s. a. → rund und s.
Samtrot, Synonym der → Müllerrebe.
Sancerre, Weinbauzentrum im oberen Loiretal, aus dessen Umgebung ein frischer, fruchtiger, bukettreicher Weißwein der → Sauvignon-Rebe stammt.
Sangria, erfrischendes Mischgetränk aus leichtem Rotwein und Preßsaft von Zitrusfrüchten (Orangen, Zitronen u. ä.); urspr. eine Spezialität in Andalusien (→ Spanien), heute in vielen (auch nichtspanischen) Touristenzentren rund ums Mittelmeer serviert sowie beliebt auf Sommernachtsfesten nördlich der Alpenlinie: S. kann statt → Bowle gereicht werden, mit Eiswürfeln und einigen dünnen, ungeschälten Orangenscheiben.
Sankt Gallen, → St. Gallen.
Sankt Georg, → Georg, Heiliger.
Sankt Kilian, → Kilian, Heiliger.

La Muraille, Weingut in **Saint-Emilion.**

Sankt Urban, → Urban, Heiliger, → Urbansbräuche.
Santa Maddalena, → Magdalener.
sapido, ital. WA, → vollmundig.
Sardinien, zu → Italien gehörende Mittelmeerinsel, die auf kargen Böden vor allem einfache, jedoch erstaunlich vielfältige Tischweine erzeugt. Die Jahresproduktion liegt bei 2,5 Millionen Hektoliter. Aus dem Westen der Insel stammt der leicht bittere, volle und sehr lange haltbare Weißwein *Vernaccia di Oristano*, aus dem gebirgigen Inneren der trockene bis leicht süße, rosarote *Cannonau di Sardegna*, aus dem niederschlagsarmen Süden der Insel etwa der rubinrote, samtige und fruchtige *Giro di Cagliari* und die sehr geschätzten weißen Likörweine *Nasco di Cagliari* sowie verschiedene *Malvasia*- und *Moscato*-Weine.
Satz, gemischter, → Gemischter Satz.
sauber, engl. *clean*, franz. *net, droit*, ital. *netto*, im Sinn von → ehrlich, gesund und unverfälscht, dabei (abweichend von dem fast identischen Begriff → reintönig) stark individuelle Merkmale wie lagebedingten → Bodengeschmack anerkennend. Selbst ein recht *kleiner* Wein ohne alle besonderen Vorzüge kann immerhin auch ohne jegliche Beanstandung und mithin s. sein.
sauer, engl. *acid, sour*, franz. *acide, agressif, ayant des aspérités*, ital. *acido*, WA für Getränk mit zuviel → Säure bei zuwenig → Körper.
Sauerampfer, *Saueranski, Sauerinski,* Sachschelten für sauren, minderwertigen Wein, seit dem frühen 20. Jh. in deutschen und österreichischen Weinbaugebieten aufgekommen; S. (lat. *Rumex*) heißt ein Rainkraut, dessen Blätter eßbar sind: ihr Geschmack wird vom Oxalsäuregehalt bestimmt. → Wein im Volksmund.
Sauerfäule, Rohfäule, → Botrytis cinerea.
Sauerkrautgeschmack, → tourné.
sauer-süß, *Dropsgeschmack*, WA für den zwiespältigen Geschmackseindruck auseinanderfallender Süße und Säure; nicht identisch mit *Bonbongeschmack* (→ pappig).
Saugheber, → Weinheber.
Saum, Ohm, altes Faßmaß von 150 Liter; → Faß.
Säure, von der → Fruchtsäure herrührende Geschmackskomponente; sie bildet gemeinsam mit der → Süße die *Seele* (WA) des Weines, und ihr Eindruck ist ein wichtiges Kriterium der → Sinnenprüfung. Im Vokabular der WA gibt es zahlreiche Nuancierungen der Beurteilung: *mild, zart, verhalten, harmonisch* (negativ: *weich, fade*), *frisch, spritzig, feinrassig* (negativ: *unreif, grün, grasig, spitz*), *reif, nervig, herzhaft, pikant, elegant, kernig, stahlig, fest* (negativ: *hart, bissig, ziehend*); s. a. → sauer-süß (*Dropsgeschmack*). Unangenehm saure Weine, → Wein im Volksmund.
Säureabbau, natürliche Minderung der → Fruchtsäure in Most und Wein durch biochemische Umsetzungsprozesse bei Gärung und Kellerreifung, u. a. durch bakterielle Umwandlung von Apfel- in Milchsäure sowie kristalline Ausfällung von → Weinsäure in → Weinstein. In Frankreich z. B. werden 6 bis 16 Gramm Gesamt-Fruchtsäure je Liter Traubenmost gemessen, im ausgebauten Wein dagegen nur noch 4 bis 4,5 Gramm/Liter.
Säure, flüchtige, → Essigstich, → Fruchtsäure.
Sauremus, Sachschelte für sauren Wein, seit dem frühen 19. Jh. in Tirol u. a. belegt, mutmaßlich studentische Spottwortbildung aus *sauer* und lat. *oremus*, d. h. *laßt uns beten!* → Wein im Volksmund.
Säure, schweflige, → Schwefel.
Säure, titrierbare, → Fruchtsäure.
Sausal, → Südsteiermark.
Sauser, → Federweißer.
sauvage, franz. *wild*, WA im Sinn von → krautig.
Sauvignon blanc, *Blanc-Fumé*, österr. *Muskat-Silvaner* (jedoch nicht mit Silvaner verwandt), hervorragende, in ihren (WA) *fruchtig-frischen, rassig* bis *pikant* ausfallenden Weinen nicht selten → Riesling-Qualität erreichende Rebsorte. S. ist die charakterprägende Sorte in weltweit so gerühmten Weine wie → Graves, → Sancerre und *Sauternes*.
saveur, franz. WA, → Geschmack.
savoureux, franz. Weinansprache, → lieblich bis → herzhaft.
Savoyen, französisches Weinbaugebiet südlich des Genfer Sees (Départements *Savoie* und *Haute-Savoie*). S. produziert vor allem leichte, trockene Weißweine für den lokalen Bedarf sowie den beachtlichen Schaumwein *Seyssel Mousseux*.
Schaffhausen. Grenzkanton in der Weinregion → Ostschweiz mit einer Rebfläche von rund 440 Hektar, die zu 87 Prozent mit Blauem → Burgunder, zu 12 Prozent

203

schal

Reben am Munot in **Schaffhausen**.

mit → Müller-Thurgau bebaut ist. Zwanzig Weinbaugemeinden in vier Regionen: *Klettgau* mit u. a. Schleitheim, Hallau, Trasadingen, Wilchingen, Osterfingen, *Schaffhausen und Umgebung* mit Dörflingen und Thayngen, *oberer Kantonsteil* mit Stein am Rhein, Hemishofen und Ramsen, *unterer Kantonsteil* mit Buchberg und Rüdlingen. Gemessen an der gesamten landwirtschaftlichen Nutzfläche ist der Anteil des Rebareals der höchste der Deutschschweiz, durchaus vergleichbar mit der Bedeutung des Weinbaus im Kanton → Waadt. Schaffhauser Rotweine wie

Nachbildung einer **Schandgeige**.

Hallauer, Wilchinger und *Trasadinger* können denn auch als die charakteristischen Ostschweizer Landweine mit duftig-elegantem Bukett bezeichnet werden.

schal, → abgestanden.

Schale, 1. *Sektschale,* → Sektgläser; 2. *Traubenschale,* → Balg.

Schampus, im späten 19. Jh. von → Champagner abgeleitetes, in der Endsilbe künstlich latinisiertes Scherzwort für → Schaumwein; von der österr. Studentensprache aus im gesamten deutschen Sprachraum verbreitet. → Sekt im Volksmund.

Schandgeige, mittelalterliche Prangerfessel aus Holz, mit Hals- und zwei Armlöchern in einer Linie. Traubendiebe wurden damit mancherorts noch im frühen 19. Jh. durchs Dorf geschickt, als wandelnde warnende Beispiele. Selbst geringer Mundraub von Trauben galt als prangerwürdiges Vergehen.

Schankwein, 1. *offener* → Zapfwein gastronomischer Betriebe, meist *Kneip-* bzw. *Schoppenwein* ohne besondere Gütemerkmale, in → Straußwirtschaften jeweils der *jugendliche/junge* (→ Jugend) → Heurige; 2. für den betreffenden Betrieb trad. typischer, gegebenenfalls qualitativ sehr hoch zu bewertender → Hauswein.

scharf, franz. *aigre* (*aigrelet*), WA für unharmonisch säurereiche, auch → gerbstoffreiche Weine; s. a. → Frische.

Schaumwein, stark kohlensäurehaltiger und daher schäumender Wein, der heute meist aus einer zweiten Gärung (→ Flaschengärung, → Großraumgärung) von Most oder Wein gewonnen wird; → Qualitätsschaumwein, → Sekt, → Champagner; s. a. → Bukettschaumwein, → Cuvée, → Druck, → Mousseux, → Pérignon.

Schaumweinhefe, Sekthefe, → Reinzuchthefe.

Schaumweinschale, → Sektgläser.

Schaumweinschorle, Sektschorle, alkoholisches Erfrischungsgetränk, ähnlich → Schorle, jedoch aus stillem Fruchtsaft und prickelndem Schaumwein gemischt, kühl, auch mit Eiswürfeln zu servieren; z. B. Propellersekt. S. a. → Türkenblut.

Scheurebe, *S 88, Sämling 88,* 1916 erfolgte → Neuzüchtung von Georg Scheu aus den Rebsorten → Silvaner und → Riesling. Sie liefert zwar selten große, aber kräftige, bukettreiche Weißweine mit typischem, an schwarze Johannisbeeren erinnerndem → Abgang. Das Bukett ist selbst noch in Beerenauslesen erkennbar, was nur bei wenigen Rebsorten der Fall ist.

Schiavone, auch *Schiava grossa,* ital. Synonyme für → Trollinger, Blauer.

Schilcher, Spezialität des österr. Weinbaugebietes → Weststeiermark, gewonnen aus den Trauben der lokalen Rebsorte *Blauer Wildbacher (Sch.rebe),* die vor allem auf den Gneisböden der Gemarkungen St. Stefan, Stainz und Deutschlandsberg gezogen wird. Der Sch. ist hell- (*Zwiebelsch.*) bis rubinrot, von spritziger, feinsäuerlicher Art, gelegentlich auf durchaus erfrischende Weise herb, und sollte nicht über 10 Grad Celsius Trinktemperatur haben.

Schillerwein, → Rotling aus → Württemberg (ein → Qualitätswein bestimmter Anbaugebiete). Auch in der → Schweiz steht die Bezeichnung Sch. für aus Weiß- und Rotweintrauben gemischtgekelterten Wein, sofern der Anteil roter bzw. blauer Trauben überwiegt. S. a. → Rosé.

Schimmelgeschmack, muffiger → Faßgeschmack oder faulig-dumpfer Unterton bei Weinen aus schlecht verlesenem Erntegut, in der franz. WA als *moisi* oder *moisi-sec (mostig, schimmel-trocken)* umschrieben.

schlaff, WA im Sinn von → müd.

Schlehberger, saurer, → adstringierender Wein; die um die Jahrhundertwende aufgekommene Sachschelte spielt auf die zusammenziehende Eigenschaft des Schlehensaftes an (Küpper V, Hamburg 1967); → Wein im Volksmund.

Schleier, WA, leichte, nicht beständige Trübung; → Klarheit.

Schleifsteinwasser, saurer Wein, seit dem frühen 20. Jh. in Deutschland und Österreich gebrauchte Sachschelte (Küpper V, Hamburg 1967); → Wein im Volksmund.

Schloß Böckelheim, nach dem deutschen Weingesetz von 1971 einer von zwei Bereichen des Anbaugebiets → Nahe. Großlagen des Bereichs sind *Burgweg, Paradiesgarten* und *Rosengarten.* Anschlußbereich ist → Kreuznach.

Schloß Johannisberg, → Johannisberg, Schloß.

schmalzig, *fett,* WA für als zu ölig empfundenes Getränk.

Schnallenputzer, die seit dem 19. Jh. in Süddeutschland und der Steiermark belegte Sachschelte für sauren Wein besagt sinngemäß, daß dieser nur als Putzmittel tauge; *Schnalle* steht sowohl für Gürtel- oder Schuhschnalle als auch für Türklinke (Küpper V, Hamburg 1967); → Wein im Volksmund.

schnapsig, WA, extrem → alkoholreich.

Schönen, *Stabilisieren,* die Behandlung des Weins mit sogenannten *Schönungsmitteln* zur Entfernung unerwünschter Stoffe (Metalle, Eiweiß, Hefen usw.), die zu einer Trübung oder zum Verderb des Weines führen können. Die dabei entstehenden chemischen Verbindungen werden danach ausgefiltert; → Behandlungsstoffe.

Traditionelles **Schönen** mit Eiweiß.

Schoppen, Flüssigkeitsmaß, urspr. Inhalt einer Schöpfkelle (mittelniederdeutsch *schōpe*) = 1/4 Maß, entsprechend etwa 1/2 Liter. In dieser Bedeutung wurde der im 12. Jh. ins Altfranzösische entlehnte Begriff im 15./16. Jh. über lothringisch *chopenne* neuerlich eingedeutscht und erhielt sich vor allem in Südwestdeutschland und der Schweiz als landschaftlich zwischen 1/4 und 1/2 Liter schwankendes Weinmaß. Im Gastgewerbe entspricht 1 S. heute in der Regel *1 Viertel;* wer jedoch z. B. in einer → Straußwirtschaft der → Rheinpfalz 1 S. verlangt, bekommt meist 1/2 Liter im Schoppenglas.

Schoppenglas, kunstlos zylindrisch oder kegelschnittig (wie ein Wasser- oder Whiskyglas) geformtes Weinglas, das 1 → Schoppen (landschaftstypisch 1/4 oder 1/2 Liter) Wein faßt.

Schoppenwein, wohlmundender, aber im ganzen doch recht anspruchsloser, *leichter,* als → Schankwein trad. im → Schoppen servierter → Konsumwein.

Schorle, *Gespritzter,* österr. *Achtel gespritzt,* weinhaltiges Erfrischungsgetränk, gemischt aus Wein von herbkräftigem Geschmack und (aus dem Siphon gespritztem) kohlensäurehaltigem, aber nicht allzu alkalischem Mineralwasser; kühl, auch mit Eiswürfeln zu servieren. Die Bezeichnung *Schorlemorle,* seit 1740 für Niederalteich (Niederbayern) belegt, ist mutmaßlich von dem franz. Trinkspruch *Toujours l'amour!* (sinngemäß: *Auf die Liebe!*) über *Schurlemurle* verballhornt. → Schaumweinschorle.

Schumm, Schaumwein/Sekt, nach niederdeutsch *schum* (*Schaum*); in der soldatischen Kasinosprache gebräuchlich seit dem frühen 20. Jh. (Haupt-Heydemarck, *Soldatendeutsch,* Berlin 1934); → Sekt im Volksmund.

Schwamm, saurer Wein; erstmals 1843 in Berlin belegte, später auch in der Pfalz und anderen Weinbaugebieten nachweisbare Sachschelte, abgeleitet von dem biblischen Bericht: Jesus am Kreuz sei zur Durststillung auf einer Lanzenspitze ein mit → Essig (Weinessig) getränkter Schwamm gereicht worden (Küpper, *Wörterbuch der deutschen Umgangssprache V,* Hamburg 1967); → Wein im Volksmund.

Schwanz, → Abgang.

Schwarzglanz, WA für höchstmögliche → Klarheit von → Schaumwein.

Bestimmung des **Schwefel**gehalts.

Schwarzriesling, → Müllerrebe.

Schwefel, in Form der *schwefligen Säure* seit dem Altertum wichtigstes und heute noch weitgehend unentbehrliches Konservierungsmittel für den Wein; es wirkt keim- und enzymhemmend, bindet schädlichen Luftsauerstoff und stabilisiert dadurch den Wein. Seit dem 1. September 1978 gelten in der Bundesrepublik Deutschland folgende Höchstwerte für den Gesamtgehalt an *schwefliger Säure* je Liter: 175 (225) Milligramm in *Rotwein* mit weniger (mehr) als 5 Gramm Restzucker; 225 (275) Milligramm in *Weißwein, Rosé* und *Rotling* mit weniger (mehr) als 5 Gramm Restzucker; 300 Milligramm in *Spätlesen,* 350 Milligramm in *Auslesen,* 400 Milligramm in *Beeren-* und *Trockenbeerenauslesen.* Bei *Schaumwein* sind 300, bei *Sekt* 250 Milligramm zugelassen. Vgl. → Walthariverfahren.

schwefelsäurefirn, österr. WA für *harten, rüden, sauren* Geschmack billiger Weine, typisch für solche aus alten, allzu gründlich ausgeschwefelten, zuvor lange Zeit unbenutzt gebliebenen Fässern; s. a. → Wein im Volksmund.

Schweif, → Abgang.

Schweiz. Früheste Funde von Traubenkernen stammen aus Saint Blaise am Neuenburgersee (Neolithikum, 3000–1800 v.Chr.), wobei unklar ist, ob es sich um kultivierte Reben handelte. Belegt ist der Weinbau in der Römerzeit nördlich der Alpen vom Ende der Republik an (Funde bei Basel und Windisch). Die Entwicklung verlief dann wie in den anderen einst röm. Provinzen des Nordens, d. h. der Weinbau wurde zunächst zur Domäne der Klöster. In der Eidgenossenschaft (ab 1291) hatte der Wein bei den Vermögenderen seinen festen Platz auf dem Tisch; ab 18. Jh. mußten sogar Ausschankbeschränkungen dem zu starken Konsum steuern. Im 19. und 20. Jh. ging die Anbaufläche wegen der Importkonkurrenz stark zurück, wobei jedoch Qualität und Ertrag entscheidend gesteigert wurden (1877: 34 000 Hektar, 1957: 12 500 Hektar/413 000 Hektoliter, 1974: 12 500 Hektar/745 000 Hektoliter, 1977: 13 600 Hektar/1 300 000 Hektoliter, wovon 66 600 Hektoliter zu Traubensaft verarbeitet wurden). Wichtigste Anbaugebiete sind → Westschweiz (Kantone Genf, → Waadt, → Wallis, → Neuenburg, → Freiburg, → Bern) mit 10 640 Hektar

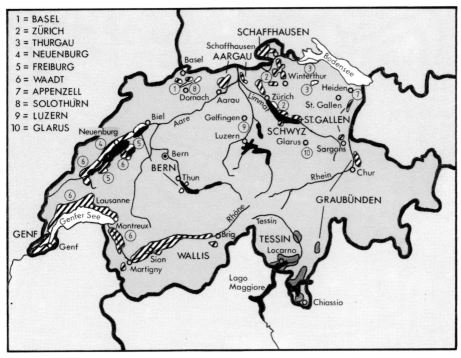

Schweiz: Weinbauregionen.

oder 78,3 Prozent der gesamten Rebfläche des Landes, → Ostschweiz (→ Aargau, → Zürich, → Thurgau, → Schaffhausen, → St. Gallen, → Graubünden) mit 1 860 Hektar und → Tessin/Misox mit 1 050 Hektar. Von der europäischen Weinproduktion erzeugt die Schweiz etwa 4 Promille; die Anbaufläche umfaßt knapp 2 Promille. Der Ertrag wird bis auf wenige tausend Hektoliter im Inland abgesetzt. Der Pro-Kopf-Verbrauch in der Schweiz liegt bei 44,5 Liter, muß also zu zwei Dritteln durch Importwein gedeckt werden. Wichtigste weiße Rebsorten sind → Gutedel (*Chasselas*), → Müller-Thurgau (*Riesling* × *Silvaner*) und → Silvaner (*Johannisberg*), wichtigste rote Sorten Blauer → Burgunder (*Pinot noir*) und → Gamay. Auf 60 Prozent der Anbaufläche werden weiße, auf 40 Prozent rote Reben gezogen. Die Schweizer Weine sind von ausgesprochener Vielfalt, begünstigt durch die große klimatische, geographische und geologische Verschiedenartigkeit der Anbaugebiete, die von Mittellandlagen (Ostschweiz, Juraseen, Genfersee) bis in Gebirgslagen (höchster Rebberg Europas bei Visperterminen im Wallis, 1 350 m ü. M.) und in die mediterrane Klimazone (Mendrisiotto, → Tessin) reichen. Der Weinbau ist geregelt durch Bundesgesetz (*Landwirtschaftsgesetz*) von 1953 mit der *Verordnung über den Rebbau und den Absatz der Reberzeugnisse* vom 18. 12. 1953 (*Weinstatut*); die *Lebensmittelverordnung* von 1936 enthält die Vorschriften über Kellerung, Verschnitt, Behandlungsstoffe und -verfahren sowie Deklaration; Bundesratsbeschlüsse regeln Weinhandel, Rebflächen-Limitierung, Importbeschränkungen und -belastungen usw. Neben den vom Bund erlassenen Vorschriften sind zahlreiche kantonal unterschiedliche Ausführungsbestimmungen in Kraft. Einheitlich sollen ab 1980 Ernteerträge, welche die vorgeschriebenen → Mostgewichte nicht erreichen, nur mehr als *Rot-* bzw. *Weißwein* etikettiert werden dürfen.

schwer, engl. *heavy,* franz. *lourd,* auch *pâteux,* ital. *pesante,* WA für zugleich alkohol- und → körperreiche Weine, die *schwer auf der Zunge liegen* und beim Genuß auch schon geringerer Mengen *Gliederschwere* erzeugen.

Schwips, → Rausch.
Schwyz, Kanton der Zentralschweiz mit rund 9 Hektar Rebfläche am Südwestufer des Zürichsees, zur Weinregion → Ostschweiz gerechnet. Angebaut werden annähernd je zur Hälfte → Müller-Thurgau (Riesling×Silvaner) und Blauer → Burgunder.
scintillant, franz. *leuchtend, funkelnd,* WA im Sinn von *fackelhell, flackerhell;* → Klarheit.
sec, secco, seco, franz., ital. und span. → trocken.
séducteur, franz. *Verführer,* WA, 1. im Sinn von → Damenwein; 2. für → vollmundiges Getränk, das zunächst → süffig erscheint, sich aber in der Wirkung als ungeahnt alkoholreich erweist.
Seele, in der WA bisweilen zusammenfassend für → Süße und → Säure des Weines gebraucht, analog zu → Körper und → Geist.
Seeweine, am → Bodensee gewachsene Weine; s. a. → Bayerischer Bodensee.
Seigneur, franz. WA für einen → großen Wein.
Sekt, nach EG-Recht gleichbedeutend mit → Qualitätsschaumwein. Der Entstehung des Begriffs soll ein Mißverständnis zugrunde liegen: Nach einer Anekdote bestellte anno 1825 der *Falstaff*-Darsteller Ludwig Devrient in dem renommierten Berliner Weinlokal von *Lutter & Wegener,* Shakespeare zitierend, *a cup of sack,* worauf ihm der Wirt den gewohnten Schaumwein kredenzte – statt eines südländischen Dessertweines (→ Sack). S. a. → Deutscher Sekt.
Sektdruckmesser, → Aphrometer.
Sektflaschen, → Flaschen.
Sektgläser, Trinkgläser für → Schaumwein. Die gängigen Formen sind → Kelch bzw. *Flöte* (frz. *flûte*) und Schale. Dabei ist die *Flöte* der Schale unbedingt vorzuziehen, weil nur das schlanke Kelchglas den Sekt schön perlen läßt (→ Moussierpunkt) und das → Bukett bewahrt. S. sollte man nicht mit wasserentspannenden Mitteln spülen, weil sonst das Perlen beeinträchtigt wird. Ebensowenig gehören sie in die Spülmaschine, da diese das Glas trüb und schlierig werden läßt.
Sekthefe, Schaumweinhefe, → Reinzuchthefe.
Sekt im Volksmund, Sachschelten und Scherzworte der Umgangssprache für Schaumwein und → Sekt: → Böller, → Diplomatensprudel, → Knallkümmel, süße → Lorke, → Monroe-Bad, → Prickelschlabber, → Propellersekt, → Rülpswein, → Schampus, → Schumm, → Wein, hochnäsiger.
Sektkelch, → Sektgläser; → Kelch.
Sektperlen, Kohlendioxid-Bläschen, → perlend.
Sektschale, → Sektgläser.
Sektschorle, → Schaumweinschorle.
selezionato, ital. *ausgewählt,* Kennzeichnung für Weine von besonders erlesener Qualität.
Semillon, vor allem in Südwestfrankreich angebaute Weißweintraube, die dort oft mit der → Sauvignon-Traube verschnitten wird. Allein liefert sie herbe Weine, die allerdings Säure und damit etwas an Frische und Fruchtigkeit vermissen lassen.
sénile, franz. WA, überaltert, → Firne.
Senkwaage, Mostwaage, → Öchslegrade.
sensorische Prüfung, → Sinnenprüfung.
sensuel, franz. *sinnlich,* WA im Sinn von → vollmundig.
Separieren, → Klärung des Mostes mittels einer Zentrifuge, ein zwar gründliches, gegenüber dem bloßen Absetzenlassen zum → Depot aber doch wenig schonendes Verfahren.

Semillon-Traube.

Serbien, jugoslawische Republik um die Hauptstadt Belgrad und größtes Anbaugebiet des Landes mit beinahe der Hälfte der Produktion, die jedoch vor allem dem Eigenkonsum dient. Bekanntester Wein ist der rote durchaus mit → Beaujolais vergleichbare *Prokupac*.
sérieux, franz. *ernsthaft*, WA sowohl im Sinn von → echt als auch von → ehrlich.
Servatius, → Eisheilige.
Sesel, *Hippe*, Rebmesser mit halbmondförmig gebogener Klinge. Die S. diente schon den Römern zu → Rebschnitt und Weinlese, ist kulturgeschichtlich wahrscheinlich noch älteren Ursprungs und in manchen Weingegenden heute noch in Gebrauch. Vgl. → Rebschere.
sève, franz. *Saft, Kraft, Mark, Schwung*, in der WA die Verbindung jugendlicher → Frische mit beständiger Rasse (→ rassig) umschreibend; vgl. *séveux*, → saftig.
Shaker, Schüttelbecher mit dicht schließender Kappe und herausnehmbarem Sieb für die → Cocktail-Bereitung.
Sherry, span. *jerez*, gespriteter Aperitifwein aus einem genau umgrenzten Anbaugebiet um die andalusischen Städte → Jerez de la Frontera und Sanlúcar de Barrameda nördlich von Cádiz. Die Lagen (*pagos*) werden nach Bodenbeschaffenheit unterschieden: Der qualitativ beste Wein wächst auf trockenen weißen Kalkböden, den *albarizas*; die *barros*, braune Tonböden, bringen höhere Hektarerträge an körperreicheren Weinen hervor, während die fruchtbaren Sandböden, *arenas*, große Mengen Verschnittweine mit wenig Körper und Charakter erzeugen. Wichtigstes Rebmaterial sind die *Palomino-* (*Listan-*) und die → Pedro-Ximénez-Trauben. Vor der Kelterung werden die Trauben auf Espartomatten einige Stunden an der Sonne «gekocht» und oft noch mit Kalkstaub von den *albarizas* bestäubt. In den *lagares*, steinernen Keltern, wird das Traubengut anschließend von Landarbeitern mit speziell beschlagenen Stiefeln getreten und ausgepreßt. Bei der Weinprobe im Dezember wird der frischvergorene, strohfarbige Jungwein beurteilt und einer ihm gemäßen *criadera* zugewiesen, um zu einem der vier S.-Typen ausgebaut zu werden: → Amontillado, → Cream, → Fino oder → Oloroso. Dabei spielt der Gehalt an Florhefe (→ Kahm) eine große Rolle; 15 bis 18 Prozent Alkohol werden zuge-

Antrocknende Pedro-Ximénez-Trauben für die Herstellung von **Sherry**.

setzt. Nach einem bis mehreren Jahren Reifezeit kommen die S.s in die *soleras*, bis zu fünf übereinander angeordnete Faßreihen mit von oben nach unten immer älterem S. ähnlichen Typs. In den Handel gelangen ausschließlich S.s der untersten Solerareihen, die miteinander verschnitten und mit *Vino dulce* (→ PX, → Strohwein) und *Vino de color* (eingekochtem Traubensaft) auf den gewünschten Süße- und Färbungsgrad gebracht werden. Die untere, nie ganz geleerte Faßreihe wird jeweils aus der darüberliegenden Reihe aufgefüllt, so daß eine einzige *solera* bis zu hundert Jahrgänge und Sorten enthalten kann. Es gibt über 600 S.-Marken meist ausländischer Besitzer; die besten S.s sind jedoch Eigenabfüllungen der großen und kleinen *Bodegas* der Jerez-Region.
Sherryton, auch *Madeiraton* (franz. WA → madérisé), durch Oxidation gedunkelte → Farbe (→ hochfarbig) sowie → Luftgeschmack der → Firne bei überalterten Weinen.
Short drinks, alkoholische → Mischgetränke, die ohne zuckerige Ingredienzien als → Aperitif, mit süßen Zutaten (z. B. Fruchtsäfte, Liköre) als → Digestif im → Cocktail-Glas serviert werden. Vgl. → Long drinks.
Siebengebirge, einer von drei Bereichen des deutschen Anbaugebiets → Mittelrhein, identisch mit der → Großlage *Petersberg*. Anschlußbereiche: → Bacharach, → Rheinburgengau.
Silvaner, Grüner, *Sylvaner*, in Deutschland früher auch *Österreicher*, in Österreich *Zierfandler*, in der Schweiz *Johannisberger* genannte Weißweinrebsorte. Ihr

Sine Cerere et Baccho friget Venus
Name wird von einem ihrer mutmaßlichen Herkunftsgebiete, Transsilvanien (Siebenbürgen), abgeleitet. Die gegenüber Pilzkrankheiten recht anfällige Rebe liefert im allgemeinen leichte, milde Konsum- und Verschnittweine, die nur beschränkt lagerfähig sind.
Sine Cerere et Baccho friget Venus; lat. Spruchweisheit, wörtlich übersetzt: *Ohne Ceres* (Göttin der Feldfrüchte, des Brotgetreides) *und Bacchus* (Gott des Weines) *friert* (kühlt ab, erkaltet) *Venus* (Göttin der Liebe). Autor dieser Zeile war der aus Libyen stammende, als Sklave nach Rom verbrachte und dort freigekommene Komödiendichter Publius Terentius Afer, genannt Terenz (um 195−159 v. Chr.). Der Sinnspruch wurde mehrsprachig zum bis heute erhaltenen Sprichwort, z. B. im schweizer. und franz. Jura: *Sans Cérès et Bacchus la femme reste froide* (... die Frau bleibt kalt, abweisend); in der Ostschweiz: *Ohni Wy und Brot isch d'Liebi tot.* S. a. → Bacchus, → Islam; → Trinksprüche.
Sinnenprüfung, *organoleptische, sensorische Prüfung, Degustationsexamen,* bei → Weinprobe und amtlichen Qualitätsprüfungen mit Auge, Geruchssinn und Geschmackssinn vorgenommene Beurteilung des Weines. Mit dem Auge werden → Farbe und → Klarheit des Weines bewertet; mit dem Geruchssinn → Bukett, → Aroma, aber auch unerwünschte Eigenschaften; mit dem Geschmack → Süße, → Säure, *Bitterkeit* und deren Zusammenspiel. Die amtlichen Prüfungen in der Bundesrepublik Deutschland werden nach dem → Bewertungsschema der *Deutschen Landwirtschafts-Gesellschaft* vorgenommen.
Sizilien, größte, zu → Italien gehörende Mittelmeerinsel, deren Weinbautradition sich in Legenden der Frühgeschichte verliert. In dem trocken-heißen Klima gedeihen schwere, alkoholreiche Weine, um 9 Millionen Hektoliter pro Jahr. Die meisten davon sind einfache Tischweine. Die bekanntesten sind die auf vulkanischen Böden gewachsenen *Etna bianco* und *Etna rosso,* der kirschrote, aromatische *Cerasuolo di Vittoria* aus dem südöstlichen Teil der Insel, einige *Moscato*-Dessertweine sowie der berühmte, aus dem Westzipfel S.s stammende → Marsala.
Skolion, Plural *Skolien,* → Trinklieder der griech. Antike.

Slowenien, nördlichste Republik Jugoslawiens an der Südabdachung der Alpen. Die lehmigen Böden und die südexponierten Lagen bieten ideale Voraussetzungen für frische, kräftige Weine. Die bekanntesten, aus den Anbaugebieten um Ljutomer und Maribor, sind die aromareichen → Sauvignon-Weine, der süßliche *Luttenberger Rejnski* aus → Riesling- und der *Ljutomerski Šipon* aus → Furmint-Trauben. Hervorragend sind die Spätlesen *Šipon.* Viel getrunken wird der dunkelrote *Refošk* aus Istrien, wo auch ein angenehm trockener weißer → Malvasier wächst.
somptueux, franz. *prächtig,* WA im Sinn von → mächtig.
Sonnenschein, gepullter, *Sonnenschein in Flaschen,* Schmeichel-Synonyme für Wein (gemeindeutsch *Pulle = Flasche*), schriftlich belegt seit 1930, entsprechend engl. *bottled sunshine.* (Küpper V, Hamburg 1967), → Wein im Volksmund.
Sonnenwein, hebr. *iliaston* (von griech. *heliaston*), im Altertum ein Wein aus süßen Trauben, die man nach der Lese erst drei Tage in der Sonne schmoren ließ und dann bei Mittagshitze kelterte. S. a. → Strohwein.
Sophie, hl., → Eisheilige.
Sorbinsäure, einer der → Behandlungsstoffe zum → Schönen des Weins. Die S., ein gängiger Konservierungsstoff für Lebensmittel, verhindert die Bildung von Hefe- und Schimmelpilz. In der Bundesrepublik Deutschland sind zur Zeit 200 Milligramm S. pro Liter Wein zugelassen.
Sorbit, ein sechswertiger Alkohol von süßem Geschmack. Er dient als Zuckeraustauschstoff bei der → Dosage von → Diabetikersekt.
Sorgenbrecher sind die Reben. Zitat aus dem *Schenkenbuch* im *West-Östlichen Divan* (1819) Johann Wolfgang von Goethes. − Ernst Moritz Arndt (1769−1860), deutscher Dichter, Publizist und Patriot: *Sorgen fliehen fort wie Diebe, und wie Helden glühn die Triebe durch den Wein.* − In der *Bibel* steht geschrieben (Sprüche Salomonis 31, 6/7): Gebt starkes Getränk denen, die am Umkommen sind, und den Wein den betrübten Seelen, daß sie trinken und ihres Elends vergessen und ihres Unglücks nicht mehr gedenken. − *Wein erfrischt matte Kräfte, Traurigkeit verscheucht er, alle Müdigkeit der Seele verjagt er.* So Aurelius Augustinus (354−430), Heiliger aus Numidien (Nordafrika), be-

deutendster Kirchenlehrer des Abendlands. – Johann Michael Moscherosch (1601–1669), deutscher Satiriker, bekannter unter dem Pseudonym Philander von Sittewald: *Solang ich leb', lieb' ich den Wein, dann er vertreibet Forcht und Pein, verjagt Melancholey und Schmertzen.* – Der *Talmud* lehrt: *Bei Schwermut esse man Magerfleisch vom Grill und trinke dazu Wein mit Wasser* (→ Schorle). – Claude Tillier (1801–1844), franz. Schriftsteller (*Mein Onkel Benjamin*): *Essen ist ein Bedürfnis des Magens, Trinken eines der Seele.* – *Hat man gut zu trinken, hat man gut zu essen, kann man allen Ärger schon vergessen. Greift nur immer zu und schenkt nur fleißig ein von diesem schönen confiscierten Wein!* So reimte sich's bei Richard Genée und F. Zell in ihrem Libretto zu Karl Millöckers Operette *Der Bettelstudent* (Uraufführung Wien 1882). Wilhelm Busch (1832–1908), deutscher Dichter, Maler und Zeichner: *Es ist ein Brauch von alters her: Wer Sorgen hat, hat auch Likör.* – Vgl. → Medizin Wein, → Wein erfreut des Menschen Herz; → Trinksprüche.

Sortenbukett, rebsortentypisches → Bukett.

Sortencharakter, von der Rebsorte bestimmte Eigenart → sortenreiner Weine.

Sortenliste, → Sortenschutz.

sortenrein, österr. *reinsortig*, WA, aus einer Rebsorte gewonnen, ohne → Verschnitt.

Sortenschutz, Patentschutz neuer Rebsorten (→ Neuzüchtungen) durch Aufnahme in die *S.rolle* beim deutschen → Bundessortenamt. S. wird auf Antrag erteilt, wenn die neue Sorte aus einer Kombinationszüchtung (Kreuzung) hervorgegangen oder durch Mutation entstanden ist und die praktische Erprobung Anbaufähigkeit sowie eine gewisse Ertragsbeständigkeit ergeben hat. Damit ist sichergestellt, daß es sich nicht um eine einmalige Laune der Natur, sondern tatsächlich um eine neue, eigenständig vermehrbare Sorte handelt. Deren Pflanzgut (in Form von Setzlingen oder Pfropfreisern) darf jedoch erst vermarktet werden, wenn die neue Sorte auch in die *Sortenliste* übernommen ist. Dafür ist der Nachweis erforderlich, daß die Neuzüchtung vergleichbaren Standardsorten in irgendeiner Weise (z. B. durch bessere Anbaufähigkeit unter ungünstigen Boden- oder Klimabedingungen) überlegen ist. Zum gewerbsmäßigen Anbau einer neuen Sorte in einem *bestimmten Anbaugebiet* der Bundesrepublik Deutschland schließlich bedarf es einer entsprechenden Landesverordnung. Nach dem Weingesetz von 1971 dürfen *Qualitätsweine* nur aus regierungsamtlich *zugelassenen* und *empfohlenen* Rebsorten gewonnen werden.

souple, franz. *geschmeidig* WA, → weich.

Sowjetunion, heute viertgrößter Weinproduzent der Erde. Griechische Kolonisatoren hatten zwar im Altertum Weinbau auf der Krim betrieben, und auch in Armenien und Grusinien wurden damals bereits Reben kultiviert. Größere Bedeutung kam dem Weinbau aber erst in jüngerer und jüngster Zeit zu. Von rund 200 000 Hektar (1914) wurde die Gesamtrebfläche inzwischen auf 1,2 Millionen Hektar erweitert, und sie soll noch weiter wachsen. Die Weinerträge liegen derzeit um 30 Millionen Hektoliter. In zahlreichen Forschungsanstalten werden neue, den lokalen Klimabedingungen angepaßte Rebsorten gezüchtet und modernste Bewirtschaftungsmethoden erprobt. Bei den harten Wintern (Temperaturminima in den Weinbaugebieten bis zu minus 35 Grad Celsius) müssen die Rebstöcke im Winter zum Schutz mit Erde überdeckt werden, und in den weiten Steppengebieten Ka-

Krimsekt aus der **Sowjetunion.**

soyeux

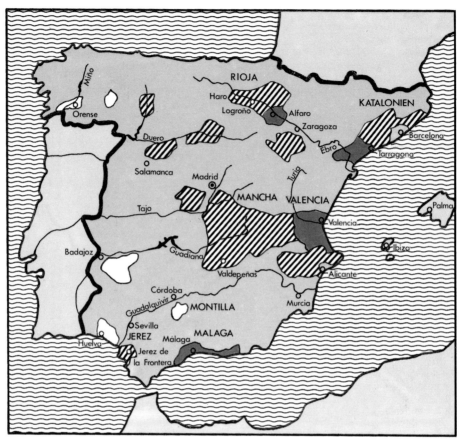

Spanien: Weinbauregionen.

sachstans oder Usbekistans muß bewässert werden. Die wichtigsten Anbaugebiete befinden sich in der *Moldauischen SSR*, in der *Ukrainischen SSR* (mit 30 Prozent der Gesamtanbaufläche das größte Gebiet), in der *Russischen SSR* und in der *Grusinischen SSR*. Daneben wird in sieben weiteren Republiken Wein erzeugt. Die berühmtesten Weine sind die zu 90 Prozent in die Bundesrepublik Deutschland exportierten → Krim-Schaumweine und -Rotweine, Rieslinge aus der Gegend um Anapa (am Schwarzen Meer) und verschiedene Dessertweine.

soyeux, franz., *seidig,* WA im Sinn von → vollmundig.

Spalierwuchs, → Erziehungsarten.

Spanien. Der Weinbau Iberias geht auf die Karthager zurück, die vor fast 3000 Jahren Gadir (Cádiz) und Málaga gegründet und die Weinrebe mitgebracht haben. Entscheidend gefördert wurde der Weinbau nach der Eroberung durch die Römer, und auch in westgotischer und maurischer Zeit ging er kaum zurück. Mit rund 1,8 Millionen Hektar besitzt Spanien die größte Rebbaufläche der Welt. Sie macht 23 Prozent des gesamten europäischen Rebareals und etwa 4 Prozent des landwirtschaftlich genutzten Bodens aus. Trotzdem bleibt Spanien mit 36 Millionen Hektoliter (1974; 1973: 49 Millionen Hektoliter) im Ertrag beträchtlich hinter Italien und Frankreich zurück, da Anbau und Verarbeitung noch kaum modernem Standard entsprechen (durchschnittlicher Hektarertrag: 20 Hektoliter; Bundesrepublik Deutschland: rund 80 Hektoliter). Das Klima Spaniens ist für den Rebbau allgemein günstig, im trockenen Landesinnern allerdings oft durch künstliche Bewässerung zu ergänzen. Die Rebareale liegen meist in den Ebenen der Flußtäler oder an sanften Hängen. Angebaut werden rund 90 verschiedene Rebsorten, von denen jedoch die meisten nur lokale Bedeutung haben. Wein wird, abgesehen von der Nordwestküste, in allen Provinzen angebaut, die quantitativ und qualitativ bedeutendsten Gebiete sind jedoch → Rioja, *Jerez, Montilla, León* und *Altkastilien*. *Kataloniens* Hauptanbaugebiete sind *Panadés*, (18 000 Hektar; vorzügliche, trockene Schaumweine), *Tarragona* (34 000 Hektar; trockene bis leicht süße Tischweine und dunkle, stark gespritete Dessertweine) und *Priorato* (3 500 Hektar; trockene, dunkle Rotweine). Die Hochebene von *La Mancha* ist das größte zusammenhängende Weinbaugebiet Spaniens: Die Region *Cobreros* südwestlich Madrids erzeugt neben roten Tischweinen trockene Weiße aus *Airen*-Trauben, die Regionen *Valdepeñas* (250 000 Hektar) und *La Mancha* (200 000 Hektar) starke, angenehme, rote und weiße Konsumweine (*vinos corrientes*) sowie die Grundweine für Weinbrand (*spanischen Kognak*). Das Hinterland von *Valencia* (45 000 Hektar) und *Alicante* (40 000 Hektar) mit den Weinbaugebieten *Requeña* und *Utiel* (40 000 Hektar) sowie *Jumilla* (28 000 Hektar), *Monovar* und *Albaida* im Süden, nach der *Mancha* das zweitgrößte Anbaugebiet, ist auch in der Qualität der vornehmlich roten Konsumweine vergleichbar, die auch als → Verschnitt- und → Deckrotweine verwendet werden. *Málaga* ist die Heimat des gleichnamigen, berühmten Süßweins. *Jerez*, im Südwesten Andalusiens an der Mündung des Guadalquivir, ist das älteste Weinbaugebiet Spaniens, und es produziert auch seinen seit Jahrhunderten berühmtesten Wein, den → Sherry (engl. für Jerez de la Frontera). 180 Kilometer nördlich von Jerez erscheint nochmals derselbe Kalkboden (*albariza*) in *Montilla*, in der Nähe von Córdoba, wo dank des heißeren, trockeneren Klimas natursüße, ungespritete, alkoholreiche Qualitätsaperitifweine aus *Pedro-Ximénez*- und *Airen*-Trauben erzeugt werden. S. a. → bodega, → Denominación de Origen; → bota, → botijo.

Spätburgunder, → Burgunder, Blauer.

Spätlese, nach Beginn der allgemeinen Lese in vollreifem Zustand geerntete Trauben. Die S. ist in der Bundesrepublik Deutschland anmeldepflichtig; nur dann werden die Weine zur entsprechenden amtlichen → Qualitätsweinprüfung zugelassen.

Speziallesen, Gesamtheit der zwecks Qualitätssteigerung (gegenüber der allgemeinen Weinlese) verspätet angesetzten Weinernten und deren Produkte, → Ausbruch, → Auslese, → Beerenauslese, → Spätlese, → Trockenbeerenauslese; s. a. → Eiswein.

Rebland bei Altea, **Spanien**.

Spiel, WA für feine, z. B. lagen- oder sortentypische Nuancierung im Ausdruck/ Charakter hochwertiger, reicher Weine.
Spindelkelter, *Schraubenkelter*, spätmittelalterliche Weiterentwicklung der römischen → Baumkelter. Bei dieser wurde die zuletzt mit einer Gewindespindel erzeugte Kraft durch Hebelfunktion über den *Kelterbaum* auf den Preßboden der → Kelter übertragen; bei der S. installierte man die Spindel, vertikal gelagert, unmittelbar über dem Kelterkorb. Erst im 19. Jh. wurde die *Baumkelter* endgültig von der S. abgelöst, die in unseren Tagen nun von modernen *Horizontalpressen* ins Museum verbannt wird.
spiritueux, franz. WA, → alkoholreich.
Spiritus, *Sprit*, → Alkohol.
Spitzenjahr, hervorragender → Jahrgang; s. a. → Kometenwein.
Spitzenwein, hervorragendes Erzeugnis, gemessen am guten Durchschnitt von Anbaugebiet, Jahrgang, Rebsorte usw. Es gibt → Spitzenjahre, in welchen auch durchaus nicht zu den *Spitzensorten* zählende und nicht in altbewährten *Spitzenlagen* angesiedelte Reben – in Relation zu ihrer Norm – *Spitzenqualitäten* liefern.
spitzstehender Stoß, → Stoß, spitzstehender.
splendeur, franz. *Glanz*, *Pracht*, in der WA → großen, → mächtigen Weinen zuerkannt.
Sprit, *Spiritus*, → Alkohol
spritig, WA, extrem → alkoholreich.
spritzig, franz. *pimpant*, WA, vor allem für junge Weine von → prickelnder → Frische und *lebendiger* Säure, nicht zu *dezent* und ohne *Schwere*.
Spruchweisheiten, → Trinksprüche, → Weinbauernregeln.
Spumante, ital. *schäumend;* als *spumanti* werden → Schaumweine bezeichnet (im Gegensatz zu *frizzanti* = → Perlwein).
stahlig, WA, Steigerung von → rassig, mit großer Varianz in → Frucht und Säure, bisweilen mit erdig-metallischem Anklang im Geschmack.
Standardwein, → Markenwein.
stark, WA, → alkoholreich.
Starkenburg, nach dem deutschen Weingesetz von 1971 einer von zwei Bereichen des Anbaugebiets → Hessische Bergstraße. Die → Großlagen des Bereichs sind *Rott*, *Schloßberg* und *Wolfsmagen*. Anschlußbereich: → Umstadt.

staubig, → Klarheit.
Staubiger, österr. Bezeichnung für neuen, noch ungeklärten Wein, → Federweißer; → Wein im Volksmund.
Stecher, zum → Abstich durch das Spundloch des Fasses in den Wein gesenktes (*gestochenes*) Metallrohr.
Stechheber, → Weinheber.
Stehschoppen, ein rasch an der Theke (im Stehen) getrunkenes Glas (→ Schoppen) Wein, analog zu *Stehbier*, ohne längeres Verweilen in einer Gaststätte; der Ausdruck ist in Norddeutschland seit dem ausgehenden 19. Jh. belegt. → Nippvisite, → Wein im Volksmund.
Steiermark, 1. österr. Bundesland, 2. dessen Südostteil umfassende Weinbauregion mit insgesamt wenig über 2300 Hektar Rebfläche, gegliedert in die Bereiche → Klöch-Oststeiermark (800 Hektar), → Südsteiermark (Unterbereiche *Grenzweinbaugebiet* und *Sausal*, zusammen 1300 Hektar) und → Weststeiermark (*Schilchergebiet*, 200 Hektar). Das Klima der Region ist bereits deutlich mitgeprägt von Einflüssen sowohl des milden und verhältnismäßig niederschlagsarmen *pannonischen* (*Pannonia*, → Burgenland) als auch, im südlichen Grenzbereich mit Jugoslawien, des mediterran-südeuropäischen Klimas. Weingärten bestimmen z.T. weiträumig das Landschaftsbild kulissenartig versetzter Hügelketten; andernorts kleben kleinere und kleinste Rebparzellen vereinzelt an steilen, bisweilen geradezu schroffen Berghängen, in Höhen bis zu 700 Meter über Meeresniveau. Die Palette der zu nicht geringem Teil unter derart schwierigen Bedingungen dem Boden abgerungenen Weine ist ebenso abwechslungsreich wie das Panorama steirischer Landschaftsbilder. Sieht man freilich vom → Schilcher ab, einer Rosé-Spezialität des weststeirischen Anbaugebiets, so handelt es sich hier fast ausschließlich um Weißweine. Das *Österreichische Weininstitut* benennt als wichtige Sorten (Reihenfolge ohne Wertung) *vollmundige, zartblumige* Weiße → Burgunder (einschließlich der Sorte *Morillon*, → (Chardonnay), den meist *leichten, blumigen* → Müller-Thurgau, *hochfeinen* Muskateller und *kräftigen, bukettreichen* Muskat-Silvaner (→ Sauvignon blanc), den *vollen, gerüchigen* (*bukettstarken*) → Traminer wie auch den *spritzigen, fruchtigen* → Welschriesling;

ergänzend wäre zumindest noch der *kernige* bis *stahlige Sausal-Riesling* (→ Südsteiermark) anzuführen. In der Weinbauregion S. wird weniger Wein erzeugt, als im (mehr als doppelt so großen) Bundesland S. getrunken wird.

Steigerwald, nach dem deutschen Weingesetz von 1971 einer von vier Bereichen des Anbaugebiets → Franken. Die sechs → Großlagen des Bereichs: *Burgweg, Herrenberg, Kapellenberg, Schild, Schloßberg* und *Schloßstück.* Anschlußbereiche: → Bayerischer Bodensee, → Maindreieck, → Mainviereck.

Steinweine, traditionsreiche → Qualitäts- und Spitzenweine der Lagen *Stein* und *Stein/Harfe* am nördlichen Stadtrand von Würzburg, Bereich → Maindreieck des deutschen Anbaugebiets → Franken. *Stein/Harfe* bildet einen harfenförmigen Ausschnitt der langgezogenen, nach Süden geneigten Muschelkalkstein-Hanglage, die bis zum Inkrafttreten des neuen deutschen Weingesetzes 1971 in die Einzellagen *Ständerbühl, Löwenstein, Steinharfe, Jesuitenstein* und *Steinmantel* unterteilt war. Die in → Bocksbeutel-Flaschen gehandelten S. waren die ersten → Kreszenzen, bei welchen schon um die Mitte des 18. Jh. die → Lage ihrer Herkunft auf einem → Etikett ausgewiesen wurde. → Goethe meinte S., als er 1806 aus Jena an seine Frau Christiane schrieb: *Sende mir noch einige Würzburger, denn kein anderer Wein will mir so schmecken, und ich bin verdrießlich, wenn mir mein gewohnter Lieblingstrank abgeht.*

Sternliwein, sinngemäß schweizer. für → Perlwein, handelsüblich eine Spezialität vor allem der Bielersee- und → Neuenburger Weine sowie einiger (roter) → Burgunder der → Ostschweiz. *Sternli* (*Sternchen*) meint sowohl den Eindruck der Lichtbrechung durch die im Glas aufsteigenden Kohlensäurebläschen (*Perlen*) als auch deren Kränzchenbildung (Schaumkrone) an der Oberfläche. S. ist leicht → perlend (entsprechend franz. *crémant/pétillant,* ital. *frizzante*) und gewinnt diese Eigenschaft auf eigene Weise: S. wird vor Abschluß der → Mostgärung über der → Hefe (*sur lie*) vom Faß ab- und auf Flaschen gezogen, so daß in diese mitgenommene Reste gärfähigen Zuckers und gäraktiver Hefe auch in der verkorkten und versiegelten Flasche noch nachwirken und auf natürliche Weise Kohlendioxid (u. a.) bilden, das sich im Glas dann leicht → moussierend bemerkbar macht.

St. Gallen, Kanton der Weinregion → Ostschweiz mit rund 150 Hektar Rebland, das zu 92 Prozent mit Blauem → Burgunder und zu 8 Prozent mit → Müller-Thurgau (*Riesling × Silvaner*) bestellt ist. Besonders die Weine des St. Galler Rheintales zählen dank der günstigen klimatischen Bedingungen (Föhnlage) zu den besten Ostschweizern.

Stich, Geschmackseindruck kranken Weines, z. B. Milchsäure- oder → Essigstich. Meist sind es unerwünschte (bei unsachgemäßer Behandlung begünstigte) Bakterienkulturen, die einen Wein *stichig,* franz. *malade (krank),* werden lassen.

Stickelbau, schweizer. Bezeichnung für *Pfahlerziehung,* → Erziehungsarten der Rebe, → Laubarbeiten.

Stierblut, Erlauer, → Egri Bikavér.

Stifterl, Kleinflaschen in Österreich, → Flaschen.

still, Stiller, Stillwein, Wein ohne Kohlensäure-Überdruck, im Gegensatz zu → Perlwein, → Schaumwein.

Stoff, *stoffig,* WA, → Extrakt, → körperreich.

Stopfen, süddeutsch-österr. für Pfropfen, → Korken.

Stopfengeschmack, österr. WA für → Korkgeschmack.

Stoppen, Unterbrechung der → Mostgärung durch Hinzufügen mindestens 16- bis 17prozentigen Alkohols. Das Ergebnis sind nicht eigentlich Süßweine, sondern weinähnliche → Mistellen.

Stoß, spitzstehender, Stapel von Schaum-

Champagner-Lagerung im spitzstehenden **Stoß.**

Straußwirtschaft

weinflaschen vor der → Enthefung (→ Rütteln), wobei die Flaschen kopfstehen, die obere jeweils mit dem Korken im Flascheneinstich (Bodenmulde) der unteren, damit sich das Hefedepot auf den Korken niederschlägt.

Straußwirtschaft, *Besen-, Kranzwirtschaft,* privater Ausschank eigener Erzeugnisse im Hof-, Garten-, Wohnbereich von Weinbauernfamilien, für den Gast kenntlich gemacht durch gut sichtbar am Haus angebrachte Nadelholzäste oder -zweige (zu Strauß oder Besen gebunden oder zum Kranz geflochten). Im Gegensatz zur ganzjährig möglichen → Weinprobe beim Erzeuger bietet die S. gesellig-gastronomi-

Deutsche **Straußwirtschaft.**

schen Betrieb, meist auch mit herzhafter Hausmannskost und gelegentlich sogar mit Musik. Dieses Winzerrecht, das in Deutschland auf → Karl den Großen (800–814) zurückgeführt wird, ist heute freilich auf jeweils drei Monate nach der Weinernte begrenzt. Österreichs Winzer signalisieren *Buschenschank/Buschenschenke* ihres → Heurigen traditionell mit einem Busch aus Fichten- oder Föhrenreisig. Ihre *Buschenschank-Genehmigung* geht auf ein Kaiserliches Patent Josephs II. (Kaiser 1765–1790) zurück, das es jedermann erlaubte, *selbst erzeugte Lebensmittel, Wein und Obstmost zu allen Zeiten des Jahres, wie, wann und zu welchem Preise er will, zu verkaufen und auszuschenken.*

strengherb, → Weinansprache für → Schaumwein von sehr geringer → Versanddosage (*Restsüße*).

strohig, franz. *pailleux,* WA bei unerwünschter Geruchstönung nach feuchtem, leicht fauligem Stroh, gelegentlich bei → flachen Weinen wahrzunehmen.

Strohwein, schwerer Trockenbeerwein sehr alter Machart (ähnlich → Hürdenwein): Man breitet die vollreif geernteten Trauben zunächst auf Strohschütten oder -matten (Andalusiens → Pedro-Ximénez-Trauben auf Gras- oder Ginstermatten) aus und läßt sie vor dem → Keltern während mindestens zwei Monaten in der Sonne trocknen; so erhält man Most in geringerer Menge, jedoch von deutlich erhöhtem → Extraktgehalt. So oder ähnlich (durch Aufhängen der Trauben zur Lufttrocknung) werden heute noch der spanische → PX für die → Sherry-Dosierung, Italiens *vino santo* (im *Trentino* um Trient sowie in der → Toskana), franz. *vins de paille* (im *Jura*) sowie manche schweizer. *Flétri*-Weine gewonnen, in der Regel aus Weißweintrauben. S. sind meist farbintensiv, alkohol- und körperreich sowie von harmonischer Säure.

Strumpfwein, Scherzwort für sauren, adstringierenden Wein, der die Löcher im Strumpf zusammenziehe; erster bekannter Schriftbeleg in A. von Schnabel, *Der deutsche Student,* Stuttgart 1835; → Wein im Volksmund.

Stückfaß, Weinfaß vom 1200 Liter Inhalt; → Faß.

stumm, franz. *muet,* in der WA doppeldeutig gebraucht: 1. *fertig,* d. h. nach Abschluß der → Gärung *still* geworden; 2. *nichtssagend,* d. h. → unentwickelt, → abgestanden, → passé; s. ist ein Schaumwein, der nicht mehr schäumt.

stumpf, WA, ungünstiger Geschmackseindruck früh gealterter Weine, deren Säure ein stumpfes Gefühl auf Zahnfleisch und Gaumen erzeugt.

Sturm, österr. für → Federweißer.

Stuttgart, Weinbaugebiet → Remstal-Stuttgart.

Stütze, traditionelles, faßähnlich aus Holzdauben gebundenes Trinkgefäß von 10 Liter Rauminhalt. Ein pfälzischer Winzerspruch rät scherzhaft zum Weintrinken *am Morgen aus dem Fingerhut, am Mittag aus dem* → *Schoppenglas, am Abend aus der S.*

suave, franz. *anmutig, köstlich,* WA für → lieblich.

Südafrika, Republik. 1655 wurden die ersten Reben am Fuß des Tafelberges bei Kapstadt gepflanzt, und der *Constantia* aus den Weinbergen bei der gleichnamigen Stadt genoß im 19. Jahrhundert Weltgeltung. 1974 wurden auf 110000 Hektar Rebland 5 Millionen Hektoliter Wein ge-

Südliche Weinstraße

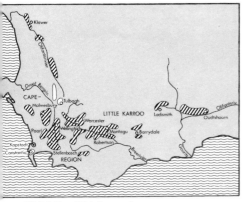

Südafrika: Weinbauregionen.

erntet, die Hälfte davon zu Weinbrand verarbeitet, rund 170 000 Hektoliter *Kapwein* exportiert, hauptsächlich nach Großbritannien und Kanada. Der Pro-Kopf-Verbrauch in S. liegt bei 17 Litern (Verkauf nur durch Gastgewerbe und besondere Verkaufsstellen). Die Reben (heute zu über 90 Prozent Pfropfreben) stammen fast ausnahmslos von europäischen Sorten ab. Die *Kapregion* (mit den Zentren Constantia, Stellenbosch, Wellington, Paarl, Malmesbury und Tulbagh) erzeugt neben

Südamerika: Weinbauregionen.

Frankweiler an der **Südlichen Weinstraße**.

Spitzenweinen, die französischen Qualitätsweinen entsprechen, gute rote und weiße Tischweine, von spanischem kaum zu unterscheidenden → Sherry, Port- u. a. → Dessertweine. Weitere Anbaugebiete an der atlantischen Seite ziehen sich dem Olifants River zwischen Citrusdal und Vredendal entlang. Zwischen der Drakensteinkette im Westen und südlich des Swartenbergen-Massivs befindet sich das höher gelegene Weinbaugebiet des *Little Karroo*. Dank künstlicher Bewässerung liegen die Hektarerträge hier höher als in der *Kapregion*. Produziert werden vorwiegend → Dessert- und → Brennweine.
Südamerika, (Karte) mit den Hauptweinbauländern → Argentinien und → Chile.
Südbahn, → Thermenregion.
Südliche Weinstraße, nach dem deutschen Weingesetz von 1971 einer der beiden Bereiche des Anbaugebiets → Rheinpfalz. Die neun Großlagen des Bereichs: *Bischofskreuz, Guttenberg, Herrlich, Kloster Liebfrauenberg, Königsgarten, Mandelhöhe, Ordensgut, Schloß Ludwigshöhe* und

Südsteiermark

Trappenberg. Anschlußbereich → Mittelhaardt–Deutsche Weinstraße.

Südsteiermark, geographisch kleinster, mit über 1300 Hektar Rebfläche jedoch bedeutendster Bereich der österr. Weinbauregion → Steiermark. Er gliedert sich gemäß seiner landschaftlichen Teilung in die Unterbereiche *Grenzweinbaugebiet* und *Sausal.* Das *Grenzweinbaugebiet* umfaßt etwa 950 Hektar Rebland mit meist schweren Ton-Lehm-Böden im äußeren Südosten des Bereichs, unmittelbar an der jugoslaw. Grenze. Die *Südsteirische Weinstraße* verbindet die bekanntesten Weinorte von Spielfeld (Bereichsgrenze S./*Klöch-Oststeiermark*) über Ehrenhausen an der Mur, Gamlitz, Ratsch, Glanz, über den Pößnitz- und Schloßberg nach Leutschach und Arnfels. Die Weinberge bedecken – unterbrochen von Feld, Wald und Wiesen – die steilen Südhänge der Hügelkette, über die weithin das Rattern und Klappern des → Klapotetz zu hören ist, des die Stare verscheuchenden Wahrzeichens der S. Das Gros der kräftigen, bukettreichen Kreszenzen dieses Areals liefern der → Welschriesling, gefolgt von → Sauvignon blanc (*Muskat-Silvaner*), blumigem → Müller-Thurgau, würzigem → Traminer, delikatem → Muskateller sowie Weißem → Burgunder und ähnlich fruchtigem *Morillon* (→ Chardonnay). – Im Norden und Westen

Rebhänge bei Santa Maddalena in **Südtirol.**

der Bezirkshauptstadt Leibnitz erhebt sich das landschaftlich außerordentlich reizvolle Weinbaugebiet des *Sausal*, zu dessen rund 350 Hektar Rebfläche die steilsten, am schwierigsten zu bearbeitenden Weinlagen der Steiermark gehören. Hier dominiert auf überwiegend steinigen, trockenen Tonschieferböden der *kernig* bis *stahlig* (WA) geratende → Riesling, gefolgt vom vollblumigen → Müller-Thurgau sowie, in geringeren Mengen, → Welschriesling und Weißem → Burgunder. – Anschlußbereiche sind → Klöch-Oststeiermark und → Weststeiermark.

Südtirol, ital. *Alto Adige*, das nördliche Etschtal in → Italien, an der Südabdachung der Alpen. S. ist ein traditionsreiches Qualitätsweinbaugebiet, das heute rund 300 000 Hektoliter leichten, fruchtigen Wein erzeugt, überwiegend Rotweine. Die bekanntesten sind der weiche, harmonische *Santa Maddalena* (→ Magdalener), die aus verschiedenen Trauben gewonnenen *Alto-Adige*-Weine (→ Lagrein, *Ruländer, Vernatsch* u.a.), der frische weiße → Terlaner, die leichten, gelben bis grünlichen, aus → Silvaner, → Müller-Thurgau und anderen Rebsorten gepreßten *Valle-Isarco*-Weine (*Eisacktaler*) sowie der harmonische *Lago di Caldaro* (→ Kalterer See). Südtiroler Weine sollten in der Regel jung getrunken werden.

Südweine, umgangssprachliche Bezeichnung 1. für vornehmlich alkoholreiche, mehr oder minder süße oder trockene Weine südlicher (mediterraner) Länder im allgemeinen, 2. für schwere, süße → Dessertweine (Süßweine) beliebiger Herkunft im besonderen.

süffig, engl. *attractive*, franz. *coulant, gouleyant, glissant*, ital. *passante*, WA im Sinn von mundfreundlich, gut zu trinken, weder beschwerend noch sattmachend, mäßig in Alkoholgehalt und Süße.

Sultanine, *Türkenpflaume*, große, gelbe, kernlose → Zibebe. Die um die Jahrhundertwende im deutschen Sprachgebrauch aufgekommene Bezeichnung für beste → Rosinen orientalischer Herkunft sollte wohl an die sinnenfroh-üppige Lebens- und Hofhaltung osmanischer Sultane (Fürsten) erinnern, mit durchaus erotisierender Anspielung auf hellhäutige Konkubinen (*Odalisken*) der Sultane. Umgangssprachlich ging der Begriff auch auf Kerne enthaltende, dunkelhäutige *Zibeben* über.

superiore, ital. WA im Sinn von → reif, *unübertrefflich*, bestmöglich *ausgebaut*; amtlich kontrollierte Auszeichnung mancher Weine nach Abschluß einer bestimmten Mindestlagerzeit. Ein → Bardolino z.B. darf nach einem Jahr Flaschenreifung als s. bezeichnet werden. → Altersprädikate, italienische.

sur lie, franz. *auf der Hefe*, Zustand von Wein vor dem ersten → Abstich; s.a. → Sternliwein.

Surrogatwein, → Kunstwein.

sursulfité, franz. → überschwefelt.

süß, engl. *sweet*, franz. *doux*, ital. *dolce*, Geschmackseindruck der → Restsüße nicht voll ausgegorener oder durch Gärungsstopp (→ Gärführung) s. erhaltener Weine; bei Schaumwein identisch mit der Geschmacksnote → mild; s.a. → Süße.

Süßdruck, in Deutschland gelegentlich für noch süß schmeckenden → Federweißen gebraucht, in Österreich und der Schweiz Bezeichnung für → Roséwein.

Süße, bei Qualitätsweinen vom unvergorenen Zuckerrest (→ Restsüße), bei doppelt durchgegorenen Schaumweinen ausschließlich von der → Dosage herrührende Geschmackskomponente (→ mild); sie bildet gemeinsam mit der → Säure die *Seele* (WA) des Weines, und ihr Eindruck ist ein wichtiges Kriterium der → Sinnenprüfung. Das Vokabular der WA unterscheidet *leichte, verhaltene, dezente, reife, zarte, edle S., Volls.*; s.a. → pappig (*Bonbongeschmack*), → sauer-süß (*Dropsgeschmack*), → süß.

Süßkrätzer, → Federweißer.

Süßmost, → Most vor der Gärung; → Süßreserve.

Süßreserve, unvergorener Traubenmost, der dem fertigen Wein zugegeben wird, um eine bestimmte → Restsüße zu erreichen.

Süßweine, umgangssprachlicher Sammelbegriff für natursüße → Südweine sowie im Verlauf besonderer Herstellungsverfahren mit Zucker angereicherte → Dessertweine.

sweet, engl. → süß.

Sylvaner, → Silvaner.

Szamorodny, Grund-Güteklasse des ungar. → Tokajer. S. kann mild-süß bis recht trocken ausfallen, hat aber mindestens 13 Volumenprozent Alkohol.

Szürkebarát, ungar. Synonym für → Ruländer.

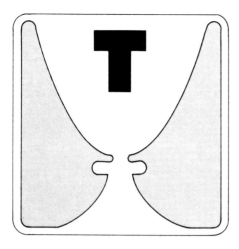

Tâche, La, → La Tâche.
Tafeltrauben, besonders schöne und besonders wohlschmeckende, zum alsbaldigen Verzehr (auch als Auflage von Obstkuchen und -torten) bestimmte Trauben, im Unterschied zu → Keltertrauben.
Tafelwein, nach den EG-Verordnungen unterste Stufe der → Qualitätsweine. Ein T. muß ausschließlich aus empfohlenen Rebsorten erzeugt worden sein und einen Alkoholgehalt zwischen 8,5 und 15 Grad aufweisen. Deutsche T.e dürfen angereichert werden. Auf dem → Etikett werden keine Lagennamen ausgewiesen. In → Frankreich und in → Italien bilden die T.e als *vin de table* bzw. *vino da tavola* die Mehrzahl der produzierten Weine.
Tafelweinmarke, österreichische, → Österr. Gütemarken.
Tank, Gefäß zur Weinerzeugung und -lagerung. Dem traditionsbewußten Weinliebhaber im Vergleich zum → Faß ein Greuel, bietet der T. doch wesentliche Vorteile, die der Qualität der Weine zugute kommen: er ist geschmacksneutral, luftdicht und pflegeleicht. Da kein Sauerstoffaustausch stattfindet, bleibt der Wein steril und altert sehr langsam. Anders verhält es sich dagegen mit Spitzenweinen, die für ihren langjährigen → Ausbau Sauerstoff benötigen und daher besser in Fässern gelagert werden. T.s werden aus Edelstahl, Kunststoff und Beton (mit Keramikfliesen) hergestellt. S. a. → Cuvéefaß, → Großraumgärung.
Tankgärung, umgangssprachliches Wort für → Großraumgärung.
Tannin, → Gerbstoffe.
tanninreich, → gerbstoffreich.
taré, franz. *erschöpft*, WA → matt.
Tari, → Palmwein.
Tausendeimerfaß, eine Attraktion im bis zu 40 Meter tiefen Weinkeller des Augustiner-Chorherrenstifts → Klosterneuburg. Das 1704 gebaute Riesenfaß (4,80 m lang, über 3,80 m hoch) hat einen Rauminhalt von rund 56 500 Liter: tausend Einheiten des altösterr. Weinmaßes *Eimer* (56,5 l). Mit Wein gefüllt war es letztmals im frühen 19. Jh.; bis heute erhalten hat sich jedoch der Brauch des *Faßlrutschens* am Leopoldstag (15. November). Einst soll ein jungvermählter Kellermeister namens Leopold getönt haben, wenn er je zum Pantoffelhelden werde, solle jeder Kellergast das Recht erhalten, ihm zu Hohn und Spott den Faßrücken hinunterzurutschen. Frau Kellermeisterin hörte es und bewog den Guten, es ihr zuliebe im Geheimen einmal vorzumachen. Er tat's – und alle hinterm Faß versteckten Zechgenossen taten es ihm sogleich nach. Das *Faßlrutschen* wurde zur Institution am Namenstag des Gefoppten. Soweit die Legende. Nach anderer Lesart geschieht das *Faßlrutschen* zu Ehren des Landesschutzpatrons von Niederösterreich und Gründers des Chorherrenstifts Klosterneuburg, des heiliggesprochenen Markgrafen Leopold III. (1095–1136).
Tavel, Roséweinbereich der südwestlichen → Côtes du Rhône.
Tawny, lohfarbener, süßer → Portwein.
Teergeschmack, franz. *goût de goudron*, meist nicht negativ bewertete Eigenart besonders *körperreicher, schwerer,* → öliger

Tanks zur Weinlagerung.

Reben von Arzo im **Tessin**.

Rotweine, die aus hochreifen Trauben gewonnen wurden.

tendre, franz. WA im Sinn von → mild, → artig.

tenue, franz. *Haltung,* WA im Sinn von *Rasse,* → rassig; gern von rechten → Herrenweinen gesagt.

terne, franz. WA, → matt.

Terravin, → Waadt.

terreux, franz. WA, *erdig,* → Bodengeschmack.

Tessin, *Ticino,* Weinbauregion der → Schweiz mit rund 1050 Hektar Anbaufläche und einem durchschnittlichen Jahresertrag von 60 000 Hektolitern. Die Region umfaßt den Kanton Tessin und Südbünden (Misox und Puschlav; → Graubünden). Auf 71 Prozent der Rebfläche werden europäische Rotweinsorten (*Merlot, Bondola,* → *Nostrani*) angebaut, auf 24,7 Prozent → Amerikanerreben (*Isabella, Clinton, Noah*), auf nur 1,6 Prozent europäische Weißrebsorten (*Gutedel, Semillon*). Weinbau ist im Tessin seit mindestens 2000 Jahren bekannt, und noch 1876 hatte die gesamte Rebfläche rund 7 500 Hektar betragen, wobei allerdings der Hektarertrag gegenüber heute sehr bescheiden war. An Hanglagen überwiegt nach wie vor eine starke Terrassierung; neue Anlagen entstanden in den letzten Jahren im für mechanisierten Weinbau geeigneten Mendrisiotto südlich des Ceneripasses. Neben dem → Merlot, der durchaus neben guten Provenienzen Italiens besteht, werden 21 Prozent des T.er Rebareals mit dem einheimischen *Nostrano* bebaut. Mit der Schutzmarke *VITI* (*Vini ticinesi*) wird die Qualität hervorragender Merlotabzüge garantiert; der *Nostrano* (mit 7 – 12 Volumenprozent Alkohol und charakteristischem Erdgeruch) wird vor allem im T. selbst konsumiert. Die *Americani* sind gut für Eigenbedarfs-Weine, Traubensaft und *T.er Tafeltrauben.* Wichtigste Weinbaubezirke sind das *Mendrisiotto, Bellinzona, Locarno, Lugano* sowie – mit bedeutend geringerer Produktion – der Bezirk *Riviera* zwischen Biasca und Bellinzona, das *Bleniotal,* die *Leventina* und das *Maggiatal.*

Winzerfest in Lugano, **Tessin**.

Thermenregion, *Südbahn,* alte österr. Bäder- und Weinbauregion mit den Bereichen → Gumpoldskirchen (früher *Baden*) und → Vöslau. Gemäß Weingesetz von

Thurgau

1976 bildet die T. mit dem ursprünglichen → Donauland und dem *Weinviertel* zusammen die heutige Weinbauregion → Niederösterreich (*Donauland*).

Thurgau, Kanton der Weinregion → Ostschweiz mit heute 186 Hektar Rebland (1835: 2100 Hektar), das zu 72 Prozent mit Blauem → Burgunder und zu 28 Prozent mit *Riesling × Silvaner* (→ Müller-Thurgau) bebaut ist. Der größte Teil der heute auf die günstigsten Lagen geschrumpften Rebfläche liegt an den Sonnenhängen rechts der Thur (u. a. Ottoberg, Weinfelden, dann Hüttwilen nordöstlich davon, und die Gemeinden am Bodensee-Südufer). In ihrem Charakter gleichen die Thurgauer Rot- und Weißweine denjenigen von → Schaffhausen und → Zürich.

tintig, WA für *dicke*, ins Blauschwarze tendierende Farbtönung mancher Rotweine südländischer Provenienz.

tipico, ital. WA, → typisch.

Tiragefüllung, in der Schaumweinherstellung Abfüllung der → Cuvée auf Gärflaschen (*Trageflaschen*).

Tiragekorken, → Füllkorken.

Tiragelikör, → Fülldosage bei der Schaumweinbereitung.

Tirol, → Südtirol.

Tocai, im Elsaß, der franz. Schweiz und Norditalien geläufige Bezeichnung für → Ruländer; nicht identisch mit → Tokaj.

Toddy, → Palmwein.

Tokaier, grauer, Synonym für → Ruländer (*Pinot gris*) in Österreich und der Schweiz; nicht identisch mit → Tokaj, Tokajer.

Tokaj Aszú, → Tokajer → Ausbruch-Wein; ein – oder gar der – Lieblingswein Katharinas der Großen von Rußland.

Tokajer, ungarischer, aus dem Gebiet von *Tokaj-Hegyalja* im Nordosten → Ungarns stammender, historisch-literarisch renommierter Weißwein aus den Trauben → Furmint, → Muskateller und *Hárslevelü* (*Lindenblättrige*). Der *Szamarodny* ist eine dunkelgelbe, kräftige Spätlese, der *Tokaj Aszú* (ein → Ausbruch-Wein) eine großartige, süße, mit Trockenbeeren angereicherte → Auslese. Der T. darf nicht verwechselt werden mit dem → Tokayer.

Tokaj-Hegyalja, ungar. Weinbaugebiet des → Tokajer (→ Ungarn).

Tokay d'Alsace, franz. Synonym für → Ruländer aus dem → Elsaß.

Tokayer, *Tocai*, im Elsaß, in Österreich, Norditalien und der nördlichen Ost-schweiz gebräuchliches Synonym für die Rebsorte → Ruländer und aus dieser gewonnene Weine; nicht zu verwechseln mit dem ungar. → Tokajer.

tönig, WA im Sinn von → Art haben; nicht identisch mit *artig*.

tonneau, franz. Faßmaß von 900 Liter (4 *barriques*); → Faß.

Torkel, *Torggel,* vom Bodensee bis Tirol traditionelle Bezeichnung für → Kelter, auch andernorts heute gern für historische *Keltern,* in Liechtenstein für den ganzen – auch den modernsten – Kellereibetrieb (*der T.*) gebraucht. Das Wort hat seinen Ursprung im lat. *torquere* (*drehen*); *torcula* nannte man im Mittelalter jede mittels Drehung einer vertikalen Spindelachse zu betätigende *Drehpresse* (*Baumkelter, Spindelkelter*) – im Gegensatz zur *calcatura,* einem Bottich, in dem man mit nackten Füßen (lat. *calx*, die *Ferse*) oder Lederstiefeln die Trauben zu → Maische und aus dieser dann den → Most stampfte und trampelte (→ Maischetreten).

Toskana, *Toscana*, Region im mittleren → Italien mit der Hauptstadt Florenz und einer Weinerzeugung von rund 4 Millionen Hektoliter jährlich. Die T. liefert den im Ausland wohl bekanntesten ital. Wein, den → Chianti. Zu den zahlreichen ehrlichen Tischweinen gehören außerdem der

Fiaschi-Flechterinnen in der **Toskana.**

granatrote, gehaltvolle *Brunello di Montalcino,* der *Vino nobile di Montepulciano,* mit seinem in der Reife zarten Weichselkirschengeschmack, und der weiche *Rosso delle Colline Lucchesi.* Unter den Weißweinen ist vor allem der trockene, goldgelbe *Vernaccia di San Gimignano* zu nennen.

tot, franz. *éteint, mort*, WA im Sinn von ausdruckslos infolge Überalterung, abge-

Traubenkur

Weinreben in der **Toskana**.

storben, → passé; s. a. → Abbau, → Firne.
tourné, franz. *umgedreht, umgeschlagen,* WA für nachgetrübte und – meist infolge bakterieller Erkrankung – unangenehm säuerlich schmeckende (*Sauerkrautgeschmack*), nicht mehr handelsfähige Weine; → Umschlagen.
Tracht, → Erziehungsarten der Rebe.
Tragholz, *Tragrebe,* Stammast der fruchttragenden Rebzweige eines Jahres.
Traismauer-Carnuntum, alte Bezeichnung des heutigen Bereichs → Klosterneuburg der Weinbauregion → Niederösterreich (*Donauland*). *Traismauer,* eine auch im Nibelungenlied erwähnte Römergründung, und die heute *Petronell-Carnuntum* genannte einstige römische Garnisonstadt standen für den nordwestlichen bzw. südöstlichen Teil der durch → Wien zweigeteilten Weinprovinz.
Trakya, *Trakya Papskarasi,* schwerer Weiß- bzw. Rotwein aus der → Türkei.
Traminer, Roter, *Fränkischer, Clävner, Klevner,* u. a.; Weißweintraube mit leicht violett-rötlicher Beerenhaut, die goldgelbe, sehr würzige und extraktreiche Weine bringt. Der T. und insbesondere der *Gewürztraminer* (eine betont bukettreiche Mutante des T.) gehören zu den ausgefallensten Weinen der Welt. Exquisite Kreszenzen präsentiert in guten Jahren das → Elsaß.
Transvasion, Umfüllung, in der Schaumweinherstellung Fachausdruck für den letzten Behälterwechsel des Fertigprodukts (→ Expeditionsfüllung) aus Gärflasche, Großraumtank oder Lagerflasche in (auch kleine und übergroße) Flascheneinheiten, die dann in den freien Handel gelangen.
Transvasionsenthefung, → Filterenthefung.
Traubenblut, → Reben und Trauben in Zitaten.
Traubendrücker, umgangssprachlich für den Herbstnebel, der die Trauben vor frühem Frost schützt.
Traubenernte, in der Winzersprache = *Weinlese.*
Traubenhonig, seit biblischer Zeit ein Produkt des Landes → Israel. Der gekelterte, unvergorene Traubensaft wird zu einem honigähnlichen Sirup eingekocht.
Traubenkur, in der Volksheilkunde vieler Weinbauländer altbekannte Entschlakkungs-, Blutauffrischungs- und Revitalisierungskur. Nach Meraner Rezept (Südtirol) mahle man die von den *Rappen* gezupften Weinbeeren jeweils frisch und trinke von der so gewonnenen *Maische* mehrmals täglich einen Becher auf möglichst nüchternen Magen. Dabei treten – anders als beim konsequenten Traubenessen – keine Blähungen auf. Die Dauer einer solchen Kur, sofern nicht unter ärztlicher Kontrolle, auf drei bis vier Tage

Traubenmühle

Traubenmühle.

beschränken, dies aber nach einer Woche wiederholen. Die wohltuende Wirkung auf den Gesamtorganismus stellt sich allemal auch dann ein, wenn man sich anderer als der bewährten Sorten → Gutedel (*Badener Kurtraube*; Gumpoldskirchen) oder → Trollinger (*Meraner Kurtraube*; Meran) bedient. Vgl. → Mostkur, → Weinkur.

Traubenmühle, technische Vorrichtung zum groben *Entrappen,* Aufreißen und Zerquetschen der Weinbeeren, d. h. zum *Einmaischen* des Erntegutes. Heute sind → Abbeeren und Mahlen meist integrierte Teilvorgänge eines maschinellen Funktionsablaufs.

Traubenpresse, → Kelter.

Traubensäure, → Weinsäure.

Traubenschaumwein, aus Traubenmost und/oder -wein gewonnener Schaumwein, zur Unterscheidung von Obst- und Fruchtschaumweinen.

Traubentrage, → Hotte.

Traubenzucker, *Glukose, Dextrose,* ein weit verbreiteter → Fruchtzucker, kann dem Wein als → Süßreserve zugesetzt werden, wo Zuckern erlaubt ist.

Trebbiano, ital. Name der Rebsorte → Ugni blanc.

Treber, 1. Gesamtheit der Feststoffe, die sich beim Bierbrauen aus der zur Rohwürze gediehenen Maische von Malzschrot und Brauwasser im Läuterbottich absetzen, bei der Weinbereitung eigentlich dem → Depot entsprechend; 2. Preßkuchen der Traubenkelter, → Trester.

Treberöl, → Önanthäther.

Tregnum, *Dreifachflasche* (2,25 Liter) bei Wein und Schaumwein; → Flaschen.

Trester, *Tresterkuchen,* auch → Treber, franz. *marc,* als relativ trockener, kompakter *Kuchen* in der → Kelter verbleibender Preßrückstand, bestehend aus Hülsen und Kernen, teilweise auch → Rappen der Trauben. T. dient zur Weinbergdüngung sowie, mit Wasser eingemaischt, zur Herstellung von → Tresterwein oder zur Destillation von → Tresterbranntwein.

Tresterbranntwein, franz. (*Eau-de-vie de*) *Marc,* ital. → Grappa, wasserklarer, aus → Trester destillierter Branntwein.

Tresterwein, *Nachwein,* von Winzern als Haustrunk bereitetes, nicht verkehrsfähiges Getränk; zu seiner Herstellung wird der wäßrige Auszug von → Trester unter Zuckerzusatz vergoren.

Trevirisglas, an der Mosel gebräuchliches, geschliffenes Kristallglas mit 0,1 Liter Inhalt; → Miseräbelchen.

Trinken in Zitaten. – Aus einem zeitgenössischen Wiener Couplet: *Der Wein is a Delikateß, den trinkt selbst der Pfarrer zur Meß.* – Ein Westschweizer Sprichwort: *Le bon vin n'enivre pas, seulement les hommes s'enivrent. (Guter Wein berauscht nicht, nur die Menschen berauschen sich.)* – Friedrich Freiherr von Logau (1604 bis 1655), deutscher Dichter und Epigrammatiker: *Der Wein ist unser noch, wenn ihn das Faß beschleußt. Sein aber sind wir dann, wenn ihn der Mund geneußt.* – Deutsche Sprichwörter: *Ist der Wein im Manne, ist der Verstand in der Kanne.* Und: *Beim Wein geht die Zunge auf Stelzen.* – Wolfgang Müller (1816–1873), genannt W. M. von Königswinter, rheinischer Dichter und Mitglied der ersten Deutschen Nationalversammlung in der Frankfurter Paulskirche (1848): *Schon mancher ist versunken, noch keiner ist ertrunken in einem Becher Wein.* – Gotthold Ephraim Lessing (1729–1781), deutscher Dichter und Kritiker: *Zuviel kann man wohl trinken, doch nie trinkt man genug.* – Louis Péclat: *Buvons peu, mais buvons profond! (Laßt uns wenig, aber gründlich trinken!* Entsprechend der deutschen Wendung: *mäßig, aber regelmäßig.)* – Wirtshausspruch, zitiert von Rolf Jeromin im *Weinbrevier* (1976): *Der Weise schießt nicht übers Ziel. Er trinkt bedächtig, aber viel.* – Aus dem *Talmud: Wer doppelt trinkt, lädt Schuld auf sich.* – Ein schweizer. Sprichwort: *Es isch besser e Schoppe z'viel zahlt als eine z'viel trunke.* – Jean-Jacques Rousseau (1712–1778), franz. Schriftsteller und Kulturphilosoph schweizer. Herkunft: *Der Weise ist nüchtern aus Maß, der Schlaue aus Bosheit.* – Alter Spruch bei Rolf Jeromin: *Laß an dich kommen, trink moderat, daß dir die Gottesgab nicht schad'.* – Tiroler Wirtshaus-Wandspruch: *Trink', aber sauf' nicht! Disputier', aber rauf' nicht!* – Aus dem *Talmud: Wie er zahlt, wie er zecht, wie er zürnt, daran erkennt man den Menschen.* – Zwei Volksweisheiten aus der franz. Schweiz: *Il y a trois catégories d'hommes: Celui qui ne boit pas, celui qui boit trop, et celui qui sait boire. (Es gibt drei Kategorien von Menschen: den, der nicht trinkt, den, der zuviel trinkt, und den, der zu trinken versteht.)* Und: *On est savant quand on sait boire. Qui ne sait boire ne sait rien. (Man ist wissend, wenn man zu trinken versteht. Wer nicht zu trinken weiß, weiß/versteht gar nichts.)* – S. a. → Trinklieder, → Trinksprüche, → Islam.

Trinklieder, vom Trinken handelnde, in zechfroher Runde zu singende Lieder. «*Trinken!*» sang Anakreon, «*trinken!*» sang Horaz. So ein als Trinkspruch vielzitierter T.-Refrain von J. Chr. F. Haug (1761–1829). Tatsächlich waren T. (sog. *Skolien,* Einz. *Skolion*) schon ein halbes Jahrtausend vor Christi Geburt in der aristokratischen Gesellschaft Athens sehr beliebt. Eine Sammlung dieser altgriech. T.-Texte findet sich bei E. Diehl, *Anthologia lyrica* (2. Bd.; 2. Auflage 1942). Lat. T. sind von Archipoeta (12. Jh.; *Die Gedichte des Archipoeta,* Frankfurt 1966) und in den 1803 in Benediktbeuren/Oberbayern aufgefundenen, 1937 von Carl Orff z.T. vertonten *Carmina burana (Lieder aus Beuren)* überliefert. Deutschsprachige Vaganten-T. sind seit dem 15. Jh. belegt, und seit dem 16. Jh. fallen besonders studentische Gesänge als typische T. auf, die alsbald in *Kommersbüchern* gesammelt wurden (*Kommers* ist ein nachgerade ritualisiertes studentisches Trinkfest). In der Folge nahmen sich wiederum – wie → Anakreon (etwa 580–495 v.Chr.) in Griechenland und Horaz (Quintus Horatius Flaccus, 65–8 v.Chr.) in Rom – schon zu Lebzeiten namhafte Autoren der T.-Dichtung an, darunter → Goethe (→ Ergo bibamus!). – *Das war der Herr von Rodenstein, der sprach: «Daß Gott mir helf'! Gibt's nirgends mehr 'nen Tropfen Wein des Nachts um halber zwölf?»* Dieser Sangesreim (aus *Das wilde Heer,* 1856) stammt von dem deutschen Dichter und Juristen Joseph Victor von Scheffel (1826–1886), der auch das Heidelberger T. vom Zwerg mit dem Riesendurst (→ Perkeo) verfaßte. Heute noch so populär wie eh und je ist das *Wanderlied* von Justinus Kerner (1786–1862), das Robert Schumann (1810–1856) vertonte: *Wohlauf, noch getrunken den funkelnden Wein!* Kaum ein bravouröser Baß unter den großen Sängern läßt in seinem Repertoire das 1801 von K. Müchler geschriebene Studentenlied aus: *Im tiefen Keller sitz' ich hier bei einem Faß voller Reben.* Musikwerke, vom kleinen Singspiel bis zur großen Oper, beinhalten vielfach ausgesprochene T. – Ferdinand Raimund (1790 bis 1836), österr. Schauspieler und Dramatiker, in seinem Zauberspiel *Der Verschwender* (Uraufführung Wien 1834): *Laßt brausen im Becher den perlenden Wein! Wer schlafen kann, ist ein erbärmlicher Wicht! Und guckt auch der Morgen zum Fenster herein, ein rüstiger Zecher lacht ihm ins Gesicht!* – Oder: *Vivat Bacchus! Bacchus lebe! Bacchus, der den Wein erfand!* (→ Bacchus.) Aus dem Singspiel *Die Entführung aus dem Serail* von Wolfgang Amadeus Mozart (1756–1791), Libretto von Stephanie dem Jüngeren (Uraufführung Wien 1782). – S. a. → Jüdische Dichtung, → Wein erfreut des Menschen Herz; → Trinksprüche.

Trinkprobe, mittelalterlicher Brauch, die als Mannestugend geltende Trinkfestigkeit auf die Probe und unter Beweis zu stellen. Zitat aus Robert Stutzenbacher, *Das Diner* (1893): *Unter unseren Vorfahren im Mittelalter gab es gewaltige Zecher; eine Kanne, 6 Maß Wein enthaltend, ohne absetzen zu leeren, war für einen Kämpen der damaligen Zeit durchaus keine hervorragende Leistung. Als Winrich von Kniprode 1551 zum Hochmeister des deutschen Ordens gewählt wurde, gab es gar hohe Festlichkeiten. Bei dem Ehrenmahl mußte jeder Gast den Inhalt eines silbernen Beckens, bestehend aus 8 Flaschen Wein, in einem*

Trinksprüche

Zuge leeren. Der wackere Trinker Veit von Bassenheim leerte es dreimal und wurde Schloßhauptmann. In diese Zeit fällt eine hohenlohische Urkunde, die von den Vasallen fordert, mit dem großen (→) Lehensbecher Bescheid und damit gleichsam Probe zu thun, daß man ein deutscher Edelmann sei und dem Vaterlande ersprießliche Dienste zu leisten vermöge . . . . – Der normale Tagesbedarf eines erwachsenen Menschen an Wasser (Flüssigkeit) liegt bei drei Liter.

Trinksprüche, zur Verherrlichung von Wein und geselligem Beisammensein seit der Antike gepflegte Dichtungen, aufgezeichnet als Anekdoten, Aphorismen, Gleichnisse, Merkverse, Sinnsprüche oder → Trinklieder, siehe: → Beim Wein wird mancher Freund gemacht . . ., → Bier auf Wein . . ., → Das soll am Wein belobigt sein . . ., → Ergo bibamus!, → Frankenwein – Krankenwein, → Goethe, → Gottesgabe Wein . . ., → Guter Wein, → Guter Wein – schlechter Wein . . ., → In vino veritas, → Islam, → Junger Most sprengt alte Schläuche, → Könige als Weintrinker, → Medizin Wein, → Perkeo, → Prosit, → Reben und Trauben, → Sine Cerere et Baccho . . ., → Sorgenbrecher . . ., → Trinken, → Vinum lac senum, → Weinbauernregeln, → Wein erfreut des Menschen Herz, → Wein und Bier schmeckt süß . . ., → Wein und Wasser, → Wein und Weisheit, → Wein, Weib und Gesang, → Zu Bacharach am Rheine . . .; s. a. → Jüdische Dichtung, → Sekt im Volksmund, → Wein im Volksmund.

Trinktemperatur, die dem jeweiligen Wein angemessene Konsumtemperatur. Grundsätzlich gilt, daß der Wein um so kühler serviert werden sollte, je weniger Säure und je mehr Alkohol er hat. Daneben haben sich folgende Richtwerte eingebürgert:

leichte, spritzige Weißweine	8 – 10 °C
mittlere Weißweine	10 – 12 °C
Spätlesen, Beerenauslesen	12 – 14 °C
leichte Rotweine	14 – 16 °C
kräftige, schwere Rotweine	16 – 18 °C
Roséweine	8 – 10 °C
Sekt und Schaumweine	6 – 8 °C
Wermutweine	9 °C

trocken, franz. *sec,* ital. *secco,* WA für Weine mit wenig → Restsüße. Nach dem deutschen Weingesetz darf ein als *t.* bezeichneter Wein höchstens 4 Gramm Zuckerrest je Liter haben (oder bis zu 9 Gramm, sofern er zwei Gramm weniger als Mindest-Säureanteil aufweist). Das → Deutsche Weinsiegel *Trocken* (in Gelb) garantiert die geringe Restsüße, in Verbindung mit gesundheitsbezogenen Angaben auf einem Rückenetikett der DLG zudem die Tauglichkeit als → Diabetikerwein.

Trinkspruch auf einer Bildpostkarte von 1906.

S. a. → Durchgären, → halbtrocken.
Trockenbeeren, 1. → Rosinen, 2. überreife, durch → Edelfäule eingeschrumpfte Trauben von höchster Geschmackskonzentration; → Trockenbeerenauslese.
Trockenbeerenauslese, höchste Stufe der deutschen → Qualitätsweine mit Prädikat. Die T.n werden aus rosinenartig eingeschrumpften, edelfaulen Beeren erzeugt und zeichnen sich durch besondere Süße und Extraktreichtum aus.
Trockenbeerwein, → Hürdenwein, → Strohwein; nicht identisch mit → Trockenbeerenauslese.
Trocken-Siegel, → Deutsches Weinsiegel → Trocken.
Trollinger, Blauer, *Frankentaler, Black Hamburg, Meraner Kurtraube, Fleischtraube, Gros bleu;* aus → Südtirol stammende Rebsorte mit großen, dunkelblauen Beeren. Der T. reift verhältnismäßig spät und eignet sich sehr gut für die Kultivierung unter Glas. Die T.weine sind herzhaft, frisch, im allgemeinen von mittlerer Qualität, und entwickeln sich langsam. In Deutschland wird der T. ausschließlich in → Württemberg angebaut.
trop de robe, franz. *zuviel Gewandung,* WA bei unnatürlich erscheinender Färbung z. B. nördlich der Alpen gewachsener *Tischweine,* erzielt durch unharmonischen → Verschnitt mit farbstarken Südweinen; Gegensatz: *franche de robe,* sinngemäß *aufrichtig im Gewand,* d. h. unverfälscht *naturfarben.*
Tropfen, lobende Verniedlichung, → Weinchen.
trouble, franz. WA, → trüb.
Trub, Gesamtheit der Most und jungen Wein trübenden Schwebstoffe, vor allem Hefezellen und Fruchtfleischteilchen. Sie setzen sich nach der Gärung als → Depot auf den Faßboden ab, so daß der Wein darüber abgezogen werden kann. Sehr feinverteilte, leichte Trubstoffe, die auch nach dem zweiten → Abstich noch im Wein verbleiben, werden beim → Schönen niedergeschlagen.
trüb, franz. *bourru, trouble;* 1. mit → Trub durchsetzt, Normalzustand von Most und Wein während (→ Federweißer) bzw. unmittelbar nach der Gärung; 2. WA im Sinn von *blind* bei Mangel an → Klarheit ausgebauten Weines, hier Indiz für unsachgemäße Behandlung bei Ausbau und/oder Lagerung (Weinfehler) oder für Weinkrankheit.
Trunkenheit, → Rausch.
Tschechoslowakei. Auf 38 000 Hektar Rebland wurden 1974 1,2, 1975 1,4 Millionen Hektoliter Trauben geerntet: 80 Prozent Weiß-, 5 Prozent Rotwein- und 15 Prozent Tafeltrauben. Der Weinexport ist mit 22 000 Hektoliter unbedeutend; die

Schloß Troja bei Prag, **Tschechoslowakei.**

Tulbagh-Riesling

Erzeugung deckt nur rund drei Viertel des Eigenbedarfs. 85 Prozent der Weinproduktion sind → Markenweine, deren Charakter man unabhängig vom Jahrgang zu erhalten versucht; 15 Prozent sind Sortenweine von meist höherer Qualität. Die wichtigsten Rebsorten sind → Welschriesling (20%), Grüner → Veltliner (16%), → Müller-Thurgau (14%), → Mädchentraube (*Leánka*, 8%), Blauer Portugieser (5%), Blauer → Burgunder (5%), → Traminer (4%) und → Riesling (3%). Die drei Hauptanbaugebiete sind *Böhmen* (400 Hektar) zwischen Mělnik und Litoměřice an Moldau und Elbe, *Mähren* (11000 Hektar) südlich von Brno (Brünn) bis zur österreichischen Grenze und im Moravatal, sowie die *Slowakei* (26500 Hektar) mit den Regionen östlich von Bratislava und nördlich der Donau, nicht zu vergessen die südliche Slowakei mit wurzelechten Reben in Immunsandböden und fast ungarischen Weinen.

Tulbagh-Riesling, im Wein sehr körperreich und recht herb ausfallender → Riesling der nordwestlichen Kapprovinz; → Südafrika.

Tunesien, ältestes Weinbauland → Nordafrikas (Karte); Karthago war schon im 4. Jh. v. Chr. für seine Weine berühmt. Die Römer fürchteten die Konkurrenz und zerstörten nach der Eroberung Karthagos dessen Weinberge. Bescheidene Neuanfänge unter den Byzantinern nach 533 wurden durch die arabische Eroberung (665—698) zunichte gemacht. Italienische und besonders französische Kolonisten während des französischen Protektorats (ab 1881) legten neuerlich Rebpflanzungen an, die jedoch wenig später ausnahmslos der → Reblaus zum Opfer fielen. Neue Anlagen entstanden erst in den vierziger Jahren des 20. Jh.s. 1974 produzierte Tunesien auf 47 000 Hektar neben einem beträchtlichen Anteil von Tafeltrauben eine Million Hektoliter Wein, vor allem aus den südfranzösischen Rebsorten *Pinot noir* (Blauer → Burgunder), *Carignan*, → Alicante Bouschet und → Grenache. Über drei Viertel der Produktion wird als Verschnittwein exportiert, vornehmlich in die EG. Spitzenweine aus *Blauem Burgunder* sind jenen Algeriens ebenbürtig, weich, voll und körperreich. Eine Spezialität sind Dessertweine aus Muskatellertrauben mit 17 Prozent Alkohol- und hohem Zuckergehalt. Wie in Algerien werden auch → Mistellen hergestellt.

Tuniberg, → Kaiserstuhl-Tuniberg.

Türkei, die türk. Mittelmeer- und Schwarzmeerküsten gehören zu den ältesten bekannten Weinbaugebieten (belegt durch auf 3500 v. Chr. datierte Weingefäße) mit erster Blüte in phrygischer (11./12. Jh.) und hellenischer Zeit und großer Hochschätzung in der röm. Kaiserzeit. Heute besitzt die Türkei mit rund 830000 Hektar (1974) die fünftgrößte Rebfläche der Welt, doch werden nur etwa 3 Prozent des Ertrags zu Wein verarbeitet, der Rest wird in Form von Korinthen, Tafeltrauben und *Pekmes* (Traubenmelasse) vermarktet. Die Weinerzeugung betrug 1975 540 000 Hektoliter, wovon 40 000 Hektoliter ausgeführt und ein beträchtlicher Teil zu *Raki* (Anis-Weinbrand) verarbeitet wurden. Hauptanbaugebiete von Reben sind Zentralanatolien (300 000 Hektar), Mittelmeerküste (150 000 Hektar), Ägäis (120 000 Hektar), Südostanatolien (100 000 Hektar), Schwarzmeer- und Marmarameerküste sowie Thrakien (zusammen rund 70 000 Hektar). Wein wird nur in den drei letzten Gebieten in nennenswertem Umfang erzeugt. Neben der großen Menge hochprozentiger Verschnittweine sind bekannte Qualitätsweine roter und weißer *Doluca* und *Trakya*, *Adabağ*, *Buzbağ* und *Yacut*, *Dalmasi*, Weißer *Narbağ* und *Ürgüp* sowie der Roséwein *Lál* u. a. Spezialitäten.

Türkenblut, in der alten Donau-Monarchie volkstümliche Bezeichnung für Rotweine vom → Amselfeld; heute 1. schwerer, tiefroter jugoslaw. Markenwein mit 20 Gramm → Restsüße je Liter; 2. in Österreich Bezeichnung für einen → Schorle aus weißem → Schaumwein und Rotwein.

Türkenpflaume, → Sultanine.

turning, wörtlich *drehend*, *umkehrend*, engl. WA im Sinn von *umschlagend*, → Firne, → Umschlagen.

typisch, franz. *droit*, *typique*, ital. *tipico*, WA für Kreszenzen mit klar hervortretenden, charakteristischen Merkmalen von Rebsorte, Jahrgang, Anbaugebiet oder Einzellage, auch für die unverwechselbare Einzelkomponente (z. B. Farbe, Geruch, Geschmack); meist in zusammengesetzten Wortbildungen gebraucht: *sortentypisch, jahrgangst., gebietst.* oder *region., lagent.* u. a.; Gegensatz: → neutral.

Ungarn

überschwefelt, franz. *sursulfité,* Wein mit zu hohem Gehalt an schwefliger Säure, erkennbar an unangenehm stechendem Geruch.
UdSSR, → Sowjetunion.
Ugni blanc, ital. *Trebbiano,* ertragsreiche Weißweinrebe mutmaßlich ital. Ursprungs. Sie liefert angenehm ausgeglichene Weine mit relativ viel (aber nicht zuviel) Säure und unaufdringlichem Alkoholgehalt. Ihre Domäne ist die → Toskana; aus ihr bereitete Spezialitäten sind der *Lugana* vom Südufer des Gardasees in Norditalien und der *Cassis* in Südfrankreich (bei Marseille). Im franz. Anbaugebiet der Charente liefert die U.-Rebe (unter dem Namen *Saint-Emilion*) fast ausschließlich → Brennwein für die → Cognac-Erzeugung.
Umgärung, eine Methode der → Gärführung durch Einsatz bestimmter → Reinzuchthefen, um z. B. einen mangel- oder fehlerhaften Verlauf der alkoholischen → Gärung günstig zu beeinflussen.
Umschlagen, *Umkippen,* nachträgliche Trübung bereits geklärten Weines durch Nachgärung, bakterielle Erkrankung, Ausfällen chemischer Substanzen oder Überalterung (→ Firne). Dem deutschen WA-Begriff *umgeschlagen* entsprechen engl. *gone by,* franz. *cassé, mâché, tourné,* ital. *offuscato,* auch im Sinn von → *passé* gebraucht. Im U. begriffen: engl. *turning,* franz. *dégénérescent.*
Umstadt, nach dem deutschen Weingesetz von 1971 einer von zwei Bereichen des Anbaugebiets → Hessische Bergstraße; s. a. → Starkenburg.
unentwickelt, WA für zu jung servierten, noch nicht optimal ausgebauten Wein (franz. → *vin de garde*), auch im Sinn von *ausdruckslos,* → stumm (franz. *muet*); ähnlich → unfertig, → unreif (franz. *étriqué*).
unfertig, franz. *étriqué,* WA im Sinn von → unentwickelt, noch nicht *trinkreif;* → vin de garde.
Ungarn. Fossile Überreste einer *Vitis tokajiensis* genannten Urrebe finden sich in tertiären Schichten des Landes, in dem die Rebkultur schon vor der Eroberung durch die Römer der keltischen und dakischen Bevölkerung bekannt war. Aus der Römerzeit sind zahlreiche Zeugnisse des Weinbaues erhalten, der von den Magyaren (896) übernommen wurde und auch die Tataren- und Türkenherrschaft überstand. Heute ist Ungarn nach der Sowjetunion und Rumänien drittgrößter Weinproduzent Osteuropas mit (1974) 222 000 Hektar Rebland (4 Prozent der landwirtschaftlich genutzten Fläche) und einem Ertrag von durchschnittlich 5 Millionen Hektoliter, der zu 25 bis 35 Prozent durch das staatliche Export-Monopol (*Monimpex*) exportiert wird. Der Pro-Kopf-Verbrauch in U. beträgt etwa 38 Liter. Wegen des ausgesprochenen Kontinentalklimas mit Temperaturextremen (Januar $-34°C$,

Ugni-blanc-Traube.

unharmonisch

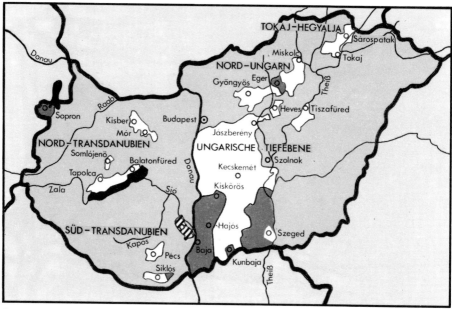

Ungarn: Weinbauregionen.

Juli +41°C) müssen zwei Drittel der Weinstöcke im Winter eingedeckt werden. Der Sommerhitze und hohen Sonnenscheindauer verdanken die ungarischen Weine dafür Bukett und Feuer. Von den ungewöhnlich vielfältigen Rebsorten haben etwa 20 überregionale Bedeutung, wobei sich, wegen der Oktoberfröste, zunehmend frühreife Sorten durchsetzen. Etwa 75 Prozent der ungar. Weine sind weiß, 20 Prozent rot, 5 Prozent Dessertweine. Wichtigste weiße Rebsorten: → Welschriesling (meistangebaute Weißweintraube), Gelber → Furmint (kostbarste Rebsorte für weiße Dessertweine und Hauptbestandteil des → Tokajers, Hauptanbaugebiete sind Tokaj-Hegyalja und Plattensee-Nordufer), *Lindenblättriger Hárslevelü* (ebenfalls *Tokajer*-Bestandteil, oft im → Gemischten Satz mit *Furmint* angebaut), → Kéknyelyü (älteste Weißweinrebe Ungarns), → Ruländer (*Szürkebarát*), Gelber → Muskateller, *Ezerjó* (*Tausendgut;* → Móri Ezerjó), → Mädchentraube (*Leányka*) u. a. Rote Rebsorten: *Kadarka* (aus Albanien stammende, reichtragende, robuste Traube, Hauptbestandteil des → Egri Bikavér), → Limberger (*Kékfrankos*); → Portugieser (*Oporto*) sowie Blauer → Burgunder, *Médoc noir,* → Cabernet Sauvignon und *Malbec.* Wichtigste Weinanbaugebiete sind: *Sopron* am Neusiedler See, *Mór-Császár* nördlich und *Somló* nordwestlich des Plattensees sowie *Badacsony* an den Vulkanbergen des Nordwestufers, dazu die flacheren Lagen *Balatonfüred* und *Balatonmellek, Szekszárd* im Süden an der Donau, *Mecsek* um die Stadt Pécs, unmittelbar südlich davon *Villány-Siklós, Mátraalja* am Fuß des Mátragebirges, *Eger* (Erlau) südlich des Bükkgebirges, *Tokaj-Hegyalja* im Nordosten des Landes an den Vulkanbergen der Hegyalja. Außerdem wird Wein in allen geeigneten Fluren zwischen dem Donau-Nebenfluß Raba im Westen und der Tisza (Theiß) in Zentralungarn sowie in den Ebenen südöstlich von Eger und Tokaj angebaut. Das *Alföld,* die *Große Ungarische Tiefebene* zwischen Donau und Theiß, ist das größte Weinbaugebiet Ungarns und produziert leichte, jung zu trinkende Konsumweine.

unharmonisch, engl. *ill-balanced,* franz. *dur, plongeant, rustre,* auch *étriqué,* ital. *duro,* WA bei nicht optimal aufeinander abgestimmten Geschmackskomponenten, z. B. mangelndem Ausgleich zwischen Alkohol und Säure, im Extremfall → eckig.

unreif, engl. *raw,* franz. *agressif, cru, étri-*

Für maschinelle Bearbeitung angelegte Rebfläche in Kalifornien, **USA**.

qué, ital. *giovane,* WA für noch ungenügend ausgebaute, → unentwickelte oder aus anderer Ursache diesen Geschmackseindruck vermittelnde Weine mit viel Säure und wenig → Körper; s. a. → grün, → unharmonisch.

unruhig, WA, → Frische.

unsauber, WA, → Geruch.

Unterlagsreben, → Amerikanerreben.

Untermosel, Bereich → Zell/Mosel des deutschen Anbaugebiets → Mosel-Saar-Ruwer.

unterschwefelt, Wein mit zu geringem Gehalt an schwefliger Säure; er entwickelt früh unliebsamen → Luftgeschmack und altert rasch (→ Firne).

Urban, Heiliger, Weinpatron mit – zwischen Rhein und Etsch (→ Südtirol) vielenorts heute noch als Rebblüten- bzw. Weinfest begangenem – Namenstag am 25. Mai (*Sankt-Urbans-Tag*). Dieser gilt eigentlich zwei Personen eines Namens. Der ursprüngliche *Sankt U.* war zweifellos der franz. Bischof und Märtyrer *U. de Langres,* der seinen Häschern einmal entkommen sein soll, indem er sich in einem Weinberg verbarg. Er wurde schließlich dennoch gefaßt, starb den römischen Glaubenstod anno 375, wurde infolge seiner vorübergehenden Rettung jedoch fortan in der sakralen Kunst meist mit einer Traube in der Hand und/oder neben einem Rebstock dargestellt. Ungleich bedeutender als das Schicksal des Bischofs von Langres waren für die Kirche freilich Leben und Wirken des Papstes *U. I.* (222–230), und diesen kannte man auch da, wo niemand je etwas vom gleichnamigen Märtyrer gehört hatte. Drum übertrug der *Heilige Stuhl* im 9. Jh. (einem Jh., das 21 Päpste und zwei Gegenpäpste kannte) das Weinpatronat von U. dem Unbekannten auf U. den Populären, obwohl dem Papst im Gegensatz zum Bischof keinerlei legendenwürdige Beziehung zu den Reben nachzusagen war. S. a. → Urbansbräuche.

Urbansbräuche, in heidnischen Frühlingsriten und Fruchtbarkeitskulten wurzelnde Traditionen, welche früh in den christlichen Jahresablauf integriert, spätestens seit dem 9. Jh. auf den Namenstag des heiligen → Urban (heute der 25. Mai) fixiert wurden und (andeutungsweise) in Traditionsfesten der deutschen, österr. und oberital. Weinbaugebiete bis heute erhalten blieben. Einst war der 25. Mai ein *Lostag* altmagischer Wetterprognostik. In christlicher Zeit baute man *Urbanskapellen* als Wallfahrtsziele dieses Tages. Zu ihnen pilgerte man – jeder nach seinem

USA

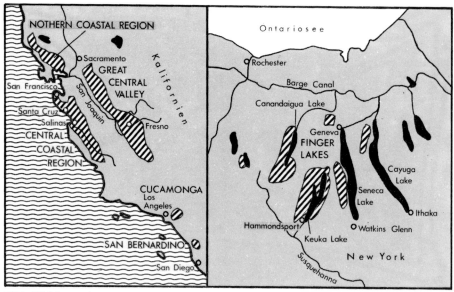

USA: Weinbauregionen.

Stand – mit Traubenkernen im Schuh oder hoch zu Roß über Stock und Stein (*Urbansritt*), um Huldigung und Hilfsersuchen vorzubringen. Regnete es am *Urbanstag*, warf man den für den Heiligen stehenden Strohmann (*Den Orba in den Trog!*) ins Wasser; schien die Sonne, besprengte man ihn tanzend (dem antiken Reigen um → Bacchus/Dionysos nicht unähnlich) mit Wein: zum Dank für *gut Wetter* für den Wein des neuen Jahres. Im Schwäbischen taufte man eine (heute nicht mehr identifizierbare) Rebsorte *Urbaner*, damit sie bestens gedeihe. Und wo Männlein und Weiblein sich am Abend des *Sankt-Urbans-Tages* zu fruchtbarem Tun zusammentaten, da sollte auch der Heilige ein bißchen Abglanz, einen Lichtschimmer zum Munkeln im Dunkeln dazugeben, nämlich Fruchtbarkeit spenden, damit der Winzerstand erstarke. S. a. → Weinpatrone.

USA, *Vereinigte Staaten von Amerika,* nach → Argentinien zweitgrößter Weinproduzent der *Neuen Welt* mit (1974) über 15 Millionen Hektoliter. Die Traubenernte eines Rebareals von insgesamt etwa 240 000 Hektar wird nur etwa zur Hälfte zu Wein verarbeitet; die USA erzeugen außerdem 20 Prozent der Tafeltrauben- und 30 Prozent der Rosinen-Weltproduktion. Der Anbau europäischer Reben in → Kalifornien geht auf spanische Missionare zurück. Dank der Anpassung der Sorten an die spezifischen Gegebenheiten werden Kalifornien, das heute bereits über 90 Prozent der US-Weinproduktion liefert, und andere geeignete Bundesstaaten die großen Weinbaugebiete der Zukunft sein. Eine ganz andere Grundlage hat der Weinbau im Norden des Staates New York, an den *Finger Lakes* mit Zentrum Hammondsport, wo von den europäischen Siedlern amerikanische Wildreben (Fuchsrebe, *Vitis labrusca*; Uferrebe, *Vitis riparia*; *Vitis rotundifolia*) kultiviert wurden. Fast alle Sorten ergeben unverschnitten Weine mit starkem → Foxton, der sich allerdings bei der Schaumweinbereitung (*Champagne*) verliert. Neuerdings werden in zunehmendem Maß auch europäische Sorten wie → Riesling, → Chardonnay, Cabernet und *Pinot noir* (Blauer → Burgunder) angebaut. Diese Anlagen sind jedoch immer wieder von den langen, harten Wintern bedroht. Insgesamt stellt die Region der *Finger Lakes* nur etwa 8 Prozent der US-Weinproduktion.

usé, franz. WA, → müd, müde.
uva, ital. *Weintraube*.

Veltliner, Grüner

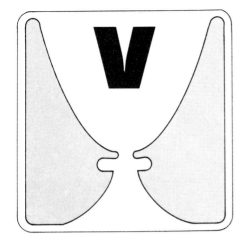

vaillance, franz. *Tapferkeit*, WA im Sinn von *Rasse*, → rassig; gern von rechten → Herrenweinen gesagt.
Valais, franz. für → Wallis.
Valdepeñas, Weinbaugebiet um die gleichnamige Stadt im Herzen → Spaniens. Zur → Denominación de Origen des Bereichs gehört eine Rebfläche von 21 000 Hektar, die künstlich bewässert werden muß. Die Rotweine aus *Cencibel*-Trauben und die Weißweine aus der *Airén*-Traube werden oft zu einem frischen, fruchtigen Tischwein verschnitten.
Valpolicella, berühmter Rotwein der italienischen Region → Venetien. Das Produktionsgebiet umfaßt 20 Gemeinden nördlich von Verona. Die aus *Corvina-veronese-, Molinara-, Negrara-* und *Rondinella*-Trauben erzeugten V.-Weine sind weich, mild, harmonisch, gelegentlich mit leichtem Mandelaroma und im allgemeinen jung zu trinken.
Vaud, franz.für → Waadt.
V.C.C., *vin de consommation courante*, franz. → Konsumwein.
V.D.Q.S., → vin délimité de qualité supérieure.

V.D.Q.S. : Gütesiegel.

vecchio, ital. *alt, gealtert*, WA im Sinn von → reif, amtlich kontrollierte Auszeichnung von Weinen nach Abschluß einer bestimmten – nach Maßgabe von Herkunft, Rebsorte (gelegentlich auch Jahrgang) individuell bemessenen – Mindestlagerzeit. Ein → Chianti z. B. darf in der Regel nach zwei Jahren Flaschenreifung als v., nach drei Jahren bereits als → riserva ausgezeichnet werden. → Altersprädikate, italienische.
vellutato, *velouté*, ital. bzw. franz. WA, → rund (*und samtig*), → samtig.
Veltlin, Weinregion Oberitaliens südlich → Graubündens mit aus der *Nebbiolo*-Traube gekelterten, körperreichen, herben, langlebigen Rotweinen von oft eigentümlichem Ledergeschmack. Wichtige Weinorte sind Sassella, Grumello, Inferno, Grigioni und Fracia.

La Gatta, berühmtes Weingut im **Veltlin.**

Veltliner, Frühroter, *Roter Malvasier*, vor allem in → Niederösterreich und im → Burgenland verbreitete Rebsorte, die milde, extraktreiche weiße Konsum- und Verschnittweine liefert.
Veltliner, Grüner, *Manhardsrebe, Hypothekentilger*, nimmt als am weitesten verbreitete Rebsorte → Österreichs rund ein Viertel der gesamten Rebfläche ein. Aus den grünen Beeren wird ein hellgoldener Wein erzeugt, mit grünen Reflexen und, je nach → Boden, → Klima und → Lage recht unterschiedlichem Bukett. Der in der Regel frische, spritzige Wein sollte

venencia

Spanischer Kellermeister mit **venencia**.

Verkosten des neuen Weins.

jung getrunken werden; er läßt sich nur als → Spätlese lagern. Sortenreiner V. hat oft einen pikanten Pfeffergeschmack.

venencia, Schöpfgefäß der → Sherry-Kellermeister, ein kleiner, zylindrischer Silberbecher an einer langen, elastischen Gerte. Die v. wird als → Weinheber gebraucht und so gekonnt durch die Luft geschwungen, daß der Wein in langem Strahl bei großer Bukettentfaltung ins Glas fließt.

Venetien, oberitalienische Region zwischen Alpen, Gardasee, Po und Adria. V. liefert jährlich um 8,5 Millionen Hektoliter Wein, darunter hervorragende Qualitätsweine. Am Ostufer des wärmespeichernden Gardasees werden der körperreiche, samtige → Valpolicella und der liebliche → Bardolino produziert, zwischen Verona und Vicenza der gelbe *Soave*. Aus der Umgebung von Treviso stammen der leichte, strohgelbe, leicht bittere *Prosecco di Conegliano-Valdobbiadene* und die aus verschiedenen Rebsorten gewonnenen roten und weißen *Piave*-Weine; aus der weiteren Umgebung von Padua die *Colli-Euganei-* und die *Colli-Berici*-Weine. Die *Recioto*-Weine von Soave und Valpolicella werden auch als Likörweine verkauft.

Reben bei Soave, **Venetien**.

Vente des Hospices, die weltberühmte November-Weinauktion des → Hospice de Beaune.
Verbessern, → Anreichern.
Veredelung der Reben, das Aufpfropfen von Edelreisern auf eine Unterlagsrebe (vgl. → Pfropfrebe). Die V. erfolgt heute fast ausschließlich in speziellen Rebzuchtanstalten oder Rebschulen.
Verkosten, → Weinprobe.
Vermählung, fachkundige Mischung verschiedener Weinbrände zur stets gleichbleibenden Markenqualität, analog zur → Cuvée bei Schaumwein und zum bewährten → Markenwein-Verschnitt.
Vermouth, → Wermut, Wermutwein.
Vernatsch, Synonym für die *Schiava*-Rebe und ihre Spielarten in → Südtirol.
Verrieseln von Rebland, Ernteschaden durch Abfallen unbefruchteter Rebblüten (*Gescheine*); → Durchrieseln.
Versanddosage, in der Schaumweinbereitung 1. kraft EG-Verordnung gleichbedeutend mit → Abstimmung des (nach der zweiten Gärung zunächst zuckerrestlosen) Rohschaumweins auf die gewünschte Geschmacksnote zwischen *herb* und *süß*; – 2. die hierfür gebrauchte *Versandlösung* (*Expeditionslikör*, franz. *liqueur d'expédition*). Dies ist im wesentlichen (wie die → Fülldosage) eine Wein-Zucker-Lösung. Sie darf, laut EG-Verordnung, ausschließlich bereitet werden aus reiner Saccharose (Rohrzucker), Traubenmost (süß, konzentriert und/oder teilgegoren) und/oder Wein, gegebenenfalls unter Zusatz reinen Weindestillats, soweit dadurch der → Gesamtalkohol im Endprodukt nicht oder nur geringfügig (um höchstens ein halbes Grad) ansteigt.
verschlagen, WA, → verstört.
verschlossen, WA bei (vorübergehend) unzureichender Entfaltung der eigentlich zu erwartenden Geruchs- und Geschmacksnuancen, vor allem bei noch → unentwickelten oder kurz vor dem Verkosten noch (durch Umfüllen oder Transport) heftig bewegten Weinen festzustellen; → verstört.
Verschnitt, das Mischen verschiedener Grundweine zu einem bestimmten Weintyp. Dieser ist oft wohlschmeckender als die Grundweine allein, und seine Qualität schwankt weniger im Verlauf der Jahre. V.weine sind z. B. auch große → Bordeaux-Weine. Nach dem EG-Weinrecht müssen Mischanteile von mehr als 15 Prozent auf dem Etikett ausgewiesen werden. Vgl. → Cuvée.
Versekten, Verarbeitung → stiller (nicht *moussierender*) Weine zu → Schaumwein.
versotten, WA im Sinn von → gestoppt, kennzeichnend für nicht voll ausgegorenen Wein mit unharmonisch hervortretender → Restsüße, die dem Wein unerwünschten *Mostgeschmack* erhält.
verstört, *verschlagen,* WA für mangelhafte bzw. gestörte Geruchs- und Geschmacksentfaltung infolge heftiger Bewegung/Erschütterung des Weines vor der Verkostung. Nach jedem Transport z. B. muß der Wein erst wieder durch erschütterungsfreie Lagerung zur Ruhe kommen und seine Normalkonsistenz wiedererlangen, um im Glas seinen wahren → Charakter zu offenbaren.
verwässert, → gestreckt.
Very Old, V.O., *sehr alter* (mindestens vier Jahre im Faß gereifter) → Cognac.
Very Superior Old, *V.S.O.*, chiffrenartig aus engl. Wortmarken (wörtl. *Sehr Höchst Alt*) gebildete, international gebräuchliche Formel zur → Weinbrand-Kennzeichnung. Maßgebend ist die Zeit der Reifung des betreffenden Produkts im Faß, vor Abfüllung auf Flaschen. V.S.O. steht trad. für 15 Jahre Lagerzeit. S. a. → Dreistern.
Very Superior Old Pale, *V.S.O.P.*, Faßreifungs-Formel bei → Weinbrand mit unterschiedlicher Bedeutung. Bei → Armagnac z. B. steht V.S.O.P. trad. für 10, bei → Cognac für 20 Jahre Faßlagerzeit vor Abfüllung auf Flaschen; gesetzlich erlaubt ist die Bezeichnung nach mindestens vierjähriger Faßlagerung.
Very Very Superior Old Pale, V.V.S.O.P., trad. Etikettierung von erst nach 25jähriger Reifung und Lagerung im Faß auf Flaschen abgefülltem → Cognac.
vieilli, franz. WA, *firn*, → Firne.
Viertelesschlotzer, schwäbisch-mundartliche Bezeichnung für einen genießerisch, reichlich und/oder gewohnheitsmäßig Wein Trinkenden. Das *Viertele* entspricht dem trad. → Schoppen; *Schlotzen* steht etymologisch für *Schlutzen, Lutschen, Lecken.*
Viertelstück, deutsches Faßmaß von 300 Liter ($1/4$ → Stückfaß); → Faß.
vif, franz. *lebhaft, munter,* in der WA vor allem für leuchtend frische, klare → Farbe (v. *de couleur*) von Weinen jeder Art ge-

vigne

braucht, im Deutschen z. B. *fackelhell, feurig, flackerhell* usw.

vigne, franz. Universalwort für Weinrebe, Weinberg, Wein im allgemeinen; s. a. → vignoble.

Vignette, franz. *Weinranke,* in mittelalterlichen Handschriften weinrankenähnlich verschnörkeltes Ornament, z. B. künstlerische Ausführung einer Initiale; später allgemeine Bezeichnung für Rand-, Titel- und Zierbildchen gedruckter Werke. V. steht heute für ein Schriftstücken oder Druckwerken beiläufig an- oder eingefügtes Bildwerk von geringer, hinter dem Textumfang deutlich zurücktretender Größe.

vignoble, Wortbildung aus *vigne noble* (*edler Weinberg*), franz. Bezeichnung für Qualitätswein hervorbringendes Weinland (von der einzelnen Parzelle bis zur Weinbauregion) und dessen Erzeugnisse, soweit sie etwa derselben Güteklasse (*Appellation*) zuzurechnen sind.

vigore, ital. WA, → saftig.

vinaigreux, franz. WA für kranken Wein mit → Essigstich.

vin cuit, franz. *gekochter Wein,* nicht identisch mit deutsch → Kochwein. Zur Herstellung von v.c. wird der noch süße → Most erhitzt, um durch Wasserverdampfung sowohl den Alkohol bildenden Zukker als auch → Aroma- und → Extraktstoffe stärker zu konzentrieren. Der aus solchem → Mostkonzentrat gegorene v.c. ist *gehaltvoller, kräftiger, schwerer,* aber nicht unbedingt *harmonischer* als normal bereiteter Wein; er kann sogar unliebsamen → goût de cuit (*Brandgeschmack*) ins Glas bringen. S. a. → Branntwein (*bronwen*), → Feuerwein.

vin de carafe, franz., *Wein (aus) der* → *Karaffe,* → Wein, offener.

vin de garde, franz. WA, 1. für → unentwickelten, *unreifen* Wein, der noch weiteren → Ausbau bedarf; 2. für schon voll *ausgereiften,* aber getrost noch weiter lagerfähigen Wein (→ Alter).

vin de l'année, wörtlich *Wein des Jahres,* franz. Bezeichnung für noch nicht 12 Monate alten Wein, entsprechend dem österr. → Heurigen.

Vin délimité de qualité superieure, abgek. *V.D.Q.S., Wein ausschließlich höchster Qualität:* franz. Güteklasse hohen Ranges; vgl. → Vins de qualité ...

vin de pays, franz. → Landwein, höheren Qualitätsnormen als → Tafelwein (*vin de table*) unterworfen.

Vin de table, → Tafelwein.

vineux, franz. WA, → weinig.

Vinhos Verdes, portug. *Grüne Weine,* grünfarbige Weißweine, aber auch (*grün = jung*) *prickelnd* → frische, gelegentlich sogar → perlende Weiß-, Rosé- und Rotweine der (als Weinbaubereich *Vinhos Verdes* genannten) Minho-Ebene im Nordwesten → Portugals.

vin mousseux, → Mousseux.

vino da pasto, ital. für einfachen → Tafelwein, *Tischwein.*

vino da tavola, ital. → Tafelwein.

vino de mesa, span. *Tischwein,* → Konsumwein.

vino di lusso, ital. → Luxuswein.

vin ordinaire, franz. *gewöhnlicher* (Tisch-)*Wein,* → Konsumwein.

vino rosato, ital. → Roséwein.

vinoso, ital. WA, → weinig.

Vinothek, private Weinschatzkammer, → Önothek.

vino tinto, umgangssprachlich auch *v. negro, v. rojo,* span. für → Rotwein.

vin perlant, franz., → perlender Wein, nicht identisch mit → Perlwein (*vin pétillant*).

vin primeur, franz. für *Wein in frühem Entwicklungsstadium,* → grün; auch im Sinn von → vin de l'année gebraucht, entsprechend dem österr. → Heurigen: *Beaujolais primeur* z. B. wird unter dieser Bezeichnung jeweils ab 15. November des Erntejahres ausgeschenkt. Er ist nur begrenzt haltbar und sollte bis Ende April des folgenden Jahres konsumiert werden.

Vins de qualité provenant de régions délimitées, abgek. *V.Q.P.R.D.,* franz. Umschreibung für → Qualitätsweine bestimmter Anbaugebiete (*Q.b.A.*), gemäß EG-Weingesetzgebung. Unter diese Kategorie fallen in Frankreich → Vins délimités de qualité superieure (*V.D.Q.S.*), → Appellation d'origine contrôlée (*A.C., A.O.C.*) und, soweit Qualität und Bekanntheitsgrad dies rechtfertigen, einzelne *Vins de pays* (→ Landweine).

Vinum lac senum; lat. Sprichwort: *Wein ist die Milch der Greise.* – Zahnloses Greisentum scheint eine Kellerinschrift zu parodieren, die Rolf Jeromin in seinem *Weinbrevier* (1976) zitiert: *Was e Wohltat, daß mer das Trinke nit zu beiße brauch'.* – Wilhelm Busch in *Abenteuer eines Junggge-*

sellen (1875): *Rotwein ist für alte Knaben eine von den besten Gaben.* – Zitat aus dem *Schenkenbuch* im *West-östlichen Divan* (1819), dem lyrischen Hauptwerk → Goethes: *Jugend ist Trunkenheit ohne Wein; doch trinkt sich das Alter zur Jugend, dann wird das Trinken zur Tugend.* – Als Anregung mag Goethe ein Satz aus dem *Buch des Qabus* gedient haben, dessen Verfasser der Perserfürst Keika'us Ebn Iskandar Ebn Ghabus (1021/22 bis 1098/99) war: *In der Jugend sind die Menschen ganz ohne Wein berauscht.* – S. a. → Junger Most sprengt alte Schläuche; → Trinksprüche.

vin vert, franz. *grüner Wein,* → grün; s. a. → vin primeur.

Viognier, angestammte Rebsorte des Rhônetals, aus deren Trauben vor allem im südlichen Einzugsgebiet von Lyon hervorragende, *charakterstarke* Weißweine gewonnen werden (*Château Grillet, Condrieu*); s. a. → Côte-Rôtie.

VITI, Abkürzungs-Chiffre für ital. *Vini Ticinesi* (*Tessiner Wein*), in der Schweiz seit 1948 gesetzlich definierte Qualitätsmarke für → Merlot-Weine aus dem → Tessin.

Vitis vinifera, → Weinrebe.

vivace, franz./ital. WA für → lebendig.

vivacité, franz. *Lebhaftigkeit,* WA im Sinn von → Frische.

Vivat Bacchus!, → Bacchus, → Trinklieder.

V.O., → Very Old.

voll, engl. *full,* franz. *complet, entier, plein,* ital. *pieno,* WA im Sinn von → körperreich mit harmonisch darauf abgestimmtem Alkohol; vgl. → vollmundig.

vollendet, WA für bestens ausgebaute und abgelagerte Weine im höchsten Reifestadium, vor dem *Umschlagen* zur → Firne. S. a. → Alter.

vollkommen, WA im Sinn von bestmöglich ausgebaut, makellos → harmonisch im Gesamteindruck; dabei kann es sich um einen noch sehr lange lagerfähigen Wein handeln.

vollmundig, engl. *mellow,* franz. *bien meublé, moëlleux, sensuel, voluptueux (il a de la bouche),* ital. *sapido (di sapore gradevole),* WA bei harmonischer Abstimmung von viel Extrakt (→ körperreich) und Glyzerin mit adäquatem Alkoholgehalt (→ voll) und angenehm gedämpfter Säure. V. ist ein eigentlich *schwerer* und dennoch *süffiger* Wein, der Geruch, Geschmack und Gefühl einnehmend *den Mund füllt* und nachhaltigen → Abgang hat.

vollsüß, WA für natürliche, aus vollreifen Trauben stammende → Süße von Weinen, die ohne → Anreichern auskommen.

voluptueux, franz. *wollüstig,* WA im Sinn von → vollmundig.

vornehm, engl. *distinguished,* franz. *distingué,* ital. *grande,* WA im Sinn von → adelig, optimal ausgebaut und von makelloser Güte des Gesamteindrucks; Steigerung bei Sekt: → majestätisch.

vorzüglich, bei der → Sinnenprüfung von Wein/Schaumwein bestmögliches Urteil über die Abstimmung von Alkohol, Säure und Süße.

Vöslau, nach der Kur- und Weinstadt Bad V. benannter Bereich der Weinbauregion → Niederösterreich (*Donauland*). Er schließt südlich von Sooß an den Bereich → Gumpoldskirchen (früher *Baden*) an, mit dem er bis zum Inkrafttreten des neuen österr. Weingesetzes von 1976 zum Weinbaugebiet *Thermenregion (Südbahn)* verbunden war, und er umfaßt weite Gebiete des *Steinfeldes.* Bekannte Weinorte sind neben Bad. V. vor allem Tattendorf und Wiener Neustadt. Gerühmt werden erstrangig die sattfarbigen, *samtigen* Rotweine, die in diesem Bereich überwiegen, seit im späten 18. Jh. Freiherr von Fries, Schloßherr zu V., als erste dunkle Rebsorte der Region den aus Oporto importierten Blauen → Portugieser (später auch *Blauer Vöslauer* genannt) kultivieren ließ. Hinzu kamen bis heute noch Blauer → Burgunder, → Limberger (*Blaufränkisch*), *Saint-Laurent-* und *Zweigeltrebe.* An Weißweinen erzeugt V. vor allem *Neuburger* und → Müller-Thurgau, den andernorts in Österreich dominierenden Grünen → Veltliner dagegen nur in geringen Mengen.

Vöslauer, Blauer, → Portugieser, Blauer; s. a. → Vöslau.

V.Q.P.R.D., → Vins de qualité provenant de régions délimitées.

V.S.O., → Very Superior Old.

V.S.O.P., → Very Superior Old Pale.

V.V.S.O.P., → Very Very Superior Old Pale.

Waadt, *Vaud,* zwischen Genfersee-Nordufer und Neuenburgersee gelegener Schweizer Kanton, mit einem durchschnittlichen Jahresertrag von 260 000 Hektoliter Weiß- und 40 000 Hektoliter Rotwein aus 3 430 Hektar Rebland zweitgrößter Weinproduzent des Landes. Wichtigste Anbaugebiete sind am Genfersee *La Côte,* etwa zwischen Nyon und Morges, das *Lavaux* (mit dem Spitzen-*Dorin Dézaley*) zwischen Lausanne und dem oberen Ende des Sees, sowie das *Chablais,* von Villeneuve am Genfersee bis Bex im Rhônetal, außerdem *Côte de l'Orbe-Bonvillars-Vully* von der Orbe an der Jura-Südostflanke bis Concise am südlichen Drittel des Neuenburgersees. Der Weinertrag der Region besteht zu 80 Prozent aus *Dorin,* dem Waadtländer Sammelbegriff für Weine der Rebsorte *Chasselas* (→ Gutedel). Spitzen-*Dorins* dürfen den Namen *Terravin* führen. Als andere Weiße werden in geringen Mengen → Silvaner, → Ruländer (*Pinot gris*), → Riesling und → Müller-Thurgau (*Riesling* × *Silvaner*) angebaut. Alle *Dorins* werden ausgegoren (→ Durchgären) und erhalten dadurch ihren typischen trockenen Charakter. Der Alkoholgehalt schwankt je nach Lage und Jahr zwischen 10 und 13 Prozent. Die → Haltbarkeit liegt zwischen 4 und 8 Jahren, in Einzelfällen auch höher. Von einer Degustationskommission ausgewählter Qualitätsrotwein (hauptsächlich → Gamay und Blauer → Burgunder) kommt als *Salvagnin* auf den Markt. Die *Dorins* der *Côte* sind ausgesprochene *Fischweine* von großer Feinheit (bekannteste Lagen: Féchy, Mont-sur-Rolle, Luins, Vinzel). Am Steilufer des *Lavaux* sind die Weine dank der gegen Norden geschützten Lage kräftiger, voller (bekannteste Lagen: *Dézaley,* Epesses, St-Saphorin). Oft ausgeprägten → Feuersteingeschmack besitzen die herben *Dorins* des *Chablais* um Yvorne, Aigle, Ollon und Bex.

Wachau, durch das österr. Weingesetz von 1976 bestimmter, landschaftlich besonders reizvoller Bereich der Weinbauregion → Niederösterreich (*Donauland*), zuvor Teil

Die Donau bei Weißenkirchen in der **Wachau.**

der enger eingegrenzten Region *Donauland*. Politisch zählt die W. zum Regierungsbezirk → Krems, der noch einen weiteren Weinbaubereich umfaßt. Im Donautal, auf etwa 30 Kilometer Länge von Melk bis Mautern, wachsen → Müller-Thurgau-Weine von gesunder Säure, auf tiefgründigen Lößböden gedeihen Grüner → Veltliner und die *Neuburger* Rebe. Charakteristisch für die W. sind jedoch vor allem die an steilen Hängen in kalireiches Urgestein gehauenen und mit Steinmauern gegen Auswaschung geschützten Rebterrassen und ihre blumigen, fruchtigen *Bergweine* von → Muskateller, → Riesling und *Grünem* → Veltliner. Die *Neuburger* Rebe wurde erstmals in Oberarnsdorf in der W. kultiviert. – Anschlußbereiche im ursprünglichen *Donauland* sind → Klosterneuburg, → Krems und → Langenlois.

Wahrheit im Wein, → In vino veritas.

Wallis, *Valais,* von der Rhône-Quelle bis zum Genfersee reichender Schweizer Kanton, in dem mit 5232 Hektar (um 1900 noch nur 2700 Hektar) heute rund ein Drittel des gesamten schweizer. Rebareals liegt. Das ungefähr in ost-westlicher Richtung verlaufende, von Vier- bis Fünftausendern gesäumte Rhônetal bietet besonders im unteren Drittel, zwischen Veren und Fully, und hier wiederum besonders auf der nördlichen Talseite vorzügliche Anbaubedingungen. Dieses Gebiet, in dessen Zentrum sich der Kantonshauptort Sitten (Sion) befindet, erzeugt über 95 Prozent der gesamten W.er Weinproduktion. Heute sind der → Gutedel unter dem für das Wallis geschützten Namen *Fendant* mit knapp 50 Prozent, der *Grüne* → Silvaner (*Gros Rhin, Johannisberg*) mit gut 13, Blauer → Burgunder (*Pinot noir*) mit 24 und → Gamay mit 11,5 Prozent an der gesamten Produktion beteiligt. Unter den weißen Spezialitäten aus einheimischen Rebsorten (2,7 Prozent) dominiert der *Ermitage* (Rebsorte *Marsanne blanche*) mit durchschnittlich 3500 bis 4000 Hektoliter pro Jahr aus den Rebbergen um Sitten, Siders, Conthey und Fully. Auf den kalkhaltigen Böden um Siders und Leytron werden jährlich rund 3000 Hektoliter *Malvoisie* (eine zarte, süße Spätlese) aus → Ruländer (*Pinot gris*) gekeltert. Um Granges, Sitten und Fully gedeiht der *Arvine*, einer der würzigsten W.er Weißen, von dem es jährlich nur noch ungefähr

Rebberge bei Sion im **Wallis.**

1000 Hektoliter gibt. Rund 600 Hektoliter sind es beim *Amigne* aus der Gegend von Vétroz, der als *Doktorwein* zur Verbesserung anderer Sorten herangezogen wird. Mengenmäßig noch unbedeutender sind die alten weißen Rebsorten → Humagne, → Rèze (→ Gletscherwein) und *Heida* (→ Païen) sowie der alte W.er *Muscat*, eine stark fäulnisanfällige Sorte, im Wein stark aromatisch, dabei völlig durchgegoren und *trocken*. Im Ober-W. wird der *Muscat* mit *Fendant* oder *Johannisberg* gekeltert und verleiht dieser Mischung sein charakteristisches Gepräge. Der bekannteste W.er Rote, der *Dôle* (eine durch kantonale Gesetzgebung umschriebene Qualitätsbezeichnung), ist entweder ein reiner Blauer → Burgunder oder eine Mischung aus diesem und *Gamay*-Trauben, deren Mindest-Mostgewicht jährlich festgelegt wird (zwischen 83 und 86° Öchsle). Weine aus Trauben, die diesen Mindestgrad nicht erreichen, kommen als *Goron* auf den Markt. Alte rote Rebsorten sind verschwunden oder werden nur noch in kleinsten Mengen angebaut, so der rote → Humagne, der → Gwäss, der *Durize*, ein um Bovernier heimischer *Goron* und der *Laf-*

netscha, Himbertscha und *Bernarda* aus dem Ober-W.

Walporzheim/Ahrtal, nach dem deutschen Weingesetz von 1971 einziger Bereich des Anbaugebiets → Ahr, identisch mit der → Großlage *Klosterberg.*

Wälscher, österr. Synonym für die Rebsorte → Gutedel.

Walthari-Verfahren, von dem pfälzischen Winzer Werner Walter in Edenkoben (Bereich → Südliche Weinstraße) entwickeltes, 1977 patentiertes Verfahren zur rein biologischen Weinbereitung ohne jegliche chemische Zusätze, auch ohne → Schwefel. Der ganze Jahrgang 1977 des Walterschen Weingutes (*Walthari-Hof*) wurde bereits nach dem W. ausgebaut und widerlegt zweifelsfrei die noch immer weithin verbreitete Lehrmeinung, ein ungeschwefelter Wein werde binnen drei Monaten hochreif und hernach rapide altern, sofern es sich nicht um einen → Harzwein (s. a. → Gletscherwein) handele. Das W. verzichtet auch auf Harz, bedient sich vielmehr ausschließlich weineigener Organismen (Hefen, Bakterien), steuert deren Aktivität durch sensible → Gärführung (Temperaturregelung) in verglasten Großraumbehältern und gebraucht einen luftdichten Spezial-Flaschenverschluß mit Naturkork-Einlage.

Wanzengeschmack, extremer → Foxton.

warm, WA für *vollmundige,* dank optimalem Alkoholgehalt wohlig erwärmende Rotweine.

Wasser und Wein in Zitaten, → Wein und Wasser . . . ; → Wein im Volksmund.

watered, engl. WA, → gestreckt.

Wedernochun'doch, → Federweißer.

weich, franz. *souple,* WA im Sinn von säurearm, ohne individuellen → Ausdruck.

Weihwein, → Johanniswein.

Wein, laut EG-Verordnung 816/70 *das Erzeugnis, das ausschließlich durch vollständige oder teilweise alkoholische Gärung der frischen, auch eingemaischten Weintrauben oder des Traubenmostes gewonnen wird.* Bei allen anderen, gemeinhin als Wein bezeichneten Getränken handelt es sich weinrechtlich lediglich um *weinähnliche Getränke, weinhaltige Getränke* u.a.m. Was vor Jahrtausenden die Bewohner des Pontus am Schwarzen Meer als Urwein *voino* (daher lat. *vinum*) kreiert haben, würde heute kaum mehr das höchst perfektionierte Paragraphenfilter passieren können. Dazu der spanische Philosoph José Ortega y Gasset, 1893: *Lange, lange bevor der Wein ein Verwaltungsproblem war, war er ein Gott!*

Wein als Gottesgabe, → Gottesgabe Wein, → Trinken.

Wein als Medizin, therapeutisch: → Medizinalwein, → Weinkur; literarisch: → Medizin Wein, → Sorgenbrecher . . .

Wein, ältester, erhalten in einer römischen Glasflasche mit delphinförmigen Henkeln, ausgestellt im → Weinmuseum des *Historischen Museums der Pfalz* in Speyer. Unter einer hohen Schichtung dunkelbraun verharzten Olivenöls erscheint der annähernd 1700 Jahre alte Weißwein als fast wasserklare Flüssigkeit. Öl und Wein waren Grabbeigaben eines um 300 n.Chr. bei Speyer (Gewanne *Rothschild*) beerdigten römischen Grundbesitzers, in dessen Sarkophag die Delphinhenkelflasche 1867 aufgefunden wurde.

Weinansprache (WA), von ambitionierten, passionierten und professionellen → Weinschmeckern zur *Fachsprache* stilisierter, in amtliche → Bewertungsschemata der → Sinnenprüfung eingegangener Versuch, subjektiv gewonnene Sinneseindrücke objektiv vergleichbar zu artikulieren. Dieses Unterfangen führte einerseits zu einem sehr nuancenreichen Spiel mit Worten, andererseits zur Bildung adjektivischer Gemeinplätze, die sich für den Laien ebenso viel- wie nichtssagend ausnehmen. Zitat aus der *Frankfurter Allgemeinen Zeitung* (Nr. 244 v. 29. 10. 1976): *Jeder vierte deutsche Wein ist laut Preisliste oder Weinkarte «fein», jeder fünfte «fruchtig», jeder siebente «reif», jeder zehnte «elegant» oder «würzig»; von jedem fünfzehnten heißt es, er sei «edel», «harmonisch», «blumig», «lieblich», «mild» oder «groß».* So findet jeder stets - nach Neigung, Stimmung und Prestige-Bedürfnis - in der Weinkarte das rechte Wort; den rechten Wein aber nicht unbedingt - es sei denn, Anbieter und Nachfrager sprächen bei gleichen Sinnesempfindungen wirklich dieselbe Sprache. Das ist bei groben Unterscheidungen (z. B. süß - sauer) gewiß gegeben. Herbert Dresel, Leiter des Weinbau-Versuchsgutes Schloß Ortenberg (*stern* A 26/29/1977): *Manche mögen halt kleine herzhafte, andere große und vollmundige Busen.* So vergröbernd und zugleich verfeinernd ist die WA vielfach auch und gerade in ihren scheinbar sinnfälligsten Nuancen (z. B. bei Beigeschmacks-Benennungen wie den franz. → goûts). Nicht einmal eine Abstufung wie → süß/→ mild/→ trocken/→ herb gibt heute noch verläßliche Auskunft über sinnliche Qualitäten von Geruch und Geschmack. Dies, weil manche Kriterien inzwischen, auf chemische Meßwerte reduziert, gesetzlich genormt wurden – und das offenbar mit schwerer Zunge. So kann es etwa geschehen, daß, wer einen *trockenen* Prädikatswein bestellt, einen zwar als *trocken* deklarierten, tatsächlich aber *mild-süßen* Prädikatswein kredenzt bekommt (vgl. → Durchgären). Die größten Schwierigkeiten mit der WA hat wahrscheinlich Hans Peter Althaus, Sprachwissenschaftler aus Trier: Unterstützt von der *Deutschen Forschungsgemeinschaft*, versucht er die WA zu erfassen und zu *übersetzen*. Seit 1976. – Das vorliegende *Lexikon für Weinfreunde* beschränkt sich bei der WA weitgehend auf Begriffsvergleiche.

Wein-Aperitif, → Aperitif.

Wein auf Bier . . ., → Bier auf Wein . . .

Weinbauernregeln, *Winzerregeln,* auf den Weinbau bezogene *Bauernregeln.* Die meist altüberlieferten, oft gereimten Merksprüche beruhen überwiegend auf langzeitiger Wetter- und Naturbeobachtung, seltener auf Aberglauben; sie geben mehr oder minder verläßliche prognostische Hinweise auf die zu erwartende Weinernte oder formulieren epigrammatisch Erfahrungstatsachen. Beispiele:
Blüht der Stock in vollem Licht, große Beeren er verspricht. Oder: *Blüht die Distel reich und voll, ein guter Herbst dir werden soll.* (Bei zuwenig Sonne kümmern die Disteln, und der Weinstock gibt nicht sein Bestes.) *Den Reben und der Geiß, den'n wird es nie zu heiß.*
Im schööschte Wyberg het's am meischte Schnegge. Ein ostschweizer. Winzerwort, sinngemäß: *Im schönsten Weinberg gedeihen die meisten Weinbergschnecken* (weil die gesündesten Reben ihnen die beste Nahrung bieten).
Wo ein Pflug kann gehen, soll kein Weinstock stehen. (Pflügbar ist vor allem flaches Obst-, Gemüse- und Getreideland; beste Reben dagegen gedeihen besonders gut in schwierig zu beackerndem Hanglagen.)
Dreimal gehackt, und der Wein schmackt. (Der Rebstock braucht lockeren, gut durchlüfteten Boden.)

Räbbuur, führ dyn Mischt, vor's Jahr ummen ischt! Schweiz: *Rebbauer, fahre deinen Mist* (dünge deinen Weinberg), *bevor das Jahr zu Ende geht* (und der Boden gefriert).
Weiten Raum im Rahmen der Volksweisheiten beanspruchen die Daten und Fakten verbindenden *Kalendersprüche,* darunter W. wie:
Sind im Jänner die Bäche klein, dann gibt im Herbst es guten Wein. (Ein milder Winter, der den Reben wohltut, bringt wenig Niederschläge.) *Vinzenzen Sunneschyn bringt vyl Korn und Wyn* (aus der Ostschweiz: *Sonnenschein am Vinzenztag verheißt viel Korn und Wein*). Vinzenztag ist der 22. Januar.
Que Saint-Urban ne soît passé, le vigneron n'est pas rassuré (aus der Westschweiz, sinngemäß: *Solange der Urbanstag nicht überstanden ist, hat der Winzer keine Ruhe*). – Ein deutscher Winzerspruch: *Bringt Philipp uns den Regen her, dann bleiben uns die Fässer leer.* – Die Namenstage: *St. Urban* ist der 25., *Philippus* der 26. Mai geweiht.
Wenn es an Jakobi regnet, ist der Wein nicht sehr gesegnet. – *Jakobi* ist der 25. Juli.
Was die Hundstage gießen, müssen die Trauben büßen. – Der Begriff *Hundstage* bezeichnet die Zeit, in der die Sonne am Firmament in der Nähe des *Hundssterns* (*Sirius*) steht: Ende Juli bis Ende August; und ein verregneter Sommer mindert die Mostqualität. – *Wenn gedeihen soll der Wein, muß der Juli trocken sein.*
Wenn Matthäus weint statt lacht, aus Wein er doch noch Essig macht. – *Matthäus* ist am 21. September: In diesem Reifestadium der Trauben kann Regenwetter (statt Sonnenschein) die Fruchtzucker-Synthese empfindlich stören. Demgegenüber ein Kalenderspruch der Westschweiz: *Septembre chaud fait le vin beau* (wörtlich: *Warmer September macht schönen Wein*).
Sankt Galles hän de Trauwe alles (pfälzisch). Namenstag des *St. Gallus* ist der 16. Oktober. – *Wenn der Oktober nicht hilft, ist dem Winzer nicht zu helfen.*
Soll der Winzer fröhlich sein, tritt Allerheiligen Sommer ein. – In der römisch-katholischen Kirche ist *Allerheiligen* am 1. November; Sonnenschein zu dieser Zeit gibt Spätlese-Trauben höchste Süße.

Weinbau-Ingenieur

In esoterische, schulwissenschaftlich noch kaum erforschte Bereiche greift W. wie der schweizer. Lehrspruch: *Obsigende Moo zum i'd Räbe goo!* D. h., man solle Rebarbeiten (*in die Reben gehen*) nur bei zunehmendem (*obsiegendem*) Mond vornehmen.

Weinbau-Ingenieur, in Deutschland an einer Fachhochschule zu erlernender Beruf. Voraussetzung für das dreijährige Studium zum graduierten W. sind Fachhochschulreife oder Abitur, ferner eine zweijährige Lehre und ein einjähriges Praktikum.

Weinbaukataster, in Deutschland Planwerk mit sämtlichen Rebflächen, deren Produktion auf den Markt kommt. Nicht enthalten sind Areale unter 10 Ar und solche, die aus anderen Gründen für den Markt unbedeutend sind.

Weinbautechniker, in Deutschland staatlich geprüfter Techniker für Wein- und Kellerwirtschaft. Voraussetzungen für die Technikerschule sind entweder Grund- und Fachschulreife oder ein Realschulabschluß und eine je nach Vorbildung zwei- oder dreijährige Lehre mit abschließender Gehilfenprüfung.

Weinbeeröl, → Önanthäther.

Weinbeißer, → Weinschmecker.

Weinbergrolle, nach dem neuen deutschen Weinrecht von 1971 Verzeichnis der allein anerkannten Lagen von mindestens 5 Hektar Fläche. Dadurch wurde die vorher verwirrende Fülle von rund 30 000 Lagenamen auf weniger als ein Zehntel reduziert. Die W. wird bei den zuständigen Ministerien der weinbautreibenden Bundesländer geführt.

Weinbrand, aus Wein destillierter Trinkbranntwein mit einem Alkoholgehalt von mindestens 38 Grad; z. B. → Armagnac, → Cognac; s. a. → Grappa.

Weinbruderschaften, *-gesellschaften, -logen, -orden, -zünfte,* traditionsreiche Vereinigungen von Weinfreunden, die sich für die Pflege der Weinkultur und des Weines einsetzen. Dies geschieht durch regelmäßige, auch internationale Treffen mit Vorträgen, Weinproben und Diskussionen. Die originellste Weinbruderschaft in Deutschland dürfte die *Ehrbare Mainzer Weinzunft von 1432* sein, deren Satzung aus dem einzigen Paragraphen besteht: *Wir nehmen nichts ernst außer den Wein.* Eine umfassende kulturgeschichtliche Abhandlung bietet das Buch *Im Zeichen des Dionysos – Weinbruderschaften im Wandel der Zeiten,* Heusenstamm 1973, von Hans-Jörg Koch. S. a. → Goethe.

Weinchen, *Tropfen,* lobende Verniedlichungen für besonders wohlmundenden, *süffigen* Wein, umgangssprachlich in Deutschland und Österreich seit dem 19. Jh.; → Wein im Volksmund.

Wein, christlicher, gepanschter Wein; die seit 1920 belegte Sachschelte meint sinngemäß: Der Wein ist mit Wasser *getauft* (Küpper, *Wörterbuch der deutschen Umgangssprache V,* Hamburg 1967); → Panschen, → Wein im Volksmund.

Wein erfreut des Menschen Herz. So heißt es in den Liedern des Psalmisten, deutsch erstmals in Martin Luthers Übersetzung des → Alten Testaments (Psalter 104, 15). Johann Wilhelm Ludwig Gleim (1719 bis 1803), deutscher Liebeslied- und Kriegsliederdichter, nahm die Zeile als Vorgabe für ein Trinklied. Johann Wolfgang von → Goethe ergänzte sie in seinem Schauspiel *Götz von Berlichingen* (I; 1773) zur heute meistzitierten Form: *Der Wein erfreut des Menschen Herz, und die Freudigkeit ist die Mutter aller Tugenden. Wenn ihr Wein getrunken habt, seid ihr alles doppelt, was ihr sein sollt, noch einmal so leicht denkend, noch einmal so unternehmend, noch einmal so schnell ausführend.* – Friedrich Schiller (1759–1805) sagt es in seiner Ode *An die Freude* so: *Freude sprudelt in Pokalen; in der Rebe goldnem Blut trinken Sanftmut Kannibalen, die Verzweiflung Heldenmut. – Ein frohes Lied, ein Becher Wein, und alle Sorgen ziehn von dannen! Nur wer sich recht des Lebens freut, trägt leichter, was es Schlimmes beut.* So reimte der Philologe Friedrich Martin von Bodenstedt (1819 bis 1892) in einem der *Lieder des Mirza Schaffy* (1851). – Wein als Spender von Freude und Frohsinn ist Motiv zahlloser → Trinklieder, vom Gassenhauer bis zur Opernarie und darüber hinaus alle Spielarten (nicht nur) der gesungenen Musik durchziehend. – Ein lat. Bußgesang aus dem Jahr 1267 liegt dem Studentenlied zugrunde, das heute noch in der 1781 von C. W. Kindleben geschaffenen Textfassung weltweit beim Wein gesungen wird: *Gaudeamus igitur!* (*Laßt uns also fröhlich sein!*) – *Juchhe, juchhe, der Wein ist da, die Tonnen sind gefüllt. Nun laßt uns fröhlich sein!* So läßt Gottfried Freiherr van Swieten jubeln, im Text zu Joseph Haydns

Tongemälde *Die Jahreszeiten* (Uraufführung Wien 1801). – Vgl. → Sorgenbrecher, → Wein, Weib und Gesang; → Trinksprüche.
Weinessig, → Essig.
Weinfehler, → Weinkrankheiten.
Weingeist, → Alkohol.
Weingesellschaft, → Weinbruderschaft.
Wein, gewaschener, verwässerter Wein; Sachschelte aus Norddeutschland, frühes 19. Jh., entsprechend dem für 1840 belegten plattdeutschen Scherzwort: *De Wien hett sik wuschen, awers ni werrer afdrögt:* der Wein hat sich gewaschen, aber nicht wieder abgetrocknet. (Otto Mensing, *Schleswig-Holsteinisches Wörterbuch* 5, Neumünster 1935), → Panschen, → Wein im Volksmund.
Weingrün, 1. zur Aufnahme von Wein durch Wässern dicht gemachtes → Faß; 2. umgangssprachlich für einen durch eine gehörige Kostprobe eingeführten Weinanfänger.
Wein, grüner, → grün, → Vinhos Verdes.
Weingut, franz. → Château, als Erzeugerbezeichnung auf Weinetiketten nur erlaubt, soweit es sich tatsächlich um Weine aus betriebseigenen Reblagen und eigener Verarbeitung handelt. Vgl. → Erzeugerabfüllung.
Weingütesiegel Österreich, → Österr. Gütemarken.
Weinhauer, österr. Bezeichnung für Weinbauer, *Winzer.* Weinberge in schwer begehbaren Hanglagen müssen auch heute noch mühsam mit der Hacke *gehauen* werden. S. a. → Weinbauernregeln (*Wo ein Pflug kann gehen . . .*).
Weinheber, *Pumpel, Saug-* oder *Stechheber,* Glasinstrument zur Entnahme von Weinproben aus Fässern ohne Zapfhahn. Der Kellermeister führt die etwa meterlange *Stechröhre* des W. durch das Spundloch von oben in das Faß ein und saugt an einem Mundstück Wein in den zylindrischen oder kugelförmig aufgeblähten, *Ballon* genannten Mittelteil; wird nun das Mundstück des W. mit dem Finger verschlossen, kann man den eingesaugten Wein in dem unten offenen Instrument aus dem Faß *heben* und durch dosiertes Öffnen des Mundstücks in Gläser abfließen lassen. S. a. → venencia.
Weinhefe, → Hefe, → Reinzuchthefe.
Weinheilige, → Weinpatrone.
Wein, hochnäsiger, umgangssprachliches

Weinheber zur Entnahme der Weinprobe.

Spott-Synonym für → Sekt, in Berlin und Norddeutschland seit dem frühen 20. Jh. belegt (Küpper, *Wörterbuch der deutschen Umgangssprache V,* Hamburg 1967), doppelsinnig zu deuten: 1. Sekt als vermeintlich bevorzugtes Getränk *hochnäsiger* (sich überheblich gebärdender) Wohlbegüterter; 2.: Beim Sekttrinken sollte man – im Gegensatz zum Weingenuß – die Nase hochhalten, da sonst die Kohlensäure (→ Kohlendioxid) *in die Nase steigt* und Niesreiz bewirkt. Vgl. auch → Sekt im Volksmund.
weinig, engl. *vinous,* franz. *vineux,* ital. *vinoso,* WA bei optimaler Entwicklung und harmonischer Abstimmung aller rebsortentypisch-weinigen Eigenschaften in Körper und Aroma; eine solche Kreszenz ist w., *hat viel Wein;* Steigerung: → saftig.
Wein im Volksmund, umgangssprachliche Bezeichnungen, Sachschelten und Scherzworte für den Wein sind → Achtundachtziger, → Bauchzwicker, → Beerliwein, → Brückenwein, → Bürste, *christlicher* → Wein, → Damenwein, → Dreimännerwein, → Fahnenwein, → Faschingswein, → Fassadenwein, → Federweißer, → Feuerwein, → Frankenthaler, *gewaschener* → Wein, → Gültwein, → Hauswein, → Heckenwein, → Herrenwein, → Heuriger, → Hock, → Hürdenwein, → Hut-ab-Wein, → Jole, → Kneipwein, → Knochen, harter, → Kutscher, → Lacrimae Petri, → Lederwein, → Löwenpisse, → Neuerl, → Panschheimer

243

Wein in der bildenden Kunst

Wein in der bildenden Kunst:
Christus in der Kelter, Miniatur 1165/1180.

Fröhliche Gesellschaft von Jan Steen (1626–1679).

Vorlese, → Pumpenheimer Schattenseite, → Pumpenheinrich, → Rambaß, → Rentnerwein, → Rotspon, → Sauerampfer, → Sauremus, → Schlehberger, → Schleifsteinwasser, → Schnallenputzer, → Schorle, → Schwamm, → Sonnenschein, gepullter, → Staubiger, → Strumpfwein, → Tropfen, → Weinchen, → Witwenwein, → Zuckerwasser, u. a. m.

Wein in der bildenden Kunst. Der Wein in seiner ganzen thematischen Vielfalt, vom Weinbau bis zum Trinkgelage, von realistischen zu symbolischen, von heidnischen bis zu christlichen Darstellungen, ist einer der klassischen Motivkreise in Plastik, Malerei und Grafik. – Die frühesten bildlichen Darstellungen des Weines überhaupt reichen bis in vorgeschichtliche Zeit zurück (Reliefs in den Felsengräbern von El Kab, Oberägypten). Auch in Altägypten und in den vorderasiatischen Reichen spielten Trauben- und Weinmotive, zunächst meist im bemalten Relief, eine wichtige Rolle, wie die zahlreichen Grabdarstellungen mit profanen, allegorischen und kultischen Weinszenen und Trinkzeremonien (z. B. Sakkara und Luxor in Altägypten) belegen.

Besondere Bedeutung kam dem Wein im alten Griechenland zu, wo ungezählte Plastiken und Vasenbilder → Dionysos (lat. → Bacchus) verherrlichten, einen der populärsten Götter Griechenlands, den Gott des Weines und Schutzherrn des Weinbaus, den er die Menschen lehrte. Bis ins 5. Jh. v. Chr. wurde Dionysos bärtig und efeubekränzt dargestellt, mit Weinrebe, *Kantharos* oder Trinkhorn. Seit dem 4. Jh. v. Chr. dominiert ein eher jugendliches, beschwingtes Dionysos-Bild, das auch die Grabfresken der etruskischen (Tarquinia) und der römischen Kunst prägt: Der Dionysos-Kult der Griechen fand seine Fortsetzung in den ausschweifenden Bacchusfesten (*Bacchanalien*) der Römer, deren profanerer Charakter besonders in den Ausgrabungen von Pompeji sichtbar wurde (bacchantische Trink- und Liebesszenen z. B. im *Haus des Fauns*, im *Haus der Vettier* usw.), ohne die dionysischen Mysterien ganz verdrängt zu haben (*Haus der Mysterien*, ebenfalls Pompeji). Bacchanale (auch in der Variation des Kinderbacchanals), Traubenleser, Kelterszenen, Weinverkauf, Trinkende, Tanzende usw. sind die immer wiederkehrenden Motive römischer Kunst (auch nördlich der Alpen), in der der Wein variationsreich in der Plastik, im Mosaik, in der Malerei und Glaskunst (Diatretgläser) verherrlicht wurde.

In der christlichen Kunst wurden die antiken Darstellungen teilweise umgedeutet und mit neuem Sinngehalt in die christliche Bildwelt übernommen. Neben den zahl-

Wein in der bildenden Kunst

Bechernder Minotaurus mit Bildhauer und zwei Mädchen von Pablo Picasso (1881–1973).

reichen illustrativ-beschreibenden Motiven (z. B. *Der trunkene Noah*) bestätigen die *Traubenmadonna* (Marienbildnis mit Jesuskind und Traube, z. B. *Maria mit dem Kind* von Lucas Cranach d. Ä., München, Pinakothek), die *Hochzeit zu Kana* (→ Weinwunder) und insbesondere das *Abendmahl* und der *Keltertreter* (→ Maischetreten) als zentrale Motive der christlichen Kunst die ursprünglich religiöse Bindung des Weins. Der Wein als Symbol göttlichen Blutes (*Nehmet hin und trinket, das ist mein Blut*) zelebriert im *Abendmahl* eine mystische Vereinigung der Gläubigen mit Gott (vgl. → Meßwein, → Neues Testament). Als bemerkenswerte und typenprägende Darstellung dieses Themas gilt das große Wandbild *Das letzte Abendmahl* (1496/97) von Leonardo da Vinci im Refektorium des Dominikanerklosters von Santa Maria delle Grazie in Mailand. Der in der mittelalterlichen Kunst sehr beliebte *Keltertreter* ist dem Schmerzensmann verwandt: Christus, mit Lendentuch und Dornenkrone, stampft Trauben im Keltertrog und wird selbst als mystische Traube vom Kelterbalken niedergepreßt. Während das Thema Wein über Jahrhunderte fast ausschließlich im Zusammenhang mit der biblischen Geschichte und der christlichen Liturgie dargestellt worden war, entwickelte sich in der profanen bildenden Kunst der Frührenaissance (15. Jh.), zunächst in Italien, ein neues Verhältnis zur Antike, das seinen Ausdruck auch in der Gestaltung der von der antiken Mythologie inspirierten bacchantischen Themen fand. Die Wiederentdeckung des Bacchusmotivs, der mythologischen Weinfeste in der Art der römischen Bacchanalien, bot in der Folge eine ganze Palette von Möglichkeiten, Sinnenfreude und Trunkenheit darzustellen. Beginnend mit Andrea Mantegna (1431–1506), dessen Kupferstiche *Das Bacchanal bei der Kufe* und *Das Bacchanal mit Silen* nicht nur die Künstler des italienischen, sondern auch des deutschen Kunstkreises beeinflußten, weiteten die Künstler das Thema zunehmend aus: Der triumphierende Bacchus und der trunkene Bacchus im Kreis von Satyrn, Silenen, Faunen und Putten; Bacchantinnen; Bacchuszüge; Bauernbacchanalien und bäuerliche Feste (vor allem im niederländisch-flämischen Bereich, z. B. *Bauernhochzeit, Bauerntanz* von Pieter Breughel d. Ä., 1520–1569); Wirtshausszenen (*Eine Trinkstube* von Adriaen Brouwer, 1605/06–1638; *Stammtisch in der Dorfschänke* von Adriaen van Ostade, 1610–1685); Zechende (*Malle Babbe* von Frans Hals, 1581/85–1666); Weinproben und andere Trinkszenen. Eine besondere Rolle spielten in der deutschen und flämischen Kunst des 17. und 18. Jahrhunderts die Kinderbacchanalien, vor allem in der barocken Plastik ein Thema mit zahllosen Variationen. Daneben die *klassischen* Bacchanalien des Nicolas Poussin (1593/94–1665), aber auch der Wein in seiner moderneren, die gesellschaftlich-kommunikativen Aspekte betonenden Funktion auf den Bildern von Gerard Terborch (1617–1681), Pieter de Hooch (1629–1684) und Rembrandt (1606–1669), der sich 1632 auf seinem *Selbstbildnis mit Saskia* mit beschwingt erhobenem Weinglas darstellte. In allegorischer Deutung wurden der Oktober, der Herbst auf den Wein bzw. die Weinlese bezogen, und im 19. Jahrhundert nimmt eine Weinromantik ihren Anfang, die bei Eduard Grützner (1846–1925), dem Maler der zechenden Klosterbrüder, im Trivialen endet. In der Moderne belebte vor allem Pablo Picasso (1881–1973) das alte bacchantische Thema wieder, so etwa mit den *Minotaurus*-Zeichnungen.

Wein in der Dichtung

Wein in der Dichtung, → Anakreon, → Islam, → Jüdische Dichtung, → Trinklieder, → Trinksprüche.
Wein, junger, → Jugend, → grün, → Federweißer, → Heuriger, → vin primeur.
Weinkönigin, gewählte und symbolisch gekrönte Repräsentantin lokaler, regionaler und nationaler Weinerzeugung in verschiedenen Weinbau betreibenden Ländern; → Deutsche Weinkönigin.
Weinkontrolle, → Qualitätsweinprüfung.
Weinkrankheiten, *Weinfehler,* Farbe, Geruch oder Geschmack des Weins verändernde biochemische Vorgänge. Bei moderner, hygienisch einwandfreier Kellertechnik treten sie kaum auf. Die häufigsten W. sind der *Abbau-, Molke-* oder *Sauerkrautton,* der durch den → Säureabbau hervorgerufen wird, der *Mannitstich,* bei dem durch Hydrierung von Fruktose ein süß-saurer, kratzender Geschmack entsteht, sowie der durch die Umwandlung von Alkohol in Essigsäure durch Essigbakterien verursachte *Essigstich.*
Weinkristalle, → Weinstein.
Weinkunde, → Önologie.
Wein, künstlicher, → Kunstwein.
Weinkur, heute vor allem die nach dem österr. Naturheilkundigen Johann Schroth (1800–1856) benannte, entschlackende *Schroth-Kur.* Hauptbestandteile ihrer bei chronischen Erkrankungen, Fettsucht u. a. angezeigten reiz-, eiweiß- und kochsalzarmen Diät sind trockene Brötchen und Wein. Sein Reichtum an → Mineralstoffen, Spurenelementen und Vitaminen wirkt allgemein kräftigend, appetit- und kreislaufanregend, aktiviert Stoffwechsel und Hormonproduktion. Rotwein insbesondere wirkt aufbauend, darmregulierend und dabei weniger erregend als Weißwein. Weniger bekannt ist, daß Wein – schon von Hippokrates (460–375 v.Chr.) als Arznei verordnet – sogar pathogene Keime (*Colibakterien, Choleravibrionen, Typhus-* und *Paratyphuskeime*) zu vernichten und *Antibiotika-*Behandlungen (*Penicillin, Streptomycin, Terramycin, Aureomycin* u. a.) zu begünstigen vermag. Bei chronischen und akuten Krankheitsgeschehen ist jedoch ärztliche Kontrolle unbedingt erforderlich, zumal im Hinblick auf gefährliche Kontraindikationen (z. B. gewisse Leber- und Nierenleiden, Epilepsie u.a.). Die kreislaufanregende und -stabilisierende Wirkung von Schaumwein wird in der Rekonvaleszenz nach Operationen genutzt. S. a. → Traubenkur, → Mostkur, → Medizinalwein, → Diabetikersekt und -wein, → Nährstoffe.
Weinlehrpfad, Freiland-Schauanlage von Rebpflanzungen. Informationstafeln erläutern Anbaumethoden, Rebsorten, Erziehungsarten der Reben usw. Die bekanntesten W.e in Deutschland sind die von *Schweigen* (älteste derartige Einrichtung), *Abtswind, Trier* und *Schliengen* im Markgräflerland.
Weinlese, Ernte der Weintrauben. Ihr Zeitpunkt ist abhängig von der Reife der Beeren, wird aber dann im voraus festgelegt (vgl. → Herbstbann). Davon nicht betroffen, aber ebenfalls anmeldepflichtig sind die → Speziallesen (Spätlese u. a.).
Weinmond, *Gilbhard, Gilbhart,* altdeutsche Namen für Oktober, den Monat der → Weinlese und herbstlicher Laubverfärbung; *Gilbhard(t)* heißt soviel wie *Gelbherr, Gelbmacher, Gilbkraft.*
Weinmuseum, permanente Ausstellung zur Weinkultur. Die wichtigsten W. in Deutschland sind das *Historische Museum der Pfalz* in Speyer, das *Trierische Landesmuseum* in Trier, das *W. Brömserburg* in Rüdesheim sowie das *Mainfränkische Museum* auf der Festung Marienberg in

Weinlese, aus Petrus de Crescentinus' *Buch der Landwirtschaft,* 1597.

Weinrebe

Weinprobe, nach einem Stich von H. Lassen.

Würzburg. Zu erwähnen sind außerdem die Weinausstellungen von Horrheim und Tripsdrill in Württemberg. Im Ausland genießen das W. in Stellenbosch (→ Südafrika) und dasjenige in San Francisco (→ Kalifornien) besonderes Ansehen. In Frankreich gibt es fast in jeder Anbauregion Weinmuseen. Bekannt sind die von → Beaune in Burgund, → Epernay in der Champagne und Tours in der Touraine. In der Schweiz ist das Weinmuseum im Schloß Aigle (→ Waadt) sehenswert.

Wein, offener, Schankwein (*Kneip-, Schoppen-, Zapfwein*) vom Faß, franz. auch *vin de carafe,* d. h. wohlfeiler *Tischwein* aus der → Karaffe; auch Offenausschank aus Literflaschen.

Weinöl, → Önanthäther.

Weinopfer, → Blutsymbolik, → Libation.

Weinorden, → Weinbruderschaften.

Weinpalme, → Palmwein.

Weinpatrone, volkstümliche sowie von der katholischen Kirche anerkannte Schutzheilige für Wein, Reben und Winzer. Insgesamt gibt es über 30 W., darunter die → Eisheiligen, Sankt → Georg, den Evangelisten Johannes (→ Johannesweinfaß, → Johannisberg, Schloß, → Johanniswein), St. → Kilian, St. Martin (→ Martiniloben) und St. → Urban (→ Urbansbräuche).

Weinprobe, *Verkosten,* die Beurteilung des Weins nach Farbe, Geruch und Geschmack (vgl. → Sinnenprüfung). Für eine fachgerechte W. sollten störende Einflüsse soweit wie möglich ausgeschaltet werden. So sind der Genuß von würzigen Speisen und das Rauchen während der W. zu unterlassen, und es ist empfehlenswert, den Geschmack zwischendurch mit Weißbrot zu neutralisieren. Sobald die Sensibilität nachläßt, ist eine längere Pause angebracht. S. a. → Blindprobe.

Weinrebe, Weinstock (*Vitis vinifera*), Kletterstrauch aus der Familie Weinrebengewächse, dessen Beerenfrüchte als → Tafel- oder → Kelterrauben verwendet werden. Wildreben, die den → Amerikanerreben ähneln, sind fossil bis ins Tertiär nachgewiesen, auch in Grönland und Japan. Erst aus diluvialen Tuffen Frankreichs und Italiens sind Reben bekannt, die der heute kultivierten Form ähneln. Bei der Europäischen Weinrebe (*Vitis vinifera*) werden zwei Hauptunterarten unterschieden, die Wildrebe (*Vitis silvestris*) und die Kulturrebe (*Vitis vinifera sativa*). Die Blätter der Wildrebe sind weniger stark gelappt als die der Kulturrebe, die Blüten zweihäusig; die etwa 6 Millimeter langen Beeren haben kugelig-herzförmige Samen. Die Unterart *sativa,* die alle europäischen Kultursorten umfaßt, hat Blätter

247

Weinsäure

mit stark ausgeprägten Lappen, Zwitterblüten und kaum größere bis sehr große Trauben (3 Zentimeter Durchmesser) mit meist zwei länglichen, geschnäbelten Samen (wichtiges Unterscheidungsmerkmal bei Funden). Das außerordentlich leistungsfähige Wurzelsystem erlaubt der Rebe, auf sehr nährstoffarmen oder trockenen Böden zu überleben, die sonst kaum wirtschaftlich genutzt werden könnten. Die Rebe ist zugleich ein Tief- und Flachwurzler. Die Fußwurzeln können bis fünf und mehr Meter in die Tiefe vordringen. In den oberen und den nährstoffhaltigen tieferen Schichten bilden sich Seitenwurzeln mit Faser- und Haarwurzeln an der Spitze, durch welche Nährstoffe und Wasser aufgenommen werden. Tag- oder Tauwurzeln sitzen knapp unter der Erdoberfläche. Wurzeln, die sich bei Kulturreben (→ Pfropfreben) oberhalb der Veredelungsstelle aus dem Edelreis entwickeln, müssen entfernt werden. Vom Stamm, der bei ungehindertem Wuchs Baumstärke erreichen kann, gehen gewundene, nicht selbsttragende, verholzte Äste ab, die unbeschnitten Hunderte von Quadratmetern bedecken oder an Bäumen 20 bis 30 Meter hoch klettern können. Die stark gerippte Borke aus totem Korkkambium löst sich in langen Streifen ab. Die Sommertriebe oder *Lotten* sprießen aus den Winterknospen. Sie sind durch verstärkende Knoten gegliedert, an welchen Blätter, Trauben, Ranken, Knospen und *Geiztriebe* sitzen. Die Blätter sind drei- bis fünflappig oder ganzrandig und unterschiedlich stark gezähnt. Sie stehen zweizeilig abwechselnd links und rechts am Trieb. Nach den ersten 3 bis 5 Knoten wächst jedem Blatt gegenüber eine Blütenrispe (→ Gescheinn), weiter oben eine Ranke. Die Ranken, zu Haftorganen umgewandelte Sprosse, sind gabelig verzweigt. Bei Berührung mit geeigneten Gegenständen umschlingen die meist zwei Gabeln die Stütze in gegenläufigen Windungen. In den Blattachseln wachsen auf der Schattenseite kurze *Geiztriebe*, die nicht verholzen und im Herbst absterben. Sie sollten bei der Kulturrebe entspitzt werden. Ihnen gegenüber erscheinen im Mai/Juni die Winterknospen oder *Augen*, in welchen die Sprosse des nächsten Jahres angelegt sind. Beim Aufblühen der kurzkelchigen, unscheinbaren Blüten werden die an der Spitze zusammengewachsenen fünf Kronblätter als *Käppchen* abgesprengt. Die Kulturrebe hat normal zweigeschlechtliche Blüten mit Staubgefäßen und Fruchtknoten, aber auch weibliche und männliche Formen, deren Bestäubung durch Wind oder Insekten erfolgt. Form und Größe der Beere variieren bei der Kulturrebe je nach Sorte sehr stark. Der dünne Wachsüberzug der Beere heißt *Reif* oder *Duft*. In unreifem, grünem Zustand speichert die Beere *Kohlenhydrate*, dann bilden sich *Säuren*, *Pektin* und Farbstoffe. Während sie ihre sortenspezifische Farbe und Größe erreicht, wird sie weich, und die *Saccharose* wird in *Glukose* und *Fruktose* gespalten. Die organischen *Säuren* werden in *Zucker* oder *Salze* umgewandelt; das anfangs reichlich enthaltene *Tannin* (→ Gerbstoffe) baut sich ab. Die reife Beere enthält → Invertzucker, *Pektin*, *Gallate*, *Apfel-*, *Weinstein-*, *Bernstein-* und *Salicylsäure*, daneben *Phosphor*, *Kalk*, *Sulfate* und *Eisensalze*. Die Farbe der Beere wird durch das *Anthocyan* → Önocyanin in den Schalenzellen bestimmt, das bei *Färbertrauben* und gewissen *Direktträgern* auch im Fruchtfleisch enthalten ist. – Die erste Kultivierung der Rebe und der Ursprung der Weinkultur sind nicht genau zu lokalisieren. Es sind durchaus verschiedene eigenständige Entwicklungen denkbar; wahrscheinlich gehören sie zu den frühen Errungenschaften jungsteinzeitlicher Kulturen im vorderasiatischen Raum. Belegt ist der Weinbau in Ägypten bis 3500 v. Chr. zurück, in Griechenland bis ins 2. Jahrtausend. Von Griechenland aus gelangten Kulturreben zu den anderen Völkern am Mittelmeer. Entscheidend für die Verbreitung in Europa und Nordafrika war fraglos die Rolle der Römer. Gezielte züchterische Bemühungen um Verbesserung des Rebmaterials sind seit dem 18. Jh. belegt; große Impulse gab in der Folge gegen Ende des 19. Jh. die Notwendigkeit, die (→) Reblaus-Anfälligkeit zu überwinden; vgl. → Veredelung der Rebe, → Neuzüchtungen.

Weinsäure, *Dioxybernsteinsäure*, zweibasige → Fruchtsäure, in der Natur vorkommend als *Mesoweinsäure*, *Traubensäure* sowie deren einzeln optisch aktive Bestandteile; diese drehen die Schwingungsebene polarisierten Lichtes nach links (*Linksweinsäure*, l-W) bzw. rechts

(*Rechtsweinsäure, d*-W). In Traubensaft, Most und Wein dominiert die *gewöhnliche* oder *d*-W., auch *Weinsteinsäure* genannt, da sie in → Weinstein auskristallisieren kann. Zu ihren (chem. *Tartrate* genannten) Salzen gehören der → Brechweinstein und das Rochellesalz.

Weinschmecker, *Weinbeißer, Weinzahn,* 1. der professionelle Weinprüfer (→ Qualitätsweinprüfung, → Sinnenprüfung). 2. der Weingenießer, in → Württemberg etwa *Viertelesschlotzer*, in Mainz *Schoppenstecher* genannt. Letzterem hat man sogar eine Statue gewidmet, deren Miniaturausgabe als *Schoppenstecherpreis* an Prominente verliehen wird.

Weinseminar, *Weinkolleg,* Veranstaltung zur Information von Händlern und Verbrauchern, meist getragen von Absatzförderungsorganisationen wie dem *Deutschen Weininstitut,* der *Sopexa* für französische und dem *ICI* für italienische Weine. Eine ähnliche Aufgabe erfüllt die *German Wine Academy* in Kloster → Eberbach für den angelsächsischen Markt. Adressen firmenungebundener Seminare vermittelt die *Deutsche Weininformation,* Postfach 1707, D-6500 Mainz 1, gegen Rückporto.

Weinsiegel, → Deutsches Weinsiegel; s.a. → Badisches Gütezeichen, → Österr. Gütemarken, → Marque nationale du vin luxembourgeois.

Weinsprache, → Weinansprache (durchgehend WA abgekürzt).

Weinstein, chemisch ein Kaliumsalz der → Weinsäure, das vornehmlich bei niedrigen Temperaturen in Form kleiner weißer, in Wein nicht lösbarer Kristalle ausfällt. Dies kann bereits im gärenden → Most geschehen, ebenso während Ausbau und Lagerung im Faß (dessen Inneres am Grund dann wie mit Rauhreif überzogen erscheint) oder in der Flasche und ist stets Ausdruck natürlichen → Säureabbaus eines hochwertigen Weines aus langgereiften (spätgelesenen) Trauben. Denn je reifer die Traube, desto höher ist auch ihr Weinsäuregehalt, und längere Reifezeit ermöglicht längerfristiges Aufnehmen mineralischer Verbindungen und Spurenelemente (darunter Kalium als Anteil des Gesamtextrakts) aus dem Boden. W.-Bildung bezeugt mithin viel (lange Lagerfähigkeit gewährleistende) Ausgangssäure und → Extrakt. Wein mit W. in der Flasche schenkt man behutsam in die Gläser, so daß niemand einen ganzen Bodensatz, sondern jeder ein paar wenige der kristallinen Qualitätsbeweise abbekommt. Sie erfreuen das Auge, haben keinerlei Einfluß auf Geruch oder Geschmack des Weines. Ihr Fehlen ist freilich kein Indiz für mindere Qualität.

Weinstraße, vor allem zur Fremdenverkehrsförderung besonders beschilderte Streckenführung durch Reblandschaften und Weindörfer, heute in vielen Anbaugebieten Europas. Erste W. war die → Deutsche W.

Weintaufe, in Österreich kirchliche Segnung des neuen Weines, organisiert vom *Österreichischen Weininstitut.* S. a. → Weinpatrone.

Weintor, amtlich *Deutsches Weintor,* 1936 am Südende der → Deutschen Weinstraße errichteter, monumentaler, dabei architektonisch nicht sonderlich bemerkenswerter Torbau. Von ferne besehen, verleiht er freilich der *Skyline* der Weinbaugemeinde Schweigen-Rechtenbach einen durchaus reizvollen Akzent. Und – Ironie der Geschichte –: das Tor, das anfangs wohl eher geschlossen gedacht war, so knapp an die Grenze zum elsässischen Wissembourg, gewann (seit an seiner Südfront das Hakenkreuz aus dem Eichenkranz herausgemeißelt wurde) inzwischen eine ganz neue, ihm gemäßere Symbolbedeutung als weiter und breiter Durchlaß von Land zu Land.

Weintrub, → Trub, → Depot.

Wein und Alter in Zitaten, → Vinum lac senum.

Wein und Bier schmeckt süß. Versauf' ich auch die Schuh', behalt' ich doch die Füß'. – Deutsches Sprichwort; s.a. → Bier auf Wein . . . ; → Trinksprüche.

Wein und Jugend in Zitaten, → Junger Most sprengt alte Schläuche.

Wein und Wahrheit in Zitaten, → In vino veritas.

Wein und Wasser in Zitaten: *Wein ist stärker als das Wasser, das gestehn auch seine Hasser.* Gotthold Ephraim Lessing (1729–1781). – *Schon Doktor Luther spricht: Wasser thut's nicht.* In einem Eichenfaß von 1817 aus → Eberbach/Rheingau geschnitzte Inschrift; Original im Weinmuseum des *Historischen Museums der Pfalz* in Speyer. Die Inschrift bezieht sich auf das verbürgte Luther-Wort: *Wasser thut's freilich nicht* (im Sinn von: Christ zu

Wein und Weisheit

sein, braucht mehr als das Taufwasser!), hier abgefälscht in die Zweideutigkeit: Wasser kann nicht den Wein ersetzen, und Wein läßt sich durch Wasser (→ Panschen) nicht verbessern. – Durst freilich macht auch aus Wasser Wein. – *Im Wasser kannst du dein Antlitz sehn, im Wein des andern Herz erspähn.* Wirtshausinschrift, zitiert von Rolf Jeromin in *Weinbrevier* (1976); s. a. → In vino veritas; → Trinksprüche.

Wein und Weisheit, in alten Schriften und mündlichen Überlieferungen vielfach vereinbar im Sinn der → Gottesgabe Wein. Der griechische Philosoph Plato (427–348/347 v. Chr.) lehrte: *Vergebens klopft, wer ohne Wein ist, an der Musen Pforte an.* Im klassischen Altertum formten schöne Künste, Geistes- und Naturwissenschaften noch gleichberechtigt das Bild des geistigen Menschen. Die *Musen*, Töchter des Zeus und der Mnemosyne, wurden erstmals von Hesiod (um 700 v. Chr.) beim Namen genannt: *Erato* (Muse der Liebesdichtung), *Euterpe* (M. der Tonkunst), *Kalliope* (M. der erzählenden Dichtung), *Klio* (M. der Geschichte), *Melpomene* (M. der Tragödie), *Polyhymnia* (M. des Gesangs), *Terpsichore* (M. des Tanzes), *Thalia* (M. der Komödie) und *Urania* (M. der Astronomie und Astrologie). – In den Sprüchen Salomonis (9, 5–6; → Altes Testament) lädt die Weisheit die Menschen ein: *Kommt, eßt von meinem Brot und trinkt von meinem Wein, den ich gemischt habe! Verlasset die Torheit, so werdet ihr leben, und geht auf dem Wege der Vernunft!* Vernunft kommt von Vernehmen, vom aus höheren Quellen Vernommenen. Wein steht für Geist (lat. *spiritus*), Brot (lat. *panis*) für Materie, Körper; die Weisheit bringt beides in Einklang. – *Wein und Gewürze helfen beim Studium.* So heißt es im *Talmud*. Und im antiken Judentum wurde die Weintraube zum Sinnbild für Gelehrsamkeit: Hebr. *eschkol* (*Traube*; Plural *eschkolot*) klingt etymologisch an hebr. *ssechel* (*Verstand*) und griech. *schole*, lat. *scola* (*Schule*) an. Ein *Mann der Trauben* ist demgemäß einer, *der in allem (Wissen) bewandert ist.* – Anders die Einstellung des deutschen Dichters Emanuel Geibel (1815–1884): *Wer mir Gelahrtheit brockt in den Wein, der soll mein Zechgenoß nicht sein.* – Vgl. → Medizin Wein, → Sorgenbrecher, →

Wein erfreut des Menschen Herz; → Trinksprüche.

Weinverkostung, → Weinprobe.

Weinversteigerung, Kloster → Eberbach, → Hospice de Beaune.

Weinviertel, traditionsreiche österr. Reblandschaft, kraft Weingesetz von 1976 mit den Anbaugebieten *Donauland* und *Thermenregion* zur übergeordneten Weinbauregion → Niederösterreich (*Donauland*) zusammengelegt. An deren Gesamtrebfläche von rund 30 000 Hektar hat das alte W. mit seinen beiden Bereichen → Falkenstein und → Retz einen Anteil von annähernd 60 Prozent.

Wein, Weib und Gesang, vielzitiertes literarisches Motiv nicht zweifelsfrei geklärter Herkunft. – *Wer nicht liebt Wein, Weib, Gesang, der bleibt ein Narr sein Leben lang.* Matthias Claudius (1740–1815) veröffentlichte diesen Vers 1775 in seiner Zeitschrift *Der Wandsbeker Bote* ohne Verfassernamen. Als mutmaßlicher Autor gilt Johann Heinrich Voß (1751–1826); der Reim wird jedoch auch Martin Luther zugeschrieben. Der Philosoph David Friedrich Strauß (1808–1874) beschloß eine diesem Spruch gewidmete Glosse mit den Worten: *Drum, lieber Doktor Luther: Es treib' es einer, wie er woll', wir bleiben samt und sonder toll!* – *Qui n'aime ni femme ni vin, reste imbécil jusqu'à la fin.* Dieses Sprichwort aus der franz. Schweiz kommt einer wörtlichen Übersetzung der *Wandsbeker* Veröffentlichung gleich; lediglich das Wort Gesang fehlt darin. – *Wein* und *Weib* ohne *Gesang* werden noch mehr Loblieder gesungen. Noch ein Westschweizer Sprichwort: *Le vin réjouit le cœur de l'homme, quand c'est la femme qui le boit.* (*Der Wein erfreut das Herz des Mannes, wenn die Frau ihn trinkt.* S. a. → Ruländer). Aus der Ostschweiz: *Roti Wybäggli* (vom Wein gerötete Wangen) *sind bi Fraue am schönschte.* – Eine deutsche Wirtshausinschrift, zitiert von Rolf Jeromin in *Weinbrevier* (1976), lautet: *Wein und Weiber sind auf Erden aller Weisen Hochgenuß, denn sie lassen selig werden, ohne daß man sterben muß.* – S. a. → Goethe, → Sine Cerere et Baccho..., → Islam; → Trinksprüche.

Weinwirtschaftsgesetz, deutsches, als *Gesetz über Maßnahmen auf dem Gebiete der Weinwirtschaft* am 9. September 1961 beschlossen. In der letzten Fassung von 1977

Wermut

Weinwunder: *Die Hochzeit zu Kana* (Ausschnitt) von Gerard David (1450–1523).

sind folgende Maßnahmen festgelegt: Anbauregelung, → Weinbaukataster, Ernte- und Bestandsmeldung, Meldung von verfügbarem Faß- und Tankraum, Absatzförderung.

Weinwunder, das in Johannes 2, 1–11 des → Neuen Testaments geschilderte Wunder der Weinvermehrung bei der Hochzeit zu Kana. Jesus, der mit seinen Jüngern zu der Hochzeitsfeier eingeladen war, ließ dabei die bereits leeren Weinkrüge mit Wasser füllen, und als der Weinmeister davon kostete, stellte dieser erstaunt fest, daß entgegen der Gepflogenheiten besserer Wein dem zuvor ausgeschenkten, minderen folgte. Das W. gilt als erstes Zeichen der göttlichen Macht Jesu.

Weinzunft, → Weinbruderschaft.

Weisheit, → Wein und Weisheit; s.a. → Altes Testament, → Könige als Weintrinker, → Trinken, → Wein erfreut des Menschen Herz; → Trinksprüche.

Weißburgunder, → Burgunder, Weißer.

Weißer Arbst, → Burgunder, Weißer.

Weißer Riesling, → Riesling.

Weißgipfler, → Veltliner, Grüner.

Weißherbst, aus nur einer roten/blauen Traubensorte gewonnener, durch → Weißkeltern nur blaß gefärbter → Roséwein; in Deutschland → Qualitätswein bestimmter Anbaugebiete (*Q.b.A.-Rosé*).

Weißkeltern, Abpressen von Rotweintrauben sofort nach der Lese, d. h. ohne vorherige, tieffärbende → Maischegärung. Der so erhaltene Most wird zu → Roséwein vergoren.

Weißwein, im deutschen Sprachgebrauch aus weißen (d. h. nicht durch → Önocyanin in der Beerenhaut rot- oder blaugefärbten) Trauben bzw. deren → Maischen gekelterter Wein. Zu seiner Herstellung bedarf es keiner → Maischegärung. Vgl. → Rosé, → Rotwein, → Weißkeltern, → Blanc de Blancs, → Blanc de Noirs.

Weitraumanlage, Weinberganlage mit 2,50 bis 3,50 Meter Abstand zwischen den Rebzeilen; sie erlaubt in größerem Umfang als die *Normalanlage* (1,20 bis 2 Meter Zeilenabstand) maschinelle Bearbeitung bis hin zum Einsatz moderner Traubenerntemaschinen.

Welschriesling, *Riesling italico*, vermutlich aus Frankreich stammende, spätreifende, mit dem → Riesling nicht verwandte weiße Rebsorte. Der W. liefert im allgemeinen süffige, feinwürzige Weine mittlerer Qualität. Er wird heute vor allem in → Österreich angebaut.

Wermut, *Vermouth,* auch → Absinth (2.), Kräuter-Bitterwein (*Wein-Aperitif*) von Appetit und Verdauung anregender Wirkung. Die Rezeptur soll (nach nicht ganz zweifelsfrei gesicherten Quellen) 1786 von dem Italiener Carpano in Turin entwickelt worden sein. Schon im *Talmud* (6. Jh. v.Chr.–5. Jh. n.Chr.) findet sich das Wort *psinjaton*, das als *W.wein* oder *Absinth* übersetzt wird, aber möglicherweise einen als → Aperitif gebrauchten → Kräuterwein schlechthin meint. W. ist der aus dem Westgermanischen erhaltene Name des *Gemeinen Beifuß* (bot. *Artemisia vulgaris*), der – ebenso wie das *Absinthkraut* (*Artemisia absinthium*) – schon in der Antike als Wurm-, Magen- und Darmmittel bekannt war und dessen Auszüge echtem W.wein die charakteristische Geschmacksnote verleihen. Grundstoff ist ein herber Weißwein (im Endprodukt mindestens 75 Prozent); ihm werden in genau vorgeschriebener Dosierung reiner Alkohol, ein Kräuterdestillat sowie als → Likör ein alkoholreicher Südwein zugesetzt, in welchem zuvor während drei Wochen W. und 39 weitere Kräuter mazerierten (→ Mazerat). Hierauf wird die Mischung je nach gewünschter Geschmacksnote gezuckert,

Westschweiz

mit Trub- und Schadstoffe bindender Gelatine geklärt, gefiltert, bei 80 Grad Celsius pasteurisiert und eine Woche lang kühl gelagert, um die → Weinstein bildenden Säuresalze abzuscheiden. Nach noch zweimaliger Filterung nebst einer dazwischenliegenden Ruhezeit wird der W.wein auf Flaschen gefüllt. Das *bitter-milde* (ital. Geschmack) oder *bitter-trockene* (franz. Geschmack) Getränk zeichnet sich durch enorme Unverwüstlichkeit aus; es wird bei langer Flaschenlagerung nicht besser, aber auch nicht schlechter, und selbst abrupte Temperaturschocks, die für einen Qualitätswein vernichtend wären, können W.wein nichts anhaben. Große Marken sind, neben dem Turiner Traditionsbetrieb *Carpano* (*Carpano Classico, Punt-e-Mes*), *Cinzano, Gancia, Martini* u. a. – In manchen Ländern außerhalb der EG wird künstlich hergestellter bzw. mit chemisch zusammengemixtem Aroma dosierter «W.» gehandelt.

Westschweiz, größtes Weinbaugebiet der → Schweiz mit 10 640 Hektar Anbaufläche (1977) und einem durchschnittlichen Ertrag von 900 000 (1977: 1 125 000) Hektoliter. Auf 72 Prozent der Anbaufläche werden europäische Weißweinsorten, vornehmlich → Gutedel (*Chasselas, Fendant*) und Grüner → Silvaner (*Johannisberg*), in geringerem Umfang auch → Müller-Thurgau (*Riesling × Silvaner*) angebaut. Mengenmäßig wenig bedeutend, aber kulturgeschichtlich interessant ist der Anbau von einheimischen, zum Teil aus der Römerzeit stammenden Spezialitäten wie (im → Wallis) *Amigne, Arvine,* → Humagne, → Païen, → Malvoisie, → Ermitage (*Marsanne blanche*) u. a. Auf 26,4 Prozent der Rebberge werden als Rotweinsorten Blauer → Burgunder (*Pinot noir*) und → Gamay gezogen. → Direktträger (*Seibel 7053, Seibel 5455, Landot 244*) wachsen auf 1,6 Prozent der Anbaufläche. Zur W. als Weinbaugebiet gehören die Kantone → Wallis, → Waadt, → Genf und → Neuenburg sowie → Bern und → Freiburg.

Weststeiermark, *Schilchergebiet,* mit knapp 200 Hektar Rebfläche bescheidenster von drei Bereichen der österr. Weinbauregion → Steiermark. Er umfaßt die Regierungsbezirke Graz-Umgebung, Voitsberg und Deutschlandsberg; bekannteste Weinbauzentren sind St. Stefan, Stainz, Deutschlandsberg und Eibiswald. Spezialität dieses Bereichs ist der hell- bis rubinrote → Schilcher aus der *Blauen Wildbacher* Rebe. Daneben gedeihen → Müller-Thurgau und Weißer → Burgunder. – Anschlußbereiche sind → Klöch-Oststeiermark und → Südsteiermark.

Wien, österr. Bundeshauptstadt und eigenständige Weinbauregion mit nur mehr wenig über 720 Hektar Rebland, durch das österr. Weingesetz gegliedert in die fünf → Großlagen *Bisamberg, Goldberg, Kahlenberg, Nußberg* und *St. Georgsberg.* Auf diesen rund 1,5 Prozent der gesamten Weinbaufläche Österreichs erzeugen Wiener Winzer pro Jahrgang etwa 30 000 Hektoliter Wein: zu 95 Prozent Weißwein, darunter durchaus auch Spitzenqualitäten. Führend ist der Grüne → Veltliner, darauf folgen, in geringeren Mengen, Weißer → Burgunder, → Müller-Thurgau, → Neuburger, → Riesling, → Traminer u. a. Rebsorten. Allgemein zeichnen sich in W. gewachsene Weine durch *Eleganz, Spritzigkeit* und *edle Fruchtigkeit* (WA) aus. Sie werden überwiegend schon an Ort und Stelle als → Heurige, vor allem im Buschenschank (→ Straußwirtschaft) vermarktet, der seit dem frühen 19. Jh. zu hoher, bis heute anhaltender Blüte gelangten Ausschankform ohne Versand- und gar Export-Ambitionen. Den Wienern sind Namen wie → Grinzing, *Heiligenstädter, Nußberger, Sieveringer* oder *Stammersdorfer vom Bisamberg* von alters her wohlvertraute Synonyme für vorzügliche Vorort-Kreszenzen, welchen schon von so prominenten *Weinschmeckern* wie Beethoven, Mozart, Franz Schubert und Franz Grillparzer, Ferdinand Raimund u. v. a. musikalische und literarische Huldigungen gewidmet wurden. Welche Bedeutung Wien einmal als Weinstadt hatte, erhellt aus den dunklen, vielfach mehrere Stockwerke tiefen – und heute noch zugänglichen – Kelleranlagen im Stadtkern (*Esterhazykeller, Melkerkeller, Piaristenkeller, Urbanikeller, Zwölf-Apostel-Keller* u. a.): Hier wurden zu Zeiten der Türkenkriege (Chronik von 1683) gute 100 000 Hektoliter Wein eingelagert, d. h. drei heutige Jahresernten der Region.

wild, wenig gebräuchliche WA im Sinn von → krautig.

Wildbacher, Blauer, *Schilcherrebe,* → Schilcher, → Weststeiermark.

Wingert, von altdeutsch *wīngart,* Weingarten, Weinberg.

Winzergenossenschaften, zur besseren Ausnutzung der Produktionsmittel und besserer Vermarktung gegründete Zusammenschlüsse von Winzern. In Deutschland entstand die erste W. 1868 in Mayschoß an der Ahr aus einer Notlage heraus, denn der Weinhandel beherrschte damals den Markt, und die Winzer mußten zu den von ihm diktierten Preisen verkaufen. Heute werden 35 Prozent des deutschen Weins nach modernen Marketingkonzepten über die W. abgesetzt. In den Anbaugebieten → Baden und → Württemberg beträgt der Anteil sogar über 80 Prozent.

Winzerregeln, → Weinbauernregeln.

Witwenwein, Scherzwort ähnlich → Dreimännerwein: *schweres* Getränk, das *den stärksten Mann umwirft* und seine Frau zur Witwe macht; → Wein im Volksmund.

Wohlauf, noch getrunken . . ., → Trinklieder; → Trinksprüche.

Wonnegau, nach dem deutschen Weingesetz von 1971 Bezeichnung eines der drei Bereiche des Anbaugebiets → Rheinhessen. Die 7 → Großlagen des W.s: *Bergkloster, Burg Rodenstein, Domblick, Gotteshilfe, Liebfrauenmorgen, Pilgerpfad* und *Sybillenstein.* Anschlußbereiche: → Bingen, → Nierstein.

wuchtig, engl. *rugged,* franz. *pâteux,* ital. *pastoso,* in der WA Steigerung von → vollmundig, im Sinn von *schwer* und *voll,* alkohol- und körperreich, mit nachhaltigem → Abgang.

Württemberg, deutsches Weinbaugebiet zwischen Main und oberem Neckar mit den Bereichen → Kocher-Jagst-Tauber, → Württembergisch Unterland und → Remstal-Stuttgart. Im Unterschied zu den meisten anderen deutschen Anbaugebieten folgen die Rebflächen W.s nicht ausschließlich den Flußläufen, sondern finden sich weit verstreut über das Land an geschützten, meist südexponierten Hängen. Die klimatischen Bedingungen sind gewiß nicht ganz so günstig wie etwa im → Rheingau oder an der Mosel, was mit ein Grund dafür sein mag, daß die Weine W.s außerhalb des Landes nur wenig bekannt sind (Hauptgrund ist aber wohl der hohe Eigenkonsum). Die Böden sind im allgemeinen tiefgründig und liefern vorwiegend kräftige Weine. War W. früher das weitaus größte Weinbaugebiet Deutschlands – vor

Flurbereinigte Weinberge in **Württemberg.**

dem Dreißigjährigen Krieg soll die Rebfläche um die 45 000 Hektar betragen haben –, liegt es heute unter den deutschen Anbaugebieten mit 8 500 Hektar an fünfter Stelle. Seine Produktion von rund 800 000 Hektoliter entspricht etwa 8,5 Prozent des deutschen Mostertrags. Die Anteile der wichtigsten Rebsorten an der Rebfläche betragen für den → Trollinger 25 Prozent, für den → Riesling 23, für → Müller-Thurgau 10 und für die → Müllerrebe (*Schwarzriesling*) 9 Prozent.

Württembergisch Unterland, nach dem deutschen Weingesetz von 1971 einer von drei Bereichen des Anbaugebiets → Württemberg. Die neun → Großlagen des Bereichs: *Heuchelberg, Kirchenweinberg, Lindelberg, Salzberg, Schalkstein, Schozachtal, Staufenberg, Stromberg* und *Wunnenstein.* Anschlußbereiche: → Kocher-Jagst-Tauber, → Remstal-Stuttgart.

würzig, in der WA Steigerung von → fruchtig, vor allem bei Weinen mit ausgeprägtem Sortenaroma und -bukett, charakteristisch für → Muskateller, → Riesling, → Scheurebe, → Traminer u. a.

Wurstmarkt, → Dürkheimer Wurstmarkt.

zäh, zähe, WA für dickflüssig erscheinenden Wein, der wie Öl (ohne Glucksen) aus der Flasche läuft.
Zapfen, 1. Abfüllstutzen mit Hahnverschluß (*Zapfhahn*) am Faß; 2. gleichbed. mit → Kork, Korken.
Zapfengeschmack, → Korkgeschmack.
Zapfwein, Ausschankwein (→ Wein, offener), der direkt vom Faß gezapft wird. Dabei kann es sich sowohl um kleinere oder mittlere → Konsumweine als auch um edle Spezialitäten handeln, welche, in kleineren Fässern gelagert, aus besonderem Anlaß in größerer Gesellschaft ausgeschenkt werden. In diesem Fall muß das Faß kurzfristig geleert werden, weil in der Regel kein adäquater → Füllwein zur Verfügung steht, so daß ein im Faß verbleibender Rest edlen Weines rasch verderben würde (→ Luftgeschmack).
zart, franz. *discret*, WA für nicht sehr *kräftiges* Getränk von *feiner* → Art.
Zeile, Rebstockkreihe, → Erziehungsarten der Rebe.
Zell/Mosel, *Untermosel*, nach dem deutschen Weingesetz von 1971 einer von vier Bereichen des Anbaugebiets → Mosel-Saar-Ruwer. Die fünf → Großlagen des Bereichs: *Goldbäumchen, Grafschaft, Rosenhang, Schwarze Katz* und *Weinhex*. Anschlußbereiche: → Bernkastel, → Obermosel, → Saar-Ruwer.
Zibebe, von ital. *zibibbo*, Dörrfrucht, urspr. aus dem Arabischen, → Rosine von großfrüchtigen Weintrauben, umgangssprachlich vielfach gleichgesetzt mit der kernlosen, hellfarbigen → Sultanine. Z. sind jedoch auch kernige, dunkelfarbige *Eleme-*, *Málaga-* oder *Muskateller-Rosinen* u. a. m.
Zider, franz. Cidre, → Apfelwein.
Zierfandl, Zierfandler, österr. Synonyme für → Silvaner.
Zinfandel, bevorzugt in → Kalifornien angebaute Rebsorte, die einen *feinfruchtigen* Rotwein liefert; nicht identisch mit dem österr. Zierfandl (→ Silvaner).
Zöld szilváni, ungar. Bezeichnung für → Silvaner.
Zu Bacharach am Rheine, zu Klingenberg am Maine, zu Würzburg an dem Steine, da wachsen gute Weine. – Deutscher Merkvers (→ Bacharach, → Mainviereck, → Steinweine); s. a. → Frankenwein – Krankenwein . . .; → Trinksprüche.
Zuber, großer Holzbottich, als Trauben- und Maischegefäß gebraucht. Das Wort Z. geht auf das althochdeutsche *zwipar* (*Zweiträger*) zurück, das eine von zwei Personen zu tragende Bütte oder Wanne bezeichnete.
Zucker, → Fruchtzucker, → Invertzucker, → Traubenzucker, s. a. → Restsüße, → Süßreserve, → Zuckerung.
Zuckeraustauschstoffe, süß schmeckende Substanzen, die bei der → Dosage von → Diabetikersekt anstelle organischen Rohr- oder Traubenzuckers eingesetzt werden, weil diese Kohlenhydrate bei → Diabetes mellitus (*Zuckerkrankheit*) nicht oder nicht ausreichend verdaut werden können. Die Z. sind gesetzlich erlaubte Zusatzstoffe; ihr Gehalt im Endprodukt muß (in der Bundesrepublik Deutschland nach Paragraph 9 der *Schaumwein-Branntwein-Verordnung* von 1971) durch Etikett ausgewiesen werden. Als Z. gebraucht werden → Fruchtzucker, → Mannit, → Sorbit und *Xylit*.
Zuckerhütl, österr. Winzerwort für → Restsüße.
Zuckerkrankheit, → Diabetes mellitus.
Zuckerrest, → Restsüße; → Süßreserve.
Zuckerung, → Anreichern, → Chaptalisieren, → Gallisieren.
Zuckerwasser, zu Beginn dieses Jhs. aufgekommene Sachschelte für künstlich gesüßten Wein; → Wein im Volksmund.
Zungenprobe, Teil der → Sinnenprüfung; → Geschmack.
Zürich, Stadt und Kanton der Weinregion → Ostschweiz, mit einer Rebfläche von

rund 460 Hektar (1902: 4447 Hektar) und den Hauptanbaugebieten *Weinland* zwischen Winterthur und Schaffhausen, *Unterland* zwischen Tößtal, Grenze zu Deutschland und Furttal im Süden, *Limmattal* und *Zürichsee*. Auf dem linken Zürichseeufer liegt das Rebareal der *Landwirtschaftlichen Forschungsanstalt Wädenswil*. Als Kuriosum sei ein Rebberg von 25 Ar in der Stadt Zürich bei der *Kirche Enge* erwähnt. Rund 67 Prozent der kantonalen Rebfläche sind mit Blauem → Burgunder, 25 Prozent mit → Müller-Thurgau (*Riesling × Silvaner*) bestockt, der Rest mit einheimischen Spezialitäten.

Zwicker, elsässischer Weinverschnitt, → Edelzwicker.

Zypern. Weinbau auf der Insel im östlichen Mittelmeer ist seit ältester griech. Zeit bekannt. Auf einer Rebfläche von knapp 50000 Hektar werden heute durchschnittlich 500000 Hektoliter Wein, 25000 Tonnen → Tafeltrauben und 2500 Tonnen → Rosinen erzeugt. Das Hauptanbaugebiet liegt im niederschlagsreicheren Südwesten der Insel zwischen Kathikas und Vavasinia. Z. ist von der → Reblaus verschont geblieben. Man verzichtete deshalb auf Importreben und zieht weiterhin die drei einheimischen Sorten: schwarze *Mavron* für dunkle, feurige Rotweine, weiße *Xynisteri* und *Alexandria-Muskat*. Drei Viertel der Produktion sind Rotweine, die wie in Griechenland oft geharzt werden (→ Harzwein). Bekannt war vor allem im Mittelalter der likörartige *Commandaria* oder *Kreuzritterwein* von den Südabhängen des Troodosmassivs, aus getrockneten roten und weißen Trauben bereitet und mit Wasser verdünnt, heute ein durchschnittlicher Konsum-Dessertwein. Fast 70 Prozent der zypriotischen Weinproduktion werden ausgeführt, besonders *Xynisteri-Sherries*, aber auch Grundweine für Schaumwein und Weinbrand.

Anhang

Welchen Wein zu welchen Speisen?

Wahre Tafelfreuden ermöglicht erst der ideale Partner Wein. Sei es im Alltag am Familientisch, mit Gästen zu Hause oder im Restaurant. Wein regt an, rundet als Diener der Speisen das Mahl ab und fördert die Verdauung. Zu genießen, sich zu erfreuen an dem harmonischen, reizvollen Wechselspiel von schmackhafter Speise und finessenreichem Wein, gehört unzweifelhaft zu den besonderen Lebensfreuden. Genuß setzt jedoch Genüßliches in geglückter Kombination voraus. Und dies ist gottlob nicht nur professionellen Lukullus-Jüngern vorbehalten. Mit etwas Erfahrung und kultiviertem Geschmack kann jeder seine ideale Weinwahl treffen, ist jeder seines Glückes Schmied. Den «richtigen Wein» für ein Essen gibt es natürlich nicht, nur einen «idealen»! Starre Regeln bei der Zusammenstellung von Speise und Wein widersprechen der Vielfalt beider Kombinationspartner. Deshalb: weißer Wein zu weißem Fleisch ist ebensowenig zwingend wie roter Wein zu rotem Fleisch! Vergegenwärtigt man sich die Aufgabe, die der Wein zu erfüllen hat, nämlich Diener der Speisen zu sein, so ergibt sich hieraus ein sehr einfacher, logischer und allgemein gültiger Kombinationsgrundsatz:
Der Wein sollte in Aroma und Gehalt den Eigenschaften der Speisen angepaßt sein.
Je leichter und neutraler das Gericht (wenig Aroma wie etwa das Gargut Fisch), desto zarter und leichter muß auch der Wein sein; je würziger und kräftiger die Speise, desto aromatischer und gehaltvoller der Wein.

Speisen bestimmter Geschmacksrichtung und passender Wein

nach Aroma
geschmacklich neutrale Gerichte:
Eierspeisen, gekochter Fisch, Huhn, Kalbfleisch, Schonkost, Gemüsegerichte
Weißwein Typ II und III, Weißherbst (Rosé), eventuell Rotwein I

pikante, aromatische Gerichte:
Wildgeflügel (Fasan, Wildente, Rebhuhn); Fleisch und Geflügel, Hammel, Rind, Schwein, Lamm; würziger Käse; Balkangerichte, asiatische Gerichte
Weißwein Typ II und IV, Weißherbst (Rosé), Rotwein Typ II

nach Gehalt
leichte, dezente Gerichte:
Schonkost; Fleisch- und Geflügel in weißer, gebundener Sauce; Frischkäse
Weißwein Typ I und III, Weißherbst (Rosé), Rotwein Typ I

kräftige, herzhafte, füllige Gerichte:
Geflügel (Gans, Ente); Wild; kräftig zubereitete Fleischgerichte; ländliche Küche; gehaltvoller Käse
Weißwein Typ IV, Weißherbst (Rosé), Rotwein Typ II

Weißwein Typ I: neutral, wenig aromatisch, feinrassig, mit zartem Bukett.
Weißwein Typ II: ausgeprägtes Aroma, würzig, pikant, vollmundig.
Weißwein Typ III: leicht, mundig, zart, mild, fein im Bukett.
Weißwein Typ IV: kräftig, herzhaft, mit viel Fülle, dezentes, Aroma.
Rotwein Typ I: leicht, frisch, mundig, feinfruchtig.
Rotwein Typ II: gehaltvoll, stoffig, feurig, nachhaltig.

Bildnachweis

Australian News and Information Bureau, Canberra 25 – Ruedi Brun, Weinkellerei, Luzern 39 205 206 220 – Raymonde Chapuis, Lussery, CH 107 – Deutsche Weininformation, Mainz 21 33 41 42 47 50 85 91 96 113 128 136 137 139 166 167 168 183 188 190 196 216 217 243 253 – Dujardin & Co., Uerdingen/Rhein 150 – EWS-Ansichtskarten-Verlag, Wallroth 73 – Ludwig Fellner, Königsbach, BRD 27 30 – Klaus D. Francke, Hamburg 15 145 160 – Heinrich Heine, Karlsruhe 45 118 122 – Alfred Herold, Gerbrunn, BRD 46 65 116 132 150 159 199 227 – Ursula Huber-Höhn, Luzern 126 – Hugh Johnson: Der Große Weinatlas, Hallwag, Bern 1976 10 56 58 – Hermann Jung: Wein in der Kunst, F. Bruckmann, München 1961 16 173 245 251 – Hans F. Kammermann, Luzern 26 61 77 101 – Liechtensteinische Fremdenverkehrszentrale, Vaduz 154 – Martin Lipp, Luzern 55 – Colin Maher, London, SU-Rückseite – Norbert Mehler, Mannheim 23 38 85 139 192 204 247 – Merrydown, Horam, GB 109 – MPR-Informationsbüro Sherry, Hamburg 36 127 138 209 234 – New Zealand Embassy, Bonn 174 – Das österreichische Weinbuch, Austria Press, Wien 117 143 147 175 – Monika A. Otto, Luzern 41 113 158 234 – Presse- und Informationsamt der Bundesregierung, Bonn 7 17 62 76 83 90 96 114 182 – Axel Schenck, Luzern 109 115 120 145 224 226 – Simex, Jülich, BRD 110 211 – Sopexa, Düsseldorf 51 52 54 60 74 88 138 151 157 164 188 202 208 215 229 SU-Rückseite – Technikum für Obst-, Wein- und Gartenbau/Walter Eggenberger, Wädenswil, CH 20 133 135 155 158 162 163 172 197 213 218 222 238 SU-Rückseite – Usica, Bonn 134 231 – Verband Deutscher Sektkellereien, Wiesbaden 44 64 78 201 – Weinwirtschaftsfonds, Wien 47 108 – H.-G. Woschek: Der Wein, Callwey, München 1971 80 94 165 184.
Alle hier nicht aufgeführten Vorlagen entstammen dem Archiv C. J. Bucher, Luzern.